AF280184

Ungarisches Sprichwort:

Du findest eher einen weißen Raben, als eine ungarische Hausfrau, die nicht kochen kann. Aber Gulasch soll doch lieber von Männern über dem Feuer zubereitet werden.

Original ungarische Gewürze:
Dem Leben die Würze geben

"Wenn jemand den Geschmack der ungarischen Gerichte perfekt nachahmen möchte, sollte er sich bemühen, ungarisches Schmalz, ungarische Paprikaschoten und Paprikapulver, ungarische Tomaten und Zwiebeln zu besorgen.

Es ist unmöglich, den gewünschten Geschmack mit Butter, Margarine oder Öl zu erzielen. Was das Schweineschmalz betrifft, so ist darunter nicht das mit Dampf hergestellte zu verstehen, vielmehr eignet sich ausschließlich das bei hoher Temperatur ausgebratene Griebenschmalz.

Nur darin entfalten sich die Duftstoffe der Zwiebel beim Rösten am besten. Auch der Farbstoff des Paprikapulvers entfaltet sich durch das Schweineschmalz am vollkommensten.

Es ist jedoch wichtig zu wissen, dass das Paprikapulver in überhitztem Schweineschmalz einen bitteren Beigeschmack bekommt und seine Farbstoffe sich bräunlich färben."

Karoly Gundel (1883-1956), der berühmteste Koch Ungarns.

Ungarische Lieblingsrezepte der Einheimischen und
mitgebrachte Lieblingsrezepte der neuen Bürger
Ungarische Weine, Biere, Käse
Ungarische Hunde
Tipps für das Auswandern nach Ungarn
Fluchtgeschichten
Kleiner ungarischer Wortschatz

In Ungarn isst man Pörkölt,
in Deutschland isst man Gulasch

Bibliografische Information der Deutschen Nationalbibliothek: Die Deutsche Nationalbibliothek verzeichnet diese Publikation in der Deutschen National-bibliografie; detaillierte bibliografische Daten sind im Internet über dnb.dnb.de abrufbar.
Die automatisierte Analyse des Werkes, um daraus Informationen insbesonde-re über Muster, Trends und Korrelationen gemäß §44b UrhG („Text und Data Mining") zu gewinnen, ist untersagt.

Verlag: BoD · Books on Demand GmbH, In de Tarpen 42,
               22848 Norderstedt, bod@bod.de

Druck: Libri Plureos GmbH, Friedensallee 273, 22763 Hamburg

ISBN: 978-3-7693-5272-6

Autorin: Lonja Mandlik, Ungarn
Fotos: Lonja Mandlik, Ungarn
Erreichbar: Facebook: Leben und Essen in Ungarn, Rezepte und
               Anleitungen
Auflage: 2, veränderte und verbesserte Auflage 2025

Inhaltsverzeichnis

In Ungarn isst man Pörkölt,
in Deutschland isst man Gulasch
- Vorwort -

Ist Pörkölt gleich Gulasch? Ist Gulasch gleich Gulasch? Und was ist dann Paprikàs? Dem deutschen Wort und Gericht "Gulasch" entspricht in Ungarn mehr einer Suppe. Pörkölt kommt dem, was man in Deutschland unter Gulasch versteht schon recht nahe, aber beinhaltet zumeist kein Gemüse.
Um diese Missverständnisse zu klären, schreibe ich dieses Buch. Es beinhaltet weiterhin:

- 80 % Ungarische Lieblingsrezepte der Einheimischen und 20 % mitgebrachten Lieblingsrezepten der neuen Bürger nach Alphabet sortiert
- wirklich interessante Dinge, die endlich einmal erklärt werden müssen: *Wer oder was ist Piroschka*, *Gulasch*, *Paprika im Blut*, *was ist ein Hungaricum?*, *ist Stierblut wirklich Stierblut?*
  Wörterbuch der Lebensmittel, Redewendungen
- ungarische Käse, Weine und Biere mit Vorstellung
- ungarische Hunde
- ein bisschen Geschichte
- Wörterbuch mit gängigen Redewendungen
- Foto vom Wohnwagen von der Familie Fuchs und ihre Fluchtgeschichte von der DDR über Ungarn und zurück

Alle Interessenten und Mitglieder meiner Facebookgruppe

Leben und Essen in Ungarn, Rezepte und Anleitungen

fragen mich immer das Gleiche.

Ich wohne noch in Deutschland und möchte übersiedeln.
Was muß ich tun?
Wie kaufe ich ein Haus oder gibt es auch Mietwohnungen?
Wie ist das mit der Rente?
Sprechen die Ärzte deutsch?
Wie sicher ist es in Ungarn?
Wie ist das mit der Sprache?
Wo kann man lecker essen gehen?
Wo kann ich einkaufen?
Und wer ist eigentlich dieser Gundel?
Und was ist mit Paprika im Blut gemeint?
Was ist Piroska?

Und vor allem: "ich esse so gerne ungarische Speisen, hast du das Rezept?
Hast du eine Anleitung?" Und weil so viele fragen, hier die Rezepte und wenn
es eine Geschichte gibt, füge ich sie bei.

Im hinteren Teil finden Sie erste gängige ungarische Floskeln, damit sie im
Restaurant bestellen können, bzw. übersetzen können, was in der Speisekarte
steht.

Die meisten Restaurants haben eine ungarische Karte, darunter steht alles in
Englisch, in Deutsch und Tschechisch. Also verhungern muss man nicht.
Und für diejenigen, die es noch wissen, 1989 fiel der eiserne Vorhang. Wie
flüchteten DDR-Bürger vorher über Ungarn in die BRD? Auch hier kurze
Geschichten im hinteren Teil des Buches dazu.

Im Folgenden gebe ich eine kurze Zusammenfassung über Dinge, die man
über Ungarn wissen sollte. Später gehe ich detaillierter auf alles ein.

Lonja Mandlik – Autorenprofil

Geboren 1976 in Deutschland im Land Brandenburg verbrachte ich die ersten Jahre auf einem Bauernhof. Daher kommt wohl meine Vorliebe zum Landleben. Mit der Einschulung 1982 zogen meine Eltern nach Berlin. Nach der Ausbildung zur Sekretärin 1994 und einiger Jahre Berufserfahrung im Personalwesen wollte ich es noch einmal wissen und absolvierte mein Abitur auf einem Kolleg.

Alleinerziehend mit einem Sohn startete ich 2001 ein Studium im Bereich Arbeitsrecht und Verwaltungswissenschaften, das ich 2005 beendete. Da ich mich schon immer für Personalwesen interessiert habe, nahm ich eine Stelle in Köln als Personaldisponentin und Personalentwicklerin an.

2007 zogen wir nach Crailsheim, wo ich 2008 erneut heiratete. Ich arbeitete einige Zeit beim Hohenloher Tagblatt im Bereich Vertrieb und später wieder im Personalwesen bei einer Crailsheimer Firma.

Von 2017 bis 2021 wohnte ich im ländlich geprägten in Kreßberg-Haselhof. Seit 2018 war ich auch Sängerin im Chor von Mariäkappel und seit 2021 Landfrau. Corona 2020 und 2021 haben mich stark geprägt.

Im März 2021 hatte ich das 1989 erschienene Buch "Uns Kreßberger ins Koch-
häfele guckt" des Seniorenkreises Kreßberg im Gemeindebücherschrank am
Gemeindehaus Mariäkappel gefunden. Dieses war arg zerstört und hatte viele
Wasserflecke.

Doch der Inhalt, so man ihn noch lesen konnte, war sehr interessant. Hier
entstand die Idee, dieses Buch neu aufzulegen und um Kreßberger Informationen zu erweitern. Es wurde 2021 veröffentlicht.

September 2021, in der Hochkrise von Corona, beschlossen mein Mann und
ich alles zu verkaufen und Deutschland zu verlassen und ein Haus mit
Grundstück in Ungarn auf dem Land zu erwerben. Die ungarische Sprache ist
sehr schwer zu erlernen.

Nun, nach drei Jahren in Ungarn und einigen Sprachkursen habe ich beschlossen, ich möchte etwas zurückgeben. Das Essen in Ungarn ist hervorragend und ich habe so viele ungarische Rezepte, das ich ein Koch- und Back-
buch, aber auch ein Wörterbuch für die wichtigsten Floskeln im Restaurant
und für das Leben in Ungarn herausgeben möchte.

Seit 2021 gebe ich über Facebook einen täglichen Blog heraus. Fast 3.000 Mitglieder können derzeit mitlesen. Es geht ums Essen, Restaurants und Hilfe zur
Selbsthilfe. Siehe Facebook „Leben und Essen in Ungarn"

Ich hoffe, Ihnen gefällt mein zweites Werk.

Mit freundlichen Grüßen aus Ungarn

Lonja Mandlik 2025

Koch- und Backbuch

Koch-und Backbuch
Inhaltsverzeichnis

A

B

D

Dampfnudeln, Germklösse, Hefeklöße
Dampfnudeln mit Vanillesauce
Dampnudel mit Kirschkompott
Dampfnudeln (gebraten) mit Weinschaumsauce
Debreciner
Dobostorta
Dödölle

E

Eier gefüllt
Eiernudeln (gebraten) mit Kochschinken (2 Personen)
Eierstich
Eier süß sauer
Eierschecke, Dresdner
Einlaufsuppe
Erbsensuppe aus getrockneten Erbsen
Erdbeeren putzen
Esterhazy Sauce zu Spaghetti
Estragonsuppe mit Huhn und Hühnerleber

F

Fischsuppe 1
Fischsuppe 2
Flachswickel
Flädlesuppe
Fleischküchle 1 und 2
Fleischbrühe mit Ei und Grieß
Froschpörkelt
Forelle
Forelle blau
Forelle (geräuchert) auf Rukola-Salat

G

Gaisburger Marsch
Gänseleber gebraten
Gänseschmalz
gebrannte Grießsuppe
gedünstete Eiergraupen
gefüllter Gänsehals
Gemüsesuppe Kalt
Gerstebrei
Glühmost
Graupensuppe
Grießschnitten (süß)
Grießbrei, wie ihn Oma kocht
Griesklösschen
Grießklößchensuppe mit Gemüse, Zöldségleves daragaluská
Gurken süß-sauer
Gurkensalat, traditionell ungarisch
Geschmacksverstärker aus der Natur
Grenadiermasch
Gundel-Palatschinken
Gurkensalat

H

Hackfleischbällchen für Tomatensauce
Hagebuttenmarmelade
Hagebuttensauce
Hähnchenleber mit Letscho
Hafer
 - Hafer im Müsli
 - Hafersuppe
 - Haferschleim
 - Hafer-Babybrei
 - Haferflockenauflauf
 - Hafermilch für das Baby
 - Haferkekse
 - Haferplätzchen zu Weihnachten
Haltbarmachen durch Fermentation

- grüne Bohnen
- Sauerkraut
- Kleine Gürckchen
- rote Beete
Hasenpfeffer
Haussalat
Hefeteig Grundrezept
Heifele herstellen (wie Trockenhefe)
Hermann-Teig
Hirn, Gehirn zubereiten
Gebackene Hirnschnitten
Hirn in Backteig
Hirn mit Ei
Hirnfülle
Hirnknödel
Hirnknöderl
Hirnomelette
Hirnpalatschinken gebacken
Hirnplätzchen
Hirnpofesen
Hirnpudding
Hirnschöberlsuppe
Hirnsuppe
Hirnwürfel überbacken
Kalbshirn gebacken
Kalbshirn geröstet
Kalbshirn in weißer Kräutersauce
Kalbshirn mit Ei
Legierte Kalbshirnsuppe
Rindsuppe mit Hirndunstkoch
Hitzplootz süß
Hitzplootz deftig mit Grieben und Speck
Hitzplootz mit Gemüse
Hochzeitssuppe selber machen, inkl. der Einlagen
- Hochzeitssuppe
- Eierstich
- Brühe
- Brätklößchen
- Grießklößchen

- Brandteigklößchen
- Suppenmaultaschen
- Markklößchen
- Leberklößchen
Holunder
- Holundertee
- Hollerwasser
- Holunderblütenküchlen
- Holundergetränk für den Sommer
- Holunder ernten
- Holundergelee
- Holunderblütensirup
Hortobagy Palatschinken
Hurka, Blutwurst und Leberwurst

I

Indianerkrapfen

J

Joghurt-Sauce
Joghurt selber ansetzen
Johannisbeere-Nusskuchen, Johannisbeerekuchen mit Baiser

K

Kaiserschmarrn – Gerupfte-Grimbeli
Kakaogetränk heiß
Karamellsauce
Karpfen gebacken
Kartoffelteig, Grundteig
Kartoffelbounzeli
Kartoffelauflauf (süß)
Kartoffelsalat (der Echte)
Kartoffelsuppe mit Wiener Würstchen
Kartoffelsuppe mit Majoran
Kartoffelsuppe mit Sahne und Speck
Käse-Lauch-Suppe

Kastanie, Maroni Tipps zur Zubereitung
Kastanienpüree
Kastaniensuppe
Kirschkompott
Kirschkompott (2)
Kirschkompott aus Sauerkirschen- und Süßkirschen
Knoblauchsuppe
Kohlrouladen (1)
Kohlrouladen (2)
Königsberger Klopse
Krautsalat
Krebspörkelt

Kürbis, Kürbiskerne, Kürbisöl
-Die Geschichte und Kultivierung des ungarischen Kürbisses
-Kürbis-Ingwersuppe
-Kürbiskerne rösten
-Kürbiskerne im Backofen rösten
-Könnte man die Schale der Kürbiskerne mitessen?
-Welche Kürbissorte soll ich für Kürbiskerne nehmen?
-Gefülltes Huhn mit Käse, frittiert mit Kürbiskernen, Risibisi
-Kürbisbrot
-Kürbismarmelade
-Kürbissuppe Sopron, Tökleves
-Kürbissalat, Töksalata
-Kürbis-Mohn-Retesch, Tökös-mákos rétes,
-Strudel von Kürbis und Mohn
-Rétes, Strudelteig selber machen
-Frittierte Eier mit Kürbiskernmayonnaise
-Kürbiskernöl-Mayonnaise
-Caprese mit Kürbiskernöl
-Kürbiskern-Gugelhupf
-Frankfurter Kranz aus Kürbiskern-Gugelhupf
-Cremiges Kürbisrisotto mit Kürbiskernöl und Kürbiskernen
-Rote-Bete-Feta-Salat mit Kürbisdressing
-Vanilleeis mit Kürbiskernöl
-Rindfleischsalat mit Kürbiskernöl
-Kürbiscremesuppe, Variante
-Kürbiscremesuppe mit Kürbistortellini

-Kürbisnockerl mit Kernölsauce
-Kürbisspalten aus dem Ofen
-Kürbislaibchen mit Dip
-Kürbiskernkekse
-Kürbisgemüse, Tökfözelek
-Kürbisgemüse mit Tomate, tök zöldségek paradicsommal
-Gefüllter Kürbis in Dillsauce, Töltött tök kapormártással
-Kürbis in Essig, das Konservieren für den Winter
-Kürbis über den Winter aufbewahren
-Kürbiseintopf mit Hackfleischbällchen
-Kürbissuppe, Variante 2

L

Langos
Lebbencs-Suppe
Leber
Leberklößchen (Variante)
Kalbsleber
Kalbsleber-Klößchensuppe
Kalbsleberstreifen in Sauce
Kalbsleber Berliner Art mit Äpfeln und Zwiebeln
Letscho
Letschokartoffeln
Liebstöckelsuppe, Csirkeraguleves lestyánnal
Liebstöckelsuppe mit Hackfleischbällchen
Linsen, schwäbisch
Linsen mit Knacker und Kassler
Löwenzahn
 - Löwenzahntee
 - Löwenzahn-Honig
 - Löwenzahn-Pesto
Lubi, mit Hack gefüllte Rouladen

M

Maggie
Mákos guba, Mohnauflauf
Matjes in Schmandsauce
Mayonnaise

N

O

P

Paprikas Burgonya
Paprikas Csirke
Pastinakenauflauf
Patzerlgugelhupf
Pfannenkartoffeln
Pfauenaugen
Pfitzauf
Pilota Keks
Pflauemencrumble

Q

Quarkbällchen
Quarkschnitten nach Rákóczi
Quarkkuchen ohne Boden

R

Rauke oder Rucola
Rucola mit geräucherter Forelle
Reichhaltige Suppe mit Innereien
Resteessen mit Kartoffel – Suppe mit Wiener Würstchen
Resteessen mit Kartoffel- Kartoffelbrei angebraten
Resteessen mit Kartoffel –Bratkartoffeln
Resteessen mit Nudeln – Puddingsuppe
Resteessen mit Nudeln – Suppe mit Gemüse
Resteessen mit Maultaschen – Maultaschensuppe mit Gemüse
Rétes, Strudel
Rhabarber
 - Rhabarber-Kompott
 - Rhabarber-Kuchen, gedeckt
 - Rhabarber-Kuchen mit Quark und Baiser
 - Rhabarber-Plotz
Ribiselkuchen mit Baiserhaube
Rigó Jancsi
Arme Ritter
Rosenküchle

Rosenküchle Variation
Rosenküchle Variation 2
Rührei, das Perfekte
Ruggele
Rumrosinen einlegen

S

Sauerkirschsauce zu Wild
Sauerkirschen einmachen
Sauerkrautsuppe, ungarische
Saure Kartoffeln
saure Nierle
Schichtsalat
Schinkenflecke
Schmalz oder warum ist das Essen bei der Oma so lecker
Schomlauer Nockerln
Schneckennudel
Schneckennudel aus der Backform
Füllung für Schneckennudel- Nussfüllung
Füllung für Schneckennudel- Mohnfüllung
Füllung für Schneckennudel Apfelstücke und Zimt-Zucker
Schnecken zubereiten
Schneeball
Schneeball, fränkischer
Schnitzel
Schnitzel Balkony Art
Schnitzel nach Budapester Art
Schnitzel Z.
Schwammnudeln
Senf
 - Senf selber herstellen
 - Senfmehlfußbad
 - Senf verfeinern
 - Süßen Senf herstellen
 - Senfeier
 - Senf-Honig-Sauce zum Dippen
 - Senf-Honig-Sauce zum Dippen, Variante
Siedfleisch, gekochtes Rindfleisch
Spargel

- Weißer Spargel mit Sauce Hollandaise
- Frühlingssuppe mit Bruchspargel
- Spargel
- Spargelsuppe
- Spargelsuppe mit Ei oder Blumenkohlsuppe mit Ei
Spätzle
Spinat mit Pellkartoffeln und Ei
Spinatbällchen
Spitzweck
Spritzkuchen
Steckrübe
Strapatzka
Steckrübeneintopf
Streuselkuchen
Streusel
Suppenmaultaschen

T

Tarhonya
Tarhonyasuppe
Tiramisu von Maroni, Kastanien
Tomatenfisch
Tomaten gefüllte
Topfenpalatschinken

U

Ungarisches Rindergulasch, Pörkölt mit Spätzle

V

Vanillepudding selber zubereiten
Vanillesauce
Vanille-Buttercreme
Velős pirítós, Toast mit Hirn oder Knochenmark

W

Waldfrucht-Rote Grütze
Wassersuppe
Weinschaumsauce
Windbeutel, frittierte
Windbeutel, aus dem Backofen
Wrukensuppe
Wurstsalat

Z

Zimtrollen mit dem Rolleneisen (Schillerlocken)
Zwetschgenknödel mit Hefeteig
Zwetschgenknödel mit Kartoffelteig
Zwetschgenkompott
Zwetschgenknödel-Spezialsauce, Karamellsauce
Zwiebelsuppe

Koch und Backbuch

Zu
In Ungarn isst man Pörkölt,
in Deutschland isst man Gulasch

A

Aal und Seezungen zubereiten

Seezungen und Aal werden vor dem Essen enthäutet. Ggf. werden noch die Schwanz- und die Seitenflossen entfernt.

Aal mit Salbei in Sauce

1 Aal
frische Salbeiblätter
1 altbackenes Brötchen
Pfeffer
Salz
Öl zum Braten
Küchengarn oder Rouladennadeln
1 Tasse Fischbrühe oder Rinderbrühe
Zitronenschnitz
dazu Salzkartoffeln

Den fangfrischen Aal gut versäubern. Die Haut für dieses Gericht nicht abziehen. Den Aal in 4 cm lange Stücke schneiden. Die Stücke mit Salz und Pfeffer einreiben und mindestens 2 Stunden ziehen lassen.
Das Brötchen in dünne Scheiben schneiden, darauf eine Scheibe Aal und ein Salbeiblatt legen. Alles gut mit dem Garn einwickeln. Von beiden Seiten durch braten und beiseite legen. Aus dem Bratfett und der Brühe eine helle Sauce zubereiten. Mit Zitronenschnitz und Salzkartoffeln servieren.

Aioli

ist eine scharfe Gewürz Paste, die man zum Würzen von Salat Sauce, Fleisch, Geflügel, Gemüse oder zum Bestreichen von geröstetem Brot verwendet. Aioli wird in Spanien ohne Ei zubereitet, da sonst eine Mayonnaise entsteht, die bei der Wärme leicht verderben würde.

1 Knoblauch-Knolle
Oliven Öl
Salz

Für Aioli alle Knoblauch-Zehen einer Knolle pellen und durch die Knoblauch-Presse drücken. Langsam Öl untermixen, bis eine Paste entsteht. Die Menge vom Öl richtet sich nach der Größe und Frische der Knoblauch-Knolle. Sollten sich Knoblauch und Öl trennen, kann man ganz langsam etwas Milch zufügen, die dann als Emulgator dient. Aioli original zum Schluss mit Salz würzen.

Apfelstücke und Zimt-Zucker-Füllung

5-6 geschälte saure Äpfel klein raspeln und großzügig mit Zimt-Zucker bestreuen. Mit der Zubereitung der Apfelstücke nicht zu lange warten, denn sie saften schnell aus. In einen sehr flüssigen Teig aus Ei, Milch un Mehl tunken, dann frittieren. Wierdrum mit Zucker und Zimt bestreuen und Vanillesauce reichen.

Apfelsuppe mit Brot

4 Äpfel
1 Liter Apfelsaft
altes Brot in Stückchen
Zucker
Vanillepudding
Zimt
0,5 Liter Milch
Zitrone

Mein Lieblingsrezept stammt aus der Nachkriegszeit. Es ist eine Apfelsuppe mit Brot. Das Rezept ist von meiner Mutter, allerdings wie ich sie heute zubereiten würde. Damals gab es noch keinen Vanillepudding, sie hat Stärke dafür genommen.

Äpfel schälen und entkernen. In ganz kleine Stücke schneiden. Ein bisschen Zitrone drüber träufeln, damit sie nicht braun werden.

Den Apfelsaft in einem großen Topf mit 2 Esslöffel des Vanillepuddings und Zucker nach Geschmack aufkochen. Ein bisschen Zimt dazugeben.

Restlichen Vanillepudding, Zucker, Milch zu einer Sauce aufkochen. Die Apfelstückchen mit einem Esslöffel in die Teller geben, danach ein bisschen Brot und dann die Suppe.

Jeder kann sich noch Vanillesauce nehmen. Im Sommer, wenn es sehr heiß ist,
schmeckt diese Suppe eiskalt sehr gut. Man kann auch anderes Obst nehmen,
oder mit rein tun.

der Apfelbettelmann

150 g altes geriebenes Graubrot oder
Roggenbrot
Zitronenabrieb
50 g Zucker
Prise Salz
3 Tropfen Bittermandelöl
400 g Frische Äpfel
¼ l Wasser
15 g Korinthen
15 g Mandeln
60 g Fett zum Backen (Butter)
Zimt

Das Brot wird gut gerieben und mit dem Zitronenabrieb und dem Zucker
vermischt. Die Äpfel dünstet man in dem Wasser gar und mischt sie mit den
Korinthen, den Mandeln und dem Bittermandelöl.

Eine Hälfte des Brotes kommt in eine feuerfeste Form, darüber das Apfelmus
und darüber der Rest des Brotes. Alles gut andrücken und mit ausgelassener
Butter beträufeln. Mit Mandeln bestreuen.

Im Ofen 20 min bei 180 Grad backen und heiß mit Zucker und Zimt servieren.

Apfel in Backteig

120 g Mehl
2 Eier
Prise Salz
gut 1/8 l Milch (Wein, Most oder Bier)
1 EL Rum
ev. 1 EL Zucker

Teig wie bei Frittaten zubereiten. Danach Apfelspalten etc. eintauchen, in
heißem Fett rasch goldgelb backen. Tipp: Bei Milchbackteig 1 EL Rum dazu-

geben, damit der Teig beim Backen weniger Fett anzieht. Man kann Eier auch trennen und steifen Eischnee unterziehen, damit wird der Teig flaumiger.

Apfeltarte anders herum

250 GR. Butter
250 Gr. Zucker
Zimtpulver
16 halbe entkernte Äpfel ohne Schale
Fertiger Strudelteig, rétesteig oder Blätterteig, man kann auch einen Mürbteig selber machen, was man mag

In eine feuerfeste Form wird unten die Butter gleichmässig verteilt, man kann sie vorher auch komplett schmelzen. Der Zucker wird drüber gestreut und auch der Zimt. Dann die halben Äpfel verteilen und andrücken. Man kann auch Apfelspalten nehmen, wie man möchte.

Der Teig wird so ausgeschnitten, dass sie der Form entspricht. Diesen Teig oben drauf legen und Löcher mit einem Messer reinpieken, das die heisse Luft raus kann.

160 Grad, Ober- Unterhitze, 35 Grad im Ofen backen. Dann auf einen Teller stürzen, das der Teig unten ist und die karamellisierten Äpfel oben. Richtig abkühlen lassen und mit Vanilleeis und Sahne und Vanillesauce essen.

Apfel-Selleriesalat

4 Stangensellerie oder einen grossen runden Sellerie
1 saurer Apfel
Zitronensaft
2 EL Mayonaise
1 EL süsse Sahne
Schwarzer Pfeffer
Salz
Prise Zucker
Die Selleriestangen putzen und grobe Fäden wegschneiden. In Scheiben schneiden. Der runde Sellerie wird geschält und und mit einer groben Raspel geraspelt oder gehobelt. Den Apfel schälen und vierteln. Nun in sehr dünne Scheiben schneiden und mit Zitronensaft beträufeln.

Nun alles gut vermischen und kalt stellen. Mit Pfeffer und Salz bestreuen.
Variante: mit Walnüssen bestreuen.

Apfelkaltschalte

500 gr. Saure Äpfel
40 gr. Mehl
Salz
80 gr. Zucker
1 Glas Weisswein
600 ml Milch
Becher süsse Sahne, es schmeckt aber auch mit saurer Sahne
2 Gewürznelken (optional)
Zimz
Saft einer halben Zitrone

Apfel schälen, Kerne entfernen und in Würfel schneiden. Die Sahne wird mit
dem Mehl verquirlt. Alle andere Zutaten in einen Topf geben und die Äpfel
fast weich kochen. Die Mehlsahne beifügen und nochmal aufkochen. Kalt
servieren.

Aprikosenkuchen oder Pfirsichkuchen

Schneller Kuchen, wenn mal Besuch kommt. Mit Aprikosen schmeckt er besser, Pfirsiche gehen auch.

125 g Butter
150 g Zucker
1 Pck. Vanillinzucker
1 Prise Salz
2 TL Zimt
3 Eier
2 TL Backpulver
200 g Mehl
2 EL Schlagsahne (evtl. Milch)
2 gr. Dosen Aprikosen oder Pfirsiche
Fett für die Form oder Backpapier
Puderzucker
1 Quark, glatt, 20 %

1 halbes Glas Sprudel-Wasser
2 Packungen Tortenguss
Grosse runde Backform.

Die Zutaten müssen alle zimmerwarm sein. Die Aprikosen oder Pfirsiche in
Scheiben schneiden und bei Seite stellen. Alle Zutaten 5 Minuten vermischen.
Der Teig wird mit der Zeit sehr flauschig und geht hoch. Er wird deutlich
heller. Die Runde Form einfetten oder mit Back-Papier auskleiden. Den Teig
ausgießen und mit den Aprikosen bzw. Pfirsichen dicht belegen. Ofen vorheizen bei 170 Grad. Backen 50 Minuten 170 Grad, Ober- und Unter-Hitze.
Abkühlen lassen und mit Tortenguss begiessen. Diesen kann man auch weglassen, dann mit Puderzucker bestreuen.

Aspik

Aspik ist ein anderer Name für Gelee, das aus Fleisch oder Fisch hergestellt
wird. Der Begriff bezeichnet aber auch kalte salzige Gerichte aus unterschiedlichen, meist vorher separat zubereiteten Lebensmitteln, die mit Gelee überzogen sind. Die deutsche Sammelbezeichnung für einige dieser Gerichte ist Sülze.

Zur Zubereitung von Aspik-Gerichten werden kleine Portionsformen aus
Metall oder Glas stark gekühlt, mit gewürztem, gerade noch flüssigem Gelee
ausgegossen, wieder gekühlt, bis sich an der Gefäßwand ein dünner Mantel
verfestigt hat. Danach wird das übrige Gelee abgegossen, kleine Scheiben von
Trüffeln, Möhren, Gurken oder Ähnlichem dekorativ eingelegt, die eiskalte
Füllung aus Fleisch, Fisch, Meeresfrüchten, hartgekochten Eiern oder auch
Gemüse hineingesetzt und alles mit flüssigem Gelee aufgefüllt. Nachdem das
Gelee im Kühlschrank vollständig erstarrt ist, werden die Formen kurz in
heißes Wasser getaucht und die Aspike auf Teller gestürzt. Serviert werden sie
meist als Vorspeise, zusammen mit einer geschmacklich passenden kalten
Sauce wie Mayonnaise oder Remoulade.

Aspik selber machen, aus Kalbsknochen

500 gr. Kalbsknochen, 1 Packung Suppengemüse, 30 gr Zwiebel. Tasse Essig,
Tasse Weisswein, 20 gr. Tomatenmark, 1 Lorbeerblatt, Pfefferkörner, Salz,
Pfeffer, Estragon, 2 Eiweiß, 1 Knoblauchzehe, 40 gr. Speisegelantine.

Die Knochen kleinhacken und 2 Minuten in Wasser Sprudelnd aufkochen.
Nun abgiessen und abspülen. Nun in einem mittleren Topf mit reichlic Wasser
noch mal aufkochen und den Schaum abschöpfen. Nun mit dem Gemüse 3
Stunden mässig kochen. Salz zugeben. Zum Schluss sollte 1 Liter Brühe übrig
sein. Diese absieben und den gesamten Schaum wegmachen. Wenn die brühe
kalt ist, mit dem angeschlagenen Eiweiss klären. Essig, Tomatenmark und
Estragon zufügen. Nun die Gelatine einweichen und einrühren. Aufkochen
und 10 Minuten leicht kochen lassen. In der Zwischenzeit ein Kochtuch nass
machen und den Aspik durchgiessen. Einfärben könnte man jetzt mit Zucker-
farbe.

In Formen füllen, mit den gewünschten Zutaten bestücken und in den Kühl-
Schrank stellen. Nimmt man Kalbshaxe, benötigt man keine weitere Gelantine.

Aspik mit Speisegelantine herstellen.

Zutaten: Speisegelatine.
Gebrauchsanweisung für 1 Liter Flüssigkeit: 1. Man nimmt 12-50 g Aspikpul-
ver (je nach gewünschter Festigkeit des Gelees).
Für schnittfesten Aspik etwa 50 g.

Fisch in Aspik, Karpfen

1 kg Karpfen
2 Zwiebeln
150 g Möhren
2 (ca. 120 g) Petersilienwurzeln
100 g Sellerie
150 g Champignons
½ l Weißweinessig
1 EL Zucker
Salz
10 Pfefferkörner
3 Pimentkörner
3 Wacholderbeeren
1 Lorbeerblatt
1 Stück(e) Zitronenschale
Saft von 1 Zitrone

Pfeffer
2 EL Öl
12 Blatt weiße Gelatine
1 Glas eingelegte Paprikaschoten
1 Bund glatte Petersilie

Zwiebeln, Möhren, Petersilienwurzeln und Sellerie schälen. Zwiebel in Spalten, Möhren und Petersilienwurzel in dünne Scheiben, Sellerie in Würfel schneiden. Champignons putzen, waschen und in Scheiben schneiden. Essig, 1/2 Liter Wasser, Zucker, Salz, Pfeffer- und Pimentkörner, Wacholderbeeren, Lorbeerblatt und Zitronenschale aufkochen. Zwiebel, Möhren, Petersiliewurzel und Sellerie zufügen und ca. 8 Minuten garen. Kurz vor Ende der Garzeit Champignons zufügen. Karpfen ausnehmen. Kopf und Flossen abtrennen. Fisch waschen und trocken tupfen. Fischfilet längs von der Mittelgräte schneiden. Filets jeweils halbieren und mit Zitronensaft beträufeln. Mit Salz und Pfeffer würzen und im heißen Öl von beiden Seiten ca. 5 Minuten braten. Gebratenen Fisch mit der Gemüsemarinade begießen und zugedeckt im Kühlschrank 6 Tage ziehen lassen. Fisch herausnehmen und Marinade durch ein Sieb gießen. Gelatine in kaltem Wasser einweichen. Marinade erwärmen, ausgedrückte Gelatine darin auflösen. Etwas Aspik auf den Boden einer Kastenform (26 cm Länge, 1 1/2 Liter Fassungsvermögen) geben und im Kühlschrank festwerden lassen. Paprika abtropfen lassen und in kleinere Stücke schneiden. Petersilie waschen, trocken tupfen und Blätter abzupfen. Kapien und Petersilienblätter mischen und auf dem Aspik verteilen. Mit Aspik bedecken und festwerden lassen. Darauf die Karpfenstücke legen und mit dem Gemüse aus der Marinade abdecken. Restliches Aspik darauf verteilen und mindestens 3 Stunden kalt stellen. Form kurz in heißes Wasser stellen und stürzen.

Eier in Aspik

6 Eier
2 Scheiben Schinken
75 g Cornichons
3 Stiele Petersilie
6 Blatt Gelatine
400 ml Rinderfond
Eier in kochendem Wasser ca. 8 Minuten garen. Herausnehmen, kalt abschrecken und Schale abpellen. Schinkenscheiben in je 3 breite Streifen schneiden. Cornichons, bis auf einige zum Garnieren, in Scheiben schneiden. Petersilie waschen, trocken schütteln. Blätter abzupfen und, bis auf einige, fein hacken.

Gelatine in kaltem Wasser einweichen. Fond erhitzen, Gelatine ausdrücken, im heißen Fond auflösen. Abkühlen lassen, Petersilie darunter rühren,

6 Förmchen (à ca. 125 ml Inhalt) mit kaltem Wasser ausspülen. Je 1 Petersilienblatt auf den Boden jeder Form legen. Eier daraufsetzen. Schinkenstreifen darauf verteilen, Ränder dabei nach innen klappen. Cornichons darauf verteilen. Fond angießen und mindestens 4 Stunden kalt stellen. Förmchen kurz in heißes Wasser tauchen und stürzen. Mit restlicher Petersilie und Cornichons garniert servieren. Über Nacht in den Kühlschrank stellen.

Sülze (Aspik) mit Bratkartoffeln und Remoulade

1 Liter Wasser, gesalzen
500 g Schweinefleisch, z.b. Schulter oder Bauchfleisch
1 Zwiebel(n)
1 Pck. Suppengrün
1 Lorbeerblatt
3 Körner Pfeffer
125 ml Essig
1 Pck. Gelatine, gemahlen, weiß
1 Liter Salzwasser zum Kochen bringen, 500g Schweinefleisch, (z. B. Schulter) waschen, hineingeben, zum Kochen bringen, abschäumen. 1 Zwiebel abziehen, Suppengrün (75g), Lorbeerblatt, 3-4 Pfefferkörner hinzufügen, das Fleisch in etwa 1,5 Stunden gar kochen lassen. Aus der Brühe nehmen, erkalten lassen, in Würfel schneiden, die Brühe durch ein Sieb gießen, 375 ml davon abmessen. 125ml Essig hinzufügen, mit Salz, Zucker abschmecken. 1 Päckchen Gelatine mit 5 Esslöffel kaltem Wasser anrühren, 10 Minuten zum quellen stehen - lassen. Die Brühe wieder zum kochen bringen, von der Kochstelle nehmen, die Gelatine hinein geben, so lange rühren, bis sie gelöst ist, die Fleischwürfel hinzugeben. Die Flüssigkeit mit dem Fleisch in mit kaltem Wasser ausgespülte Tassen oder Förmchen füllen, im Kühlschrank erstarren lassen.

Wenn die Sülze schnittfest ist, sie mit einem Messer vorsichtig vom Rand lösen und auf eine Platte oder Teller stürzen. Beilagen: Bratkartoffeln, Remouladensoße

Ausgezogene

Krapfen, Knieküchle, Küchla oder Kiegla werden nicht nur in großer Zahl, sondern vor allem in vielen Variationen gebacken. Fast jede Region und zahlreiche Ortschaften haben sorgsam gepflegte, eigene Traditionen und Rezepturen.

Ausgezogene Krapfen sind ein ursprüngliches und typisches Festtagsgebäck. Zur Kirchweih (Kerwa) oder zu familiären Festanlässen wie Kommunion, Konfirmation, Hochzeit und Taufe werden sie auch heute noch häufig von erfahrenen Küchla-Bäckerinnen in großer Zahl gebacken.

Nach altem Brauch werden nämlich zu diesen Anlässen Verwandtschaft und Nachbarschaft mit goldgelb ausgebackenen Krapfen beschenkt. In vielen Orten haben sich dazu besondere "Bschaad-Sprüchla" erhalten, mit denen die Küchlein übergeben wurden.

Dieses Brauchtum geht vermutlich auf den Ursprung des Krapfens in den alten Klosterküchen zurück. So ist schon im frühen Mittelalter ein "Craphon" genanntes, mit kostbarem weißen Mehl gebackenes Siedegebäck überliefert, das zu besonderen kirchlichen Festtagen gebacken wurde.

Auch in den Bäckereien der Region gehören die Ausgezogenen zumindest in der Kerwasaison oder beim Crailsheimer Volksfest zum typischen Sortiment.

Aber wie es nicht anders sein könnte, ist auch bei den "Ausgezogenen" Krapfen nicht gleich Krapfen. So unterscheiden sie sich von Region zu Region und manchmal auch von Ort zu Ort nach Größe, Zutaten, Dicke des Randes oder Durchmesser des Fensters. Trotz all dieser Unterschiede ist aber eines sicher: Ausgezogene Krapfen sind kein Allerweltsprodukt. Sie werden stets mit viel Liebe und reiner Handarbeit gezogen und ausgebacken. Dabei kann man sich auch heute noch von geübten Bäckern und Bäckerinnen so manchen Tipp einholen.

Die Zugabe von Eiern verhindert, dass die Krapfen beim Backen zu viel Fett aufnehmen. Wie bei allen Hefeteiggebäcken kommt es schließlich auch bei den Ausgezogenen darauf an, den Teig ausreichend zu kneten und "gehen" zu lassen. Nur so bekommt er eine elastische Konsistenz und lässt sich einfach ausziehen.
Frisch gebackene, gezuckerte Krapfen sollten am Besten am selben Tag verzehrt werden. Ungezuckert können etwas länger aufbewahrt oder auch problemlos eingefroren werden.

Zum Kaffee sind die feinen, in Butterschmalz ausgebackenen Krapfen ein Hochgenuss.

Ausgezogene in Deutschland, Langosch in Ungarn

500 g Mehl
½ Würfel frische Hefe
200 ml lauwarme Milch
1 EL Sauerrahm
50 g Zucker
1 Prise Salz
2 mittelgroße Eier
75 g zerlassene Butter
Öl oder Butterschmalz zum Frittieren
Zucker zum Bestreuen

Das Mehl in eine Schüssel geben und in die Mitte eine Mulde drücken. Hefe zerbröckeln, in lauwarmer Milch auflösen und Sauerrahm unterrühren. Die Hefemilch in die Mulde geben, mit Mehl vom Rand vermengen und 15 Minuten gehen lassen. Zucker, Salz, Eier und 50 g der zerlassenen Butter zum Vorteig geben und alles durchkneten. Den Teig zu einer Rolle formen, in zwölf Stücke teilen und mit den Händen zu Kugeln formen. Die Teigportionen auf eine bemehlte Arbeitsfläche setzen und mit der übrigen Butter bestreichen. Abdecken und ca. 10 Minuten gehen lassen.

Öl oder Butterschmalz in einem breiten Topf erhitzen. Die Hefekugeln zwischen den Händen so auseinanderziehen, dass sie in der Mitte dünn und zum Rand hin dicker sind.

Anschließend die Hefeküchla in das heiße Fett gleiten lassen und mit einem Esslöffel heißes Fett über die dünne Mitte gießen, dass der Teig nicht bricht und schön hell bleibt.Die Küchla mit einer Siebkelle herausnehmen, wenn sie goldbraun gebacken sind. Auf Küchenpapier abtropfen lassen, mit Zucker bestreuen und am besten warm servieren. Das Rezept für Langosch finden Sie unter „L"

B

Backteig mit Weißwein

3 EL Mehl
2 Dotter
2 Eiklar
Prise Salz
2 EL Weißwein
Mehl, Dotter, Wein, Salz verrühren. Eiklar zu steifem Schnee schlagen und
unterheben.

Backteig (mit Bier)

3 Eier
200 g Mehl
1 EL ÖL
1 kleine Flasche Bier
Eier trennen. Mehl mit Dotter, MS Salz, Öl verrühren.
Vorerst einmal einen Schuss Bier untermengen.
Eiklar mit Prise Salz steif schlagen und unterheben.
Ist der Teig zu dick, dann noch etwas Bier dazugeben. Der Teig soll dicker
sein, damit er nicht abrinnt.

Barbarakuchen, Zitrone

Zutaten
240 g Butter
240 g Zucker
120 g Maismehl
120 g glattes Mehl (Typ 480)
4 Eier
1 P. Vanillezucker
Schale einer Biozitrone
Saft einer Biozitrone
halbe Packung Backpulver
Glasur
3 El Zitronensaft
80 g Staubzucker

Eine Kastenform mit Backpapier auslegen und den Ofen auf 160°C aufheizen.
Danach die Zitrone abwaschen und die Schale abreiben. Den Saft auspressen.
Alle Zutaten miteinander vermischen bis eine feine, glatte Masse entsteht. In
die Kastenform leeren. Bei 160°C Umluft wird dieser Kuchen gut eine Stunde
gebacken. Nadelprobe! Den noch heißen Kuchen sofort nach dem Backen aus
der Form nehmen und mit der mit der Zitronenglasur bestreichen..

Bärlauch

Der Bärlauch (Allium ursinum) ist eine Pflanzenart aus der Gattung Allium
und somit verwandt mit Schnittlauch, Zwiebel und Knoblauch. Die in Europa
und Teilen Asiens vor allem in Wäldern verbreitete und häufige, früh im Jahr
austreibende Pflanzenart ist ein geschätztes Wild-gemüse und wird vielfach
gesammelt.

Der Bärlauch ist eine altbekannte Gemüse-, Gewürz- und Heilpflanze. Die
Pflanze ist zwar komplett essbar, genutzt werden aber vorwiegend die Blätter,
oft auch mit den Stängeln, frisch als Gewürz, für Saucen, Kräuterbutter und
Pesto oder ganz allgemein als Gemüse in der Frühjahrsküche.

Erntezeit für die Blätter ist im März und April. Durch Hitzeeinwirkung werden die schwefelhaltigen Stoffe verändert, wodurch der Bärlauch viel von
seinem charakteristischen Geschmack verliert. Daher wird er meist roh und
kleingeschnitten unter Salate oder andere Speisen gemischt. Im Frühjahr kann
Bärlauch auch den Schnittlauch oder das Zwiebelkraut ersetzen. Bärlauch und
seine giftigen Doppelgänger: Trotz der leichten Identifikation durch den knob-
lauchartigen Geruch, der beim Reiben der Blätter entsteht, wird Bärlauch von
unerfahrenen Sammlern immer wieder mit dem Maiglöckchen, den im Frühjahr austreibenden Blättern der Herbstzeitlosen oder den meist ungefleckten
Blättern jüngerer Pflanzen des Gefleckten Aronstabs verwechselt.

Bärlauchsuppe

1 große Hand Bärlauch
1 Stück Bärlauch extra zum Garnieren
1 Zwiebel
Butter
1 Liter Brühe

2 Löffel saure Sahne
Salz, Pfeffer, Muskat, Maggie

Zwiebeln klein schneiden und in Butter andünsten. Kleingeschnittenen Bärlauch dazugeben. Mit Brühe ablöschen und 5 min kochen lassen. Saure Sahne dazugeben. Alles Pürieren und mit den Gewürzen abschmecken. Mit dem restlichen Bärlauch garnieren. Wer es gehaltvoller mag, kann in Butter geröstete Brötchenscheiben- oder würfel dazu reichen.

Berliner Kartoffelsalat (mit Mayonnaise, Gurke und Ei)

750 g Kartoffeln (festkochend)
1 Zwiebel
100 g Gewürzgurken
1 saurer Apfel
4 Eier
350 – 500 g Mayonnaise
Salz, Pfeffer weiß
Essiggurkenwasser
1 TL Senf mittelscharf
0,5 Liter Brühe
Maggie
Optional: 80 g Fleischwurst in Streifen geschnitten
Kartoffeln mit Schale ca. 20 min weich kochen. Die Kartoffeln etwas abkühlen lassen. Noch gut warm pellen. Dann in dünne Scheiben Scheiben hobeln. Zwiebel schälen und sehr fein würfeln. Die Brühe einmal aufkochen. Die Zwiebeln in eine große Schüssel geben und mit der Brühe begießen. Die Essiggurken sehr fein würfeln und mit in die Schüssel geben.

Jetzt die Mayonnaise mit in die Schüssel geben und gut verrühren. Die Kartoffeln unterheben. Den Apfel in kleine Würfel schneiden und unterheben. Die Eier hart kochen, abschrecken und pellen. Ein Ei vierteln und als Deko zur Seite legen. Restliche Eier halbieren und grob hacken. Eier mit in den Kartoffelsalat geben und gut durchrühren. Wenn die Mischung etwas zu fest ist, dann mit Gurkenwasser glattrühren. Mit Salz und Pfeffer abschmecken, dabei etwas, aber nicht viel übersalzen. (je nach Ziehzeit mehr). Wer mag, kann noch mit etwas Senf und Maggi abschmecken. Variation: unter den Salat in Streifen geschnittene Fleischwurst heben. Wichtig: der Kartoffelsalat muss mindestens 2 Stunden in den Kühlschrank.

Berner Rollen für 4 Personen

dickes Stück Leberkäse vom Metzger
Esrom oder anderer herzhafter Käse
Ketchup
Senf
Gewürzgurken
1 Ei
Paniermehl
2 Esslöffel Öl zum Ausbraten

Leberkäse in 4 dünne Scheiben schneiden, max. 3 bis 4 mm. Mit Senf bestreichen. 4 Scheiben herzhaften Käse, z. B. Esrom drauflegen, diesen mit Ketchup bestreichen. Darauf dünne Gewürzgurkenscheiben legen. Alles zusammen rollen und mit Zahnstochern befestigen. In Ei wenden und mit Paniermehl panieren. Langsam braten, bis alles goldgelb ist. Zusammen mit gekochten Kartoffeln und Blattsalat servieren.

Bienenstich

Nach den Leitsätzen für feine Backwaren des Deutschen Lebensmittelbuchs muss der Anteil des Belags mindestens 20% des Teiggewichts betragen; 30% des Belags muss z. B. aus Mandeln bestehen. Für Mandel-Bienenstich dürfen nur Mandeln verwendet werden. Die Verarbeitung anderer Ölsamen als Walnüssen, Haselnüssen und Mandeln muss deklariert werden.

Gefüllt wird Bienenstich mit Sahne, Buttercreme oder einer Fettcreme, leichter Vanillecreme oder einer Puddingmasse. Weit verbreitet ist eine Puddingcreme, der nach dem Kochen sofort Eischnee untergezogen wird.
Da die Masse sehr locker ist, ist eine Form zum Füllen des Bodens notwendig. Daher wird die Decke vor dem Auftragen geteilt, weil sie sonst nicht schneidbar ist.

Die Herkunft des Namens „Bienenstich" ist unklar. Der Bäckerjungensage nach planten 1474 die Einwohner von Linz am Rhein einen Angriff auf ihre Nachbarstadt Andernach, da der Kaiser den Linzern den Rheinzoll entzogen und den Andernachern zugesprochen hatte.

Am besagten Morgen jedoch gingen zwei Andernacher Bäckerlehrlinge die
Stadtmauer entlang und naschten aus den dort hängenden Bienennestern. Als
sie die Angreifer sahen, warfen sie die Nester nach ihnen, so dass die Linzer –
von den Bienen gestochen – flüchten mussten. Zur Feier wurde ein besonderer
Kuchen gebacken – der Bienenstich.

Im Text der Bäckerjungensage von Karl Simmrock findet sich jedoch noch kein
Bezug zum Bienenstich. Die früheste ermittelbare Belegstelle stammt aus dem
Jahr 1962.
Werbung für Bienenstich in der Badischen Presse zur ersten Kriegsweihnacht
des Ersten Weltkriegs (23. Dezember 1914). Wahrscheinlich handelt es sich bei
der Sage um eine wesentlich später entstandene Herkunftslegende. Vorausset-
zung für die Lagerung eines Kuchens mit verderblicher Cremefüllung ist eine
Kühlmöglichkeit, die vor dem 19. Jahrhundert nur in wenigen Haushalten
gegeben war.

Die meisten heute bekannten Sahne- und Cremetorten stammen aus der Zeit
ab dem 19. Jahrhundert. Die Existenz eines Bienenstichkuchens lässt sich für
das Deutsche Kaiserreich schon um kurz nach 1900 belegen. In einem Kochbuch des Badischen Frauenvereins von 1913 bezieht sich das Wort Bienenstich
noch primär auf die Röstmasse.

Frühe Bienenstich-Rezepte beinhalteten vermutlich überwiegend noch keine
Füllung, da in der Deutschen Frauen-Zeitschrift (Graz) 1914 hierauf gesondert
hingewiesen wird: „Zuweilen wird der Bienenstich auch gefüllt."Frühe Rezepte finden sich in Zeitungsanzeigen der Firma Dr. Oetker, die mit einzelnen
Rezepten Werbung für ihre Backbücher machte. Der Bienenstich wird dort als
„für jede Jahreszeit geeignet", „außerordentlich preiswert" und „noch nicht
allgemein bekanntes Gebäck" beschrieben.

Außerdem wird darauf hingewiesen, dass eine Buttercreme-Füllung möglich
ist. In der neubearbeiteten Fassung des Deutschen Wörterbuchs wird das Wort
Bienenstich in der Bedeutung als Kuchen mit einer Passage aus dem Roman
Berlin Alexanderplatz von Alfred Döblin aus dem Jahr 1929 belegt. In der
Schweiz ist ein Kuchen unter dem Namen Bienenstich ab dem 20. Jahrhundert
belegt. Die Erstnennung in einem Konditoreihandbuch ist erst für das Jahr
1944 nachgewiesen.

Bienenstich

Für den Hefeteig
150 ml Milch
60 g Butter
325 g Weizenmehl
50 g Zucker
1 Prise Salz
½ Würfel frische Hefe (ca. 21 g)
etwas Butter für die Form
etwas Weizenmehl zur Teigverarbeitung
Für die Pudding-Creme
400 ml Milch
1 Pck. Vanillepuddingpulver
60 g Zucker
250 g Sahne
2 Pck. Sahnesteif
Für den Mandel-Belag
60 g Butter
50 g Sahne
3 EL Zucker
1 EL Honig
100 g gehobelte Mandeln
sowie 250 g Sahne
2 Pck. Sahnesteif

Für den Hefeteig Milch und gewürfelte Butter in einem Topf erwärmen. Mehl mit Zucker und Salz in einer Schüssel mischen. Hefe darüber bröckeln und die lauwarme Milchmischung darüber geben. Alles mind. 5 Min. lang zu einem glatten Teig kneten. Teig zugedeckt ca. 45 Min. ruhen lassen. In der Zwischenzeit Pudding für die Füllung herstellen. Für die Puddingcreme Milch mit Zucker und Puddingpulver gut verrühren und aufkochen. Springform (Ø 26 cm) einfetten, Backofen auf 180 Grad Ober-/ Unterhitze (Umluft: 160 Grad) vorheizen. Hefeteig auf einer leicht bemehlten Arbeitsfläche durchkneten und ca. Ø 26 cm rund ausrollen. In die Form geben und zugedeckt weitere 15. Min ruhen lassen.

Für den Mandel-Belag Butter mit Sahne, Zucker und Honig in einem Topf aufkochen. Die Masse etwa 2 Min. bei niedriger Hitze einköcheln lassen. Vom

Herd nehmen und die Mandeln unterrühren. Masse esslöffelweise auf dem
Hefeteig verteilen und mit einem Tortenheber gleichmäßig verstreichen.
Den Boden im vorgeheizten Ofen ca. 30 Min. backen. Direkt nach dem Backen
den Springformrand lösen. Komplett erkalten lassen. Bienenstich waagerecht
halbieren. Boden auf eine Tortenplatte setzen, Tortenring drum herum stellen.
Sahne mit Sahnesteif steif schlagen. Pudding kurz glatt rühren und die Sahne
unterheben. Creme auf dem Boden verstreichen. Mindestens 1 Std. kühlstellen.
Deckel beliebig in 10-12 Stücke vorschneiden. Kurz vor dem Servieren die
Deckel auflegen. Der Kuchen ergibt ca. 12 Stücke.

Blumenkohlsuppe

1 Liter Brühe
1 Blumenkohl in feinen Röschen
1 Zwiebel
Butter
Pfeffer, Salz, Muskat, Paprikapulver
1 Ei
1 Esslöffel Mehl
1 Esslöffel saure Sahne
Zwiebel in kleine Würfel schneiden und in Butter anrösten, den Blumenkohl
dazugeben. Mit der Brühe ablöschen. Nur kurz kochen lassen, sonst hat man
Matsch im Topf. Ei, Mehl und saure Sahne verquirlen. Langsam in die heiße
Suppe einrühren. Nicht kochen! Gut mit den Gewürzen abschmecken.

Bográcsgulyás, Kesselgulasch

Das Kesselgulasch, Bográcsgulyás ist eines der verbreitetsten und beliebtesten
Gerichte der ungarischen Küche. Man kennt viele Arten, so das Szegediner,
Debreziner oder das Bohnengulasch.

600 Gr. Rindfleisch
800 Gr. Kartoffeln
600 Gr. Schweinefett, Schmalz
150 Gr. Zwiebeln
3 Paprikaschoten
2 Tomaten
1 Ei
20 Gr. Paprikapulver

1 Gr. Kümmel
Mehl
Salz
1 kleine oder mehr Knoblauchzehen nach Geschmack

Das Rindfleisch in Würfel schneiden. Die feingehackten Zwiebeln in Fett glasig dünsten und mit Paprikapulver bestreuen. Nun mit etwas Wasser angießen. Das Fleisch hineinlegen, salzen und bei kleiner Hitze schmoren. Immer
mal wieder angießen und umrühren, so wird ein Anbrennen verhindert. Eine
kleine Knoblauchzehe schneiden und mit dem Kümmel dazugeben.

Nun weiter köcheln lassen. In der Zwischenzeit die Kartoffeln und den Paprika und Tomaten in Würfel schneiden. Immer schön rühren. Ein Stück Fleisch
und von der Sauce raus nehmen und mal probieren. Ggf. noch ein bisschen
nachwürzen.Kurz vor dem Garpunkt das Gemüse unterrühren. Noch mal ein
Liter Wasser dazu gießen und fertig garen. Gut durchrühren und probieren.
Ggf. noch ein bisschen nachwürzen. Nun aus dem Mehl und Ei einen Nudelteig herstellen. Diesen in die Suppe zupfen. Mit Paprika und Tomatenscheiben
garnieren.

Brandteigklösschen,
siehe Rezept Hochzeitsuppe

Brassoi, Brasauer Kleinbraten

Brassói aprópecsenye (übersetzt als "kleine Braten aus BrașovBrasov") ist ein
ungarisches Gericht. Es ist ein heißes Gericht aus Schweinefleisch und gewürzten Kartoffeln, zu denen Knoblauch, Zwiebeln, Paprika, Öl, Salz und Pfeffer
gehören können, obwohl es mehrere Variationen gibt.

500 gr. Schweineschulter
100 gr. Geräucherter Speck
1 Zwiebel
4 Knoblauch
1 roter Paprika
Pfeffer, Salz
1 kg Kartoffeln
Um das Original Brassói zu machen, waschen, schälen und die Kartoffeln in
Würfel schneiden. Heißes Öl erhitzen und zu einem schönen Braun braten.

45

In der Zwischenzeit das Fleisch waschen und in Würfel von der Größe der Kartoffeln schneiden.Den Speck und die Zwiebeln schneiden und in kleine Stücke schneiden. In die Pfanne dazugeben. Fügen Sie das Schweinefleisch hinzu, braten Sie es, bis es weiß ist, dann mit rotem Pfeffer, Salz, Pfeffer bestreuen und den zerdrückten Knoblauch dazugeben. Gießen Sie wenig Wasser an und setzen einem Deckel auf, bis das Fleisch völlig weich ist. Bei Bedarf ersetzen Sie das verdampfte Wasser. Wenn das Fleisch fast weich ist, fügen Sie den Majoran hinzu. Mischen Sie die Kartoffeln, die zuvor in Öl oder Fett gebacken wurden, mit dem saftigen Fleisch. Mit Gurkensalat heiß servieren.

Brätstrudelsuppe

für den Teig:
100 g Mehl
1 Ei
200 ml Milch
etwas Salz
2 Löffel Öl
für den Brät:
200 g Bratwurstbrät
1 Ei
3 Esslöffel Semmelbrösel
Muskat
Petersilie
Salz
Aus dem Teig 6 dünne Pfannkuchen / Eierkuchen backen und abkühlen lassen. Für das Brät alle Zutaten verarbeiten und würzen. Auf die Pfannkuchen das Brät dünn verteilen und aufrollen. In eine gefettete Auflaufform legen und bei 180 Grad ca. 15 min im Backofen garen. In 2 cm dicke Streifen schneiden und in einen Suppenteller geben. Mit heißer Brühe übergießen und mit Petersilie bestreuen.

Brätklösschen,

siehe Rezept Hochzeitsuppe

<h1 style="text-align:center">Die <u>Brennnessel</u></h1>

Wo Menschen sich niederlassen, sind Brennnesseln. Dem einen sind sie ein Dorn im Auge als Unkraut, wir nutzen sie als Medizin, Suppenbeilage, Dünger, Haarpflegeprodukt und Tee.

<h2 style="text-align:center"><u>Brennnessel in der Medizin</u></h2>

Tee: Im Sommer pflücken wir die kleinen Brennnesseln, von denen wir die Blätter abzupfen und in der Sonne auf einem Tablett trocknen. Dann trocken in ein Gefäß geben und aufbewahren. Die Wurzeln waschen wir sauber, trocknen sie gut durch und hacken sie.

Paste: Frische Brennnesseln hacken wir und geben soviel Wasser hinzu bis eine Paste entsteht. In ihr ist eine hohe Konzentration an Ameisensäure, die vor allem bei Rheuma hilft.

Pulver: Blätter und Wurzeln waschen, trocknen und im Mörser zu Pulver verarbeiten. Brennnessel hat einen hohen Eisengehalt und wird aufs Butterbrot gestreut zur Behandlung von Blutarmut herangezogen.

„Wenn man mir sagen würde, ich dürfte nur eine einzige Heilpflanze sammeln, dann wäre das zweifellos die Brennnessel." französische Kräutersammler Maurice Messegue:

<h2 style="text-align:center"><u>Brennnessel kann folgendermaßen helfen:</u></h2>

- gegen Nervosität (Wurzeln)
- Schlafstörungen beruhigen (Wurzeln)
- bei beginnender Wassersucht (Wurzeln)
- Rheumatismusbeschwerden lindern (Paste)
- Blutzuckerspiegel senken (Tee)
- virus- und Bakterieninfektionen bekämpfen (Tee)
- Linderung bei Allergien verschaffen (Tee)
  Immunsystem stärken (Tee)
  Frühjahrsmüdigkeit vermeiden (Tee)
- Hautbild verbessern bei Akne, Pickeln und Mitessern (Tee)

- Infektionen und Entzündungen der Harnwege lindern (Tee)
- Entstehung von Nierensteinen verhindern (Tee)
- blutreinigend und dank des hohen Eisengehalts blutbildend (Tee und Pulver)

Brennnesselhaarwasser
(hilft u. a. beim Kämmen und Juckreiz)

Das **Brennnessel Haarwasser** beruhigt strapazierte Kopfhaut. **Brennnessel-**Extrakt enthält einen natürlichen Antischuppenwirkstoff und kann so dazu beitragen, die Schuppenbildung zu verhindern. Als beruhigendes **Haarwasser** wirkt es Juckreiz entgegen und pflegt irritierte Kopfhaut.

4 TL Brennnesselblätter.
500 ml kochendes Wasser.

Das kochende Wasser auf die Brennnesselblätter gießen, zudecken und 15 Minuten lang ziehen lassen. Danach abseihen und in eine Flasche füllen. Nach dem Waschen die Haare mehrmals mit der Mischung durchspülen und diese sanft in die Kopfhaut einmassieren.

**Brennnesselklößchen,
nach Art von Gnocci**
Csalángombóc

Reichlich kleine Brennessel aus dem Garten in einer grossen Schüssel sammeln. Handschuhe anziehen. Ansonsten wird die Brennessel jetzt wie Spinat behandelt.
Zutaten für den Teig:
350 g gekochte Kartoffeln
250 g Kartoffelstärke
100 g Brennnesselpüree
2 Eigelbe
Salz
ggf. Wasser und Kartoffelstärke

Brennnesseln von den Stielen befreien. In reichlich Salzwasser kochen und in Eiswasser abschrecken. Das Kochwasser benötigen wir noch.

Die Brennnesseln komplett auspressen, am besten ein Küchenhandtuch nehmen, das Wasser muss raus. Mit einem scharfen Messer kleinschneiden.
Dann ein Küchenpürierstab nehmen und ein Messbecher und 2/3 der Brenn-
nesselstreifen mit einer kleinen Kelle Wasser pürieren. Bei Seite stellen. Das
muss eine dickliche Konsistenz haben, wie Brei. Die restlichen Brennnesseln
brauchen wir noch.

Dann Pellkartoffeln kochen und mit einer Spätzlepresse Kartoffelbrei draus
machen. Die Eier, die Stärke, Salz, wer mag Muskat dazugeben, gut verkneten
und 10 min ruhen lassen. Die Hälfte der Brennnessel dazugeben und durchkneten. In den Kühlschrank stellen. Nach 20 min kneten und kleine Würstchen
rollen und Stücke abschneiden. Daraus Klößchen rollen oder einfach so lassen,
sieht auch schön aus.

Die Klößchen werden dann in das kochende Brennnessel-Kochwasser gekippt
und das Wasser sofort runter geschaltet. Die Klößchen sind fertig, wenn sie
oben schwimmen. Gut abtropfen lassen. In einer Pfanne Butter auslassen und
die restlichen Brennnesseln drin braten. Dann die Klößchen in die Butter geben. Noch mal würzen und Parmesan drüber streuseln.

Brennnessel-Tee:

Im Sommer pflücken wir die kleinen Brennnesseln, von denen wir die Blätter
abzupfen und in der Sonne auf einem Tablett trocknen. Dann trocken in ein
Gefäß geben und aufbewahren. Drei bis vier Teelöffel frische oder einen Teelöffel getrocknete Brennnesselblätter in eine Tasse geben. Mit 200 ml kochendem Wasser übergießen. Zugedeckt 10-15 Minuten ziehen lassen. Abseihen,
mit Honig süßen und trinken.

Brennnesseljauche als Dünger

1 Eimer kleingeschnittene Brennnesseln mit Wasser übergießen und mit einem
Stein beschweren. 10 bis 14 Tage an einem dunklen Platz im Garten reifen
lassen. Vorsicht: die Jauche stinkt! Alles durch ein Sieb durchseihen. Die Pflanzenreste auf den Kompost tun. Die Jauche eignet sich sehr gut als Gartendün-
ger.

Brennnesseljauche als Schädlingsbekämpfung

1 Eimer kleingeschnittene Brennnesseln mit Wasser übergießen und mit einem Stein beschweren. 10 bis 14 Tage an einem dunklen Platz im Garten reifen lassen. Vorsicht: die Jauche stinkt! Alles durch ein Sieb durchseihen. Die Pflanzenreste auf den Kompost tun. Die Jauche eignet sich sehr gut als Schädlingsbekämpfung, Z. B. Gegen Blattläuse. Einfach die Stellen dick einsprühen.

Brennnesselshampoo

375 Milliliter destilliertes Wasser
25 Gramm milde Seife z. B. Arztseife
25 Gramm getrocknetes Brennnesselkraut
1 Teelöffel Pottasche (Apotheke)
15 Milliliter Arnikatinktur (Apotheke)
mildes Öl, z. B. Mandelöl, Zitronenöl, Orangenöl
ein Sieb
eine Reibe
einen Topf mit Deckel
1 große Flasche mit Deckel

Bringe das destillierte Wasser zum Kochen und gieße es über die Brennnesseln. Gib das getrocknete Brennnesselkraut in den Topf. Schließe den Topf mit einem Deckel und lass den Kräutersud für in etwa 30 Minuten ziehen. Reibe in der Zwischenzeit die Seife. Nach 30 Minuten kannst du den Sud durch das Sieb abgießen. Lass nun deine Seifenraspeln in dem Sud auflösen und gebe einen Teelöffel Pottasche dazu. Verrühre alles. Zum Schluss gibst du das Öl und die Arnikatinktur zu deinem Brennnessel Shampoo. Fülle das fertige Shampoo in eine saubere Flasche.

Brennnesselsuppe

Frisch gepflückte kleine, Brennnesseln, ca. 2 große Schüsseln
1 Suppengrün
1 große Kartoffel
1 Zehe/n Knoblauch (nach Bedarf)
Brühe zum Aufgießen
Salz
Pfeffer

Muskat

süße Sahne oder Milch

saure Sahne

Suppengrün säubern und klein schneiden, halbieren.
Die eine Hälfte benutzen wir, die andere frieren wir ein. Knoblauch in wenig
Öl andünsten. Das Suppengrün dazugeben und warten bis alles angebräunt
ist.Gewaschene Brennnesseln, hinzugeben und mitdünsten, bis die Brennnesseln in sich zusammengefallen sind. Kartoffel würfeln und hinzugeben. Mit
der Brühe auffüllen und ca. 20 -30 min. köcheln lassen. Alles pürieren und mit
Salz, Pfeffer und Muskat abschmecken. Ein wenig Sahne unterziehen. Mit
einem Klecks Saure Sahne garnieren

die <u>Bretzel</u>

Die Brezel ist ein pikantes oder süßes Gebäck in Form eines symmetrisch ver-
schlungenen Teigstrangs. Ihre Anfänge liegen im Mittelalter des deutschsprachigen Raums. Der Name Brezel wird vom lateinischen brachium abgeleitet
(„der Arm"; mutmaßlich bezogen auf das Verschränken beider Unterarme vor
dem Brustkorb). Seit dem Mittelalter wird die Brezel von der Bäcker-Zunft als
Zunft-zeichen und heute als Wahrzeichen von den Bäcker-Innungen sowie
den Bäckereien verwendet.

Im Laufe der Jahrhunderte bildeten sich zunehmend mehr Varianten der Brezel in immer mehr Regionen und Ländern aus. Am meisten verbreitet ist die
bayerische Brezn mit weitgehend gleicher Dicke und die schwäbische Brezel
mit einem dicken Bauch und zwei dünnen Armen.

Die typische Brezel-Variante von heute ist die Laugenbrezel. Eine Laugenbrezel besteht traditionell aus Weizenmehl, Malz, Salz, Backhefe, Fett (Margarine,
Butter) und Wasser. In manchen Regionen wird auch Schweineschmalz zugegeben. Varianten sind aus Vollkorn-, Dinkel- oder Mischmehlen erhältlich.
Zum Bestreuen des gelaugten Teigkörpers vor dem Backen verwendet der
Bäcker Salz in verschiedenen Körnungen oder Kümmel oder auch Ölsaaten
wie Sesamsaat.

<u>Brezel, Laugenbrezeln selber machen</u>

Zutaten für den Vorteig
100 g Weizenmehl 550
20 g Roggenmehl 1150
140 g Wasser (20°C)
1,2 g Frischhefe
Die Vorteigzutaten verkneten und 24 Stunden bei ca. 5°C reifen lassen.

Zutaten für den Hauptteig
gesamter Vorteig
280 g Weizenmehl 550
80 g Wasser (5°C)
2,8 g Frischhefe
8 g Salz
12 g Schweineschmalz/Butter
grobes Salz zum Bestreuen

Zubereitung
Alle Zutaten fünf Minuten auf niedrigster Stufe und weitere acht Minuten auf zweiter Stufe zu einem festen, geschmeidigen Teig kneten. Aufpassen, das der Teig nicht zu warm wird. Den Teig 60 Minuten bei Raumtemperatur (ca. 20°C) ruhen lassen. 100 g-Teiglinge abstechen, runde Kugeln formen und dann in ca. 45 cm langen Teigsträngen ausrollen. Brezeln schlingen und über Kopf 90-100 Minuten in Leinen bei Raumtemperatur reifen lassen. Die Teiglinge umdrehen, auf ein Blech setzen und im Kühlschrank 10-15 Minuten ruhen lassen. Dabei bildet sich eine Haut. In 4% iger Natronlauge 3-4 Sekunden lang laugen und auf mit Backpapier ausgelegte Bleche setzen. Die gelaugten Brezeln wahlweise flach am Bauch einschneiden und mit wahlweise mit grobem Salz bestreuen. Bei 250°C ohne Dampf 15 Minuten backen. Für den Glanz direkt nach dem Backen mit Wasser absprühen.

<u>Alte Brezeln verwenden</u>

Auf dem Backblech Backpapier benutzen. Den Ofen anheizen. Der Käse wird flüssig und tropft. Das Gebäck nach dem Backen mindesten 5 min abkühlen lassen. Folgenden Käse benutzen: Spätzle-Käse oder Auflauf-Käse oder Esrom.

1. Alte Brezel mit Wasser anfeuchten. Mit Speck und Käse reich belegen. Bei 180 Grad solange backen, bis der Käse schmilzt und er braun wird ca. 10 min).
2. Wie oben, aber noch geröstete Zwiebeln dazu geben.
3. Wie oben, ober Salami oder Schinken verwenden.
4. Wie oben, aber mit übrig gebliebener, kleingeschnittener Weißwurst und Käse überbacken.
5. für Brezel Hawaii Schinken und Ananas und Käse verwenden.

Brühe selber kochen, Brühe haltbar machen

Übrigens können Sie die Brühe auch ganz einfach haltbar machen, indem ihr sie direkt (und vor allem ganz heiß) in saubere Glasflaschen oder in Einmachgläser verteilt. Die Flaschen sollten bis etwa zwei Fingerbreit unter dem Deckel gefüllt werden und sofort mit dem Metallschraubdeckel verschlossen werden. Dann ohne sie weiter zu bewegen kalt werden lassen: Beim Abkühlen entsteht ein Vakuum und eure Brühe kann nun über Wochen auch ungekühlt gelagert werden.

Gemüse-Brühe selber kochen

Ihr braucht einen großen Kochtopf!
1 große Zwiebel
1 Knoblauchzehe (nach Bedarf)
1 Stange Lauch
2 Karotten
1 Scheibe Knollensellerie oder 2-3 Stangen
1 Handvoll Petersilie
2 Lorbeerblätter
4 Wacholderbeeren
Pfeffer & Salz
Öl zum Anbraten
Maggie zum abwürzen
Bevor Ihr die Brühe ansetzt, halbiert ihr eine große Gemüsezwiebel – die Schale bleibt dran. Den Topf schön heiß machen und die Zwiebel ohne Fett anbraten bis sie ganz braun ist und sich ein karamellartiger Duft verbreitet. Nun in ein paar Esslöffel Öl das kleingeschnittene Gemüse anbraten, zusammen mit den Gewürzen.

Den Topf zu ¾ mit kaltem Wasser (3 bis 4 Liter) auffüllen. Die Farbstoffe aus der Zwiebel-Schale lösen sich und geben der Fleischbrühe später ihre charakteristische Farbe. Ganz wichtig ist, das Wasser soll simmern, d. h. Auf ganz kleiner Flamme vor sich hin kochen. Nun kannst du die Brühe mit Salz und Pfeffer und einem Spritzer Maggie würzen.

Hühner-Brühe selber kochen

Ihr braucht einen großen Kochtopf!
Hühnerklein, 500 g
1 große Zwiebel
1 Knoblauchzehe (nach Bedarf)
1 Stange Lauch
2 Karotten
1 Scheibe Knollensellerie oder 2-3 Stangen
1 Handvoll Petersilie
2 Lorbeerblätter
4 Wacholderbeeren
Pfeffer & Salz
Öl zum Anbraten
Maggie zum abwürzen

Bevor ihr die Brühe ansetzt, halbiert ihr eine große Gemüsezwiebel – die Schale bleibt dran. Den Topf schön heiß machen und die Zwiebel ohne Fett anbraten bis sie ganz braun ist und sich ein karamelartiger Duft verbreitet. Nun in ein paar Esslöffel Öl das kleingeschnittene Gemüse anbraten, zusammen mit den Gewürzen.

Das Hühnerklein waschen und auf das Gemüse setzen. Kurz mit anrösten lassen. Den Topf zu ¾ mit kaltem Wasser (3 bis 4 Liter) auffüllen. Die Farbstoffe aus der Zwiebel-Schale lösen sich und geben der Fleischbrühe später ihre charakteristische Farbe. Einmal aufkochen lassen. Ganz wichtig ist, das Wasser soll jetzt nur noch simmern, d. h. auf ganz kleiner Flamme (Stufe 1) vor sich hin kochen. Nun kannst du die Brühe mit Salz und Pfeffer und einem Spritzer Maggie würzen. Für eine klare Brühe gießt ihr alles durch ein Sieb oder ein Leintuch.

Für eine Suppe mit Einlage gießt ihr alles durch ein Sieb. Das Gemüse kleinschneiden und erst mal beiseite tun. An den Hühnerknochen ist ganz viel

Fleisch, das pulst du ab und tust es in die Brühe. Man kann jetzt noch Suppennudeln oder Suppenmaultaschen dazugeben. Das kleingeschnittene Gemüse
kommt erst am Schluss dazu.

Rinder-Brühe selber kochen

Ihr braucht einen großen Kochtopf!
1 kg Rindfleisch mit Knochen (z.B. Beinscheiben, Rinderbrust, Rippen)
2 große Zwiebeln
1 Knoblauchzehe
1 Stange Lauch
2 Karotten
1 Scheibe Knollensellerie oder 2-3 Stangen
1 Handvoll Petersilie
2 Lorbeeblätter
4 Wachholderbeeren
Pfeffer & Salz
Öl zum Anbraten
Maggie zum abschmecken
Öl in einem großen Topf erhitzen und das grob gewürfelte Gemüse hineingeben. Heiß anbraten bis Röstspuren erscheinen. 2 große Zwiebeln mit Schale
würfeln und dazugeben. Das Fleisch hinzugeben, umrühren und noch einmal
kurz anbraten. Das Fleisch sollte übrigens genügend klein geschnitten sein, so
dass ihr es gut mit Flüssigkeit bedecken könnt. Wenn es nicht schwimmt,
können sich die Aromen nicht in die Brühe lösen. Petersilie, Wachholderbeeren und Lorbeerblätter hinzugeben und mit etwa 3 bis 4 Liter kaltem Wasser
übergießen. Auf keinen Fall darfst du das Wasser salzen oder würzen, das Salz
zieht den Geschmack aus dem Fleisch und es wird nicht lecker. Im normalen
Topf einmal aufkochen, dann runterdrehen und mit geschlos-senem Deckel
für 4 bis 5 Stunden leicht köcheln. Ganz zum Schluss mit Maggie, Salz und
Pfeffer abschmecken. Die Brühe in einen anderen Topf durch ein Sieb abgießen
und mit Salz und Maggie abwürzen. Das Fleisch von der Beinscheibe klein
schneiden und mit gekochten Kartoffeln mit Meerrettich aus dem Glas essen.
Oder die Rinderfleischbrühe erwärmen. Kartoffeln klein schneiden und kochen, Portion Spätzle kochen. Mit dem kleingeschnittenen Rindfleisch in einem kleinen Topf einen Gaisburger Marsch zubereiten.

Brokkoli

oder Broccoli auch Bröckel-, Spargel- oder Winterblumenkohl genannt, ist eine mit dem Blumenkohl verwandte Gemüsepflanze.

Brokkoli wachsen ähnlich wie Blumenkohl. Geerntet wird Brokkoli, sobald die mittlere Blume gut ausgebildet und noch geschlossen ist. Die noch geschlossenen Blütenstände werden mit 10 bis 15 Zentimeter langem Stiel und Blättern abgeschnitten. Aus den Seitenknospen entwickeln sich weitere kleine Blütenköpfe, die zu einem späteren Zeitpunkt geschnitten werden können. Geerntet und verwertet werden kann die Blume alleine als Blütengemüse oder komplett mit den kräftigen Stielen.

Der aus Kleinasien stammende Brokkoli war in Europa zunächst nur in Italien bekannt. Durch Caterina de' Medici gelangte er im 16. Jahrhundert nach Frankreich und als „italienischer Spargel" nach England, um schließlich vom US-amerikanischen Präsidenten Thomas Jefferson im 18. Jahrhundert, zunächst als Versuchspflanze, in die Vereinigten Staaten eingeführt zu werden. Hauptanbaugebiete in Europa sind die westlichen Mittelmeerländer, vor allem die Gegend um Verona in Italien.

Brokkoli ist besonders reich an Mineralstoffen wie Kalium, Calcium, Phosphor, Eisen, Zink und Natrium und Vitaminen wie B1, B2, B6, E und besonders Ascorbinsäure (Vitamin C) und Carotin (Provitamin A). Brokkoli kann man sowohl roh als auch gegart genießen. Nicht nur die Röschen, sondern auch die zarten Blätter und die Stängel, die sich wie Spargel anrichten lassen, sind essbar.

Frischen Brokkoli erkennt man beim Kauf an seiner kräftigen Farbe und den geschlossenen Blüten. Er sollte kühl, am besten in einer Frischhaltefolie im Gemüsefach im Kühlschrank, gelagert werden. Auf diese Weise hält er bis zu drei Tage. Wird der Brokkoli zu warm gelagert, so verliert er täglich mindestens zehn Prozent seines Vitamin-C-Gehalts.

Brokkolisuppe

½ Bund Suppengemüse
500 g Brokkoli
1 l Gemüsebrühe

1 EL fein gehackte Petersilie
1 Prise Kurkuma
Salz
Pfeffer
2 Esslöffel Sahne
geröstete Nüsse
Suppengemüse und Brokkoli putzen und waschen. Sellerie, und Möhre würfeln, Lauch in Ringe schneiden, Brokkoli in Röschen teilen. Wasser aufkochen und das Gemüse hineingeben. 10 Minuten bei geringer Temperatur köcheln lassen. Herd ausschalten und Suppe pürieren. Die Sahne unterziehen. Mit Petersilie und den Gewürzen abschmecken. Vor dem Servieren mit den Nüssen servieren

Brokkoli mit Rindfleisch

600 g Rindfleisch, mageres, in dünne Streifen geschnitten
7 EL Sojasauce
4 EL Speisestärke
1 TL Zucker
1 Zehe/n Knoblauch, fein gewürfelt
1 TL Ingwer, frisch gerieben
2 Zwiebel(n), in feine Spalten geschnitten
500 g Brokkoli
3 EL Öl (Erdnussöl)
350 ml Wasser

Geriebenen Ingwer, Knoblauch, Zucker mit 2 EL Speisestärke und 3 EL Sojasauce vermischen. Rindfleisch darin einlegen und mindestens 15 Minuten ziehen lassen. Brokkoli putzen und die Röschen in mundgerechte Stücke schneiden. 2 EL Speisestärke mit 3 EL Sojasauce und 350 ml Wasser mischen. 1 EL Öl in einem Wok erhitzen, Rindfleisch darin ca. 3 Minuten scharf anbraten, dann herausnehmen. Restliche 2 EL Öl in die Pfanne geben und Brokkoli mit den Zwiebeln darin bissfest anbraten. Dann Rindfleisch und die Sojasauce-Wasser-Mischung dazugeben und aufkochen, bis die Sauce eindickt. Evtl. mit etwas Sojasauce abschmecken. Dazu Reis servieren.

<u>Brokkoliauflauf</u>

6 mittlere, festkochende Kartoffeln
1 Brokkoli
Butter
3 EL Mehl
250 ml Gemüsebrühe
250 g Sahne zum Kochen
Salz und Pfeffer
Muskat, Prise Zimt
100 g geriebener Käse
Kartoffeln schälen und in Würfel schneiden. Brokkoli in Röschen schneiden.
Kartoffeln in einen Topf geben, mit kaltem Wasser auffüllen und salzen. Aufkochen und 10 Minuten vorkochen. Brokkoli zugeben und 2-3 Minuten mitkochen. der Brokkoli soll nur angekocht sein. Er wird im Ofen alleine weich.
Backofen auf 180 Grad Ober- und Unterhitze vorheizen. Butter in einer Pfanne
erhitzen. Mehl mit einem Schneebesen einrühren, bis eine goldgelbe Mehlschwitze entsteht. Nach und nach Gemüsebrühe und Sahne einrühren und die
Sauce unter Rühren andicken lassem. Mit Salz, Pfeffer und Muskat und Zimt
würzen. Kartoffeln und Brokkoli in eine Auflaufform geben und mit der Sauce
vermengen. Alles mit geriebenem Käse bestreuen und 20 – 30 Minuten im
Ofen backen.

Variante mit Spirellinudeln
Variante mit Hühnerbrust
Brokkoli schmeckt mit Möhren sehr gut.
Einfach Möhrenstücke mit in den Auflauf geben.

<u>Brotgurken</u>

Brotgurken, schmecken ganz fein und knacken ordentlich.

Sicherlich habt ihr auf den Speisekarten der ungarischen Restaurants auch
schon Brotgurken oder ungarische Gurken als Beilage gefunden. Oft gibt es
diese auf den Tellern dazu. Sehr fein ist auch der Gurkensalat mit einem
Klecks Saurer Sahne. Manche Restaurants bieten auch das Gurkenwasser verdünnt mit Soda und Eis an. Das ist schon speziell, ist aber an heissen Tagen
sehr erfrischend.

Was braucht man für die ungarischen Gurken? Zum ersten braucht man dafür ein spezielles Gär-Glas. Diese können ca 5 Liter aufnehmen. Dazu ein Deckel, der oben Luft raus lässt. Unser Freund A. hat gesagt, dass man auch einen normalen Deckel oder Papier und eine Kordel nehmen kann.

Und dann Roggenbrot und Dill und Knoblauch. Zum Füllen eines 3 Liter Glases werden 2 Kg Gurken benötigt. Die richtigen Gärgurken sind 10 bis 12 Zentimeter lang, 2 Finger dick und knackig frisch vom Markt. Die Gurken werden auf Märkten und in vielen Geschäften gleich zusammen mit ganzen Stengeln Dillkraut angeboten. Nun noch eine dicke Scheibe Brot (am besten dunkles) bereitlegen, 2 Knoblauchzehen und Salz. Die Gurken erst in eine große Schüssel mit lauwarmem Wasser legen, damit sich der an der Schale haftende Sand löst, dann unter fließendem Wasser, eventuell mit einer Bürste gründlich säubern.

Die beiden Enden abschneiden und das Fruchtfleisch kreuzweise einritzen. Gut einen Liter Wasser mit einem gehäuften Eßlöffel Salz aufkochen und etw. 5 Minuten abkühlen lassen. Den Boden des Einmachglases mit der Hälfte des Dills sowie mit einer geschälten in Scheiben geschnittenen Knoblauchzehe auslegen. Die Gurken möglichst dicht nebeneinander und darüber schichten. Ist das Glas bis zu der Hälfte voll, folgt eine zweite Dill-Knoblauch Schicht, obenauf legt man nun die Brotscheibe. Danach Salzwasser über die Gurken gießen, so dass diese ganz bedeckt sind und auch das Brot durchfeuchtet wird. Das Glas mit einem Deckel oder kleinem Teller oder Papier zudecken und in die Sonne stellen. Innerhalb von 3 - 4 Tagen sind die Gurken ausgegoren.

Das Aufgußwasser trübt sich während der Gärung, wird undurchsichtig und milchig. Bevor man den Gärprozess abschließt, empfiehlt sich eine Kostprobe. Die Brotgurken sollten angenehm säuerlich schmecken und knackig sein. Auf keinen Fall dürfen sie zu weich sein, denn bei Hinein- beißen müssen sie richtig knacken. Nun die Brotscheibe entfernen, die Gurken herausnehmen und abspülen.

Anschließend in kleinere, gut verschließbare Gläser umfüllen und durch ein sehr feines Sieb das Gärwasser hinzugießen. Gut verschlossen bleiben sie im Kühlschrank einen Monat haltbar.

Brotpfannkuchen mit Schinken

alte Brötchen, altes Brot oder Weißbrot (pro Person 2 Scheiben oder 1 Brötchen) wenig warme Milch zum Einweichen
pro Person 1 Ei
pro Person eine 1/ 2 Scheibe Kochschinken
1 große Zwiebel
Butter
Salz, Pfeffer, Paprika
wer mag Reibekäse

Brot oder Brötchen mit der warmen Milch einweichen. Milch nicht wegschütten. Die gehackte Zwiebel mit dem gewürfelten Schinken in einer großen Pfanne anbraten. Inzwischen die Eier mit dem weichen Brötchen vermengen, würzen. Ggf. den Käse unterheben. Den entstandenen Teig auf die Zwiebeln und Schinken gießen. Gut anbacken lassen. Nun den Brotpfannkuchen wenden. Die Flamme runter drehen. Einen Deckel auf die Pfanne tun und mindestens 10 min nur ziehen lassen. Der Teig sollte jetzt luftig hochkommen.
Man isst dazu Kartoffelsalat (siehe Rezept) oder grünen Salat, oder Gurkensalat (siehe Rezept)

sahniger Butterkuchen mit und ohne Mandeln

Hefeteig nach Rezept vorbereiten
Für den Belag
150 Gramm Butter
120 Gramm Zucker
100 Gramm Mandelblättchen (nach Bedarf)
Zum Beträufeln 120 Milliliter Sahne.
Backofen auf 190 Grad Ober- und Unterhitze vorheizen. Mit einem Kochlöffelstiel kleine Vertiefungen bzw. Mulden in den gegangenen Teig drücken. Butter in Flöckchen auf dem Teig verteilen. Gleichmäßig mit Zucker und Mandeln bestreuen. Butterkuchen ca. 20 bis 25 Minuten goldgelb backen. Noch heiß mit flüssiger Sahne begießen.
Variante: Kokosflocken verwenden oder Buttermilch anstatt Sahne

Buttermilchpfannkuchen
mit Apfelmus nach Art von Palatschinken

für die Buttermilchpfannkuchen
2 große Eier
1 Becher Buttermilch
1 Vanillezucker
1/2 Backpulver
4 Esslöffel Zucker
Prise Salz
große Tasse Mehl
2 Esslöffel Öl zum Ausbraten

für das Apfelmus
4 mittlere Äpfel
2 Esslöffel Zucker
1 Vanillezucker
½ Glas Wasser
Spritzer Zitrone

Die Äpfel nur entkernen und in Stücke schneiden. Mit ½ Glas Wasser für 20 min auf kleiner Flamme kochen bis sie weich sind. Danach durch eine flotte Lotte durchdrehen. Spritzer Zitrone dazugeben und durchrühren. Die Eier trennen. Das Eiweiß mit einer Prise Salz aufschlagen, kurz vor dem festwerden 1 Teelöffel Zucker dazugeben. Die Buttermilch zusammen mit den Eigelben, Zucker und Mehl, Backpulver luftig aufschlagen. Der Teig sollte dick und cremig sein. Jetzt das geschlagene Eiweiß runterheben. Den Teig für 10 min stehen lassen. Öl in der Pfanne heiß werden lassen. Die Flamme auf ¾ Stärke der Hitze belassen. Pfannkuchen goldgelb ausbraten. Nach dem ersten Wenden einen Deckel auf die Pfanne geben. So wird der Pfannkuchen so richtig fluffig. Je 2 Pfannkuchen mit Apfelmus servieren.

Butterteig für viele Plätzchen

200 gr Butter
250 gr Zucker
2 mittlere Eier
500 gr Mehl
Zitronenabrieb

Kalte Butter schaumig rühren, Zucker und Eier dazugeben, dann langsam das
Mehl und den Zitronenabrieb. Alles gut verkneten und eine Kugel formen
In den Kühlschrank stellen für 1 Stunde. Sehr dünn ausrollen und Plätzchen
ausstechen. Bei 175 Grad 12 Minuten backen.

C

Champignons, gefüllte

Butter
8 grosse Champignons
120 gr. Hackfleisch
3 EL Semmelbrösel
1 Eigelb
2 EL Petersilie
Salz, Pfeffer
Olivenöl

Backofen auf 200 Grad anheizen. Ein Blech mit Backpapier auslegen und Butterflöckchen verteilen. Pilze putzen und Stiele herausdrehen. Ggf. auch das
Innere herausschneiden, aber nicht wegwerfen. Hacken und in eine Schüssel
geben. Hier kommen nun das Hackfleisch, Semmelbrösel, Eigelb, Gewürze
und Petersilie dazu. Bällchen füllen und in die Pilze geben. Bisschen Olivenöl
drüber träufeln und 20 Minuten backen

Chicorée

Wenn es um Chicorée geht, scheiden sich die Geister: Den einen ist das Gemüse zu bitter, die anderen lieben es gerade für seinen herben Geschmack. In
jedem Fall lohnt es sich, dem hellen Gemüse eine Chance zu geben, denn es ist
reich an Vitaminen sowie Mineralstoffen und hat wenige Kalorien. Chicorée
wird im Winter geerntet und gehört somit zu den frischen Gemüseköstlichkeiten für die kalte Zeit. Der Chicorée gehört zu der Familie der Korbblütler.
Viele der Pflanzenarten dieser Familie sind für ihre heilenden und geschmacklichen Qualitäten bekannt, so zum Beispiel die Arnika und die Artischocke.
Chicorée-Blätter sind reich an wertvollen Nährstoffen, wie beispielsweise:

Vitamin B1, Vitamin B2, Vitamin C, Carotin, Phosphor, Kalium, Kalzium. Mit
einem Kaloriengehalt von nur 17 Kilokalorien pro 100 Gramm kann das Wintergemüse außerdem mit gutem Gewissen verzehrt werden.

Seinen bitteren Geschmack verdankt der Chicorée mitunter dem Lactucopikrin
(früher Intybin genannt). Dieser Bitterstoff hat eine unterstützende Wirkung
auf die Verdauung: Er regt die Gallenblase und die Bauchspeicheldrüse an.

Beide Drüsen sind für die Produktion wichtiger Hormone und Enzyme zuständig, die es erst möglich machen, Stoffe aus der Nahrung aufzunehmen. Bitterstoffe sollen außerdem blutzuckersenkend und schmerzstillend wirken.

Ein alter Hausfrauentipp von Frau Vogt vom Chicoréehof in Blaufelden-Heufelwinden. Hat man starkes Sodbrennen, soll man einen rohen Chiorée Blatt für Blatt essen. Ich habe es ausprobiert, es funktioniert prima. Zudem ist der Chicorée reich an Ballaststoffen und dem Zucker Inulin. Diese Substanzen spielen eine Rolle bei der Vorbeugung von Darmerkrankungen, so zum Beispiel von Darmkrebs. Dank des Inulins kann Chicorée in kleinen Mengen beispielsweise auch Blähungen lindern. Aber Vorsicht: In zu großen Dosen kann Inulin die Tätigkeit des Darms stärker als gewünscht anregen und so selbst wiederum blähend wirken.

Außerdem wirken die hellen Blätter harntreibend und spielen eine Rolle bei der Regulation des Säure-Base-Haushalts. Diese Eigenschaften machen den Chicorée besonders für Rheumatiker geeignet.

Chicorée mit Oubatzter

15–20 Chicoréeblätter
200g Camembert
40g Butter
1 große Zwiebel
nach Bedarf Kümmel, Salz, Pfeffer, Muskat, Paprika

Fünfzehn bis zwanzig Chicoréeblätter abzupfen und waschen. Kleiner Tipp: Wenn Sie die Blätter kurz lauwarm abwaschen, ist der Chicorée weniger bitter. Camembert, Butter und Zwiebel kleinschneiden und mit einer Gabel gut verkneten. Mit einem kleinen Löffel die Masse auf die vorbereiteten Blätter verteilen. – Fertig sind die hübschen Chicorée-Schiffchen. Der perfekte Appetizer!

Fruchtiger Chicoréesalat

400g Chicorée
1 Apfel
1 Banane
1 kleine Dose Mandarinen

Salatsoße
125ml Sahne
1 Becher Naturjoghurt
Mandarinensaft
2–3 EL Zitronensaft

Chicorée kleinschneiden und waschen; Obst schneiden. Die Zutaten für die
Salatsoße verrühren, mit den Salatzutaten vermengen und durchziehen lassen.

Chicoréesuppe

500 Gr. Chicorée
1 Becher süsse Sahne
1 Ei
Brühe
Pfeffer, Salz, Muskat
Weissbrot
Brühe

Chicoréeköpfe in der Hälfte durchschneiden, den Strunk entfernen und die
Köpfe grob schneiden. Dann 10 Minuten in wenig Wasser mit Brühwürfel
kochen. Dann pürieren. Die Sahne mit dem Ei in einer separaten Schüssel
verquirlen. Das Ei-Sahne-Gemischder Suppe hinzugeben. Nach Bedarf würzen und während die Suppe noch etwas köchelt, das Brot würfeln und in etwas Butter rösten. – Fertig sind die leckeren Croûtons! Die perfekte Ergänzung
zum cremigen Gaumenschmaus.

Chicorée überbacken

1–2 Köpfe Chicorée pro Person
200g gekochter Schinken
200g geriebener Käse
1 Löffel Butter
1 Zitrone
1 Tasse Wasser
Salz, Muskat, Semmelbrösel

Die Strünke des Chicorée entfernen und 10 Minuten in Salz-Zitronen-Wasser
mit Butter und Muskat dünsten. Nach dem Abtropfen auf ein Blech oder in

eine Auflaufform geben. Den kleingeschnittenen gekochten Schinken und den geriebenen Käse darübergeben, mit Butterflöckchen belegen und ggf. mit Semmelbröseln bestreuen. Im vorgeheizten Backofen 15 bis 20 Minuten überbacken.

Pikanter <u>Chicoréesalat</u>

500g Chicorée
200g Schinkenwurst oder gekochter Schinken
150g gewürfelter Emmentaler
1 kleines Glas Tomatenpaprika
3 große Gewürzgurken
1 Zwiebel
Marinade:
Salz, Salatkräuter, Essig, Öl
zum Verzieren: 1–2 hartgekochte Eier
Den Chicorée kleinschneiden und waschen. Schinken, Käse, Tomatenpaprika, Gewürzgurken und Zwiebel schneiden. Salat abtropfen lassen. Währenddessen Marinade zubereiten und alle Zutaten durchmischen. Die hartgekochten Eier vierteln und den Salat damit garnieren.

<u>Französische Croissants,</u> Francia croissant
Nach einem Rezept von der deutschen Bäckerinnung

In Ungarn gibt es oft nur Croissants, die in Supermärkten im Brotregal verkauft werden. Diese werden zu 90 Prozent in Großbäckereien hergestellt und sind ziemlich trocken. Ich kenne nur eine Bäckerei in Szombately, die selber Buttercroissants herstellt. Daher habe ich begonnen, selber welche zu backen. Dieses Rezept funktioniert gut und man kann den Teig gut einfrieren.

Zutaten (für 11 Croissants)
Grundteig:
500 g Weizenmehl (Type 65 oder 550)
50 g Zucker
1Ei (Gr. M)
10 g Hefe
20 g Butter
10 g Salz
210 ml kaltes Wasser

Butterplatte:
225 g Butter
25 g Mehl (Ihrer Wahl)

Alle Zutaten für den Grundteig in die Küchenmaschine geben und für 3 Minuten im langsamen und für 8 Minuten im schnellen Gang miteinander verkneten. Tipp: Das zugeführte Wasser sollte nicht mehr als 15° C haben. Der Teig sollte kalt geführt werden. Nun den Teig für mindestens 3 bis 5 Stunden abgedeckt kalt stellen – am besten aber über Nacht. Jetzt die Butterplatte vorbereiten. Dafür die Butter direkt aus dem Kühlschrank nehmen und mit dem Mehl vermengen. Eine Platte formen (ca. die Form und Größe einer Tafel Schokolade) und ebenfalls in den Kühlschrank geben.

Nach der Ruhezeit alles aus dem Kühlschrank nehmen und die Butterplatte auf ca. 15 x 25 cm ausrollen. Den Teig auf die gleiche Breite, aber die doppelte Länge ausrollen. Jetzt die Butterplatte auf den ausgerollten Teig legen und die Butter in den Teig gut einschlagen. Nun das Butter-Teig-Gemisch auf 60 x 20 cm ausrollen. Tipp: Sehr gleichmäßig und rechteckig ausrollen. Dann ein Drittel des Teiges zur Mitte hin einschlagen und von oben das andere Drittel darüber legen. Es entstehen drei Lagen Teig. Das nennt man Tourieren.

Das Ganze nochmal wiederholen und den Teig für 30 Minuten zurück in den Kühlschrank stellen. Nach den 30 Minuten das Ganze ein letztes Mal wiederholen und dann wieder in den Kühlschrank stellen.

Jetzt den Teig wieder ausrollen auf eine Bahn mit einer Höhe von ca. 18 cm. Dann die Teigbahn in 13 bis 15 cm breite Abschnitte am unteren Ende einteilen. Am oberen Ende dasselbe machen, aber auf die Mitte der unteren Einteilung versetzt. Jetzt alles mit dem Pizzaroller zu Dreiecken schneiden.
Formen: Ein Dreieck dazu nehmen und es aufrollen. Dabei die Spitze kräftig ziehen, sodass sich das Teigstück beim Rollen etwas verlängert. Halbmondförmig formen und wieder über Nacht in den Kühlschrank stellen.
Am nächsten Tag die Croissants aus dem Kühlschrank nehmen, mit Ei bestreichen und für 1 bis 3 Stunden bei Raumtemperatur (am besten jedoch 25 bis 28° C) gehen lassen. Den Ofen auf 200° C Ober-/Unterhitze vorheizen und dann für 20 bis 22 Minuten backen.

<u>**Csipetke**</u> **(Zupfnockerl)**

Zutaten für 4 Personen
120 gr Mehl
1 Ei
1 Teelöffel Salz

Zubereitung:
Das Mehl in eine Schüssel sieben und mit Salz würzen. In der Mitte eine Vertiefung machen, das Ei hineinschlagen und mit den Fingern mit dem Mehl vermischen. Wenn es grob vermischt ist, zu einem glatten, homogenen Teig kneten. Zu Knödeln formen, in Frischhaltefolie wickeln und 20 Minuten ruhen lassen. Dann auf einem bemehlten Brett zwei bis drei Millimeter dick ausrollen, in Quadrate schneiden und in kleine Stücke drücken. Wenn der Teig klebrig und schwer zu handhaben ist, mit etwas Mehl bestäuben. Die Csipetke in den letzten fünf Minuten der Kochzeit in die Suppe geben oder in einem separaten kleinen Topf mit Salzwasser kochen.

D

Dampfnudel / Germknödel / Hefeklösse

Dampfnudel:

Die Dampfnudel ist ein meist ein Hefeknödel mit Vanillesauce. Wie der Germknödel werden Dampfnudeln hauptsächlich aus Mehl und Hefe gemacht. Bei den Dampfnudeln wird aus dem Teig Kugeln geformt, die dann mit etwas Milch und Zucker in einen breiten, flachen Topf gesetzt werden. Hier werden sie bei geschlossenem Deckel gedämpft. Wichtig ist, dass man zwischendurch keinen Blick in den Topf wirft, da die Dampfnudeln dann wieder zusammenfallen. Nach der Dämpfzeit hat sich am Boden der Dampfnudel eine schöne braune Kruste gebildet.

Dampfnudeln mit Vanillesauce

Dampfnudel
160 ml Milch
70 g Zucker
10 g frische Hefe
250 g Mehl (gesiebt)
1 Ei
1 Eigelb
50 g Butter (weich)
Mehl (zum Bearbeiten)

Vanille-Sauce

1 Vanilleschote oder 1 Vanille-Zucker
450 ml Milch
2 El Zucker
Salz
5 g Speisestärke
2 Eigelb

Dampfnudel mit Kirschkompott

1 Glas Sauerkirschen
1 Teelöffel Speisestärke
1 Vanille-Zucker

Für das Kirschkompott die Kirschen mit dem Vanillezucker in einem Topf
mischen. Ein bisschen Kirschsaft mit der Stärke glattrühren und unter die
Kirschen heben. Unter ständigem Rühren aufkochen und kalt servieren.
Für den Teig 60 ml Milch mit 10 g Zucker erwärmen, Hefe darin auflösen.
Hefemilch mit Mehl, 40 g Zucker, Ei, Eigelb und Butter mit den Knethaken des
Handrührers zu einem geschmeidigen Teig verarbeiten. Teig zugedeckt 90
Minuten gehen lassen.

Für die Sauce Vanilleschote längs aufschneiden, Mark herauskratzen. 300 ml
Milch mit Zucker, Vanilleschote und -mark und 1 Prise Salz kurz aufkochen,
beiseite stellen und 10 Minuten ziehen lassen. Vanilleschote entfernen. Restli-
che Milch mit Stärke und Eigelb verrühren. Diese erneut aufkochen. Milch-
Eigelb-Mischung unterrühren und bei milder Hitze 2 Minuten köcheln lassen.
Sauce abkühlen lassen.

Den Hefeteig auf einer leicht bemehlten Arbeitsfläche kurz durchkneten, zu
einer Rolle formen. Aus der Rolle 10 gleich große Stücke schneiden. Jedes
Stück zu einer Kugel formen. Kugeln zugedeckt nochmals 30 Minuten gehen
lassen. Restliche Milch mit restlichem Zucker in einen breiten flachen Topf
geben. Dampfnudeln mit etwas Abstand zueinander vorsichtig hineingeben.
Zugedeckt bei mittlerer bis starker Hitze 20-22 Minuten dämpfen. Am Topf-
boden soll sich eine leicht hellbraune Kruste bilden. Dampfnudeln mit einer
Palette oder einem Heber vorsichtig aus dem Topf nehmen und auf Teller
geben. Dazu Vanillesauce und/ oder ein Fruchtkompott servieren.
Variante: mit Mohn und Puderzucker bestreuen.

Gebratene Dampfnudel mit Weinschaumsoße

Sie benötigen eine große gute Pfanne mit gut schließendem Deckel und eine
Eieruhr.

Dampfnudel:

160 ml Milch
70 g Zucker
10 g frische Hefe
250 g Mehl (gesiebt)
1 Ei
1 Eigelb
50 g Butter (weich)
Mehl (zum Bearbeiten)
1 halbe Tasse Öl (geschmacksneutral)
Salz aus der Salzmühle
1 Tasse Wasser

Weinschaumsoße:

3 Eigelb
3 gestrichene Esslöffel Zucker
Prise Salz
1 / 2 Glas Weißwein

Aus den Zutaten für die Dampfnudel einen weichen Vorteig zubereiten und über Nacht in den Kühlschrank stellen. Ca. 2 Stunden vor dem Kochen aus dem Kühlschrank nehmen und einmal gut durchkneten. 1 halbe Tasse Öl (geschmacksneutral) langsam in den Teig einarbeiten, gut durchkneten und für eine Stunde an einem warmen Ort gehen lassen. Erneut kneten und nicht zu dünn ausrollen. Mit einem Wasserglas runde Teiglinge ausstechen.

2 Esslöffel Öl in der Pfanne warm machen, es darf aber nicht zu heiß werden (Stufe 4). In die Pfanne nun Salz aus der Salzmühle streuen und die Teiglinge einsetzen. Genügend Platz lassen, der Teig geht noch auf. Sofort mit 1 Tasse Wasser aufgießen und mit dem Deckel verschließen (Stufe1). Nach genau 8 min die Teiglinge umdrehen und den Herd abschalten. Die Bratseite muss appetitlich braun gebraten sein.

In der Zwischenzeit über einem Wasserbad 3 Eigelbe, Salz, Zucker und den Weißwein gut mit dem Schneebesen aufschlagen. Wer mehr Alkohol möchte, kann ein Glas Weinbrand oder Amaretto mit in die Creme geben. Sobald die Creme anzieht, vom Herd nehmen, sonst wird alles zu Rührei.

71

Die Dampfnudel mit der Creme anrichten. Dazu passt auch noch Obst-Kompott aus Kirschen oder Pflaumen.

Debrecziner

ist eine Brühwurstspezialität, die besonders in Österreich, Süddeutschland und in den Nachfolgestaaten der österreichisch-ungarischen Monarchie beliebt ist. Die Wurst trägt den Namen der Stadt Debrecen im Osten Ungarns.

Deftige Wurst: Debreceni páros kolbász. Wenn Sie Lust auf ein weiteres einfaches, deftiges Gericht haben, greifen Sie zu Debreceni páros kolbász. Die Würste sind hierzulande auch unter dem Namen Debrziner bekannt.

Benannt ist sie nach Debrecen, einer Stadt nahe der rumänischen Grenze. Das ungarische Original besteht aus Rind- und Schweinefleisch, ist mit edelsüßem Paprika gewürzt und leicht geräuchert. Sie werden gekocht, im Backofen gebacken oder angebraten und landen meist als Paar auf dem Teller. Serviert werden die Würste mit Meerrettich und Senf sowie Weißbrot. Sie dürfen als Snack auf keinem Jahrmarkt fehlen, dienen jedoch auch wegen ihrem leicht rauchigen Geschmack als Zutat für Suppen und Eintöpfe.

Die original ungarische Debrecziner ist eine leicht geräucherte Wurst aus Rind- und Schweinefleisch mit edelsüßem Gewürzpaprika. Sie ist Bestandteil einer Reihe verschiedener ungarischer Gerichte, denen sie den erwünschten würzigen Räuchergeschmack verleiht, z. B. dem Debrecziner Gulasch. Im Gegensatz zu lang geräucherten Wurstsorten, die beim Kochen hart werden, bleiben Debrecziner auch nach längerer Garzeit weich und saftig.

Grobes Schweinefleischbrät wird mit edelsüßem Paprika gewürzt, in Naturdärme gefüllt, gegart und geräuchert. Dabei werden Schafsdärme bevorzugt, da die Wurst bei Verwendung von Schweinedärmen viel zu dick werden würde. In Ungarn werden traditionell scharfe Paprika und/oder Chili verwendet.

Dobostorta – ideal für die Kaffeepause

Die vermutlich bekannteste Backware des Landes ist die Dobostorta. Sie wurde im Jahr 1895 von Jószef Dobos, einem Konditormeister, erfunden. Wenn Sie Dobostorta nachkochen möchten, benötigen Sie Zeit und Geduld. Sie besteht nämlich nach Originalrezept aus exakt acht Schichten Biskuit, die mit einer

Schokoladencreme zusammengesetzt werden. Für die nötige Stabilität des Backwerks sorgt ein Überzug aus Karamell. Sogar der berühmte amerikanische Künstler Andy Warhol kannte die Süßigkeit.

6 Eier (Größe M)
170 g Zucker
1 Pck. Vanillezucker
150 g Mehl
1 gestr. TL Backpulver
Zum Karamellisieren
200 g Zucker
Schokocreme
250 g weiche Butter
200 g gesiebter Staubzucker
30 g gesiebter Backkakao
200 g
erweichte Schokolade
1 Röhrchen Aroma Rum
Zum Verzieren
50 g Raspelschokolade Vollmilch
vorbereitete Tortenstücke
Spezial-Sandmasse
6 Eier (Größe M)
170 g Zucker
1 Pck. Vanillin Zucker
150 g glattes Mehl
1 gestr. KL Backpulver

Eier mit Zucker und Vanillin Zucker mit dem Handmixer (Rührstäbe) cremig aufschlagen. Mehl mit Backpulver vermischen, darübersieben und mit dem Kochlöffel unterheben. 4 EL von der Masse rund (24 cm Ø) auf ein mit Backpapier ausgelegtes Backblech streichen. Das Blech in die untere Hälfte des vorgeheizten Ofenes schieben. Backzeit: etwa 10 Min. Ober- und Unterhitze: 200 °C Heißluft: 180 °C. Diesen Vorgang noch 6-mal wiederholen. Die einzelnen Böden mit einem Tortenring sofort nach dem Backen ausstechen.
Zum Karamellisieren benötigen wir 200 g Zucker. Den Zucker unter Rühren erhitzen und goldgelb karamellisieren. Den Karamell mit einem befetteten Messer auf einen Tortenboden streichen und mit einem befetteten Messer

sofort in 12 gleiche Stücke schneiden.

Schokocreme
250 gweiche Butter
200 ggesiebter Staubzucker
30 ggesiebter Backkakao
200 gerweichte Schokolade
1 RöhrchenDr. Oetker Aroma Rum
Butter mit Staubzucker mit dem Handmixer (Rührstäbe) cremig aufschlagen.
Die übrigen Zutaten dazugeben und einrühren. Die Tortenböden mit 2/3 der
Creme zusammensetzen, mit Creme abschließen und den Rand mit Creme
einstreichen. Etwas Creme in einen Spritzbeutel mit kleiner Sterntülle füllen.

Zum Verzieren: Die Torte in 12 Stücke einteilen und auf jedes Stück eine Cre-
mespirale spritzen. Den Tortenrand mit Raspelschokolade bestreuen. Die
glasierten Tortenstücke vor dem Servieren jeweils schräg an die Cremespiralen
legen.

Dödölle, ein Kartoffelgericht zur Fastenzeit

Dödölle sind in Ungarn sehr beliebte Kartoffelpuffer aus gekochten Kartoffeln
oder Kartoffelbrei. In der „Hauptstadt" von Dödölle, in Nagykanizsa, findet
jedes Jahr ein beliebtes Wein- und Dödölle-Festival statt, bei dem im Jahr 2006
sogar ein Guinness-Rekord aufgestellt wurde, indem 2.331 Portionen Dödölle
gleichzeitig hergestellt wurden.

600 g geschälte Kartoffeln
150 g Mehl
5 Teelöffel Fett / Schmalz zum Braten der Zwiebel und weitere 5 Teelöffel zum
Braten der Dödölle
1 großer Zwiebelkopf
1 EL roter Pfeffer
Salz nach Geschmack
2 dl saure Sahne zum Servieren

Kartoffeln schälen und würfeln, mit Wasser übergießen, eine Prise Salz hinzufügen und kochen. Kartoffel im Wasser mit einem Kartoffelstampfer zerdrücken. Sie müssen eine matschige Konsistenz haben. Mehl hinzufügen, zusammenkneten. Es ist gut, wenn die Masse homogen ist und sich von der Topf-

wand trennt. Zwiebel hacken, in Öl oder Fett goldgelb braten. Nach dem Abkühlen den roten Pfeffer und etwas Salz hinzufügen. Mit einem Löffel kleinere Stücke aus dem gemischten Kartoffelmehlteig schöpfen und beide Seiten im Fett braten, bis es goldbraun wird. Mit gerösteten Zwiebeln bestreuen und mit saurer Sahne servieren. Sie werden süß mit Vanillesauce aber auch herzhaft z. B. mit Gulasch oder als Beilage mit Schweinebraten gegessen.

E

Eier gefüllt

4 Eier
frischer Rettich
Apfelessig
Kürbiskernöl
Salat, Petersilie zum Garnieren
Salz, Pfeffer
Eier kochen, abschrecken, abseihen, schälen, längs halbieren. 2 EL Essig, 1 EL Wasser, einen Schuss Kürbiskernöl in Tasse geben. Leicht salzen und pfeffern. Je zwei Eihälften auf Teller geben, mit etwas Salat Ihrer Wahl garnieren und mit der Marinade übergießen. Rettich reiben und über die Eier und den Salat streuen. Mit Schwarzbrot servieren.

Gebratene Eiernudeln mit Kochschinken (2 Personen)

200 g gekochte Nudeln oder Spätzle
1 große Zwiebel
250 g Kochschinken
2 Esslöffel Öl
2 große Eier
2 Esslöffel Milch
Salz und Pfeffer
weißer Balsamico-Essig
Das perfekte Resteessen:

Die Zwiebel putzen und in Würfel schneiden. In dem ÖL die Zwiebel glasig anbraten. In der Zwischenzeit den Schinken würfeln. Die Eier mit der Milch verkleppern und mit Salz und Pfeffer würzen.

Den Schinken in die Pfanne geben, dann die Nudeln oder Spätzle

mit Salz und Pfeffer würzen. Dann die Eiermischung oben drüber. Nur wenig wenden und nicht zu lange braten. Mit weißem Balsamico-Essig anbieten. Dazu Gurkensalat servieren.

Eierstich

2 Eier
0,25 l Milch
Prise Salz
Prise Muskat

Butter

Alle Zutaten, also 2 Eier, 0,25 l Milch, Prise Salz, Prise Muskat tüchtig quirlen bis Schaum entsteht. Eine Tasse ausbuttern. Ein Topf mit Wasser zum Kochen bringen. Die Eiermasse in die Tasse geben und ins Wasserbad stellen. Wenn die Masse gestockt und fest ist, abkühlen lassen und stürzen. Den Eierstich in gefällige kleine Würfel schneiden und in die Suppe geben. Veränderung: ein Esslöffel fein gehackte Kräuter in die Eiermasse geben. Veränderung: ein Esslöffel fein gehackten Käse in die Eiermasse geben.

Eier süß sauer für 4 Personen

8 Eier
125 g Margarine oder Schmalz
3 EL, gehäuft Mehl
900 ml Wasser
250 ml Gurkenwasser
4 TL Senf
3 TL Zucker
3 Gewürzgurken
Salz und Pfeffer

Die Eier hart kochen und pellen. Zunächst wird eine Mehlschwitze aus Margarine und Mehl in einem Topf hergestellt. Sobald diese köchelt, umrühren nicht vergessen. Um so länger die Mehlschwitze köchelt, um so dunkler wird sie und schmeckt besser. Ungefähr das halbe Glas Gurkenwasser unterrühren. Dann alles aufkochen lassen und immer wieder umrühren. Die Sauce dickt nach und nach an. Nun die in Würfel geschnittenen Gewürzgurken dazugeben und warm werden lassen. Nun wird die Sauce noch nach den persönlichen Vorlieben abgeschmeckt. Nach Wunsch also Zucker, Senf oder noch etwas Gurkenwasser zufügen, bis der gewünschte Geschmack erreicht ist.

Dresdner Eierschecke

Der aus Dresden stammende Schriftsteller Erich Kästner sagte einmal: „Die Eierschecke ist eine Kuchensorte, die zum Schaden der Menschheit auf dem Rest des Globus unbekannt geblieben ist."

Der Name Eierschecke leitet sich von der obersten der drei Schichten ab: Die oberste Schicht, die Scheckenmasse, besteht aus cremig gerührtem Eigelb mit Butter und Zucker, Vanille-Pudding und anschließend untergehobenem schaumig geschlagenem Eiweiß. Die Mittelschicht ist hauptsächlich ein Quark-Vanille-Pudding, der auch Butter, Ei, Zucker und Milch enthält. Der Boden ist ein Rührteig oder Hefeteig mit etwas Mürbeteig. Anschließend wird der dreischichtige Kuchen gebacken. Diese Variante wird auch Dresdner Eierschecke genannt. Eierschecken werden meist in rechteckige Stücke geschnitten. Es gibt aber auch Eierschecken in Tortenform.

Über die Standardvariante der Dresdner Eierschecke hinaus gibt es eine Reihe von Verfeinerungen, darunter mit Rosinen, mit Schokoladenüberzug, mit Mandelsplittern oder mit Streuseln.

Eierschecke, Dresdner

Zutaten für Backblech
Hefeteig
125 g Weizenmehl
25 g Butter
25 g Zucker
10 g Hefe frisch
50 g Milch
1 Ei
1 Prise Salz

Quarkmasse
200 g Speisequark
30 g Butter
30 g Zucker
10 g Weizenmehl
10 g Puddingpulver
20 g Milch

1 mittleres Ei

Prise Salz

Zitronensaft

Rosinen nach Wahl

Scheckenmasse

350 ml Milch

17 5g Butter

175 g Zucker

5 Eier

50 g Puddingpulver (Vanille)

Prise Salz

Ofen auf 190°C vorheizen.

Hefeteig

Alle Zutaten sollten Raumtemperatur haben. Die Hefe mit der handwarmen Milch und der Hälfte des Mehles zu einem weichen Teig verrühren. Der Teig soll ein halbe Stunde ruhen. Wenn der Teig schön aufgegangen ist, die restlichen Zutraten dazugeben und kräftig durchkneten. Teig abdecken und noch mals 30 Minuten ruhen lassen.

Quarkmasse:

Während der Hefeteig ruht, Butter flüssig werden lassen und mit Quark, Zucker, Mehl, Puddingpulver, Milch und dem Ei zu einer glatten Masse rühren. Eine Prise Salz und einen Spritzer Zitronensaft dazugeben. Das Backblech mit Backpapier auslegen. Den Hefeteig gleichmäßig auf dem Blech ausrollen. Die Quarkmasse auf dem Teig verteilen und glatt streichen. Je nach Geschmack, eine Handvoll Rosinen darauf streuen (Kann man aber auch weglassen).

Scheckenmasse

275 ml Milch mit 85 g Zucker zum Kochen bringen. Die restliche Milch mit dem Puddingpulver anrühren und zur gezuckerten Milch geben, einmal aufkochen lassen und dann vom Herd nehmen.Die Eier sauber trennen. Butter und Eigelbe in den heißen Pudding geben und gut verrühren. Eiweiß mit dem restlichen Zucker zu einem schön steifen Schnee schlagen. Dabei den Zucker portionsweise einschlagen. Eine Prise Salz dazugeben, das verbessert das Ergebnis ganz erheblich. Ist der Eischnee steif, sofort den Pudding vorsichtig unterheben. Die gesamte Scheckenmasse auf den Quark geben und glatt streichen. Die Eierschecke für 20 Minuten bei 190° backen, danach Temperatur reduzieren und bei 160° C noch mal 20 Minuten backen. (Gesamtbackzeit mindestens 40 Minuten). Tipp: Die Eierschecke ist fertig, sobald die Masse elastisch ist. Wenn man mit dem Finger leicht auf die Oberfläche drückt und die kleine Druckstelle wieder verschwindet, ist die Eierschecke perfekt gelun-

gen. Zum Schluss die Eierschecke auskühlen lassen und mit Zimt-Zucker bestreuen. Dazu Salzkartoffeln reichen. Viele Schwaben essen Spätzle und grünen Salat dazu.

<h2 style="text-align:center"><u>Einlaufsuppe</u></h2>

1 Liter Brühe
2 Eier
2 Esslöffel Mehl oder Weichweizengrieß
Salz, Pfeffer
Schnittlauch

Brühe erhitzen. Die Eier, das Mahl oder den Grieß und Salz Pfeffer verquirlen. In die Brühe langsam eingießen. Einmal aufkochen lassen. Alles in ein Häfele (Suppenschüssel) geben und mit Schnittlauch servieren.

<h2 style="text-align:center"><u>Erbsensuppe aus getrockneten Erbsen</u></h2>

1 grosse Tasse Erbsen
Wasser
1 Zwiebel 1
100 Gr. Bauchspeck oder Kassler
2 Teelöffel Bohnenkraut
Salz, Pfeffer, Maggie
in Butter geröstete Brötchenwürfel
1 große Tasse Erbsen über Nacht in Wasser einweichen. Nun in einem Kopf mit reichlich Wasser weichkochen und durch ein Sieb passieren. Die Zwiebel und den Bauchspeck würfeln und braun anbraten. Die Erbsenmasse dazu geben, alles würzen und das Bohnenkraut dazu geben. Dazu die Brotwürfel separat dazugeben

<h2 style="text-align:center"><u>Erdbeeren</u> putzen</h2>

1 Schale Erdbeeren
1 Teelöffel Natron oder Backpulver oder 250 ml Apfelessig
große Schüssel mit Wasser. In die große Schüssel kaltes Wasser geben, 1 Tee-löffel Natron oder Backpulver dazugeben, umrühren, die frischen Erdbeeren darein geben für 30 min. Das Natron entfernt allen Dreck und auch Käfer. Geht auch für Blumenkohl und Brokkoli. Die Erdbeeren bleiben länger frisch und gehen nicht gleich kaputt.

**<u>Esterházy</u> Sauce, benannt nach dem Politiker Fürst von Esterházy
Sehr gut zu Spaghetti**

Fleisch deiner Wahl, optional
60 gr Mehl
60 Gr. Schmalz
150 Gr. Möhren
100 Gr. Petersilienwurzel
50 Gr. Sellerie
80 Gr. Zwiebel
100 Gr. Schmalz
Pfeffer, Salz
0.1 l Weisswein
Knochenbrühe
1 Lorbeerblatt
20 gr Kapern
30 Gr. Senf
20 Gr. Mehl
0.3 l saure Sahne
Zitronensaft oder Essig
Zucker
Petersilie
Zitronenschale

Das Fleisch klopfen und in Mehl wenden. Heiß und kurz anbraten. Aus der
Pfanne rausnehmen. Das Gemüse würfeln, die Zwiebeln hacken und ins heisse Bratfett geben. Den Schmalz zugeben, würzen. Goldgelb braten. Mit Brühe
und Wein ablöschen und gut rühren. Das Fleisch wieder einlegen. Lorbeer
dazugeben. Senf und Kapern und Zitronenschale hinzufügen.Zugedeckt ca. 15
min schmoren lassen. Schale und Lorbeer entfernen.

Nun Mehl in der sauren Sahne verrühren. Ein wenig Schmorsaft dazugeben
und jetzt die Sauce damit binden. Mit Zitronensaft oder Essig abschmecken
und nun auch ein bisschen Zucker dazugeben. Mit Petersilie anrichten. Dazu
Spaghetti oder Reis oder Nockeldi reichen.

Estragonsuppe mit Huhn und Hühnerleber

200 g Huhn am Stück ohne Knochen
200 gr. Hühnerleber und/ oder Magen oder Herz
3 große Möhre(n)
1 Zwiebel
1 Zehe Knoblauch
3 Liter Wasser
2 EL Estragon
6 Kartoffeln
Vegeta oder andere Brühe nach Geschmack
1 Bund Petersilie
4 EL Essig
3 EL Öl
3 EL Mehl
100 ml Sahne
1 Eigelb
1 EL Schmand

Die Möhren und Kartoffeln schälen und würfeln. Das Huhn und die Leber schneiden und würfeln. Wasser zum Kochen bringen. Zwiebel, Knoblauch und Brühe hinzufügen. 20 Minuten kochen lassen. Dann die Zwiebel und den Knoblauch herausnehmen und das Fleisch hineingeben. Das Huhn und die Innereien 10 Minuten vorkochen. Danach die Möhren und die zusammengebundene Petersilie hinzufügen und weitere 5 Minuten kochen lassen. Nun die Kartoffeln und den Estragon in die Suppe geben. Weitere 10 Minuten kochen lassen. Danach die Petersilie wieder herausnehmen. Wenn das Gemüse gar ist, den Topf von der Herdplatte nehmen. Öl in einem Topf erhitzen. Wenn das Öl heiß ist, Mehl hinzufügen und 2 Minuten lang anbraten, dann den Topf beiseitestellen und abkühlen lassen. Nun die Masse mit einer Tasse Wasser auflösen. Solange rühren, bis keine Klümpchen mehr vorhanden sind. Sahne, Eigelb und Schmand hinzufügen und alles gut verrühren. Nun die Mehlschwitze mit 2 Suppenlöffeln der Suppe auflösen. Anschließend die aufgelöste Mehlschwitze wieder zurück in die Suppe gießen. Dann die Suppe mit 3 - 4 EL Essig würzen (je nach Geschmack). Salz nur bei Bedarf verwenden. Zum Schluss nochmal alles zusammen 2 Minuten köcheln lassen.

F

<u>Fischsuppe, ungarische</u>

Gekocht wird sie mit mehreren Karpfen in einem Kessel. . In der roten Suppe
waren kleine Fischstücke und Paprika und Kartoffeln und man hat bei der
anderen eine Fischscheibe zum abknabbern bekommen.

2 Zwiebeln
150 g mehligkochende Karttoffel oder 1 grosse mehligkochende Kartoffel
2 Knoblauchzehen
2 EL scharfe Paprikapaste
1 TL edelsüßes Paprikapulver
800 ml Brühe aus Vegeta
Salz nach Geschmack, 3 mittlere Karpfen
3 Zitronen
2 grüne Almaparika
2 rote Peperoni
3 gemischte Paprika gewürfelt
5 EL rotes Paprikapulver scharf
Die Karpfen versäubern. Alle Fischreste und Greten und Fischstücke, die nicht
so hübsch sind in einen Topf geben, Tomaten häuten und vierteln, Paprika
und Zwiebeln in Ringe schneiden sowie die Knoblauchzehe in grobe Stücke
hacken. Alles in einen Topf geben und mit Wasser bedecken. 30 Minuten lang
bei schwacher Hitze kochen. Anschließend die Brühe durch ein Sieb abgießen.
Die kleinen Fische oder Fischreste nicht essen, sondern entsorgen. Einen Liter
Wasser zugießen und noch einmal aufkochen. Kartoffelstücke dazugeben.
Anschließend nachwürzen mit Salz und Paprika. Die Suppe sollte eine schöne
rote Farbe bekommen. Die Brühe nicht umrühren, nur die Fischstücke von Zeit
zu Zeit leicht bewegen. 10 Minuten vor Ende der Kochzeit die anderen 4 Filet-
stücke hineinlegen und nun nicht mehr bewegen. Den einen Karpfen in acht
dicke Scheiben schneiden. 4 davon in die Fischbrühe legen. Auch der Fischro-
gen kommt jetzt mit hinein, falls es welchen gibt. Noch einmal köcheln lassen,
etwa 30 Minuten lang bei schwacher Temperatur. Kräftig abschmecken. Wer
es scharf mag, kann diese Suppe mit Almapaprika oder roter Peperoni oder
roter Cilipaste noch nachwürzen.

<u>Fischsuppe 2</u>

Zutaten: für 4 Personen
700 g dreierlei Fischsorten (Karpfen, Barsch und Wels)
200 g Zwiebeln
2 gehäufte EL Paprika edelsüß
1 gehäufter TL Paprika scharf
2 Tomaten
2 EL Tomatenmark
Salz
2 Paprikaschoten je eine rot und grün
Zubereitung:
Fisch waschen, Zwiebeln schälen, in grobe Stücke schneiden. Paprikaschoten
putzen, entkernen, waschen und in gröbere Würfel schneiden. Tomaten kurz
in heißes Wasser einlegen, mit kaltem Wasser abschrecken, anschließend die
Haut abziehen. Die Tomaten halbieren, das Kerngehäuse entfernen und das
Tomatenfleisch ebenfalls in größere Würfel schneiden. In einen genügend
großen Topf eine Lage Fisch einlegen, Zwiebeln darüber, nochmals Fisch darauf legen. Mit soviel kaltem Wasser aufgießen, damit der Fisch gut bedeckt
ist, etwas Salz hinzufügen, anschließend alles zum Kochen bringen. Die Temperatur herunterschalten, den Inhalt ohne umzurühren ca. 15 Minuten kochen
lassen.

Die Fischstücke vorsichtig herausheben und warm halten. Die Fischbrühe
durch ein Sieb in einen zweiten Topf gießen. Die vorbereiteten Paprikaschoten,
die Tomatenstücke, sowie 2 gehäufte EL Paprikapulver edelsüß, 1 TL Paprika
scharf, 2 EL Tomatenmark und Salz hinzu geben.

Dem ganzen Topfinhalt zum Kochen bringen und etwa 10 - 12 Minuten langsam köcheln lassen. In der Zwischenzeit die Fischstücke in etwas größere
Stücke teilen, so weit es geht von den Gräten befreien. Die Fischsuppe nun
nach eigenem Geschmack kräftig abwürzen, sie sollte sehr scharf sein.

2 TL Stärkemehl in eine Tasse geben, mit etwas kaltem Wasser verrühren und
in die heiße Fischsuppe einrühren, einmal gut aufkochen lassen. Die entgräte-
ten Fischstücke zuletzt, nur zum Erwärmen, in die Suppe einlegen, dabei nicht
mehr viel umrühren, weil sonst die Fischstücke zerfallen könnten. Sehr scharf
und heiß zusammen mit reichlich frischem Weißbrot, Bauernbrot oder Brötchen servieren.

Flachswickel

Flachswickel sind eine schwäbische Spezialität. Für die Flachswickel wird
Hefeteig zu dünnen Rollen geformt, die Rollen dann mittig zusammengelegt,
und die Teig-Enden umeinander gewickelt. Das sieht dann so aus wie die
Flachswickel, mit denen früher am Spinnrad Fäden gesponnen wurden.
Das Besondere an den Flachswickel ist ihre feste Struktur. Die Flachswickel
kommen gleich nach dem Formen in den vorgeheizten Backofen. Zuvor werden die Flachswickel allerdings noch in Hagelzucker gewendet.

Zutaten für ein Backblech) ca 16 Stück:
Für den festen Hefeteig (ohne Milch):
40 g frische Hefe (ein Würfel)
500 g Mehl
Prise Salz
2 Eier
250 g weiche Butter
100 g Zucker
1 Päckchen Vanillezucker
1 Teel. Zitronenschale
Zum Wenden der Flachswickel: ca. 50 g Hagelzucker oder Zimt-Zucker
Ein Backblech mit Backpapier auslegen, Den Backofen auf 170 Grad Umluft
oder 190 Grad Unter/Oberhitze vorheizen. Aus den Zutaten einen festen Hefeteig herstellen. Den Teig nicht gehen lassen, sondern gleich zu Flachswickeln
formen. Dazu den Hefeteig zu einer Rolle formen, und die Rolle in 16 gleich
große Stücke schneiden. Aus den Teigstücken etwa 25 cm lange Rollen for-
men.Dann die Teigrollen mittig zusammenlegen, und die Teig-Enden umeinander wickeln.
Den Hagelzucker in einen Teller geben, die Flachswickel im Hagelzucker
wenden, und die Flachswickel auf das Backblech legen. Die Flachswickel nicht
gehen lassen, sondern gleich im vorgeheizten Backofen etwa 20 bis 25 Minuten
backen.

Flädlesuppe

2 L Brühe
125 g Mehl
1/4 l Milch
1 Ei

Prise Salz
Prise Muskat
Öl zum Braten
Schnittlauch

Aus den Zutaten einen Teig bereiten und 10 min stehen lassen zum abbinden.
In der Zwischenzeit 2 Liter Brühe erwärmen und den Schnittlauch hacken.
In wenig Öl ca. 6 Pfannkuchen / Eierkuchen braten und kalt werden lassen.
Diese in kleine Schnitze bzw. Flädle schneiden. Pro Person einen Schöpfer
heiße Brühe in einen tiefen Teller geben. Genügend Flädle in den Teller geben
und mit Schnittlauch bestreuen.

<u>Fleischküchle</u> / Fleischpflanzerl, Buletten

Frikadelle, Boulette, Bratklops, Fleischpflanzerl, Fleischlaberl oder Fleischküchle ist ein gebratener flacher Kloß aus Hackfleisch, der unterschiedlich
zubereitet und geformt wird. Zur Zubereitung wird zuerst Hackfleisch (in der
Regel gemischtes aus Rind und Schwein) mit Ei und gehackten und eventuell
auch vor-gedünsteten Zwiebeln vermengt. Altbackene Brötchen oder Toast-
scheiben werden in Wasser, Milch oder Sahne eingeweicht und anschließend
ausgepresst und in die Fleischmasse geknetet. Teilweise wird auch stattdessen
Paniermehl verwendet. Danach werden je nach Geschmacksrichtung verschiedene Gewürze wie Salz, Pfeffer, Petersilie, Majoran und Liebstöckel und
Thymian untergemengt. Je nach Rezept können auch noch beispielsweise
Knoblauch und Senf, Ketchup oder Kümmel hinzugegeben werden. Anschließend wird die Masse zu höchstens handtellergroßen flachen Ballen geformt,
die in heißem Fett gebraten oder frittiert werden. Besonders in Österreich und
Dänemark ist es üblich, die Ballen vor dem Braten noch in Paniermehl zu
wenden. Frikadellen werden entweder als Tellergericht mit Beilagen oder als
Imbiss mit Senf und Brötchen serviert. Die vornehmlich in Altbayern übliche
Bezeichnung Fleischpflanzerl entwickelte sich aus der Bezeichnung Fleisch-
pfannzelte. Zelte ist ein altertümlicher Ausdruck für einen flachen Kuchen, der
sich auch in Bezeichnungen wie Lebzelte für Lebkuchen erhalten hat. Fleisch-
pfannzelte bezeichnete also einen flachen Fleischkuchen aus der Pfanne. Es
wurde vorwiegend aus Fleischresten zubereitet. In Baden-Württemberg und
Franken ist die Bezeichnung Fleischküchle oder Fleischküchla üblich. Allerdings wird in Bayerisch-Schwaben dieser Ausdruck immer mehr vom bayri-
schen Dialekt verdrängt.

Fleischküchle / Fleischpflanzerl

500 g Mischhack
1 mittlere Zwiebel in feine Würfel gehackt
halbe Tasse Paniermehl oder
1 altes Brötchen in Milch eingeweicht
1 Ei
Pfeffer
Salz
Majoran
Liebstöckel
Thymian
Schmalz zum Ausbraten
Die Zwiebeln in Schmalz glasig andünsten. Pfanne beiseite stellen.

Alle Zutaten in einer Schüssel gut vermischen, die Zwiebeln dazugeben. In kleine Frikadellen formen. Man kann hier gut einen Eisportionierer benutzen, damit sie gleich groß werden. In der gleichen Pfanne auf nicht zu heißer Stufe langsam braten. Variation: einen Löffel Parmesankäse mit unterheben.

Fleischbrühe mit Ei und Grieß

¾ Liter Rinderbrühe
2 Eier
2 Esslöffel Weichweizen-Grieß,
2 Esslöffel geriebenen Parmesankäse
Muskat
Salz
Pfeffer
Petersilie
getoastete Brötchenscheiben

Eier, Grieß, Parmesankäse, Salz, Pfeffer und 2 Esslöffel kalte Brühe verquirlen. Nun langsam in die kochende Brühe einlaufen lassen.
Mit gehackter Petersilie und gebutterten Brötchenscheiben servieren.

Froschpörkelt

25 Froschschenkel
80 gr. Schmalz
Paprikapulver
Salz
150 gr. Zwiebel
150 gr. Papriaschote, gemischte Farben
100 gr. Tomaten oder Tomatenpark

Gewürfelte Zwiebel in einer grossen Pfanne anbraten, mit Paprika und Salz
bestreuen und mit wenig Wasser angiessen. Paprika in Würfel schneiden,
dazugeben. Tomaten unterrühren. Die Froschhenkel oben drauf legen und 10
Minuten mit Deckel zu dämpfen. Abschmecken. Mit Reis servieren.

Forelle

Ihr natürliches Verbreitungsgebiet umfasst Gebirgslagen der Alpen und Vor-
alpen, sie kommt aber auch vielen Tälern vor, wo sie in kalten Seen, Flüssen
und Bächen lebt. Das Wasser muss eine Temperatur von unter zwanzig Grad
aufweisen und sehr nährstoffreich sein. Sie liebt sandigen oder steinigen
Grund sowie unterspülte oder überhängende Uferzonen, wo sie geeignete
Laichplätze findet. Je nach Lebensraum ernähren sich Forellen von im Wasser
lebenden oder fliegenden Insekten, kleinen Fischen oder Krebsen. Zum Lai-
chen schwimmen auch die wandernden Arten flussaufwärts und suchen fla-
che Stellen mit starker Strömung auf, um danach wieder ins Meerwasser zu-
rückzukehren.

Forelle Blau

2 mittlere Forellen
1 Tasse Haushaltsessig
Pfeffer
Salz
Zitrone
1 Lorbeerblatt
4 Nelken in einer kleinen Zwiebel gespickt
1 Petersilienwurzel
Senfkörner 1 Teelöffel

Die Forellen unter Wasser versäubern und abwaschen.

Nicht zu viel Schleim abwaschen. Nun den Essig heiß machen und die Forellen damit übergießen. Sie werden jetzt blau. Einen großen Topf mit Wasser heiß machen mit 1 Teelöffel Salz, einer halben Zitrone, 1 Lorbeerblatt, die gespickte Zwiebel, Senfkörner, die gewürfelte Petersilienwurzel. Einmal aufkochen lassen und dann 3 min kochen lassen und vom Feuer nehmen. Nun die Forellen hineingleiten lassen, das Wasser darf nicht mehr kochen. Das Wasser heiß lassen. Die Forellen sind durch, wenn sich die Flossen herausziehen lassen. Nun die Forellen herausnehmen und bei Seite stellen. Vor dem Anrichten noch einmal kurz in den heißen, nicht kochenden Sud für 2 min belassen.
Dazu Salzkartoffeln reichen

Rukola-Salat mit geräucherter <u>Forelle</u>,
für 4 Personen

1 geräucherte Forelle in Filets
250 g Rukola gewaschen und abgetrocknet
1 Zitrone
Olivenöl
2 Esslöffel Honig
1 /2 Glas Wasser
Cocktailtomaten
Parmesankäse
Pfeffer
Salz
Kürbiskerne oder Sonnenblumenkerne
weißes Brot in Scheiben

Aus Zitronensaft, Olivenöl, Honig, Wasser, Pfeffer, Salz eine Salatsauce machen. Den Rukola auf Tellern verteilen, darauf die Tomaten und den Parmesan geben, die Forellenfilets in Stückchen zerschneiden und auf den Salat verteilen. Die Sauce großzügig über den Salat geben, mit den Kernen garnieren. Dazu Brot reichen. Manche mischen alle Salatzutaten mit der Sauce in einer großen Schüssel. Der Nachteil hier ist, dass alles vermatscht. Lieber alles auf einzelne Teller verteilen.

G

<u>Gaisburger</u> Marsch

500 g Rinderbeinscheiben oder 3 große
1 Suppengrün
2 große Zwiebeln
100 ml Wasser kalt
250 g Mehl
3 große Eier
Salz und Pfeffer
3 Lorbeerblätter
5 mittlere Kartoffeln
Muskat
Pfeffer
Maggie
Petersilie und Schnittlauch

Ihr braucht einen großen Kochtopf! Für die Brühe die geviertelte aber unge-
schälte Zwiebel in den Topf geben und anrösten. Die Beinscheiben vom Rind
unter klarem Wasser putzen und in den großen Topf geben. Den Topf mit 3 - 4
Litern Wasser füllen und das Wasser zum Kochen bringen und auf mittlerer
Hitze köcheln lassen. Zu Beginn mit einem Schaumlöffel den Schaum abnehmen, bis die Brühe klar bleibt. Nun Möhren, Sellerie, Lauch und Petersilie
putzen und in daumengroße Stücke schneiden, in die Suppe geben und die
Suppe mit einer guten Prise Salz, 2 - 3 Lorbeerblättern und einem Teelöffel
schwarzer Pfefferkörner ca. 2 Stunden köcheln lassen, bis das Fleisch der Beinscheiben weich ist. Während die Brühe köchelt, können Kartoffeln und Spätzle
zubereitet werden. Weder Spätzle noch Kartoffeln werden in der Brühe gekocht, sondern separat zubereitet. Für die Spätzle das Mehl mit Eiern und
Wasser zu einem Teig verrühren und eine Prise Salz dazugeben. Ruhig
schwungvoll rühren, damit Luft in den Teig kommt. Die richtige Konsistenz
hat er wenn er am Kochlöffel Fäden zieht, die aber nicht sofort abreißen. Den
Teig ein paar Minuten stehen lassen. Einen großen Topf Wasser und Salz zum
Kochen bringen. Den Teig in die Spätzlepresse geben und und gleichmäßig in
das kochende gesalzene Wasser pressen. Wenn die Spätzle aufschwimmen,
abschöpfen und mit klarem Wasser abschrecken. Die Kartoffeln schälen und
in mundgerechte Stücke schneiden. Etwa 15 Minuten kochen, bis sie gar sind,
dann abgießen. Die Brühe mit dem Fleisch und Gemüse über einem anderen

Topf abseihen. Ist das Fleisch weich, die Beinscheiben aus der Brühe nehmen
und auf einem Teller etwas abkühlen lassen. Anschließend das Fleisch vom
Knochen lösen und in mundgerechte Stücke schneiden. Einen Schöpfer Brühe
mit Fleisch in einen Teller geben, dazu 3 Löffel Spätzle und 3 Löffel Kartoffeln.
Mit Petersilie und Schnittlauch servieren. Wer mag, kann das gekochte Gemüse in einer Extra-Schüssel auf den Tisch stellen.

Gedünstete Eiergraupen

300 gr. Eiergraupen
Salz
80 gr .Schmalz
30 gr. Zwiebel
Paprikapulver

Eiergraupen im Schmalz anbraten, Zwiebel und Paprikapulver dazugeben.
Dann wenig Wasser dazugeben und auf kleiner Flamme dünsten. Lieber wenig Wasser nachgiessen. Mit viel Wasser wird die Speise unansehlich und
schleimig. Im Sommer wird dieses Gericht mit gewürfelten Paprika und Tomaten serviert, die untergerührt werden.

Germknödel:

Der Knödel ist eine Mehlspeise, die in der Wiener und der Bayerischen Küche
sehr verbreitet ist. Es handelt sich um große, halbkugelförmige Knödel aus
Hefeteig, der auch Hefeteig genannt wird.

Der Begriff Germ kommt aus dem süddeutschen bzw. österreichischen
Sprachraum und bedeutet Backhefe. Anders als Dampfnudeln werden Germ-
knödel, wie andere Knödel auch, entweder in reichlich leicht siedendes Salz-
wasser gegeben. Bei schwacher Hitze ziehen die Knödel dann bis sie gar sind.
Alternativ können Germknödel auch über Salzwasser gedämpft werden.
Die Rezepte finden Sie unter Hefeknödel.

Kalte Gemüsesuppe, Hideg zöldségleves

Aus allem was im Garten wächst, z. B.
6 Tomaten
1 Schlangengurke

2 Paprika gelb
2 Paprika rot
1 Zwiebel
2 Knoblauchzehen
1 Scheibe altbackenes Brot oder 1 Brötchen
1 EL Weißweinessig/Apfelessig
3 EL Olivenöl
1 Salz und Pfeffer nach Geschmack
1 kleine Chili
1 Dose Tomaten gestückelt
3 Blätter Basilikum
kann man auch weglassen.

Alle Zutaten, ja auch das Brot, gut mixen, mit Pfeffer und Salz abschmecken. Zwischendurch immer mal wieder 2 Eiswürfel mit mixen.Das Eis macht die Suppe kalt und cremig.Baguette dazu essen. Dazu Wasser mit Zitrone und Minze trinken.

Grenadiermarsch,
ungarisches Gericht mit Nudeln und Kartoffeln

Das Gericht wird in einer Grossen Pfanne serviert. Jeder kann sich so viel nehmen, wie er will.

Pro Person 100 Gr. Fleckerl
Pro Person 100 Gr. Gekochte Kartoffeln
grosser Klecks Schmalz oder Öl zum braten
gutes, würziges Paprikapulver
2 Zwiebeln gehackt

Für den Grenadiermarsch die gehackten Zwiebel in Öl anrösten, und das Paprikapulver reichlich dazugeben. Die gekochten und kleingeschnittenen Erdäpfel und die gekochten Fleckerl (breite Nudeln) untermischen und alles mit Salz würzen. Den Grenadiermarsch durchziehen lassen und servieren. Sauerrahm grosszügig verteilen. Mit Gewürzgurken oder den leckeren Brotgurken servieren. Am nächsten Tag ist es noch viel besser im Geschmack.

Gebrannte <u>Grießsuppe</u>

(sie ist auf dem Teller nicht die Schönste, aber bestimmt eine der schmackhaftesten, die sie je gegessen haben)

1 kleine Kaffeetasse Weichweizengrieß
Butter zum anrösten, ca. 2 Esslöffel
1 Liter Rinderbrühe
Prise Muskat
Prise Pfeffer
1 Ei
Schnittlauch und /oder Petersilie
Brühe erwärmen

Butter in einem Topf erhitzen. Grieß in flüssiger Butter rösten, bis er hellbraun wird. Dabei bleiben und nicht schwarz werden lassen. Mit der Brühe unter Rühren ablöschen und mit dem Schneebesen gut verquirlen. Für ein paar Minuten köcheln lassen. Die Suppe vom Herd nehmen. Das Ei verquirlen und langsam in die Suppe gießen. Die Suppe mit Pfeffer und Muskat abschmecken. Die gebrannte Grießsuppe mit den Kräutern garnieren und servieren.
Variante: anstatt Butter kann man Schmalz verwenden

Grießklösschen, siehe auch Rezept Hochzeitsuppe

50 g Butter (zimmerwarm)
1 Stk Ei (zimmerwarm)
0.5 TL Salz
1 Prise Muskat
100 g Grieß (Hartweizengrieß)

Zimmerwarme Butter cremig rühren, Ei zugeben und zusammen mit Salz und Muskat schaumig rühren. Grieß unterrühren und 15 Minuten ziehen lassen. Dann Salzwasser in einem großen Topf zum Kochen bringen. Alle Nockerl auf einmal ins kochende Wasser geben, für 20 Minuten leicht sieden lassen und für weitere 20 Minuten ziehen lassen. Sie sind fertig, wenn sie an die Oberfläche steigen und fest geworden sind. Die fertigen Klösschen in einen Teller setzen und mit Suppe oder Brühe begiessen.

Man könnte die Klösschen auch gleich in der Brühe kochen. Aber wenn sie zu leicht sind, werden sie zerfallen und es wird matschige Grießsuppe.

<u>Grießklößchensuppe mit Gemüse</u>
Zöldségleves daragaluská

100 Gr. Butter flüssig
doppelte Menge Gries, Hartweizen
2 Eier
Prise Salz
2 TL Salz für 1 Liter Kochwasser
1 Lorberblatt

Zuerst brauchen wir Gemüse-Brühe oder eine Suppe, wo die Klösschen rein-kommen sollen. Hierin Gemüse deiner Wahl aufkochen. Dann bei Seite stellen. In einem Topf die Butter schmelzen und den Gries einrühren. Salz dazugeben. Die Eier unterheben und 10 min stehen lassen zum quellen. Wasser aufstellen und 1 Lorberblatt sowie 2 TL Salz dazugeben. Das Wasser muss kochen. Mit zwei Löffeln Klösschen abstechen. Im Kochwasser werden sie doppelt so gross. Also nicht zuviele ins Wasser tun.

Den Herd runter stellen, Deckel drauf und die Klösschen im simmernden Wasser ziehen lassen, bis sie hochkommen. Dann abtropfen lassen und extra stellen. Suppe oder Brühe mit dem Gemüse noch mal warm machen. Erst vor dem Servieren Suppe und Klösschen in einem Teller oder Suppentasse zusa-menbringen. Mit Petersilie garnieren. Warum getrennt? Sind sie zulange im Kochwasser oder in der Suppe, neigen sie auseinanderzufallen und du hast Grießmatsche. Man könnte die Klösschen auch gleich in der Brühe kochen. Dann zweimal, dreimal durchrühren, damit sie stückig auseinanderfallen

<u>Gänseleber</u> gebraten, eine Vorspeise für 10 Personen

1 Kg Gänseleber
150 gr. Mehl
100 Gr. Butter
1 Kg Äpfel
150 gr. Butter
1 Glas Portwein
1 Glas Weisswein

Feldsalat
Dressing von Kürbiskernöl (Rezept bei K)

Gänseleber waschen und versäubern. In dicke Scheiben schneiden. Äpfel schälen und in Spalten schneiden. In die Hälfte von der Butter den Zucker karame-
lisieren. Darin den Wein und Portwein auflösen, die Äpfel hierin dünsten, aber
nicht zu weich. Den Feldsalat auf 10 Teller anrichten und das Kürbiskerndres-
sing verteilen. Die Leber würzen und mehlieren. Nun in der restlichen Butter
braten. Die Äpfel auf den Teller anrichten, die Gänseleber obendrauf. Das
Dressing verteilen und auch die Apfelsauce.

gefüllter <u>Gänsehals</u>

1 Gänsehalshaut
1 Gänseleber
250 g fettes Schweinefleisch
1 kleingehackte Zwiebel
1 Ei
Salz, Pfeffer

Man zieht vom Hals die dicke Fetthaut ab, ohne sie zu zerreißen und näht sie
an einem Ende zu. Aus der kleingehackten Leber (man könnte auch Herz und/
oder Magen mit verwenden), dem feingehackten Schweinefleisch, der Zwiebel, dem Ei, Salz und Pfeffer man man eine Füllung zu der man auch 3 Esslöffel fein gehackte Pilze geben kann. Der Hals wird locker gefüllt, zugenäht und
in kochendes Salzwasser gegeben und 30 min auf kleiner Stufe gekocht. Man
kann ihn auch in Gänsefett braten bzw. neben die Gans in die Bratröhre legen.
Während des Abkühlens bedeckt man ihn mit einem leicht beschwerten Brett-
chens. Der Gänsehals stellt einen vorzüglichen Aufschnitt dar.

<u>Gänseschmalz</u>

Flomen von der Gans (alle fetten Teile der Gans). Das Flomen gibt das beste
Schmalz, aber auch das Darmfett ist brauchbar. Es wird in kaltem Wasser
gewaschen und über Nacht in entrahmter Milch oder Wasser gelegt. Dann
wird der Flomen abgetrocknet und feingehackt und in einer großen Pfanne mit
wenig Wasser angesetzt. Zuerst auf kleiner Flamme (Stufe 2) erhitzen, dann
auf Stufe 3 ausbraten. Das Fett trennt sich in flüssiges Schmalz und Grieben.

Das Schmalz ist fertig, wenn die Grieben gelb sind. Um den Geschmack zu verbessern, einen Zweig Beifuß in die Pfanne geben. Jetzt angewärmte Steingutgefäße bereithalten. Den Schmalz durch ein Sieb in die Steingutgefäße gießen und ihn mit einem Deckel verschließen. Gänseschmalz kann man gut zum Anbraten für Kohlgerichte verwenden oder ihn als Aufstrich auf Schwarzbrot verwenden. Variante: Man kann 1 Apfel und 1 Zwiebel kleinhacken und mit in den kochenden Schmalz geben. Soll das Schmalz fester werden, setzt man Schweine- oder Nierenfett zu. Die Grieben kann man auch im Schmalz belassen oder eignet sich auch gut als weiteren Belag für Plootz (Flammkuchen)

Gerstebrei als Nachtisch

Süßer Gerstebrei mit Kirschen aus dem Glas
Gerste= Árpa

1 Liter Milch
10 TL Zucker
1 Vanillepudding
200 Gr. Gerste (Graupen)

Die Gerstenkörner blähen sich beim Kochen auf und sind danach noch total bissfest. Ich finde, der Brei ist warm besser. Also, wenn ihr den Nachtisch im Kühlschrank hattet, wärmt ihn noch mal auf. Einen Vanillepudding mit 1 Liter statt 0,5 Liter Milch zusammen mit 200 Gr. Gerste kochen. Ich habe 10 kleine Löffel Zucker genommen. Der Brei wird dann eher nicht zu süß. Zucker kann ja jeder nach Geschmack zufügen. Nochmal 20 min köcheln und regelmäßig rühren. Abschmecken. Ist der Brei zu fest, mehr Milch unterrühren. Die Gerste quillt immens nach. Dazu, wie bei Milchreis Zucker und Zimt und braune Butter oder Kompott reichen. Der Geschmack ist nussig und die Konsistenz ist mehr körnig, aber trotzdem weich.

Graupensuppe

Was genau sind Graupen? Graupen (seit dem 17. Jahrhundert belegt; vermutlich aus dem slawischen krupa für „Graupe, Grütze, Hagelkorn"), auch Gräupchen, Roll- oder Kochgerste genannt, sind ein Nährmittel aus geschälten, polierten Gersten- oder Weizenkörnern von runder, halb- oder länglich-runder Form.

200 g Rollgerste (Graupen)
150 g Rindfleisch
1 große oder zwei kleinere Zwiebel
2 Möhren
1 Schnitz Sellerie
1 EL Schmalz
1 l Suppe oder Bouillon
Salz, Pfeffer, Suppenwürze, Muskatnuss
Je 1/2 Bund Petersilie, Schnittlauch

Alle Zutaten bereitstellen, Zwiebel schälen, grob hacken, Möhren waschen,
schälen, in Stücke schneiden, Sellerie waschen, schälen, in Stücke schneiden,
Petersilie waschen, trocknen, grob hacken. Fleisch in Würfel schneiden.
Schmalz (Öl) in ausreichend großem Topf erhitzen. Zwiebel in das Fett geben
und einige Minuten anrösten. Sellerie, Möhren und Petersilie dazugeben und
ebenfalls anrösten. Geselchtes dazugeben und mitrösten. Danach Rollgerste
beigeben und einige Minuten mitrösten. Mit Suppe aufgießen, zugedeckt ca 30
Minuten köcheln lassen. Mit Salz und Pfeffer, MS geriebene Muskatnuss und
ev. etwas Suppenwürze abschmecken und mit frisch geschnittenem Schnittlauch servieren.

Grießschnitten (süß)

300 ml Milch
150 g Weichweizengrieß
1 Esslöffel Zucker
3 Eier
Butter

Einen festen Grießbrei kochen und lauwarm werden lassen. Mit dem Schneebesen kräftig durchrühren. Nach und nach die Eier unterrühren.
Den kalten Grießbrei stürzen und in dicke Scheiben schneiden. In Butter anbraten und mit Zucker-Zimt bestreuen. Dazu Apfelmus oder Pflaumenkompott servieren.

Grießbrei, wie ihn Oma kocht

1 Tasse Weichweizengrieß
0,75 Liter Milch, evtl. mehr
Becher Sahne
3 Esslöffel Zucker

1 Vanille-Pudding
braune Butter
Zucker-Zimt

Die Milch mit dem Zucker und dem Vanillepudding in den Topf geben und
mit dem Schneebesen verrühren. Den Weichweizengrieß dazugeben und alles
auf kleiner Flamme min 10 min kochen. Immer rühren. Dann die Sahne einrühren. Ist der Brei zu star, noch Milch einrühren. Nun den Topf mit Deckel
für 4 Stunden ins Bett stellen. Inzwischen Butter so lange im Topf erhitzen, bis
sie braun ist und aromatisch riecht. Auf den Teller gehören eine Kelle Brei,
darauf dann 4 Löffel braune Butter, darauf Zucker-Zimt und Apfelmus wer
mag.

Gurken süßsauer, wie bei Oma

Einweckgurken oder große gelbe Gurken
1 Zwiebel(n)
500 ml Wasser
500 ml Essig, weißer
400 g Zucker
4 TL Salz
1 EL Senfsamen, gelbe
1 TL Pfefferkörner, schwarze
3 Wacholderbeere(n)
3 Pimentkörner
3 Gewürznelke(n)
3 Lorbeerblätter
1 EL Dill

Einweckgläser in kochendem Wasser sterilisieren. Gelbe Gurken schälen, halbieren und die Kerne mit einem Löffel entfernen. In etwa 1 cm dicke Scheiben
schneiden. Die kleinen Einweckgurken werden nur gewaschen. Zwiebel schälen, halbieren und in feine Ringe schneiden. Zusammen mit Wasser, Essig,
Zucker, Salz und Gewürzen aufkochen. Die Gurken und den Dill hinzugeben
und einmal aufkochen. Die Gurken mit dem Sud in die sauberen Gläser füllen
und gut verschließen.

Natürliche <u>Geschmacksverstärker</u>

Geschmacksverstärker sind Lebensmittelzusatzstoffe, die den Geschmack von Speisen verstärken. Sie haben keinen ausgeprägten Eigengeschmack und sind über- wiegend organische Substanzen.

Die Aminosäure Glutaminsäure, dessen Salz als „**Glutamat**" bezeichnet wird, kommt in sehr vielen Lebensmitteln ganz natürlich vor – zum Beispiel in reifen Tomaten, getrockneten Tomaten, Erbsen, Sardellen, Sellerie, Pilzen und Parmesankäse.
Roquefort und Parmesan enthalten hierbei am meisten **Glutamat**. Die Glutamatgehalte in Lebensmitteln bewegen sich im Milligramm-Bereich, gerechnet auf 100 Gramm.

Roquefort (1280 mg) und
Parmesan (1200 mg)
Sojasauce (1090 mg/100 g)
reife Tomaten (Frucht 140 mg, frischer Saft 260 mg)
Pilze, Erdnüsse, Traubensaft, Erbsen, Brokkoli, Huhn (44 mg)
und Rindfleisch (33 mg).

<u>Glühmost</u>

1 Liter Most
0,25 l Wasser
300 Gr. Zucker
1 Zimstange und 4 Nelken
Alles in einem großen Topf 4 min aufkochen lassen. Danach abseihen und bei Seite stellen. Vor Gebrauch erneut aufwärmen.

<u>Gundel-Palatschinken</u>

Freunde von Süßspeisen kommen in Ungarn an Gundel-Palatschinken nicht vorbei. In ungarischen Restaurants sind sie auf den Speisekarten unter dem Namen Gundel-palacsinta zu finden. Sie wurden nach ihrem Erfinder, dem Koch Karl Gundel, benannt. Das Restaurant Gundel, wo sie zum ersten Mal zubereitet wurden, gibt es noch immer. Die Pfannkuchen aus Eiern, Milch und Mehl sind mit Nüssen und in Rum getränkten Rosinen gefüllt. Sie werden vor dem Servieren mit einer Rum-Schokoladensauce übergossen.

200 gr Mehl
2 Eier
400 ml Milch
etwas Salz
Für die Fülle:
200 Gr. Walnüsse (geriebene)
200 ml Milch
1 EL Staubzucker (je nach Bedarf)
2 EL Rum
1 Prise Zimt
1 EL Rosinen

Für dieungarischen Gundelpalatschinken aus Mehl, Eiern, Salz und Milch ein Palatschinkenteig zubereiten. In eine Pfanne etwas Öl geben und Palatschinken herausbacken (8 Stück). Rosinen in Rum 1/2 Stunde ziehen lassen. Geriebene Walnüsse, Milch, Staubzucker, Zimt, und die Rumrosinen miteinander verrühren und die Palatschinken damit füllen. Zum Schluss mit Schokoladeglasur servieren.

Magyar uborkasalátam, ungarischer <u>Gurkensalat</u>

1 Salatgurke
1 Esslöffel Salz
1 Knoblauchzehe, gepresst
0,5 Schalotten, fein gehackt
20 ml Weißweinessig
2 Esslöffel Gurkenwasser (entsteht bei der Zubereitung)
2 Teelöffel Zucker
2 Teelöffel Rapsöl

Gurke ungeschält feinhobeln, mit dem Salz vermischen und eine halbe Stunde Wasser ziehen lassen. Das Gurkenwasser auffangen. Den Knoblauch und die Schalotte mit den Gurkenscheiben mischen. Für das Dressing etwas Gurkenwasser zur Verdünnung des Essigs verwenden, mit Zucker süß-sauer abschmecken, Öl unterrühren. Das Dressing mit den Gurkenscheiben mischen und den Salat im Kühlschrank durchziehen lassen. In Glasschalen füllen. Wer mag, kann jetzt noch einen Klecks saurer Sahne obenauf geben.

<u>**Gurkensalat**</u> **für 2 Personen:**

1 große Gurke
Dill
weißer Balsamico-Essig
Wasser
Zucker
Pfeffer

Die Gurke schälen und mit dem Hobel in dünne Scheiben schneiden.
Aus dem Essig, Wasser, Dill, Pfeffer, Zucker und Salz ein Dressing herstellen
und drüber gießen. Im Kühlschrank 15 min ziehen lassen.

Perfekter Begleiter zu Gebratene Eiernudeln mit Kochschinken

H

Hackfleischbällchen

gebraten, in Brühe, in Tomatensuppe, in Tomatensoße, der Teig für die Hackfleischbällchen ist immer der Gleiche.

500 g gemischtes Hackfleisch
1 Brötchen altbackenes (in Milch aufgeweicht) oder Toast oder Paniermehl
1 Ei
Pfeffer und Salz, Muskat, Paprika
1 Zwiebel kleingehackt (roh oder angebraten)

Alles zusammen mengen, kräftig würzen und zu kleinen Kugeln formen, mit dem Eisportionierer wird's gleichmäßig. In Schmalz oder Fett braten, sie müssen schön braun sein. Dann tut man sie in die gewünschte Suppe oder Soße. Man kann die Bällchen auch direkt in der Soße oder garen, das ist reine Geschmackssache.

Hagebuttenmarmelade

1½ kg Hagebutten
Wasser nach Bedarf
2 Msp. Zimt
750 g Gelierzucker
½ Stk. Zitrone (den Saft der Frucht)

Hagebutten waschen, trocknen und die dunklen Blütenansätze wegschneiden. Früchte halbieren, Kerne entfernen und nochmals gründlich waschen. In einen Topf geben, so viel Wasser dazugießen, das die Hagebutten bedeckt sind. Die Früchte weich kochen, anschließend durch ein Sieb passieren. Nun Zimt hinzufügen. Gelierzucker hinzufügen. Zusammen mit dem Mus und dem Zitronensaft zum Kochen bringen. 4 Minuten sprudelnd kochen und sofort in saubere Gläser füllen.

Hägemarksosse (Hagebuttensauce)

1 Glas Hagebuttenmarmelade mit 1 Glas Apfelsaft in einem Topf glattrühren. Ein Teelöffel Stärke in Wasser anrühren und dazugießen. Alles aufkochen und abschmecken. Passt gut zu Eierkuchen.

Hähnchenleber mit Letscho und Reis

Wie man sie im fehér ló in Bük essen kann.
500 Gr. Hühnerleber, gewaschen, geputzt und nicht allzu klein geschnitten
3 Stk Zwiebel
2 Stk Knoblauchzehe
500 g Paprika
500 g Tomaten
1 Schuss Öl für den Topf
2 EL Ketchup
150 ml Wasser
1 TL Paprikapulver (scharf)
1 EL Paprikapulver (mild)
1 Prise Salz
1 Prise Pfeffer aus der Mühle
1 TL Zucker
Reis

Die geputzte und geschnittene Leber parat stellen. Für das selbstgemachte Letscho die Zwiebel und den Knoblauch schälen und hacken. Dann die Paprika waschen, entkernen und entstielen, und in mundgerechte Stücke schneiden. Die Tomaten waschen, mit heißen Wasser blanchieren, die Haut abziehen und ebenfalls in kleine Würfel schneiden. Danach die Zwiebel- und Knoblauchstücke in einem Topf mit Öl oder Butter glasig anrösten. Dann die Paprika- und Tomatenwürfel sowie etwas Ketchup dazu geben, gut durchrühren und mit einem Schuss Wasser oder Brühe auffüllen. Mit Salz, Pfeffer, Zucker und dem Paprikapulver nach Belieben würzen. Die Leber hinzufügen. Nicht zuviel rühren, einfach so lassen.

Das Letscho aufkochen und anschließend für ca. 20-25 Minuten köcheln lassen, bis es weich ist - dabei ab und zu umrühren, damit es nicht anbrennt.
Mit Reis servieren. Man kann auch Herz klein schneiden und dazu geben.

103

Hafer / Haferflocken

Haferschleim gegen Magen-Darm-Beschwerden kennt fast jeder. Die positive Wirkung von Haferbrei auf den Darm ist schon länger bekannt. Die im Getreide enthaltenen Ballast-stoffe regulieren die Verdauung und bilden im Magen eine Schutzschicht, die den sauren Magensaft von der Schleimhaut fernhält. Archäologische Funde in Pfahlbauten belegen, das Hafer schon seit dem 3. Jahrhundert vor Christus in Mitteleuropa landwirtschaftlich angebaut wurde. Hafer wird in den Industrienationen hauptsächlich als Viehfutter verwendet. Als Brotgetreide nutzt man ihn nur wenig, da die Körner infolge des geringen Kleberanteils zur Herstellung von Brot kaum geeignet sind. Daneben wird Hafer vorwiegend zu Flocken, Grieß und Mehl verarbeitet. Aus ganzen Haferkörnern wir zudem Hafertee gekocht. Grüner Hafertee soll die Ausscheidung der Harnsäure anregen und wird oft bei Gicht- oder Rheumapatienten eingesetzt. Viele trinken ihn außerdem während einer Fastenkur, da er entschlackend und entwässernd wirken soll. Dies ist unter anderem förderlich für die Verdauung und einen regelmäßigen Stuhlgang.

Hafer im Müsli

1 Portion Joghurt oder Quark oder Milch nach Belieben süßen, 2 Esslöffel Hafer dazugeben und mit frischem Obst verfeinern.

Warme **Hafersuppe** mit Milch

2 Esslöffel Haferflocken in 0.5 Liter Milch und 1 Prise Salz kurz sprudelnd kochen lassen.
Dazu passen: Zimt und Zucker, Honig, frisches Obst

Haferschleim

mit Wasser für Kranke und zum Fasten
2 Esslöffel Haferflocken in 0.4 Liter Wasser und 1 Prise Salz 5 Minuten sprudelnd kochen lassen. Die Haferschleim-Masse durch ein Sieb streichen. Abkühlen lassen.

<u>**Babymilch mit Hafer**</u>

Kochen Sie 80 Milliliter Vollmilch, 80 Milliliter Wasser und einen gehäuften
Esslöffel Schmelzflocken und 2,5 gestrichene Teelöffel Milchzucker auf.

<u>**Babybrei mit Hafer**</u>

Hierzu die feinen Schmelzflocken verwenden. 2 Esslöffel Haferflocken in 0.4
Liter Milch 5 Minuten sprudelnd kochen lassen. Die Hafer-Masse durch ein
Sieb streichen. Abkühlen lassen.

<u>**Haflerflockenauflauf**</u>

1 Liter Milch
150 g Haferflocken
1 Vanillepudding
Salz
50 g Butter
100 g Zucker
Zitronenabrieb
3 Eier
Sahne
4 saure Backäpfel in Schnitzen
Zucker-Zimt
Die Milch mit dem Zucker und dem Vanillepudding in den Topf geben und
mit dem Schneebesen verrühren. Die Haferflocken dazugeben und alles auf
kleiner Flamme min 10 min kochen. Immer rühren. Dann die Sahne
einrühren. Ist der Brei zu star, noch Milch einrühren. Nun abkühlen lassen
und die Eier und die Zitrone untermischen. In einer gebutterten Auflaufform
immer eine Schicht Hafer-Masse, dann Äpfel und Zucker-Zimt schichten und
ganz oben mit Butterflocken locker abdecken. Bei 180 Grad alles backen, bis es
braun ist. Dazu Vanilleeis servieren.

<u>**Haferkekse**</u>

75 g gemahlene Mandeln
100 g Haferflocken Kleinblatt
75 g Weizenmehl Type 550

1 gestrichener TL Backpulver
125 g Süßrahmbutter
175 g Ofenohrzucker
1 Päckchen Vanillezucker
1 Prise Salz
1 Ei M

Backofen auf 190 °C Ober-/Unterhitze vorheizen. Butter schaumig schlagen.
Zucker, Vanillezucker, Salz und Ei nacheinander gründlich unterrühren.
Mandeln, Haferflocken, Mehl und Backpulver mischen und nach und nach
unter die Buttermasse mischen. Zwei Backbleche mit Backpapier auslegen. Mit
einem Teelöffel kleine Kugeln darauf setzen, dabei genügend Abstand lassen,
da die Kekse beim Backen auseinander laufen. Kekse in ca. 10 Minuten je Blech
goldgelb backen.

Haferflocken-Mandelplätzchen
besonders gut zu Weihnachten

300 Gr. Haferflocken
200 gr Butter + 200 Gr. Butter
150 gr Zucker + 200 Gr. Zucker
4 Eier
1 x Vanillearoma im Glas
Salz
1 Esslöffel Mehl
bisschen Milch
200 Gr. Mandeln in Plättchen

In einer großen Pfanne 200 gr Butter schmelzen lassen, die Haferflocken, die
Mandeln und 150 Zucker dazugeben, alles gut rühren und leicht anbräunen.
Bei Seite stellen. Mit einem Mixer eine weiche Masse aus 200 Gr. Butter, 200 gr
Zucker, 4 Eier und dem Vanillearoma herstellen. Jetzt die Haferflockenmasse
klein bröseln und unter die Buttermasse heben. Bei Bedarf Mehl und Milch
dazugeben. Alles verkneten, der Teig muss sehr weich und fluffig, fast dickflüssig sein und nicht krümelig. Für 2 Stunden in den Kühlschrank. Die Haferflocken müssen ausquellen. Mit einem Eisportionierer runde Kugeln aufs
Backblech heben und für 15 min ca. bei 150 Grad backen. Die Kugeln werden
sich beim Backen flach aufs Blech legen.

Haltbarmachen durch Fermentation / Einsalzen von Gemüse

Einsalzen ist eine der ältesten Methoden zur Konservierung von Lebensmitteln. Dabei wird durch das Salz die Feuchtigkeit in den Produkten für Mikroorganismen unbrauchbar. Um zuverlässig zu wirken, muss das Salz die Lebensmittel vollständig und gleichmäßig durchdringen. Die vorbereiteten Lebensmittel werden in geeigneten Gefäßen, z. B. Steingut oder Glas, lagenweise ein geschichtet, zwischen die Lagen wird Salz gestreut. Meistens wird die oberste Schicht beschwert, um dem Salz das Eindringen in die Zellen zu erleichtern. Auf diese Weise gelagerte Lebensmittel müssen regelmäßig kontrolliert werden, um Schimmel zu vermeiden. Um größere Mengen Gemüse für den Winter haltbar zu machen, bedient man sich praktischer Weise des Einsalzens. Dieses Verfahren ist bequem und billig.Man verwendet es bei grünen Bohnen, Steckrübe, Weißkohl, Gurken, Tomaten und sogar Zitronen. Der Weißkohl bildet sich zu Sauerkraut, welches nicht nur gut schmeckt, sondern auch Vitamin C ausbildet und wird als Diätkost verwendet. In rohem Zustand und bei nicht zu langer Lagerung bleibt dieses bestehen. Daher soll man Sauerkraut oft roh essen. Die Lake des Sauerkrautes ist mit Wasser verdünnt, ein gutes Mittel bei Magen-Darm-Beschwerden und hilft bei erschwertem Stuhlgang. Die in dem eingelegten Gemüse durch Milchsäurebakterien und Hefepilze hervorgerufene Gärung verwandelt den größten Teil der Kohlehydrate in Milchsäure, die in unserem Körper wie Joghurt oder Sauermilch wirkt, d.h. Fäulnisvorgänge im Darm bekämpft. Um die Gärung zu beschleunigen, kann man das eingelegte Gemüse die ersten Tage in einen warmen Raum stellen. Danach muss man es in einen kühlen Keller stellen. Die Steintöpfe oder Fässer müssen gründlich gereinigt und heiß ausgespült werden. Sie sind an der Luft zu trocknen. Weißkraut, Steck-Rüben, Bohnen werden mit der Hand fest angedrückt, dass der Saft übersteht. Ist der Steintopf befüllt, legt man ein Leinentuch oben auf, das mit kochendem Wasser gebrüht sein muss. Zum Beschweren nimmt man ein Brett mit dem Durchmesser des Topfes und zusätzlich einen Stein. Alle 10 Tage müssen das Brett und der Feldstein heiß und sauber gespült werden. Sollte das Gemüse einmal zu wenig Lake haben so gießt man Salzwasser nach. Man nimmt das Eingemachte mit einem sauberen Holzlöffel oder Holzgabel heraus.

Grüne Bohnen einsalzen bzw. fermentieren

5 kg Bohnen
500 g Salz

Man verwendet junge Stangenbohnen. Sie werden gewaschen, gut abgetrocknet, abgefädelt und gedrittelt. Nun vermischt man sie mit dem Salz und
drückt sie so fest wie möglich in den Steinguttopf. Sie werden mit einem sauberen Tuch bedeckt und dann mit Brett und Stein beschwert im Keller aufbewahrt. Dauer der Gärung 4 bis 6 Wochen.

Sauerkraut einsalzen bzw. fermentieren

5 kg Weißkohl
100 g Salz

Recht feste, frische Kohlköpfe werden von den äußeren Blättern befreit und
fein gehobelt. Dann stampft man das Sauerkraut abwechselnd mit Salz in
einen Steintopf. Jede Lage muss so fest gestampft werden, das der sich bilden-
dende Saft über dem Kohl steht. Obendrauf legt man einige saubere ungeho-
belte Blätter, darauf das Brett und dann den Stein. Der Topf wird entweder mit
einem passenden Deckel bedeckt oder einem sauberen Tuch zugebunden. Der
Topf wird im Keller aufbewahrt. Dauer der Gärung 4 bis 6 Wochen. Veränderung: man kann Wacholderbeeren, Weinblätter oder Apfelscheiben mit ein-
schichten, auf 5 kg Weißkraut rechnet man 500 g Äpfel.

Kleine Einweck-Gurken einsalzen bzw. fermentieren

5kg Gurken
Dill
Salzlösung aus 40 g Salz auf 1 Liter Wasser

Fleckenlose, grüne Gurken werden 12 bis 24 Stunden in kaltes Wasser gelegt,
gut abgetrocknet und mit Dill fest in einen Steinguttopf geschichtet. Man kocht
eine Salzlösung aus 40 g Salz auf 1 Liter Wasser und lässt sie erkalten. Diese
gießt man über die Gurken. Die werden mit einem sauberen Tuch bedeckt und
dann mit Brett und Stein beschwert im Keller aufbewahrt. Dauer der Gärung 4
bis 6 Wochen.

Veränderung: Man kann Sauerkirschblätter, Estragon, Lorbeerblätter und Meerrettichstückchen mit einfüllen.

Die Sauerkirsch-Blätter enthalten einen hohen Gerbsäureanteil und sorgen dafür, dass die Gurken beim einlegen nicht weich / matschig werden.

Rote Beete einsalzen bzw. fermentieren

800 g Rote Bete
10 g Meerrettich
45 g Salz
1 l Wasser
Rote Bete und Meerrettich vorbereiten
Am Vortag Rote Bete putzen, schälen und in sehr dünne Scheiben hobeln. Meerrettich schälen und ebenfalls in dünne Scheiben hobeln. Beides zusammen in einer Schüssel mit 20 g Salz gut mischen und gut abgedeckt über Nacht kalt stellen.

Gemüse einlegen

Am nächsten Tag 25 g Salz im Wasser auflösen. Bete und Meerrettich mitsamt dem ausgetretenen Saft in zwei sterilisierte Drahtbügelgläser (à 1 l Inhalt) geben und mit der Faust fest zusammenpressen. Mit Salzlake auffüllen (bis ca. 3 cm unter den Glasrand; restliche Lake entsorgen) und mit in Frischhaltefolie gewickelten Glasmurmeln oder Backerbsen oder Fermentiergewichten beschweren. Gläser luftdicht verschließen, in eine Auflaufform stellen (es kann Lake austreten) und bei Zimmertemperatur an einem dunklen Ort lagern.

Gemüse fermentieren lassen

Nach 2–3 Tagen sollte die Fermentation beginnen. Die Gläser so lange bei Zimmertemperatur stehen lassen, bis das Gemüse den gewünschten Geschmack erreicht hat (das kann 2–3 Wochen dauern). Während dieser Zeit die Gläser bei Bedarf mit frisch zubereiteter Salzlake auffüllen, das Gemüse sollte immer mit Flüssigkeit bedeckt sein. Anschließend die Gläser in den Kühlschrank stellen, um den Fermentationsprozess zu bremsen. Vorsicht! Beim Öffnen der Gläser kann es stark sprudeln!

Hasenpfeffer

1 1/2 kg Wildhase, küchenfertig
1 Prise Salz
1 Prise Pfeffer
2 Zweig Thymian
2 Zweig Rosmarin
4 EL Olivenöl
4 cl Weinbrand
2 Schalotten
2 Knoblauchzehen
100 g Speck, geräuchert
3 EL Rapsöl
1 EL Weizenmehl (Type 405)
500 ml Rotwein
250 ml Wildfond
1 Lorbeerblatt
1 Pimentkörner
1 Chilischote
1 EL Zitronensaft

Den Hasen trocken tupfen, in ca. 8 Stücke schneiden, salzen und pfeffern und in eine Form legen. Thymian und Rosmarin waschen, trocken tupfen und zerkleinern. Die Kräuter zusammen mit Olivenöl und Weinbrand vermengen und die Fleischstücke damit einmassieren. Abgedeckt für mindestens 4 Stunden im Kühlschrank marinieren. Schalotten und Knoblauch pellen und klein hacken. Räucherspeck fein würfeln. Fleisch aus der Marinade nehmen und abtropfen lassen. Speck in einen Bräter geben und bei mittlerer Hitze auslassen. Herausnehmen und beiseitestellen. Öl in den heißen Bräter geben, Fleisch zugeben und von allen Seiten kräftig anbraten. Schalotten und Knoblauch zugeben und mit anschwitzen. Mehl zugeben und 2-3 Minuten unter Rühren anrösten. Mit Rotwein ablöschen. Wildfond angießen, Speck, Lorbeerblatt, Pimentkörner und klein geschnittene Chilischote zugeben. Alles für 1 Stunde bei geringer Hitze abgedeckt schmoren lassen. Mit Zitronensaft, Salz und Pfeffer abschmecken. Gewürze aus der Soße entfernen und das Fleisch vom Knochen lösen sowie klein schneiden. Nach Belieben die Soße nochmals mit dem Pürierstab fein pürieren. Das Fleisch nochmal zurück in die Soße geben und kurz erhitzen. Mit frischen Kräutern garniert servieren.
Dazu passen Kartoffelklöße und Rotkohl.

Ungarischer <u>Haussalat</u>

Haus-Salat ist ein gemischter Salat mit Krautsalat, ziemlich viel Gurken, Paprika und Tomaten. Durch den Krautsalat, der ja schon Sauce hat, braucht man kein weiteres Dressing. Mein Krautsalat war relativ trocken, ich habe in ein Glas Balsamicoessig, Wasser und ein bisschen Zucker gemischt und drüber gegeben. Ich habe den Salat in eine Tupperdose getan und alle 30 min einfach fest geschüttelt. Die Sauce trifft jetzt den Salat. Ich finde, wenn man ihn 1 Stunde in den Kühlschrank stellt, schmeckt er besser. Ich kaufe den fertigen Krautsalat im Primamarkt. Dieser ist wirklich sehr gut. 990 Huf ist ein guter Preis. Ich habe gerade gesehen, da steht csípős drauf. Also ist er sehr scharf. Gestern im "und" Restaurant, gab es anstatt grüner Gurke, Gewürzgurke. Das macht jedes Restaurant anders. Manche servieren Almapaprika, das sind kleine weiße Paprika mit Überraschungseffekt. Entweder sind sie süss oder höllisch scharf.

<u>Hefeklösse</u>

Hefeklöße sind nicht ganz faustgroße Klöße, die gedämpft, also über kochendem Wasser in Dampf gegart werden. Der Teig besteht aus Hefe, Mehl, Milch, Salz und zerlassenem Fett und geht bereits vor dem Garen auf. Durch das Dampfbad wird die Konsistenz der Klöße noch luftiger und was sie zu begehrten Beilagen in süßen oder deftigen Gerichten macht.

Diese sind eng mit Krapfen und Hefepfannkuchen verwandt, die allerdings in Fett ausgebacken und nicht gedämpft werden.

<u>Hefeteig, süß</u>

200 ml Milch
500 g Weizenmehl Type 405
70 g Zucker
1 Würfel frische Hefe
125 g Butter
2 Eier
1 Prise Salz

Alle Zutaten aus dem Kühlschrank nehmen, damit sie Zimmertemperatur erreichen. Die Milch leicht erhitzen, bis sie lauwarm ist. Das Mehl mit dem

Zucker vermischen und in eine große Schüssel geben. Eine Kuhle in der Mitte formen und den Hefewürfel darein bröseln. Etwa die Hälfte der lauwarmen Milch in die Kuhle gießen und vorsichtig mit der Hefe und etwas Mehl vom Rand verrühren. Ein sauberes, feuchtes Tuch über die Schüssel legen und den Vorteig an einem warmen Ort für eine Viertelstunde gehen lassen.

Die weiche Butter mit Eiern, Salz und der restlichen Milch in die Schüssel geben und mit dem Vorteig zu einem glatten Teig verkneten. Den Hefeteig wieder zudecken und für 45 Minuten an einem warmen Ort gehen lassen. Er sollte sein Volumen verdoppelt haben. Den Teig auf einer bemehlten Arbeits-fläche erneut kurz durchkneten. Danach nach Wunsch weiterverarbeiten

Hefeteig, deftig oder ohne Zucker

400 Gr. gesiebtes glattes Mehl
1 Würfel frische Hefe
1 KL Salz
2 EL Speiseöl
⅛ l Milch
⅛ l Wasser
Für den Teig das Mehl in eine Rührschüssel sieben und mit der Germ gut vermischen. Die übrigen Zutaten der Reihe nach dazugeben und mit dem Handmixer (Knethaken) zu einem glatten Teig verkneten. Zugedeckt an einem warmen Ort so lange gehen lassen, bis der Teig doppelt so hoch ist.

Hefeteig durchkneten und beliebig verwenden.

Hefeteig Grundrezept

für Hefezopf, Küchle, Spitzweckle, Zopf, Blootz, Hefeklöße, Dampfnudeln, Zwetschgenknödel usw.

125 Gr. weiche Butter
250 g Zucker
3 Eier
1400 gr Mehl
1 1/12 Würfel Hefe
0,5 Liter Milch
Prise Salz

Milch und Zucker und Hefe vermischen 1 Esslöffel Mehl dazugeben und rühren. Ruhen lassen für mindestens 1 Stunde. Dann den Rest der Zutaten dazugeben. Alles gut miteinander verkneten, in eine Schüssel geben und 30 min ruhen lassen. Am besten wird der Teig, wenn man ihn über Nacht in den Kühlschrank stellt. Dann für das gewünschte Rezept verwenden.

Einen Heifele (ähnlich Trockenhefe) herstellen

In den frühen Zeiten gab es noch keine Hefe oder Trockenhefe zu kaufen und musste von den Bäuerinnen selbst hergestellt werden. Ein Teil des zubereiteten Brotteiges wurde in Weckgläsern für den nächsten Backtag aufgehoben. Aber was war, wenn der Backtag erst in 3 Wochen war? Die Bäuerinnen stellten den sogenannten Heifele her. Man stellt einen Teil (ca. eine große Kaffeetasse) des zubereiteten Brotteiges bei Seite in eine Schüssel. Nach dem Brotbacken kratzt man die Teigschüssel penibel aus und nimmt die trockenen Brösel und gibt sie zu dem Teig. Die Schüssel deckt man mit einem Tuch ab (damit keine Fliegen ran gehen) und lässt sie stehen. Nach einem halben Tag gibt man eine handvoll Roggenmehl dazu, verknetet alles und lässt die Schüssel wieder stehen. Die Schüssel stellt man in die Sonne, so dass der Teig richtig trocken wird. Ist der Teig eine feste Masse, kann man ihn reiben. Am Ende zerkrümelt man alles bis ein trockenes Pulver entsteht. Es muss extrem trocken sein, sonst wird es schimmeln. Man kann den Heifele in kleinen Leinensäckchen aufbewahren. Auch Weckgläser eignen sich. Eine andere Variante ist das Trocknen im Herd auf dem Blech. Der Ofen darf aber nicht zu heiß sein, sonst bäckt der Teig und kann nicht mehr verwendet werden.

<u>Hermann-Teig</u>

Hermann, auch Glückskuchen, Glücksbrot und Vatikanbrot genannt, ist ein süßer Sauerteig aus Weizenmehl, der Milchsäurebakterien, Hefe und ein wenig Milch, (Pflanzenöl, nicht unbedingt notwendig) und/ oder Wasser enthält. Der Teig enthält lebende Kulturen und vermehrt sich selbst immer weiter, wenn man ihn regelmäßig füttert und pflegt. Der Teig ist die Grundlage für die sogenannten Hermannkuchen, kann aber auch in anderen Backwaren verwendet werden. Das Besondere daran ist, dass sich der Ansatz für den Hefeteig durch Fütterung vermehrt und dabei stabil bleibt. Das liegt an enzymatischen Reaktionen der Hefepilze, die den Teig verändern. Eine ähnliche enzymatische Reaktion ist an Kombucha (ein Gärgetränk aus Tee) beobachtbar.

Dem Wesen nach sind solche Sauerteigansätze schon seit der Antike bekannt mit vergorener Milch und Mehl, gegebenenfalls unter Zusatz von Honig. Im deutschsprachigen Raum ist der Name Hermann(-Teig) spätestens seit den 1970er Jahren bekannt. Über die Ursprünge des Namens ist jedoch nichts Zuverlässiges bekannt. Üblicherweise erhält man den Teig von Freunden oder Bekannten zusammen mit Instruktionen, die in einem Hermann-Brief genannten Text zusammengefasst sind. Der Ursprung dieses Brauches ist ebenfalls ungeklärt, er entstand jedoch in der Zeit der deutschen Friedens- und Ökologiebewegung um 1980 und wurde als Kettenbrief weitergegeben. Ein ähnlicher Teig ist in den USA unter dem Namen Amish Friendship Bread bekannt. Die Bezeichnung Friendship Bread geht auf ein Sauerteigbrot der Amischen (engl. Amish) zurück, die dieses Brot an Bedürftige verteilten. Das süße Kuchenrezept ist jedoch keine Erfindung der Amischen. Der Hermann-Teig ist eine tolle Alternative zu herkömmlichen Backtriebmitteln und gibt Kuchen, Brot und Brötchen einen besonderen Geschmack.
Das Ergebnis in Geschmack und Aussehen erinnert an italienischem Pannettone. Wie Panettone ist er überdurchschnittlich lange haltbar. Das Mindesthaltbarkeitsdatum wird oft mit sechs Wochen angegeben.

Hermann-Teig ansetzen

Den Sauerteig-Ansatz von Grund auf selbst herzustellen, ist ganz einfach. Bereits nach zwei Tagen entsteht ein fröhlich-blubbernder Hermann.

Zutaten und Geräte für den Teigansatz:

100 g Weizenmehl
1 EL Zucker
2 gestr. TL Trockenhefe
oder die Hälfte eines Frischhefeblocks (21g)
150 ml lauwarmes Wasser
Schüssel aus Glas oder Plastik mit Deckel
und/ oder ein 1,5 Liter fassendes Bügelglas
Rührlöffel aus Holz oder Plastik

Hinweis: Verwende keinen Behälter oder Rührlöffel aus Metall, weil das den erwünschten Bakterienkulturen nicht bekommt.

Grundteig herstellen:

Alle Zutaten in die Schüssel oder das Glas geben und mit dem Löffel zu einem glatten Teig verrühren. Gefäß verschließen und den Teigansatz für zwei Tage bei Zimmertemperatur reifen lassen. Ab und zu umrühren.

Achtung: Decke das Gefäß so ab, dass Hermann einerseits vor Verunreinigungen geschützt ist, andererseits Überdruck entweichen kann. Falls du ein Schraubglas verwendest, lege den Deckel nur lose auf, da es sonst platzen könnte!

Nach dieser Zeit sollte der Teig aufgrund der einsetzenden Milchsäuregärung lebhaft blubbern und leicht säuerlich riechen. Die darin enthaltenen Kulturen aus Bakterien und Hefen bilden eine Symbiose, die den Teig im Gleichgewicht hält. Der Hermann-Teig kann nun so weiter verarbeitet werden.
Nun gehört der Vorteig in den Kühlschrank

Nun geht man wie folgt vor:

-      Tag 1: Ruhen lassen.
-      Tag 2: Umrühren.
-      Tag 3: Umrühren.
-      Tag 4: Umrühren.

Tag 5: Füttern – 100 g Weizenmehl, 150 g Zucker und 150 ml Milch zugeben. Gut verrühren.

-      Tag 6: Umrühren.
-      Tag 7: Umrühren.
-      Tag 8: Umrühren.
-      Tag 9: Umrühren.

Tag 10: Füttern – 100 g Weizenmehl, 150 g Zucker und 150 ml Milch zugeben. Gut verrühren.

Nach dem zweiten Füttern ist es dann so weit: Der Hermann-Teig ist fertig! Er wird nun in vier gleich große Portionen geteilt (etwa. 200 Gramm), die jeweils zum Backen verwendet werden können. Du kannst die Portionen aber auch weiter pflegen und wieder mit Tag 1 beginnen. Alternativ lässt sich der Hermann-Teig auch portionsweise einfrieren, zum Beispiel, wenn ein Urlaub bevorsteht. Die traditionelle Regel lautet: Mit einem Teil backen, einen Teil selbst weiter pflegen, zwei Teile verschenken samt Pflegeanleitung (auch als Hermann-Brief bekannt), damit auch andere Freude am Hermann haben!

Wie lange ist der Hermann-Teig haltbar?

Bei richtiger Pflege hält sich Hermann-Teig theoretisch ewig. Wichtig ist, dass Hefen und Milchsäurebakterien nicht beeinträchtigt werden.
Benutze deshalb **keine Schüsseln oder Löffel aus Metall**, sondern aus Glas, Holz oder Kunststoff. Bewahre Hermann-Teig nach den ersten zwei Tagen unbedingt **gut verschlossen und im Kühlschrank** auf. Ein intakter Hermann-Teig riecht angenehm nach Hefe und ist relativ flüssig. Auf der Oberfläche entsteht Schaum, das ist unbedenklich. Sobald sich Schimmel bildet, solltest du den Teig aber unbedingt entsorgen!

Hirn, Gehirn zubereiten

Hirn besteht aus einer weichen, grauweißen Masse, die sich überwiegend aus
etwa gleich großen Teilen Fett und Eiweiß zusammensetzt. Hirn ist reich an
Vitaminen und enthält mit bis zu 3 g pro 100 g das meiste Cholesterin aller
Lebensmittel, etwa doppelt so viel wie Eigelb. Gebratenes Hirn erinnert ge-
schmacklich an Leber, roh schmeckt es nussartig und hat einen metallischen
Nachgeschmack. Kalbs- und Lammhirn eignet sich vor allem für Vorspeisen,
Pasteten und Ragouts; es wird auch zur Herstellung von Krankenkost ver-
wendet. Schweine- und Rinderhirn kann zu Wurst verarbeitet werden. Die
Verarbeitung von Rinderhirn war schon vor Oktober 2000 unüblich: Zu diesem Zeitpunkt wurde das Verarbeiten zum Schutz vor BSE-Infektionen bei der
Lebensmittelherstellung verboten. Zur Vorbereitung sollte Hirn zunächst
gründlich gewässert werden. Dann wird die Haut abgezogen, Blutreste und
Adern werden entfernt und es wird noch einmal gespült. Anschließend wird
das Hirn in Gemüsebrühe vorsichtig gegart, wodurch es sich verfestigt, und
nach Rezept weiterverarbeitet.

Gebackene Hirnschnitten

1 Hirn vom Schwein
2 Eier
4 Semmeln
1 EL Butter
1 kleine Zwiebel
2 Eier
Semmelbrösel
Fett zum Herausbacken
Frische Petersilie

Alle Zutaten bereitstellen; Hirn in warmes Wasser einlegen, Petersilie waschen, fein hacken, Zwiebel schälen, fein schneiden. Hirn von der Haut befrei-
en, schneiden. Zwiebel in 1 EL Butter anschwitzen, Hirn dazugeben, zwei Eier
hinenischlagen, einige Minuten unter Rühren dünsten lassen. Hirn salzen und
pfeffern, frisch gehackte Petersilie dazugeben, weiter dünsten. Semmeln quer
in Scheiben schneiden, eine Scheibe mit Hirn bestreichen, eine zweite Scheibe
daraufgeben.

Für die Panier 2 Eier mixen. Hirnschnitten in Ei tauchen und in Semmelbröseln panieren. Ausreichend Fett erhitzen, Hirnschnitten rasch goldgelb herausbacken.

Hirn in <u>Backteig</u> frittiert

2 St. Schweinshirn (1 St. Kalbshirn)
Backteig
Fett zum Herausbacken
Hirn in Salzwasser ca. 10 Minuten köcheln lassen. Enthäuten, auskühlen lassen. In der Zwischenzeit den Backteig lt. Rezept herstellen. Hirn in rund 1 cm
dicke Scheiben schneiden, salzen und in Backteig tauchen. Fett in Pfanne erhitzen und Hirnscheiben rasch goldbraun herausbacken. Herausnehmen,
abtropfen und auf Küchenkrepp abtupfen.

Hirn mit Ei

2 Schweinshirne
1 Zwiebel
40 g Butter
3 Eier
Salz, Pfeffer, Petersilie
Hirn in warmes Wasser legen, bis das Häutchen herunter geht. Zwiebel fein
hacken, in Butter anrösten, Hirn nicht allzu fein hacken, in Fett geben und
durchrösten. Eier versprudeln und dazu geben, salzen, pfeffern und Petersilie
darüber streuen.

Hirnfülle

1 Schweinshirn
1 EL Butter
1 kl.Stück Zwiebel fein gehackt
Salz, Pfeffer
Petersilie
1 Ei
Hirn überbrühen, Haut abziehen und fein hacken; Fett erhitzen, Zwiebel anrösten, Hirn dazu geben, unter Umrühren gut anrösten, salzen, pfeffern, ev.
ein Ei unterschlagen und frisch gehackte Petersilie dazu geben.

<u>Hirnknödel</u>

1 Schweinshirn
1 EL Butter
1 kleine Zwiebel
1 Ei
30 g Butter
80 g Semmelbrösel
20 g Mehl
frisch gehackte Petersilie
Salz, Pfeffer

Hirn mit heißem Wasser überbrühen, Adern, Haut entfernen. Zwiebel schälen, fein hacken, Petersilie waschen, fein hacken. Butter erhitzen, Zwiebel hellgelb anrösten. Hirn schneiden, in Pfanne geben und andünsten. Hirn auskühlen lassen, passieren. Butter mit Eidotter flaumig aufschlagen, salzen, pfeffern. Eiklar steif schlagen.
Eischnee abwechselnd mit soviel Semmelbröseln und Mehl unterheben, dass ein festerer Teig entsteht. Masse eine halbe Stunde ziehen lassen. Kleine Knödeln formen und in der Suppe rund 8 Minuten ziehen lassen.

<u>Hirnknödel 2</u>

2 EL Butter
2 Eier
1 Schweinshirn
1 kleine Zwiebel
1/2 BIO Zitrone
2 Semmeln altbacken

Salz, Pfeffer
1 kleiner Bund Petersilie
Alle Zutaten bereitstellen, Zwiebel schälen, fein hacken, Petersilie waschen, trocknen, nicht allzu fein hacken, Hirn waschen, Zitrone heiß abwaschen, dünn abreiben. Hirn enthäuten, kleine Äderchen wegschneiden. Hirn fein hacken. Semmeln in Milch oder etwas Wasser einweichen.
1 EL Butter abrühren. Eier trennen. Dotter in die Butter mengen. Die ausgedrückten Semmeln einmengen. 1 EL Butter in Pfanne erhitzen, Zwiebel glasig anschwitzen, Petersilie, Zitronenabrieb dazugeben. Das feingehackte Hirn dazugeben, durchrösten. Hirn in die Semmelmasse einrühren. Eiklar mit Prise Salz steif aufschlagen und unterheben. MitSalz und Pfeffer abschmecken.

119

Masse 20 Minuten durchziehen lassen. Ausreichend Wasser erhitzen, leicht salzen. Kleine Knöderln formen, 8-10 Minuten wallend ziehen lassen und dann in die Suppe als Einlage geben.

Hirnomelette

2 Eier
40 g Butter
1 altbackene Semmel
1/16 l Milch
Fett für die Pfanne
200 g Schweinshirn
30 g Butter
1 kleine Zwiebel
1 Ei
Salz, Pfeffer, Petersilie
Alle Zutaten vorbereiten, Hirn in warmes Wasser legen, Haut entfernen, Petersilie waschen, trocknen, fein hacken, Zwiebel schälen, klein schneiden, Semmel in Milch einweichen. Schweinshirn schneiden, etwas Butter erhitzen, Zwiebel anschwitzen, Hirn andünsten, Ei einschlagen, umrühren, einige Minuten dünsten. Vom Herd nehmen und auskühlen lassen. Für das Omelette Eidotter und Butter flaumig abtreiben. Semmel gut ausdrücken, hineingeben und gut vermengen. Hirn ebenfalls untermengen, gut verrühren und würzen. Eiklar zu festem Schnee schlagen und unterziehen. Etwas Fett in Pfanne erhitzen, Masse einfüllen und bei mäßiger Hitze beidseitig goldgelb backen.

Hirnpalatschinken gebacken

Fülle
2 Schweinshirne
2 Schalotten
1 EL Butter
1 ganzes Ei, 1 Eidotter
Mehl, 2 Eier und Semmelbrösel für Panier
Fett zum Herausbacken
Salz, Pfeffer aus der Mühle
Petersilie

Alle Zutaten bereitstellen, Hirne waschen, Haut entfernen, Petersilie waschen, trocknen, fein hacken, Schalotten die äußere Haut abziehen und fein hacken. Palatschinkenteig nach Rezept herstellen. Hirne fein hacken. In Pfanne Butter heiß werden lassen. Schalotten anschwitzen. Hirn hineingeben und gut durchrösten. 2 EL gehackte Petersilie dazugeben. Mit Salz und Pfeffer würzen. Hirn überkühlen lassen, danach Ei und Eidotter einrühren. Palatschinken auflegen, Hirn einstreichen, zusammenschlagen. Palatschinken in Mehl wenden, in Ei tauchen und mit Semmelbröseln panieren. In ausreichend Fett schwimmend herausbacken.

Hirnplätzchen

1 EL Butter
1 Schalotte
1 Schweinshirn
4 Semmeln vom Vortag
50 g Semmelbrösel
150 g Schmalz oder Butter
4 Eier
Salz, Pfeffer

Alle Zutaten bereitstellen, Hirn in warmes Waser legen, bis sich das Häutchen leicht löst, Schalotte die äußere Haut abziehen, fein hacken. 1 EL Butter erhitzen. Schalotte anschwitzen. Hirn feiner hacken, in die Pfanne geben. Zwei Eier hineinschlagen. Salzen, pfeffern. Stocken lassen. Vom Herd nehmen. Semmeln 3 mm dick blättrig schneiden. Eine Scheibe mit dem Hirn bestreichen und mit einer zweiten zusammensetzen. Schmalz in Topf erhitzen. Semmelschnitten in den restlichen zwei Eiern tauchen und mit Semmelbrösel panieren. Gut andrücken. In nicht allzu heißem Fett rasch knusprig goldbraun herausbacken.

Hirnpofesen

16 Weißbrotscheiben
1/4 l Milch
Hirnfülle von 1-2 Hirnen
Mehl, 2 Eier und Bröseln zum Panieren
Fett zum Herausbacken
Brotscheiben mit Milch befeuchten, je zwei Scheiben mit Hirnfülle bestreichen und in Mehl, Ei und Brösel panieren. Fett erhitzen, Pofesen rasch goldbraun

backen und auf Küchenkrepp legen. Tipp: Salat passt am besten zu diesem Gericht!

<h2 style="text-align:center"><u>Hirnpudding</u></h2>

200 g Hirn (Schwein oder Kalb)
40 g Butter
20 g Zwiebeln
3 Eier
30 g Butter
1/16 l Milch
50 g Semmelbröseln
Fett und Bröseln für die Form
Salz, Pfeffer aus der Mühle
Alle Zutaten bereitstellen, Hirn überbrühen, Haut entfernen, Zwiebel schälen und fein hacken, Form ausfetten und mit Semmelbröseln bestreuen. 40 g Butter erhitzen, Zwiebel anschwitzen. Hirn schneiden, in die Pfanne geben, einige Minuten dünsten lassen. Salzen, pfeffern. Butter aufmixen, salzen, Eidotter dazugeben, kalte Milch, etwas Semmelbröseln, Prise Muskat, Pfeffer, alles gut vermengen, Hirn untermengen. Eiklar zu festem Schnee schlagen und unterheben. Masse in die Form füllen und eine Stunde im Wasserbad garen.

<h2 style="text-align:center"><u>Hirnschöberlsuppe</u></h2>

100 g Butter
1 Schweinshirn
2 Eier
80 g Brösel
3 Semmeln
ca. 1/8 l Milch
Frische Petersilie
1 kleine Zwiebel
ÖL
Salz, Pfeffer
Alle Zutaten bereitstellen, Gehirn gut durchwaschen, Äderchen bzw. Häutchen entfernen, Petersilie abwaschen, fein hacken, Zwiebel schälen und fein hacken, Auflaufform gut ausfetten und mit Bröseln bestreuen. Semmeln mit Milch gut befeuchten. Hirn fein hacken. 3 Esslöffel Öl erhitzen, Zwiebel anschwitzen, Petersilie dazugeben. Hirn in die Pfanne geben und durchrösten. Vom Herd nehmen.

Butter flaumig abtreiben. Semmeln ausdrücken und in die Butter einmengen.
Die Hirnmasse ebenfalls mit den Bröseln und den Eiern unterrühren.
Mit Salz und Pfeffer abschmecken. Masse in die Form füllen und bei 180 °C im
Ofen backen. Herausnehmen und in Würfel schneiden.

Hirnsuppe

1/2 Kalbshirn
1 kleine Zwiebel fein gehackt
1 EL Fett
50 g Mehl
2 Semmeln
Salz, Pfeffer
1/2 Bund gehackte Petersilie
Alle Zutaten bereitstellen, Zwiebel schälen, fein hacken, Petersilie waschen,
trocknen, nicht allzu fein hacken. Hirn mit heißem Wasser übergießen, enthäuten und fein hacken. Einmachsuppe herstellen. Fett erhitzen, Zwiebel anrösten,
Hirn dazugeben und unter Umrühren anrösten, würzen, in die Einmachsuppe
mengen und mit gehackter Petersilie abschmecken. Semmeln klein würfelig
schneiden, im Ofen schmoren und in die Suppe geben.

Hirnwürfel

2 Schweinshirne
3 Eier
50 g Butter
1 Becher Schlagobers
1 EL Mehl
Fett für das Blech
100 g Parmesan
4 EL Brösel
Butterflocken
Salz, Pfeffer aus der Mühle
2 Stängel Petersilie
Alle Zutaten bereitstellen, Schweinshirne putzen, wässern, Petersilie waschen,
fein hacken, Backblech befetten. Eier trennen. Dotter mit Butter und Prise Salz
aufmixen. Eiklar mit Prise Salz steif schlagen.

Schweinshirne blanchieren, fein hacken und in die Dottermasse mengen. Mehl, Petersilie und den Eischnee untermengen. Mit Salz und Pfeffer abschmecken. Masse fingerdick auf das Blech streichen und bei ca. 180 °C 10-12 Minuten backen. Herausnehmen, in kleinere Würfel schneiden. Würfel paarweise zusammenlegen. Mit Parmesan und Bröseln bestreuen.
Mit Butterflocken bestreuen und im Ofen bei starker Oberhitze einige Minuten überbacken.

Kalbshirn gebacken

Ein Kalbshirn wiegt rund 400 g. Das Kalbshirn ist das feinste Hirn und erinnert an Kalbsbries.
2 Stück Kalbshirn
Mehl, Eier, Brösel für die Panier
Fett zum Herausbacken
Salz
Kalbshirn eine Stunde wässern, danach Haut abziehen, alle Äderchen entfernen, nochmals sehr gut waschen. Kalbshirn in Scheiben schneiden und salzen. In Mehl wenden, in Ei tauchen und in Semmelbröseln wenden. Ausreichend Fett erhitzen, Hirn schwimmend goldgelb herausbacken.

Kalbshirn geröstet

2 Stück Kalbshirne
1 EL Butter/2 EL ÖL
 Salz, Pfeffer
kleiner Bund Petersilie

Alle Zutaten bereitstellen, Petersilie waschen, trocknen, fein hacken, Hirne 1 h vorher wässern. Hirn gut waschen, mit heißem Wasser übergießen, Haut und Sehnen entfernen. Hirn in kleine Stücke drücken.
In Kasserolle Butter/Ölgemisch erhitzen, Hirn hineingeben, einige Minuten andünsten. Petersilie beigeben, mit Salz und Pfeffer würzen. Sofort servieren.

Kalbshirn in feiner weisser Kräutersauce

2 Kalbshirne
2 Schalotten
2 Becher Crème fraîche
2 EL Weißweinessig

Salz, weißer Pfeffer aus der Mühle, Majoran, Kerbel, Schnittlauch
Alle Zutaten bereitstellen, Kalbshirn eine Stunde wässern. Haut von den
Kalbshirnen abziehen, Äderchen entfernen, nochmals sehr gut waschen. Salzwasser aufkochen, Hirne einlegen und 12-15 Minuten ziehen lassen. Schalotten
mit Crème fraîche, Essig, Majoran im Mixer aufschlagen. Einen Esslöffel fein
gehackten Kerbel und Schnittlauch unterziehen. Kalbshirne gut abtropfen
lassen, in Scheiben schneiden und anrichten. Mit der Kräutersauce überziehen.

Kalbshirn mit Ei

2 St. Kalbshirn
1 mittlere Zwiebel
2 EL Butter
5 Eier
Schuss Milch
Salz, Pfeffer aus der Mühle
Petersilie
Hirn gut waschen, von Haut und Sehnen befreien, Zwiebel schälen, fein hacken. Butter in Pfanne erhitzen. Zwiebel andünsten. Hirn fein hacken und in
die Butter geben. Hirn hell anrösten. Eier in Gefäß schlagen, mit etwas Milch
verquirlen. Mit Salz, Pfeffer würzen. Über das Hirn verteilen und warten, bis
es stockt. Mit gehackter Petersilie bestreuen.

Kalbshirnsuppe, legiert

1 Kalbshirn
1 mittlere Zwiebel
1 St. Lauch
400 ml Suppe oder Brühe
1/8 l Milch
2 EL Butter
4 EL Obers
1 Dotter
Salz, Pfeffer, Prise Muskat
1 kleiner Bund Petersilie

Alle Zutaten bereitstellen, Kalbshirn eine Stunde vorher wässern, Zwiebel
schälen, fein hacken, Petersilie waschen, trocknen, nicht allzu fein hacken,
Gemüse waschen, putzen, nochmals waschen, klein schneiden. Kalbshirn von
Haut und Äderchen befreien, nochmals gut waschen, trockentupfen. Klein

schneiden. Butter in Topf erhitzen. Zwiebel anschwitzen, Gemüse dazugeben, Petersilie und noch einige Minuten anrösten. Umrühren. Hirn beigeben und einige Minuten mitdünsten. Mit Suppe und Milch aufgießen, gut vermengen und 10 Minuten leicht köcheln lassen. Mit Salz, Pfeffer, Prise Muskat abschmecken. Obers und Dotter leicht verrühren und langsam in die Suppe einfließen lassen. Nicht mehr kochen lassen.

Rindersuppe mit Hirndunstkoch

1 Hirn vom Schwein
Rindsuppe entweder selbst zubereiten oder Würfelsuppe, Hirndunstkoch wie Hühnerdunstkoch zubereiten. Hirn waschen, die Haut abziehen und mit Zwiebeln rösten.

Rindsuppe mit Hühnerdunstkoch

Hühnerklein
20 g Butter
1/2 Zwiebel feingehackt
Salz, Pfeffer
30 g Butter
2 Semmeln
2 Eidotter
2 Eiklar
Petersilie

Feingehackte Zwiebel und das klein würfelig geschnittene Hühnerklein (Magen, Herz, Leber) in Butter leicht anrösten, salzen und pfeffern.
Butter und Dotter aufschlagen, Semmeln in Milch oder Wasser einweichen, gut ausdrücken und zusammen mit der feingehackten Petersilie zum Abtrieb geben. Das Hühnerklein etwas abkühlen lassen, beifügen und den steif geschlagenen Schnee unterheben. Form befetten, Masse einfüllen; etwas Wasser in größere Pfanne geben, Form einstellen und rund 45 Minuten im BackOfen backen. Heraus nehmen, stürzen und auskühlen lassen. In Scheiben schneiden und mit der Suppe servieren.

Hitzplootz süß

Wir verwenden den Hefeteig, siehe Rezept Hefeteig.
dazu

1 Becher saure Sahne
1 Becher süße Sahne
1 Becher Schmand
1 Esslöffel Mehl
Zucker und Zimt
Äpfel nach Wahl
Pflaumen nach Wahl

Die Sahne, den Schmand, das Mehl miteinander verrühren und auf den ausgewellten Hefeteig geben. Großzügig mit Zucker und Zimt bestreuen. Wer mag kann geraspelte Äpfel oder Pflaumen drauf verteilen. Im vorgeheizten Ofen bei 200 Grad backen. Am Rand muss er braun werden, dann ist er durch. Sollten Luftblasen im Teig sein, diese zerstechen.

Hitzplootz mit Schinken und Grieben

Wir verwenden den Hefeteig, siehe Rezept Hefeteig. Hier wird 1 Esslöffel Schmalz unter gearbeitet. Dazu 1 Becher Schmand, 1 Ei, 2 Zwiebeln, 50 Gramm Grieben, 150 gr Speck, Kümmel und Salz. Die Zwiebel mit dem Speck und den Grieben anbraten. Den Schmand mit dem Ei und ein bisschen Salz verrühren. Gleichmäßig auf den ausgerollten Teig verteilen. Die Speckmischung großzügig verteilen. Mit wenig Kümmel bestreuen.

Hitzplootz mit Gemüse

Wir verwenden den Hefeteig, siehe Rezept Hefeteig. Hier wird 1 Esslöffel Öl unter gearbeitet. Dazu 1 Becher Schmand, 1 Ei. 4 Champignons, 1 Zucchini, 1 Zwiebel, 1 Paprika, Oregano, Salz . Den Schmand mit dem Ei und ein bisschen Salz verrühren. Gleichmäßig auf den ausgerollten Teig verteilen. das Gemüse großzügig verteilen.

Hochzeitssuppe selber machen (12 Personen)

eine gescheite Hochzeitsuppe besteht aus:
einer Brühe aus sehr gutem Rindfleisch (Siedfleisch oder Beinscheiben) +
Grießklößchen +
Markklößchen +
Brätklößchen+
Leberklößchen+
Flädle+
Backerbsen+
Eierstich+
Brandteigklößchen+
Spargelköpfen und kleinen Suppenmaultaschen.

Je nach Region kann der Inhalt der Suppe variieren. Die Hochzeitssuppe wird
in Süddeutschland von Hochzeitspaar und Gästen traditionell nach der Trauung eingenommen und bildet meist den Auftakt des Menüs bei der Hochzeits-
feier. Es gibt sie jedoch auch in anderen Regionen Deutschlands, da die Braut-
suppe für alle Gäste früher Bestandteil jedes Hochzeitsfestes war. (Anmerkung
der Autorin) Wenn man die einzelnen Einlagen einen oder zwei Tage vorher
zubereitet und im Kühlschrank aufbewahrt, hat man sehr viel weniger Stress
und muß dann am Tag der Hochzeit oder des Festes nur die Brühe aufkochen
und alle Zutaten in der Brühe erwärmen und ziehen lassen. Die Zubereitung
der einzelnen Einlagen ist teilweise sehr zeitaufwändig.

Eierstich am Vortag zubereiten

4 Eier (Größe M)
200 ml Milch
Salz

Für den Eierstich Eier und Milch gut verquirlen und mit Salz würzen. In eine
gefettete Auflaufform geben. Form mit Alufolie bedecken, in die Fettpfanne
des Backofens stellen, reichlich heißes Wasser angießen und im vorgeheizten
Backofen (E-Herd: 150 °C/ Umluft: 125 °C/ Gas: Stufe 1) ca. 45 Minuten stocken
lassen. Eierstich über Nacht kalt stellen.

Hochzeitssuppe selber machen
Brühe als Grundlage der Suppe:

500 g Rinderbeinscheibe oder Siedfleisch
1 Zwiebel
1 Bund Suppengrün
2 Lorbeerblätter
4 Wacholderbeeren
2 Gewürznelken
400 g Möhren
500 g Spargel
200 g tiefgefrorene Erbsen

Für die Brühe Fleisch waschen. Zwiebel quer halbieren und Schnittflächen in
einer Pfanne ohne Fett kräftig anbraten. Suppengrün schälen bzw. putzen,
waschen und grob würfeln. Fleisch, Zwiebel und Suppengrünwürfel in einen
Topf geben, mit 3–4 Liter Salzwasser bedecken. Lorbeer, Wacholder und
Nelken dazugeben. Aufkochen und ca. 2 Stunden köcheln. Zwischendurch
aufkochenden Eiweißschaum mit einer Schaumkelle abschöpfen. Möhren
schälen, waschen und in Scheiben schneiden. Spargel schälen, holzige Enden
abschneiden. Spargel in Scheiben schneiden. Gesamtes Fleisch aus der Brühe
nehmen, vom Knochen bzw. Haut lösen und in Würfel schneiden, Brühe
durch ein feines Sieb gießen.

Brätklößchen

4 (ca. 500 g) feine ungebrühte Bratwürste
2.500 ml von der Brühe abmessen (evt. mit Wasser auffüllen), in einen Topf
gießen und aufkochen. Brätmasse aus der Hand zu kleinen Klößchen (1,5 cm,
Max. Daumenagelgroß) direkt in die heiße Brühe vor dem Servieren drücken.

Grießklößchen

2 Eier
100 g Butter
5 Esslöffel Hartweizengrieß
Salz, Pfeffer, Muskat

Alle Zutaten verrühren, der Teich muss sehr weich sein, 10 Min quellen lassen,
Mit zwei Kaffeelöffel Klößchen abstechen. Diese mindestens 5 min in der
Brühe ziehen lassen.

<u>Brandteigklösschen</u>

2 Eier
50 Gr. Butter
100 Gr. Mehl
50 Gr. Milch
Salz

Butter, Milch und Salz in einem kleinen Topf erwärmen, bis die Butter geschmolzen und alles gut verrührt ist. Nun das Mehl zugeben und solange rühren, bis sich die Masse vom Topf löst. Anschließend den Topf vom Herd nehmen und die Eier unterrühren. Die Brühe in einem Topf zum Kochen bringen und mit einem Esslöffel Klöße ausstechen und in die Suppe einlegen. Sobald die Klöße an der Oberfläche schwimmen, sind sie gar.

<u>Suppenmaultaschen</u>

Nudelteig
500 g Mehl
4 Stück Eier
4 Esslöffel Mineralwasser
etwas Salz

Füllung
2 Stück alte Brötchen
125 g Milch
0,5 Bund Petersilie
80 g Zwiebel
30 g Butter oder Margarine
2 Stück Eier
250 g Hackfleisch, halb und halb
250 g Brät
1 Prise Muskat
Pfeffer
Salz

Für den Nudelteig alle Zutaten kneten. Wenn zu trocken 1EL Mineralwasser nach und nach dazugeben. Teig herausnehmen, zur Kugel formen und abgedeckt ruhen lassen während die Füllung zubereitet wird. Für die Füllung die beiden altbackenen Brötchen in Milch aufweichen. Petersilie zerkleinern

und zu den eingeweichten Semmelbröseln geben. Die Zwiebel zerkleinern und in Butter braun werden lassen. Alle Zutaten in einer Schüssel gut verkneten und würzen. Den Nudelteig 2 x ausrollen und mit dem Lineal genau abmessen. Länge 25 cm und 6 cm hoch. Einfach ausprobieren, so wie es passt. Die Maultasche ist 4 x 4 cm und dann 1 cm Rand zum andrücken.
Nun mit der Hackfleischmasse bestreichen. Nun die zweite Teigbahn oben drauf legen. Nun von Ecke zu Ecke drüber schlagen und die Ränder andrücken. Immer mal wieder mit Wasser einstreichen.

Ich empfehle den ungeübten Köchen dieses Gerät:Unten kann man den Teig ausstechen und oben sehr fest zusammendrücken. Der Vorteil an diesen runden Maultaschen ist, dass sie absolut selbstgemacht aussehen. Die fertigen Maultaschen gebe ich auf eine bemehlte Arbeitsfläche, sodass sie nicht aneinander liegen. Wichtig, die Maultaschen sind innen mit Hackfleisch gefüllt, was besonders lang garen muss. Die Maultaschen also mindestens 10 min kochen und noch mal 5 min ziehen lassen.

Markklößchen (Hochzeitssuppe selber machen)

100g Knochenmark aus dem Rinderknochen
50 g Butter
3 Eier
Salz, Pfeffer, Muskat
Petersilie, Schnittlauch
2 EL Schmalz

Das Rindermark aus dem Knochen lösen. Das Schmalz erhitzen und das Mark in der Pfanne schmelzen. Dann durch ein Haarsieb streichen. In dem Schmalz die gewürfelte Zwiebel anbraten. Mit allen Zutaten in einer Schüssel gut vermischen. Kleine Kugeln mit ca. 1,5 cm formen. 10 min in leicht köchelnder Brühe ziehen lassen.

Leberklößchen

1 Ei
100 g Butter
5 Esslöffel Hartweizengrieß
80 g gehackte Leber

Salz, Pfeffer, Muskat Alle Zutaten verrühren, der Teich muss sehr weich sein,
10 Min quellen lassen. Mit zwei Kaffeelöffel Klößchen abstechen. Diese
mindestens 5 min in der Brühe ziehen lassen.

Zum Schluß:

Spargel und Möhrenscheiben in die Brühe geben und ca. 5 Minuten garen.
Eierstich in Würfel schneiden. Erbsen, Eierstich und Fleisch in die Suppe
geben und kurz erwärmen.

Alle Einlagen in die Suppe geben.Petersilie waschen, trocken schütteln,
Blättchen von den Stielen zupfen und hacken. Suppe anrichten und mit
Petersilie bestreuen

Holunder

Je nach Standort blüht der Schwarze Holunder von Ende Mai bis Anfang Juli.
Die weißen Blütendolden duften stark nach Muskatwein und Honig und werden traditionell zu Sirup oder Gelee verarbeitet, für Holunderblütentee getrocknet oder in Pfannkuchenteig ausgebacken. Eine bekannte Zubereitungs-
form für die Blüten sind ausgebackene Holun-derblüten, die im deutschen
Sprachraum als Hollerküchel, Holunderpfannekuchen, Holunderküchle, Hol-
lerschöberl oder (in Österreich) als Hollerstrauben bezeichnet werden. Dabei
werden die Schirmrispen in einen dünnflüssigen Teig aus Mehl, Eiern und
weiteren Zutaten, beispielsweise in Wein- oder Bierteig, getaucht, in der Pfanne gebacken oder frittiert und die dickeren Teile der Rispenstengel mit einer
Schere abgeschnitten. Darüber hinaus werden die Blüten als geschmacksge-
bende Komponente für Getränke verwendet. Besonders weit verbreitet sind
Holunderlimonade bzw. -sirup und Holundersekt. Die Blüten werden in eine
Zuckerlösung gelegt und nach einigen Tagen abfiltriert. In dieser Zeit hat die
Zuckerlösung das Holunderblütenaroma angenommen.

Volksglaube
Das Aushacken oder Verstümmeln eines Holunders brachte Unglück oder
Tod, der Hollerstrauch im Hausgarten galt als Lebensbaum. Das Verdorren
zeigte den Tod eines Familienmitglieds an. Er galt als Abwehrmittel gegen
schwarze Magie und Hexen, schützte vor Feuer und Blitzeinschlag. Man sollte
unter ihm vor Schlangenbissen und Mückenstichen sicher sein.
Auch beherbergte er wohlgesinnte Hausgeister, was den Strauch in vielen
Hausgärten heimisch werden ließ und zu dem Spruch führte, dass man vor
einem Hollerbusch den Hut ziehen müsse.

Holunder als Heilmittel

Holundersaft und die Holunderbeeren, aber auch Tees aus Rinde und
Blütenständen gelten als probate Hausmittel gegen Erkältung, Nieren- und
Blasenleiden sowie zur Stärkung von Herz und Kreislauf und finden bis heute
Anwendung. Als Faktoren dieser Wirkung gilt das in den Früchten mit
180mg/kg reichlich enthaltene Vitamin C sowie Vitamin B, Fruchtsäuren und
ätherische Öle. Dieses Antioxidans schützt die Zellmembranen vor
Veränderungen durch freie Radikale und verlangsamt so den Alterungs-
prozess der Pflanzenzellen wie auch der Zellen des menschlichen Konsumenten. Zusätzlich soll es einen entzündungshemmenden und dadurch

schmerzlindernden und fiebersenkenden Effekt haben. Einige Studien fanden, dass Holunder-Extrakte ein wirksames Mittel zur Behandlung der Grippe seien. Die ätherischen Öle mit ihren Aromakomplexen wirken leicht schweißtreibend und schleimlösend. Auch bei Magenbeschwerden wird Holundertee in der Hausmedizin erfolgreich angewendet. Die getrockneten Blüten werden als „Flores Sambuci" in Drogerien und Apotheken angeboten. Studien konnten auch diesen eine entzündungswidrige Wirkung nachweisen. Volkstümliche Anwendung finden neben den Früchten und den Blüten des schwarzen Holunders bisweilen auch seine Blätter (Folia Sambuci), diese werden bei rheumatischen Erkrankungen angewendet. Die aus der volkstümlichen Überlieferung bekannte Verwendung von Holunder als Heilpflanze bei Diabetes mellitus wurde in Studien untersucht, dabei konnte eine insulinähnliche sowie die Sekretion von Insulin stimulierende Wirkung nachgewiesen werden. Die Früchte haben eine leicht abführende Wirkung. Holunderöl wird durch Kaltpressung aus Samen gewonnen und findet in Kosmetik, Pharmazie und Medizin Anwendung. Verwendung: wichtig: Rohe, vor allem nicht vollreife Früchte können Übelsein verursachen.

arzneilich: getrocknete Blüten als Heißgetränk zur Schwitzkur bei fiebrigen Erkältungen und Schleimlösung bei Bronchitis.
Früchte: Frisch zur Konfitüre- oder Saftherstellung,
getrocknet: als beliebter Bestandteil wohlschmeckender Früchte- und Kräutertees.
Blüten: als schwach süßes, typisch duftendes Hausgetränk

Holerwasser

Hollerwasser: Bei Kindern früher beliebter Limonadenersatz. Bereitung: Frische Blütenstände samt Stengel abschneiden, ggf. kurz unter fließendem Kaltwasser reinigen und 10 Min. "kopfüber" in eine Tasse Kaltwasser tauchen.

Holunderblütenküchlein

10-12 Holunderblüten-Dolden
150 g Mehl
3 Eier
200 ml Milch
200 ml Wasser (nach Belieben auch
mit Kohlensäure, alternativ Weißwein

oder Bier)
3-4 EL Sonnenblumenöl
Zucker-Zimt zum Besteuen

Blütendolden nach Bedarf abwaschen und sanft trockentupfen oder kurz in
der Luft verwirbeln. Mehl mit Eigelb, Milch, Wasser (oder anderen
Flüssigkeiten) und einer Prise Salz in einer Schüssel zu einem flüssigen Teig
verrühren und 20-30 Minuten ruhen lassen. Eiweiß mit Vanillezucker steif
schlagen und unter den Teig heben. Öl in einer Pfanne erhitzen. Blütendolden
einzeln in den Teig tauchen und in der Pfanne goldgelb ausbacken. Fertig sind
die ausgebackenen Blütendolden.

Holundergetränk für den Sommer

Mit den Blüten kann man ein leckeres, alkoholfreies Erfrischungsgetränk für
den Sommer
herstellen.
Etwa 7 Holunderblüten-Dolden
1 l Wasser
1-2 Zitronen
1 kg Zucker
So geht's:
Dolden in eine Schüssel mit Wasser geben. Zitronen in Scheiben schneiden
und hinzugeben. 48 Stunden ziehen lassen. Abseihen und den Zucker
unterrühren. In gereinigte Flaschen füllen. Bei Bedarf mit Wasser verdünnen
und vor allem im Sommer genießen.

Holunder ernten

Die Blüten sollte man ernten, wenn ihr Wirkstoffgehalt und Aroma am
höchsten ist. Der optimale Zeitpunkt ist – während einer Periode mit
trockenem, sonnigem Wetter – am Vormittag, wenn der Morgentau verdampft
ist. Während länger andauernder Hitzeperioden verlieren die Blüten ihren
intensiven Geschmack; sobald es regnet, verrieseln sie. Nicht von Sträuchern
am Straßenrand ernten. Nur ganze Dolden mit vollständig geöffneten Blüten
ernten; am besten nicht pflücken, sondern abschneiden. Als Sammelgefäß
einen Korb verwenden, damit die Blüten locker und luftig liegen.

Auf keinen Fall in einer Plastiktüte sammeln; dort würden die empfindlichen

Holunderblüten schnell verderben.

Vor der Verwendung die (kompletten) Dolden ausklopfen bzw. schütteln, um
sie von Schmutz oder kleinen Insekten zu befreien. Dann in möglichst kaltem
Wasser schwenken, auf Küchenpapier gut abtropfen lassen und auf einem
Kuchengitter an einem luftigen, schattigen Platz trocknen. Die (Einzel-)Blüten
sind trocken, wenn sie sich leicht von den Stielen lösen. Dann von den
Doldenstengeln abrebeln und in ein dunkles, dicht verschließendes Gefäß
füllen, **damit** sie lichtgeschützt aufbewahrt werden und die ätherischen Öle
nicht verfliegen können.

Holundergelee

500g frische Holunderbeeren
1 kleine Packung Gelierzucker 1:2
1 Teelöffel Zitronensaft oder 1 Packung Zitronensäure
(z. B. Dr. Oetker)

Die gesammelten Holunderbeeren müssen zunächst verlesen werden. Zupfe
nur die ganz Schwarzen ab. Wasche sie anschließend und lass sie in einem Sieb
abtropfen. Püriere die Holunderbeeren mit einem Mixstab.Streiche das Püree
gründlich durch ein feines Sieb. Es sollten die trockenen Kerne und Schalen
zurückbleiben. Koche nun das Holunderpüree zusammen mit dem
Gelierzucker bei starker Hitze auf. Lass die Masse für 4 Minuten sprudelnd
kochen. Füge noch den Zitronensaft hinzu. Fülle die kochend heiße Konfitüre
in sterilisierte Gläser ab und verschließe sie sogleich. Stell sie für 15 Minuten
auf den Deckel. Wenn es klackt, dann hat sich ein Vakuum gebildet. Im Handel
gibt es 1 Literflaschen Holundersaft 100 %. Diese kann man ohne weiteres zum
Geleekochen nehmen. Pro Flasche Saft nimmt man dann 1 Pack Gelierzucker
und 1 Packung Zitronensäure.

Holunderblüten-Sirup

wir benötigen einen großen Topf oder eine große Schüssel
20 Blütendolden
2,5 Liter Wasser
4 ungespritzte Zitronen in Scheiben
0,25 L Apfelessig oder milder Weißweinessig
2,5 Kg Zucker

Holunder versäubern, d. h. den dicken Stiel wegmachen. Wir schichten die
Blüten und die Zitronen, den Zucker, das Wasser, den Essig in dem großen
Topf und rühren mit einem großen Holzlöffel kräftig um. Das Gefäß stellen
wir in den kalten Keller für 5 Tage und rühren regelmäßig um. Nun
sterilisieren wir die Flaschen und stellen Sie bereit. Die Mischung mit einem
Sieb und sauberen Tuch abseihen. Wir schmecken das Getränk ab und süßen
evtl. mit Zucker nach. Da es Sirup ist, werden wir es später bei Gebrauch mit
Wasser verdünnen und kann daher ruhig ein bisschen übersüß sein. Einmal
aufkochen und kochend heiß in die Flaschen füllen. Sofort verschließen. Im
kalten Keller kann man diesen Sirup über Jahre aufheben. Je nach Geschmack
macht man ½ Sirup ins Glas und ½ Wasser.
Im Sommer ist er eiskalt sehr erfrischend.

Hortobágyer Fleischpalatschinken

Die Hortobágyer Fleischpalatschinken sind eines unserer meistbesprochenen
Gerichte. Es ist auch selten, dass so viele ungarische Elemente in einem
einzigen Gericht zu finden sind. Seine Geschichte ist unklar und klar zugleich,
aber es besteht kein Zweifel daran, dass diese habhafte Kreatur, die aus
irgendeinem seltsamen Grund als Vorspeise gilt, unglaublich lecker ist.
Der „Hortobágyi" ist im Grunde eine dickere Palantschinke (im Vergleich zum
klassischen ungarischen Pfannkuchen), ein salziger Pfannkucheneintopf aus
Kalbfleisch. Das Fleisch wird in den Pfannkuchenteig eingelegt und mit einer
Sauerrahm-Sauce übergossen. Er wurde offiziell von einem ungarischen Koch
unter diesem Namen für die Weltausstellung 1958 in Brüssel zubereitet. Dieses
Gericht gehörte zu einer Reihe von Gerichten, mit denen die sozialistische
Gastronomie in Brüssel seinerzeit erfolgreich präsentiert wurde. Später wurde
er dafür angegriffen, dass er nichts mit der ungarischen „Hortobágy" zu tun
hat und dass das Rezept schon vorher existierte, und zwar in dem Buch „Ein
praktisches Kochlehrbuch im Rahmen von hundert Mittagessen" von Andrea
Kolmanné Lemhényi. Der Konflikt wurde vor allem dadurch ausgelöst, dass
das Gericht von der sozialistischen Gastronomie vereinnahmt wurde, aber in
Wahrheit kann man Rezepte auch schon vor 1939 finden, die dem
„Hortobágyer" unheimlich ähnlich sind. Das älteste stammt aus dem Jahr 1909
und ist ein Rezept für Pfannkuchen mit Hühnerpaprika. Aber da die
bürgerliche Küche des 19. Jahrhunderts bereits dünne Teigpfannkuchen mit
Fleisch füllte, ist es mehr als wahrscheinlich, dass das Rezept Hunderte von
Jahren alt sein könnte und nicht erst 1958 erfunden wurde. Aber Geschichte
hin oder her, die „Hortobágyer Fleischpalatschinken" sind unbestreitbar eines

der göttlichsten ungarischen Gerichte.

Zutaten (für 10 Pfannkuchen)
200 g feines Mehl
2 Eier
200 ml Milch
150 ml Mineralwasser mit Kohlensäure
1 Prise Salz
1 Esslöffel Öl
+ Öl zum Braten
für den Gulasch (pörkölt)
500 g Hähnchenfleisch (kann aus Schenkeln oder Brüsten bestehen)
1-2 Zwiebelköpfe
1 große saure Sahne (330 g)
1 Esslöffel rote Paprika
1 TV-Paprika
1 Tomate
Öl
Salz
Pfeffer
Gulasch (pörkölt) vorbereiten
Die geputzten Zwiebeln fein hacken. Das Fleisch in kleine Würfel schneiden.
Die gewaschenen Paprikaschoten und Tomaten in kleine Würfel schneiden.

Zwiebel in etwas Öl anbraten, dann, wenn sie glasig geworden ist, die rote
Paprika und das Fleisch hinzufügen. Nach gutem Umrühren mit Salz und
Pfeffer würzen, etwas anbraten, dann die Paprika und Tomaten in den Topf
geben, mit Wasser auffüllen, zudecken und 30-35 Minuten köcheln lassen.
Einen Teil der sauren Sahne unter den Paprikagulasch rühren und einen Teil
zum Garnieren der Palatschinken übrig lassen.
Nun die Pfannkuchen zubereiten
Eier in eine Schüssel geben und leicht schlagen. Nach und nach das Mehl, die
Milch und das Sodawasser hinzufügen. Wenn der Teig zu dick ist, mehr
Wasser hinzugeben. Salz und das Öl hinzufügen. 30 Minuten ruhen lassen.
Etwas Öl in die Palatschinkenpfanne geben, erhitzen und die Pfannkuchen
ausbacken. Etwas Fleisch in die Pfannkuchen geben, wie ein
„Baguette" aufrollen, mit der Soße übergießen und mit saurer Sahne servieren.

Hurka

sind Brühwürste, die in zwei Hauptsorten vorkommen: „Májas" (Leberwurst) und „ Véres " (Blutwurst). Auf vielen Festen und in zahlreichen Snackrestaurants an den Touristen orten gibt es immer die gute ungarische Wurst. Heute beschäftigen wir uns einmal mit der Hurka. Hurka ist eine ungarische Blutwurst, die in der ungarischen Küche sehr beliebt ist. Diese traditionelle Wurstsorte wird in Ungarn sowie auch in anderen Ländern Mitteleuropas hergestellt und ist bekannt für ihren herzhaften Geschmack. Zutaten: Die Hauptbestandteile von Hurka sind Schweinefleisch und Schweineblut. Es werden auch Zwiebeln, Gewürze wie Salz, Pfeffer und Paprika sowie manchmal Reis oder Haferflocken hinzugefügt, um die Konsistenz zu verbessern und den Geschmack zu variieren. Zubereitung: Die Herstellung von Hurka beginnt mit dem Zerkleinern des Schweinefleischs und dem Mischen mit den übrigen Zutaten. Das Blut wird hinzugefügt, um der Wurst ihre charakteristische dunkle Farbe zu verleihen. Anschließend wird die Mischung in Schweinedärme gefüllt und zu Würsten geformt.
Kochen/Braten: Die Würste werden in Wasser gekocht, bis sie vollständig durchgegart sind. Manchmal werden sie auch gebraten, um eine knusprigere Textur zu erhalten. Varianten: Es gibt verschiedene Varianten von Hurka, je nach Region und persönlichem Geschmack. Einige beliebte Sorten sind „Héjja Hurka" (mit Leber) und „Májas Hurka" (mit Leber und Lunge). Servieren: Hurka wird normalerweise als Teil einer herzhaften Mahlzeit serviert. Es wird auch mit Sauerkraut, Senf oder anderen würzigen Beilagen kombiniert. In Ungarn sind sie generell eine beliebte Wahl bei Veranstaltungen wie Volksfesten und traditionellen Feiern. Man sollte jedoch beachten, dass der Geschmack von Blutwurst für manche Menschen gewöhnungsbedürftig sein kann, aber für Liebhaber deftiger Fleischgerichte ist Hurka eine kulinarische Delikatesse.

Hurka gebraten

2 mittlere Blutwürste
2 grose Zwiebeln
Öl zum braten oder Schmalz
Die Zwiebel halbieren und in Streifen schneiden. Zusammen mit etwas Schmalz oder Öl braten. Die Haut von der Blutwurst öffenen und alles kräftig anbraten.

Dazu passen Kartoffelpüree und Apfelmus oder Sauerkraut und Salzkartoffeln.

Blut und Leberwurst gebraten

Blut und Leberwürste
Schmalz
Zwiebeln
Wein (optional)
Brühe
Sauerkraut

Das Sauerkraut mit den Röstzwiebeln und dem Wein und der Brühe ca. 20 min. dünsten. Die Leberwurst ca. 5 min. in heißem Wasser erhitzen und im heissen Wasser bis zum servieren lassen. Die Blutwurst in Scheiben schneiden, mehlieren und braten. Man kann die Blutwurst aber auch im gleichen Wasser von der Leberwurst erhitzen. Alles zusammen heiß evtl. zu Pellkartoffeln servieren.

I

Indiánerkrapfen:

Der Intendant vom Theater an der Wien, Graf Ferdinand Pálffy, hatte 1820
seinen ungarischen Koch beauftragt, für seinen indischen Gast eine Süßspeise
anzufertigen. Die Dessertfarbe sollte an die braune Hautfarbe des Künstlers
anlehnen. Indianerkrapfen (auch"Indianer mit Schlag" gebräuchlich) ist die
Bezeichnung für eine Süßspeise, die aus zwei ausgehöhlten Biskuit-Halb-
kugeln, die mit gezuckertem, vanilliertem Schlagobers (Creme Chantilly) zusammengesetzt, aprikotiert und mit Schokolade überzogen werden.
Sie sind nicht zu verwechseln mit den deutschen „Schokoküssen".

6 Stk Eier
180 g Kristallzucker
120 g Mehl glatt
2 EL Kokosfett
100 ml Schlagobers
8 g Sahnesteif
150 g Schokolade

Zuerst die Eier trennen und mit den Eiklar einen Schnee schlagen. Die Dotter
mit Zucker schaumig mixen und das Mehl leicht unterrühren.
Dann den Eischnee unterheben. Die Masse in die befettete, bemehlte
Indianerkrapfenform löffelweise einfüllen und bei 180 °C ca. 12 Minuten
backen.

Die Indianerkrapfen aus der Form lösen und auskühlen lassen. Inzwischen die
Schokolade mit dem Kokosfett bei niedriger Temperatur schmelzen. Die
Krapfen mit der Schokolglasur überziehen und gut trocknen lassen. Dann das
Schlagobers mit Sahnesteif fest schlagen. Jeweils zwei Indianerkrapfen mit
Schlagobers füllen, zusammensetzen und in Papierförmchen anrichten.

J

Saftiger Johannisbeere-Nusskuchen mit Baiser

500 g rote Johannisbeeren (frisch oder gefroren)
2 mittlere Eier
100 g Butter oder Margarine
250 g Zucker
6-7 EL Milch
150 g gemahlene Haselnüsse
175 g Mehl
2 TL Backpulver
1 TL Zitronensaft
2 EL Haselnussblättchen oder Mandelblättchen
1 EL Puderzucker

Frische Johannisbeeren waschen, abtropfen lassen und, bis auf einige schöne Trauben zum Verzieren, von den Stielen streifen. Gefrorene Johannisbeeren auftauen, den Saft auffangen. 2 Eier trennen. Fett und 125 g Zucker schaumig rühren. Eier und Eigelb nach und nach unterrühren. Milch zufügen. Gemahlene Nüsse, Mehl und Backpulver mischen und zum Schluss unterrühren. Die Johannisbeeren locker unterheben. Teig in eine gefettete, mit Paniermehl ausgestreute Springform (26 cm Ø) geben und glatt streichen. Im vorgeheizten Backofen (E-Herd: 175 °C/ Gas: Stufe 2) 25-30 Minuten backen. Inzwischen restliches Eiweiß steif schlagen, übrigen Zucker nach und nach einrieseln lassen und den Zitronensaft zum Schluss unterrühren. Baisermasse locker auf den heißen Kuchen streichen, mit Haselnussblättchen bestreuen und nochmals ca. 15 Minuten backen. Kuchen aus der Form lösen und auf einem Kuchengitter auskühlen lassen. Kurz vor dem Servieren mit Puderzucker bestäuben und mit Johannisbeerrispen verzieren. Ergibt ca. 12 Stücke. Den aufgefangenen Saft mit Mineralwasser 1:1 mischen und dazu trinken.

Joghurt selber ansetzen

Fetter Naturjoghurt oder griechischer Joghurt
1 Liter Milch
Kleine Schraubgläser
Ein Thermometer

In einem grossen Topf werden die Gläser und ihre Deckel ca. 2 Minuten aufgekocht. Gläser rausnehmen. Der Ofen wird auf 40 Grad vorgeheizt. Milch
wird in einem Krug in dem Topf genau auf 40 Grad erhitzt. In jedes Glas
kommt 200 ml Milch und dazu von dem Joghurt 2 TL. Gut rühren. Die fünf
Gläser kommen in den Ofen. Ofen abstellen. Im Ofen über Nacht stehen lassen. Dann in den Kühlschank stellen Am nächsten Tag sollte stichfester Joghurt zur Verfügung stehen.

Joghurtsauce

150 Gr. Griechischer Joghurt
1 Zitrone
Salz
Dill gehackt
Minze gehackt
Knoblauch fein zerrieben

Alles miteinander vermischen. In den Kühlschrank für mindestens 2 Stunden
stellen.

K

Kaiserschmarrn oder Gerupfte oder Grimbeli

4 Eier
125 g Mehl
125 ml Milch
1 Prise Salz
1 TL Backpulver
40 g Zucker
80 g Rosinen
4 EL Butter zum Braten
1 EL Puderzucker zum Bestreuen

Eier trennen, Eiweiß steif schlagen. Restliche Zutaten miteinander vermengen. Teig quellen lassen. Zum Schluss den Eischnee unterheben. In einer großen Pfanne mit einer Suppenkelle als Maß einen Eierkuchen braten. Einmal umdrehen, dann mit der Gabel diesen zerreißen. Wenn er fertig ist, mit Puderzucker bestreuen. Dazu Apfelmus oder Pflaumenkompott reichen.

Kakaogetränk heiß

1 Esslöffel Kakaopulver pur
1 Teelöffel Zucker
250 ml Milch
Kakaopulver, Zucker und Milch in einem Topf mit einem Schneebesen verrühren, anschließend aufkochen. Dazu passt ein Klecks Schlagsahne

Karamellsauce

150 Zucker
5 EL Wasser
150 ml Schlagsahne
1 Päckchen Vanillezucker
40 g Butter
Für die selbstgemachte Karamellsauce eine Pfanne (oder einen Edelstahltopf) auf den Herd stellen und den Zucker und den Vanillezucker hineingeben. Die angegebene Menge Wasser hinzufügen und alles bei mittlerer Hitze zum Kochen bringen. Anschließend die Hitze reduzieren und den Pfanneninhalt solange köcheln (rund 10-15 Minuten) lassen, bis er eine goldbraune Farbe angenommen hat. Nun die Pfanne von der Kochplatte nehmen und die Butter so-

wie die Schlagsahne einrühren. Danach weiterrühren, bis die Butter geschmolzen und eine glatte Masse entstanden ist. Zuletzt die Karamellsauce in ein verschließbares Gefäß füllen und abkühlen lassen.

gebackener <u>Karpfen</u>, fränkischer Art

1 Karpfen
1 Flasche Bier
etwas Mehl
1 Zitrone
Salz

Butterschmalz oder Öl zum ausbraten / frittieren. Den Karpfen vom Fischhändler des Vertrauens gleich ausnehmen und professionell halbieren lassen. Wenn ihr den Fisch selbst halbiert, folgendermaßen vorgehen: Den Karpfen am Bauch aufschneiden (von der Mitte bis zur Schwanzflosse). Die Innereien vorsichtig entnehmen. Den Fisch gut innen und außen abwaschen und abtrocknen. Den Kopf abschneiden, wenn man ihn nicht ansehen mag. Im Rezept wird der Kopf dran gelassen und mit ausgebacken, die Backen des Karpfens sollen sehr lecker sein. Die halben Karpfen kommen nun zuerst kurz in Bier, dann werden sie gesalzen und anschließend in Mehl gewendet. In einer tiefen Pfanne reichlich Butterschmalz oder Öl auslassen. Schön heiß werden lassen und die Fische von beiden Seiten goldbraun braten. Nun die Karpfen gut abtropfen lassen, evtl. kurz auf ein saugfähiges Küchentuch geben. Den Fisch auf einer möglichst vorgewärmten Platte servieren, obendrauf einige Scheiben Zitrone platzieren und mit dem gebackenen Karpfen reichen. Dazu passt Kartoffelsalat oder gemischter Salat. Sind die halben Karpfen zu unhandlich oder hat man keine große tiefe Pfanne kann man die Hälften auch in handliche Stücke schneiden und dann verarbeiten.

<u>Kartoffelteig</u> für Klöße halb und halb (Grundteig)

1 Kg Kartoffeln
Wasser
Salz
2 Eier zur Bindung
1 Teelöffel Stärke
Prise Salz

500 g Kartoffeln schälen, in Stücke schneiden und in Salzwasser gar kochen. Danach 15 min abkühlen lassen und durch eine Presse drücken. Haben Sie

keine Presse, nehmen Sie den Stampfer. Auf keinen Fall den Mixer benutzen,
dann werden die Kartoffeln schleimig und unbrauchbar.

Die anderen 500 g geschälten Kartoffeln werden roh gerieben. In der Schüssel
sind jetzt die geriebenen Kartoffeln und ganz viel grüne Flüssigkeit. Mit den
Händen werden die geriebenen Kartoffeln ausgedrückt und zu den gekochten
Kartoffeln gegeben.

Die Flüssigkeit hat sich abgesetzt und wenn man das Wasser abschüttet ist
unten ein Satz aus Stärke. Diese Stärke zu den Kartoffeln geben und noch ein
Ei untergeben. 1/2 Teelöffel Salz dazugeben. Alles gut verkneten. Der Teig
muss fest und gut formbar sein. Um gleichmäßig große Knödel zu bekommen,
nimmt man einen Eisportionierer.
Ins leicht kochende, leicht gesalzene Wasser geben. Ohne Deckel vor sich hin
simmern lassen, bis nach ca. 20 min die Knödel hochkommen. Erst wenn alle
komplett an der Oberfläche schwimmen, sind sie durch.

Kartoffelbounzeli (ähnlich süßen Kroketten)

Teig wie oben (Kartoffelteig) zubereiten.
In den Teig noch 2 Esslöffel Zucker einarbeiten. Dann kleine Rollen formen. In
einer gebutterten Kasserolle werden diese mit Platz locker eingelegt und bei
180 Grad gebacken. Sind sie auf einer Seite braun, alle umdrehen. Dazu Apfelmus oder Vanillesauce reichen.

Kartoffelauflauf mit Äpfeln, Rosinen

Teig herstellen aus (Kartoffelteig) und in den Kühlschrank stellen.

6 saure Äpfel, geschält und in Stücken
1 Tüte Mandeln gerebelt (kann man auch weglassen)
100 g Zucker
Zimt
100 g Butterflocken
1 Tüte Rosinen (kann man auch weglassen)
Butter zum ausbuttern der Form

Den gut gekühlten Kartoffelteig dünn auswellen und in 3 gleich große Teile
zerschneiden. Die Form der Teile soll der Auflaufform entsprechen. Die Äpfel

in angenehme Stücke schneiden, den Zucker drübergeben, nach Geschmack
Zimt. Mindestens 1 halbe Stunde ziehen lassen. Dann die Rosinen und die
Mandeln untermischen. Die Form gut ausbuttern und unten eine Schicht Teig
einlegen, darauf die Apfelmasse einfüllen und dann wieder Teig. Solange
wiederholen, bis alles aufgebraucht ist. Oben soll Teig sein. Nun mit den Butterflocken bestreuen. Nochmal Zucker und Zimt drüber streuen. Im Ofen
mindestens eine Stunde bei 150 Grad backen. Variante: die Rosinen über Nacht
in Rum einlegen.

Kartoffelsalat, der Echte

Aus fest kochenden Salatkartoffeln, in dünne Scheiben (Rädle) geschnitten,
angemacht mit etwas feingehackter Zwiebel, warmer Fleischbrühe, Essig und
Öl, abgeschmeckt mit Salz und Pfeffer und gut durchgezogen. Ein guter Kartoffelsalat darf eher soichnass als furzdrogga sein. (Schwabenlexikon)

1 Kilo Kartoffeln festkochend
1-2 Zwiebeln
250 ml Fleischbrühe
4 Esslöffel Apfelessig mild
Salz, Pfeffer, nach Geschmack
4 Esslöffel Öl
Maggie zum Abschmec
Schnittlauch, zur Dekoration

Die festkochenden Kartoffeln bissfest kochen. Die noch warmen Kartoffeln
werden geschält und ganz dünn geschnitten. Meine Großmutter sagte immer,
so dünn, dass man eine Zeitung hindurchlesen könnte. Dann eine klein
gehackte und mit Salz bestreute Zwiebel dazu geben. Da die Brühe den
Geschmack erzeugt und auf Salz am Anfang verzichtet wird, sollte die Brühe
sehr intensiv sein und nur mit der Hälfte der angegebenen Wassermenge
zubereitet werden. Zu der Brühe gibt man jetzt 2 EL mildem Obst- oder
Apfelessig und ein wenig Salz. Diese Mischung gibt man über die dünn
geschnittenen und noch warmen Kartoffeln. Achtung - NOCH KEIN ÖL
dazugeben!! Vorsichtig vermengen und mindestens 1 Stunde ziehen lassen.
Dann mit Salz, Pfeffer und Maggie abschmecken und falls notwendig
nachwürzen. Die Kartoffeln saugen die Brühe komplett auf, deshalb kann es
notwendig sein, noch weitere Brühe nach ca. 30 Minuten dazuzugeben.
Wichtig ist, dass der Salat wie die Schwaben sagen „glitschig &

schlunzig" wird. Je nach Kartoffelsorte saugen die Kartoffeln mehr oder weniger Flüssigkeit. Nach mindestens einer Stunde - gerne auch länger wird das Öl dazugegeben. Nun wird der Salat vorsichtig umgerührt und abgeschmeckt.

Kartoffelsuppe mit Wiener Würstchen

1 kg Kartoffeln
1 Bund Suppengrün
1 Zwiebel
1Tl Salz
Pfeffer aus der Mühle
Majoran
Wiener Würstchen

Die Kartoffeln, die Möhren, die Zwiebeln und den Sellerie waschen und schälen. Anschließend alles zusammen in grobe Stücke schneiden und in einem großen Topf mit etwas Fett oder Schmalz anbraten. Jetzt soviel Brühe angießen, dass das Gemüse mit Wasser bedeckt ist und zum Kochen bringen. Wenn das Gemüse fast gar ist, den Majoran und Pfeffer zugeben und kurz mitkochen lassen. Das Gemüse sollte schön weich sein. Anschließend pürieren. Eventuell noch ein bisschen Wasser nachgießen so dass eine sämige Suppe entsteht. Dazu passen sehr gut Wiener Würstchen.

Kartoffelsuppe (Variante)

5 mittlere Kartoffeln
1 Stange Lauch
1 Karotte
1 Liter Brühe
Salz und Majoran, Pfeffer

Die Kartoffeln, die Karotte, den Lauch waschen und klein schneiden. In einem großen Topf mit etwas Fett oder Schmalz anbraten.

Jetzt soviel Brühe angießen, dass das Gemüse mit Wasser bedeckt ist und zum Kochen bringen. Wenn das Gemüse fast gar ist, den Majoran und Pfeffer zugeben und kurz mitkochen lassen.

Das Gemüse sollte schön weich sein. Anschließend mit einem Kartoffeldrücker stampfen. Eventuell noch ein bisschen Wasser nachgießen so dass eine sämige Suppe entsteht. Dazu passen sehr gut Wiener Würstchen.

Kartoffelsuppe (Variante)
mit Sahne, Zwiebeln und Speck

5 mittlere Kartoffeln in Stückchen
2 Esslöffel Schmalz
100 g Bauchspeck
1 große Zwiebel
1 Becher Süße Sahne
1 Liter Brühe
Salz und Majoran, Pfeffer
Maggie

Den Bauchspeck und die gesäuberte Zwiebel in kleine Würfelchen schneiden und mit Schmalz kross anbraten. Die Kartoffelstückchen mit anbraten und dann die Brühe aufgießen. Alles ca. 25 min weichkochen. Die Sahne unterrühren. Mit einem Kartoffelstampfer oder Kochlöffel alles nur kurz anstampfen, es müssen Stücke verbleiben. Jetzt alles würzen. Man kann jetzt zur Dekoration angedünstete Zwiebel und in Butter geröstete Brötchenwürfel in den Suppenteller geben.

Käse-Lauch-Suppe (Porree)

1 Lauch / Porree
1 mittlere Zwiebel
Knoblauch nach Bedarf
500 g Mischhack
Öl zum Braten
¾ Liter Brühe
1 Becher Schlagsahne
200 g Schmelzkäse
Pfeffer
Salz
Muskat
1 Zitrone

Ein großer Topf ist hilfreich, man kann besser umrühren. Lauch längs halbieren, in Streifen schneiden und waschen. Knoblauch schälen und würfeln. In einem Topf Öl auf hoher Stufe erhitzen und Hackfleisch ca. 5 Min. anbraten. Zwiebel, Knoblauch und Porree zugeben und nochmals ca. 3 Min. braten. Mit Salz, Pfeffer, Muskat würzen. Mit Sahne und Brühe ablöschen und zugedeckt ca. 10 Min. kochen lassen. Schmelzkäse in die Käse-Lauch-Suppe rühren und mit Zitronenschale und -saft abschmecken.

Kastanien, Maroni zubereiten

Wie lange muss man Maroni einweichen?
Maroni sollte man vor dem Braten 30 Minuten in lauwarmem Wasser einweichen oder 5 Minuten vorkochen. Exemplare, die an der Oberfläche schwimmen, deuten auf Wurmbefall hin und sind auszusortieren.

Wie brate ich Maroni?
Maroni kann man im BackOfen oder am Grill braten. Vor dem Braten sollte man die eingeweichten oder vorgekochten Maroni mit einem Kreuzschnitt einschneiden. Für die BackOfen-Variante dann die Maroni auf das bereits heiße Backblech im vorgeheizten BackOfen (220 °C) legen und ein Schüsselchen mit Wasser dazustellen. Für die Grill-Variante die Maroni auf eine Aluschale oder in eine hitzefeste Pfanne geben und auf den heißen Grill legen.

Wie gesund sind Maroni wirklich?
Maroni sind fettarm, aber aufgrund ihres hohen Kohlenhydratanteils sollte man ihren Energiegehalt nicht unterschätzen. 100 g enthalten ca. 220 kcal. Die Edelkastanien sind leicht verdaulich und enthalten viel Vitamin C, Vitamin B und Kalium. Maroni wird eine nervenstärkende und stimmungsaufhellende Wirkung zugeschrieben.

Wie viele Maroni rechnet man pro Person?
Pro Person rechnet man ca. 250 g Maronen. Am besten schmecken frisch gebratene Maroni mit heißem Glühwein oder Punsch.

Kastanienpüree (süss)

1 kg Edelkastanien
400 ml Wasser
 300 ml Milch
 1 Vanilleschote
50 g Zucker
100 ml Wasser
50 g geschmolzene Butter
150 ml Schlagsahne
50 ml Rum Schlagsahne (zum Servieren)

Waschen Sie die Kastanien und machen Sie einen X-förmigen Schnitt auf der
runden Seite jeder Kastanie. Schneiden Sie nicht zu tief in das Fruchtfleisch der
Kastanien. Die Kastanien auf ein mit Alufolie ausgelegtes Backblech legen und
Wasser in das Blech gießen. Backofen auf 120 °C vorheizen und 40–45 Minuten
backen, bis sich die Schalen öffnen und zurückrollen. Ziehen und brechen Sie
die dunklen Schalen der Kastanien ab, während sie noch warm sind, und achten Sie darauf, dass Sie auch die Haut zwischen der Schale und dem Inneren
entfernen. Gießen Sie die Milch in einen großen Topf, fügen Sie die Kastanien,
die halbierte Vanilleschote hinzu. Kochen Sie sie bei schwacher Hitze etwa 45
Minuten lang, bis die Kastanien vollständig weich sind. Den Zucker in 100 ml
Wasser bei schwacher Hitze auflösen. Die Kastanien abtropfen lassen und in
eine Küchenmaschine geben. Fügen Sie den Zuckersirup, die Schlagsahne, die
geschmolzene Butter und den Rum hinzu und mischen Sie, bis alles gut vermischt ist. Die Paste in eine saubere Schüssel umfüllen und für mindestens 6
Stunden in den Kühlschrank stellen. Verwenden Sie eine Kartoffelpresse,
Spätzlepresse oder eine Reibe mit großen Löchern, um Kastanienpüree-
Stränge herzustellen. Mit Schlagsahne servieren. Sie können Edelkastanien
auch als Bejgli-Füllung verwenden, um dem traditionellen ungarischen Gebäck eine besondere Note zu verleihen.

Kastaniensuppe, Maronisuppe

* 400-500 g gekochte & geschälte Kastanien
* 2 Schalotten oder 1 Zwiebel
* 1 EL Butter
* 100 ml Weißwein
* 500 ml Rindsuppe

- 200 ml Schlagobers
- Muskatnuss
- Salz, Pfeffer
- Prise Zimt
- Schnittlauchröllchen

Für dieses Rezept die Zwiebel oder Schalotten klein schneiden. Die vorgekochten und geschälten Kastanien eventuell halbieren. Butter in einem Topf erhitzen, Zwiebel und Maroni darin anschwitzen, mit Weißwein ablöschen und kurz einkochen lassen. Mit Rindsuppe und dem Schlagobers aufgießen und die Kastaniensuppe ca. 10-15 Minuten bei niedriger Hitze köcheln lassen. Die Maronisuppe mit dem Stabmixer pürieren. Mit Salz, Pfeffer und frisch geriebenen Muskatnuss abschmecken und noch etwas am Herd nachziehen lassen. Die Kastaniensuppe auf Tellern anrichten und mit einer Prise Zimt bestreuen. Mit Schnittlauchröllchen garniert servieren.

Kirschsuppe, Kalte Sauerkirschsuppe

500 gr. Saure Kirschen
40 gr. Mehl
Salz
80 gr. Zucker
1 Glas Rotwein
600 ml Milch
Becher süsse Sahne, es schmeckt aber auch mit saurer Sahne
2 Gewürznelken (optional)
Zimz
Saft einer halben Zitrone

Kirschen entsteinen. Die Sahne wird mit dem Mehl verquirlt. Alle andere Zutaten in einen Topf geben und die Kirschen fast weich kochen. Die Mehlsahne beifügen und nochmal aufkochen. Kalt servieren.

Ungarische Knoblauchsuppe,
wie man sie in mesteri fürdő essen kann.

10 Stk Knoblauchzehen
3 EL Butter
3 EL Mehl
750 ml Rindsuppe (klar)

1 Becher Schlagsahne (250 ml)
1 Prise Pfeffer
2 Prisen Salz
5 EL Schnittlauch
Reibekäse, am besten einer, der sich schnell auflöst
Weissbrot in Würfeln
Petersilie

Für die Knoblauchcremesuppe zuerst den Knoblauch schälen und ganz fein
hacken. Danach in einem Topf die Butter zerlassen, sobald die Butter heiß ist,
das Mehl zufügen. Dabei ständig rühren. Anschließend die Knoblauchzehen
dazugeben, sofort mit der klaren Rindsuppe und der Schlagsahne aufgießen -
alles schnell mit einem Schneebesen verrühren, damit sich keine Klumpen
bilden. Das Brot würfeln und in Butter anschwenken. Die Suppe aufkochen
und anschließend rund 20 Minuten ziehen lassen. Zum Schluss mit Salz,
Schnittlauch und Pfeffer würzen. Vor dem Servieren einen Löffel Käse pro
Teller oben drauf geben. Brotwürfel verteilen. Das Ganze erinnert an Schweizer Käse-Fondue bloß das kein Weißwein verwendet wird. Petersilie großzügig verteilen

Kohlrouladen

Kohlrouladen, Kohlrollen, Krautwurst oder Krautwickel oder Gefülltes Kraut
ist im deutschen Sprachraum die Bezeichnung für verschiedene Varianten
gefüllter Kohlblätter, die gegart, gedünstet oder geschmort werden.
Die in Deutschland verbreiteten Varianten werden aus Wirsing-, Weißkohl-
und seltener auch Rotkohlblättern gewickelt, die zuerst blanchiert und danach
mehrere Blätter übereinander gelegt. Diese werden um eine gewürzte
Fleischmasse aus Hackfleisch, Speck, Zwiebeln, Salz, Pfeffer und Gewürze
gewickelt, mit Küchengarn gebunden oder mit Rouladennadeln oder Holz-
spießchen (auch Zahnstochern) zusammengesteckt. In wenig Fleischbrühe
werden sie bei mittlerer Temperatur geschmort. Nach manchen Rezepten kann
die Füllung noch Reis oder die Sauce Tomatenmark und Speck enthalten. Die
übliche Beilage sind Salzkartoffeln oder Kartoffelbrei.
Variante mit Weißkohl, Reis und Tomatensauce

-800g Schweinegehacktes
-400g geräuchertes Fleisch (Rippchen, Schinken oder Haxe)
-1 Ei
-300g Schweinespeck (geräuchert)
-200g Reis, halbgekocht
-2 große Zwiebeln
-4-5 Stück Knoblauchzehe
-Gewürzpaprikapulver ca. 4 Esslöffel
-Salz, schwarzer Pfeffer (ganz und gemahlen), Kümmel
gemahlen, Lorbeerblatt (3-4Stück)
-getrocknete Paprikaschote (geht auch ohne)
-Tomatenmark ca. 300g
-1,5kg Sauerkraut
-1kg Sauerkrautblätter
-Schmand

Halbgekochter Reis, Hackfleisch, Salz, gemahlener Pfeffer, Gewürzpaprikapulver (ca. 2 Esslöffel), gemahlene Kümmel (1 Teelöffel), Knoblauch (gepresst)
gut verkneten. Die Sauerkrautblätter mit dieser Fleischmischung füllen. (Paar
Stück Blätter nicht füllen, an der Seite legen). Sauerkraut einmal mit kaltem
Wasser gut ausspülen. Den Speck würfeln, in einem Topf geben, schmelzen
lassen. Zwiebeln klein hacken, zu dem Fett geben, glasig dünsten. Mit Gewürzpaprikapulver und Salz würzen. (Mit dem Salz muss man aufpassen,
Speck und geräuchertes Fleisch sind ja auch salzig). Ein Drittel von dem Sauerkraut, und danach Sauerkrautblätter auf dem Boden von unserem Topf
legen (ca. 3-4 Stück). Hälfte vom gewürfelten gerauchten Fleisch dazugeben,
paar Rouladen reinlegen, mit ca. 150g Tomatenmark, und 200ml Wasser aufgießen. Danach machen wir noch zweimal das gleiche: Sauerkraut, geräuchertes Fleisch und die Rouladen kommen dazu. Wenn wir fertig sind, den restlichen Tomatenmark, ganze Pfeffer, Lorbeerblätter und Paprikaschoten dazugeben, und noch mit ca. 200ml Wasser aufgießen. Wir kochen alles ganz langsam, ohne rühren in ca. 1,5-2 Stunden fertig. Serviert wird mit Brot, und
Schmand. Je mehr wir dieses Gericht aufwärmen, desto besser schmeckt es.

<u>Kohlrouladen (2)</u>

1 Wirsingkohl
500 g Mischhack
1 mittlere Zwiebel in feine Würfel gehackt
halbe Tasse Paniermehl oder
1 altes Brötchen in Milch eingeweicht
1 Ei
Pfeffer
Salz
Majoran
Liebstöckel
Thymian
Schmalz zum Ausbraten
2 Tassen Rinderbrühe

Vom Wirsingkohl die alten Blätter entfernen. 6 große Blätter in kochendes
Wasser tauchen und dann in eiskaltes Wasser tunken (blanchieren). Gut abtrocknen. Die Zwiebeln in einem Bräter in Schmalz glasig andünsten. Danach
Bräter beiseite stellen. Alle Zutaten in einer Schüssel gut vermischen, die
Zwiebeln dazugeben. In 6 gleich große Frikadellen formen. Das Hack in die
Blätter einwickeln und mit Zahnstochern oder Küchengarn oder Rouladenna-
deln zumachen. Es darf nicht zu locker sein. Im Bräter scharf anbraten. Den
restlichen Kohl in kleine Stücke schneiden und dazugeben. Dann mit Brühe
angießen und den Bräter schließen. 30 Minuten bei 180 Grad im Ofen garen.
Nun die Kohlrouladen und den gebratenen Kohl aus der Sauce nehmen. Eine
Tasse Milch mit 2 Teelöffel Stärke verrühren und in den Bräter geben. Gut
verquirlen und aufkochen. Mit Pfeffer und Salz abschmecken. Dazu passen
Salzkartoffeln oder Kartoffelbrei.

<u>Knoblauch-Mayonnaise</u>

Knoblauch-Mayonäse ist eine scharfe Gewürz Paste, die man zum Würzen
von Salat Sauce, Fleisch, Geflügel, Gemüse oder zum Bestreichen von geröstetem Brot verwendet. Aioli wird in Spanien ohne Ei zubereitet, da sonst eine
Mayonnaise entsteht, die bei der Wärme leicht verderben würde.

1 Knoblauch-Knolle
Oliven Öl
Salz

155

Für Aioli alle Knoblauch-Zehen einer Knolle pellen und durch die Knoblauch-Presse drücken. Langsam Öl untermixen, bis eine Paste entsteht. Die Menge vom Öl richtet sich nach der Größe und Frische der Knoblauch-Knolle. Sollten sich Knoblauch und Öl trennen, kann man ganz langsam etwas Milch zufügen, die dann als Emulgator dient. Aioli original zum Schluss mit Salz würzen.

<h3 style="text-align:center"><u>Königsberger Klopse</u></h3>

200 ml Milch
1 Brötchen vom Vortag (oder 50 g Weißbrot)
1 1/2 Zwiebeln
2 Sardellen (aus dem Glas)
500 g Mischhack
1 Ei (Größe M)
Salz
Pfeffer
Muskatblüte, gemahlen
1 Lorbeerblatt
2 Gewürznelken
1 l Fleischbrühe
5 Pimentkörner
4 EL Butter
4 EL Mehl
200 g Sahne
2-3 EL kleine Kapern (aus dem Glas)
1-2 TL abgeriebene Schale von 1 Bio-Zitrone

Die Milch lauwarm erhitzen und das Brötchen darin einweichen. Die halbe Zwiebel schälen und ganz fein würfeln. Die Sardellen kalt abspülen und fein hacken. Das eingeweichte Brötchen mit den Händen gut ausdrücken und in eine Schüssel geben. Mischhack, Ei, Zwiebel, Sardellen, etwas Salz, Pfeffer und Muskatblüte dazugeben und kräftig durchkneten.

Mit feuchten Händen aus der Hackfleischmasse etwa 20 tischtennisball-große Klöße formen mit dem Eisportionierer. Die restliche Zwiebel schälen und das Lorbeerblatt mit den Gewürznelken daranstecken. Die Brühe mit der gespickten Zwiebel und dem Piment in einem weiten Topf aufkochen. Die

Klöße hineingeben und ca. 20 Min. bei kleiner Hitze ziehen lassen. Dabei ab und zu am Topf rütteln, damit sich die Klöße drehen und gleichmäßig garen.

Die Klöße mit einer Schaumkelle herausnehmen, abtropfen lassen und in einer Schüssel abgedeckt beiseite stellen. Die Brühe durch ein feines Sieb gießen und 700 ml abmessen.

Für die Sauce die Butter in einem großen Topf aufschäumen, das Mehl unterrühren und kurz farblos anschwitzen. Die Sahne dazugießen, dabei ständig mit einem Schneebesen rühren, sodass keine Klümpchen entstehen. Die abgemessene Brühe dazugießen und alles unter Rühren aufkochen. 5 Min. unter Rühren kräftig kochen lassen. Die Klöße hineingeben und ca. 5 Min. darin erhitzen.
Die Kapern unter die Sauce rühren und die Sauce mit Salz, Pfeffer, Muskatblüte, Zitronenschale und 3-4 EL Kapernsud (aus dem Glas) herzhaft abschmecken. Über die Königsberger Klopse streuen.

Krautsalat

¾ eines mittleren Weißkohls
2 mittelgroße Möhren
1/2 Zwiebel
1 Apfel

100 g saure Sahne
100 g Mayonnaise
1 EL Senf
2 TL Balsamico Essig weiß
2 TL Zucker
Zitronensaft
nach Geschmack Salz, Pfeffer, Paprika
Das Gemüse putzen. Die Schale vom Apfel bleibt dran. In einer großen Schüssel den Weißkohl in der gewünschten Größe hobeln. Dann die Möhren und den Apfel in der gleichen Größe hobeln. Die Zwiebeln in kleine Würfel schneiden und dazugeben. Alles gut vermengen. Die anderen Zutaten zu einer Salatsoße gut verrühren. Ist der Geschmack noch nicht rund, dann noch ein bisschen Zucker oder ein bisschen Zitronensaft zugeben. Über den Kohl gießen und mit den sauberen Händen alles gut vermischen. Für mindestens 2

Stunden in den Kühlschrank stellen. Noch einmal gut durchrühren und abschmecken.

<h3 align="center"><u>Krautsalat2</u></h3>

500 g Weißkohl
250 ml Wasser
125 ml Essig
3 EL Zucker
½ TL, gestr. Pfeffer, frisch gemahlen
1 TL Salz
1 Zwiebel
Petersilie, gehackt
Das Weißkraut sehr fein hobeln und die Zwiebel in feine Streifen schneiden. Wasser mit Essig vermischen und den Zucker darin auflösen (Essig und Zucker nach Geschmack variieren).
Salz und Pfeffer ebenfalls nach Geschmack hinzufügen und über das Kraut und die Zwiebel verteilen. Petersilie zugeben, alles gut durchmischen und mindestens einen Tag ziehen lassen. Öfters durchmengen.

<h3 align="center"><u>Krebspörkelt</u></h3>

50 Flusskrebse
Kümmel, Salz, Pfeffer
Petersilie
200 g. Butter
Paprikapulver
20 gr. Mehl
Tasse Brühe
Halbes Glas Weisswein

Die Krebse mit wenig Salz -Wasser und Kümmel und Petersilie kochen. Danach alles Fleisch lösen. Butter zerlassen dann die Krebse zufügen. Mit Mehl und Paprika bestreuen. Mit der Brühe und Weisswein ablöschen. Abschmecken. Mit Reis oder Weißbrot essen.

Kürbis, Kürbiskerne und Kürbiskernöl

Die österreichische Küche bietet viele regionale Ausprägungen. Neben der Wiener Küche, welche überwiegend in der Kochtradition der k. u. k. Monarchie Österreich-Ungarn steht, bestehen eigenständige regionale Traditionen in allen Bundesländern. Dort findet man häufig verschiedene Pfannengerichte, Knödelvariationen, dicke Suppen und Eintöpfe auf den Tischen. Die österreichische Küche hat Einflüsse aus allen Regionen der ehemaligen Habsburgermonarchie, insbesondere aus Ungarn, Böhmen und Norditalien sowie vom Balkan, aber auch äußere Einflüsse wie beispielsweise der französischen Küche. Gerichte und Zubereitungsarten wurden oft übernommen, integriert, angepasst oder vermischt. In West-Ungarn wurde das verschwundene Doppel Ofenblattinstrument Töröksíp von dudelsackartigem Klang unter dem Namen regössíp teilweise aus dem Flaschenkürbis gebaut. Eine typisch österreichische und ungarische Spezialität ist das Kürbiskern-Öl, das sich durch seinen nußigen Geschmack besonders für Salate eignet, wie zum Beispiel für Kartoffelsalat Das Kürbiskernöl wird auch als Verzierung für die klassisch-steirische Kürbissuppe eingesetzt. Eine Studie bestätigte die positive Wirkung von Kürbiskernöl auf Blase und Prostata. Seine Antioxidantien stärken das Immunsystems und wirken entzündungshemmend im Körper. Sein hoher Anteil an Vitamin E und Selen schützt unseren Körper von freien Radikalen.

Die Geschichte und Kultivierung des ungarischen Kürbisses

Der Kürbis dürfte eine der ältesten Kulturpflanzen der Welt sein, die ältesten Kürbisfunde des gewöhnlichen Kürbisses wurden von Wissenschaftlern um die Zeit von 10.700 bis 9.200 v. Christi datiert. Sie stammen aus dem Süden Mexikos. Dort belegen archäologische Funde, dass die öl- und eiweißreichen Kürbissamen den Ur-Amerikanern noch vor Mais und Bohnen als Nahrungsmittel dienten. Amerika als Herkunftsgebiet des Kürbisses ist durch verschiedene Hinweise auf einen Anbau durch nord-und Südamerikanische Indianerstämme bestens belegt. Erst nachdem Christoph Kolumbus Ende des 15. Jahrhunderts Amerika entdeckt hatte, kam der Kürbis nach Europa. Eine dieser Arten ist der sogenannte schalenlose Ölkürbis, der in Österreich und Ungarn und den umliegenden südlichen und östlichen Staaten kultiviert wird. Diese Schalenlosigkeit ist vermutlich durch eine natürliche Mutation entstanden. Bei der Gewinnung von Kürbiskernöl bietet diese schalenlose bzw. weichschalige

Form vor allem technische Vorteile, da das Schälen entfällt und die Rückstände (Presskuchen) ohne Schwierigkeiten verfüttert werden können. Das Kürbiskernöl und Kürbiskerne waren wegen des typischen, nußartigen Geschmacks und der wertvollen Inhaltsstoffe in der Gunst des Menschen schon immer deutlich höher angesiedelt als der Kürbis selbst. Wurde das Fruchtfleisch vor einigen Jahrzehnten noch als Viehfutter oder zur Marmeladeherstellung genutzt, so bleibt es heute als verrottender Rückstand auf den Feldern zurück. Charakteristikum des "ungarischen Kerns ist die dunkelgrüne Färbung, weshalb bei allen Weiterentwicklungen die Beibehaltung dieses Merkmals im Mittelpunkt steht. Der Kürbis wird auch heute händisch geerntet. Dabei werden die Kürbisse auf dem Acker oder am Bauernhof mit einem speziellen Kürbisspalter geteilt und die Kerne mit der Hand von der Frucht gelöst. Diese Art der Ernte ist zwar äußert schonend und mit wenig Ernteverlust verbunden, dafür aber auch sehr zeit- und arbeitsaufwändig. Die handgeernteten Kerne werden anschließend meist auf Rosten an der Sonne ein bis zwei Wochen lang getrocknet. Den Bauern ist es mit eigens dafür entwickelten Erntemaschinen heute möglich, bis zu einem Hektar Kürbis pro Tag zu ernten. Dazu wird vor der Ernte ein Schneepflug umfunktioniert, der die Kürbisse in Bahnen zusammenschiebt. Die Erntemaschine nimmt anschließend die Kürbisse auf. Der Ölkürbis kann im Reifezustand 5 bis 8 kg wiegen und einen Durchmesser von ungefähr 25 cm vorweisen. Im Zentrum des Fruchtfleisches finden sich bis zu 300 g Kerne. Das Kürbiskernöl wird nach Bedarf frisch gepresst. Dabei geht man folgendermaßen vor: Pro Liter Öl werden ca. 2,2-2,4 kg Kerne vermahlen und mit Wasser und Salz zu einem Brei geknetet. Das Salz fördert die Trennung von Fett und Eiweiß. Die so gewonnene Masse wird von einem eigens dafür verantwortlichen Pressmeister etwa 1/2 Stunde bei 60 Grad Celsius in einer speziellen Röstpfanne geröstet, bis das Wasser verdampft ist. Das in den Kernen enthaltene Öl wird dadurch aufgeschlossen. Schließlich kommt die Masse in die Presse. Zwischen zwei Steinplatten wird das Kürbiskernöl bei einem Druck von 300-350 bar gewonnen. Die Schwebeteile lässt man etwa eine Woche absitzen oder entfernt sie durch Filtration.

Kürbiskernöl hat offiziell eine Haltbarkeit von neun Monaten. Wird das kostbare Öl gut verschlossen und lichtgeschützt unter ca. 15 Grad Celsius gelagert, kann man mit einer wesentlich längeren Haltbarkeit rechnen. Kernöl im Kühlschrank aufzubewahren ist nicht sinnvoll.

Kürbis-Ingwersuppe

Beste Suppe wenn du krank bist, (sogar vegan, weil gar kein tierisches Produkt drin ist. Ich schwöre auf die Suppe, weil viel Ingwer drin ist. Sie ist anti-
bakteriell und hilft bei Husten.

1 mittelgroßer Flaschen-Kürbis oder Hokkaido
Ingwer, ca. 7 cm
Suppengrün mit Zwiebel, Möhre, Pastinake, Sellerie
1 Dose Kokosmilch
TL Curry
Vegeta Brühe
Kürbiskernöl
Kürbiskerne
1 TL Chili
Salz
Erbsen gefroren
4 Kartoffeln

Kürbis und Kartoffeln säubern und schälen und in kleine Stücke schneiden.
Suppengrün putzen und klein schneiden. Dieses mit dem Kürbis und dem
Ingwer (ohne Schale) und den Kartoffeln anbraten. Mit Brühe und Kokosmilch
aufgießen. Alles so lange kochen, bis der Kürbis so weich ist, das man ihn mit
dem Kochlöffel klein drücken kann. Mit dem Kochlöffel alles im Topf klein
drücken. Nicht passieren. Die Gemüsestücke sollen klar erkennbar sein. Die
Suppe wird nach und selber dick und breiig. Nun die Erbsen reintun. Aufkochen. Alle Gewürze reintun und abschmecken. Der Ingwer wird jedes Mal ein
bisschen schärfer, wenn man die Suppe aufkocht. Die Kokosmilch mildert das
Scharfe ein wenig ab. Die Suppe sollte die Konsistenz eines dicken Breis haben
und scharf sein. Das brennt die Bakterien weg. Ist sie zu dünn, einfach auf
kleiner Flamme weiterkochen oder 2 bis 3 Löffel von fertigem Kartoffelbrei-
pulver dazugeben. Ich mache meinen Kartoffelbrei auch selber, aber manchmal ist das fertige Pulver die letzte Wahl wenn eine Suppe zu dünn ist. Sehr
heiß servieren und ein Schwung vom Kürbiskernöl rüber gießen. Dazu Kürbiskerne rüber streuen. Ganz wagemutige reiben sich frischen Ingwer über die
Suppe.

Kürbiskerne rösten

Kürbiskerne sind geröstet ein leckerer und gesunder Snack. Deswegen wirf sie nicht weg. Wir zeigen dir, wie du frische Kürbiskerne rösten und lange haltbar machen kannst. Kürbiskerne sind reich an ungesättigten Omega-6-Fettsäuren. Deswegen wird aus ihnen auch Kürbiskernöl gewonnen. Zudem enthalten sie viele weitere wichtige Nährstoffe wie: Vitamin E, Kalium, Magnesium, Eisen und Zink. In der Naturheilkunde werden Kürbiskerne wegen ihrer entzündungshemmenden Wirkung und als Zinklieferant empfohlen. Sie stärken das Immunsystem und sollen bei Menopausenbeschwerden und Diabetes helfen. Die Kürbiskerne, die du beim Kochen von Kürbis-Rezepten oder beim Kürbis schnitzen übrig behältst, sind also viel zu schade für den Kompost. Röste sie doch lieber! Tipp: Du kannst die Kürbiskerne in verschiedenen Geschmacksrichtungen rösten – deiner Experimentierfreude ist dabei keiner Grenze gesetzt. Dieses Rezept ist für salzige Kerne mit einer Knoblauchnote. Genauso gut kannst du die Kürbiskerne aber mit Honig und Zimt rösten für einen süßen Snack.

Kürbiskerne eines beliebigen Kürbisses
1.5 TL Olivenöl
Meersalz
Knoblauchpulver

Entferne grob das faserige Fruchtfleisch von den Kürbiskernen. Wasche die übrigen Fasern mit Hilfe eines Siebs ab. Entferne einzelne Fasern mit den Händen, mit einer Gemüsebürste oder einer sauberen Spülbürste. Die Fasern lassen sich einfacher lösen, wenn du die Kerne einen Tag lang in Wasser einweichen lässt. Die Kürbiskerne müssen einen Tag trocknen. Breite die sauberen Kürbiskerne zum Trocknen auf einem Küchenhandtuch an einem warmen Ort für einen Tag aus. Mische die getrockneten Kerne mit dem Olivenöl und den Gewürzen. Gib so viel Olivenöl in eine Pfanne, bis der Boden bedeckt ist. Füge das Meersalz hinzu. Dann gibst du die Kürbiskerne hinzu. Gib nicht zu viele Kerne auf einmal in die Pfanne, weil sie sonst anbrennen könnten. Würze mit dem Knoblauchpulver. Schließe die Pfanne mit dem Deckel und stelle sie bei hoher Hitze auf den Herd. Die hellen Schalen ploppen nach kurzer Zeit auf, sodass du an den dunklen Kern kommst. Wenn die meisten Schalen aufgeplatzt sind, nimm die Pfanne vom Herd. Abkühlen lassen und essen.

Kürbiskerne im Backofen rösten

Breite die Kerne auf einem Backblech aus und röste sie für fünf bis 15 Minuten
bei 160°C mit Umluft. Wende und mische die Kürbiskerne spätestens nach
fünf Minuten, sodass sie von beiden Seiten geröstet werden. Doch Vorsicht:
Wie alle Kerne neigen auch Kürbiskerne dazu, plötzlich anzubrennen. Prüfe
also lieber häufiger, ob die Kerne schon fertig sind. Auch der Honig (bei süßen
Kürbiskernen) brennt schnell an. Viele Rezepte empfehlen, den Backofen vor-
zuheizen. Dabei wird jedoch oft viel Energie verschwendet, bei geringer Zeit-
ersparnis. Lasse die Kürbiskerne einfach ein paar Minuten länger im Ofen und
nutze auch die Restwärme. Luftdicht in Schraubgläsern aufbewahrt, halten
sich die gerösteten Kürbiskerne für mehrere Wochen.

Könnte man die Schale der Kürbiskerne mitessen?

Die Schale der Kürbiskerne ist nicht giftig und könnte theoretisch mitgegessen
werden. Allerdings ist sie hart und holzig. Beim Knabbern und Snacken ist das
nicht schlimm, denn du kannst sie mit etwas Übung mit den Zähnen anknacken und den Kern raussaugen. Falls du deine Kerne zum Backen verwenden
möchtest, kannst du sie vor dem Rösten schälen: Verteile dazu die faserfreien
und getrockneten Kerne auf einer geraden Fläche. Rolle mit dem Nudelholz
darüber, sodass die Kerne anknacken, jedoch nicht ganz platt sind. Koche sie
für ca. 30 Minuten in Wasser. Die Kerne sinken nun langsam zum Boden,
während die Schalen oben bleiben. Schöpfe die Schalen ab und spüle die Kerne in einem Sieb ab. Drücke die restlichen Kerne mit der Hand aus der abgekühlten Schale.Sie sind dann fertig und du könntest mit ihnen zum Beispiel
Brot_backen.

Welche Kürbissorte soll ich für Kürbiskerne nehmen?

Du kannst die Kürbiskerne jeder essbaren Kürbissorte verwenden. Gut geeignet sind Kürbisse mit größeren Kernen wie Hokkaido, Muskatkürbis oder der
gelbe bzw. rote Zentner. Vor allem die Kerne des Ölkürbisses sind gut geeignet. Die Kerne dieser speziellen Kürbisart sind nicht verholzt und besonders
dick. Deswegen können sie direkt ohne Schälen gegessen werden. Das Fruchtfleisch des Ölkürbis ist essbar, jedoch faserig und sehr mild im Geschmack.
Deswegen eignet er sich nicht, um Suppe daraus zu machen. Ein leckeres Bei-
lagengemüse, geschnitten oder geraspelt und gut gewrzt, lässt sich aus ihm
aber zubereiten.

Gefülltes Huhn mit Käse, frittiert mit Kürbiskernen, Risibisi

2 Hühnerbrüste
Cheddarkäse
Holzpieker
Geröstete Kürbiskerne
Pro Person 100 Gr. Reis
1 Tasse Grüne Erbsen
Salz
Pfeffer
2 Eier
Mehl
Öl

Zuerst den Reis waschen, dann mit Salz aufsetzen. Der Reis soll bissfest sein. Die Hühnerbrüste waschen, halbieren und plattieren. Wir haben jetzt 4 große Hühnerschnitzel. Diese werden von beiden Seiten gewürzt und mit Cheddar belegt und mit den Holzpiekern geschlossen. 1 Panierstraße aufmachen. 1 Teller Mehl, 1 Teller Ei, 1 Teller Kürbiskerne. Ordentlich panieren und immer abklopfen. Die Hühnerbrüste werden in relativ viel heißem Öl ausgebraten, ja fast frittiert. Den Reis probieren. Darin die Erbsen untermengen.
Man kann auch Schweineschnitzel nehmen.

Kürbisbrot

Kürbisbrot ist gesund und lecker und du kannst es ganz einfach selbst backen. Wir zeigen dir ein einfaches Rezept für herbstliches Kürbisbrot. Kürbisbrot ist saftig, vegan und du kannst es ganz einfach selbst machen. Später schmeckt es toll mit Kräuterbutter, Kürbismarmelade oder ein wenig Frischkäse. Am besten eignet sich Hokkaido Kürbis. Verwende am besten nur Zutaten in Bio-Qualität. So stellst du sicher, dass keine synthetischen Pestizide beim Anbau verwendet wurden. Hokkaido bekommst du während der Saison regional auf vielen Wochenmärkten und im Biomarkt.

300 g Kürbis
500 g Dinkelmehl
1 Packung Trockenhefe
2 EL Agavendicksaft oder Zucker
3 EL lauwarmen Milch

1 TL Salz
1 Handvoll Kürbiskerne.

Schneide den Kürbis in kleine Stücke und dünste sie ein paar Minuten im Topf, bis sie weich werden. Püriere sie anschließend oder zerdrücke sie mit einer Gabel oder einem Kartoffelstampfer. Lass die Kürbisstücke nun abkühlen. Gib das Mehl in eine große Rührschüssel und rühre die Hefe unter. Gib den lauwarmen Pflanzendrink, Agavendicksaft und Salz in die Schüssel und vermische alles gut. Wenn du möchtest, kannst du auch Kürbiskerne in den Teig geben. Diese geben deinem Brot später eine tolle Konsistenz. Füge das Kürbisfleisch hinzu und knete alles gut mit Knethaken durch. Beginne auf niedrigster Stufe und erhöhe die Frequenz, bis du einen gleichmäßigen Teig erhältst. Lasse den Teig zugedeckt an einem warmen Ort circa 30 Minuten gehen. Fette eine Kastenform aus und gib ein wenig Mehl hinein, damit dein Teig später nicht in der Form klebt. Wenn der Teig gegangen ist, kannst du ihn in eine längliche Form kneten und in die Kastenform geben. Schneide der Länge nach einen Schlitz in den Teig. So geht das Brot später schöner auf und hat Platz, sich auszudehnen. Lasse den Teig anschließend noch einmal kurz gehen. Backe ihn anschließend bei 180 Grad Umluft.

Kürbismarmelade

1000 g Hokkaidokürbis oder anderen Kürbis
500 ml Orangensaft
1 Zimtstange
1 Vanilleschote
500 g Gelierzucker (3:1)
Zuerst Kürbis waschen, halbieren und Kerngehäuse entfernen. Danach in mundgerechte Stücke schneiden. Kürbis zusammen mit Orangensaft in einen Topf geben. Eventuell mit etwas Wasser auffüllen, sodass der Kürbis vollständig bedeckt ist. Dann die Zimtstange und das Mark der Vanilleschote dazugeben. Anschließend alles für 15-20 Minuten weich kochen lassen. Zimtstange entfernen. Alles mit einem Pürierstab fein pürieren. Danach den Gelierzucker hineingeben und für 5 Minuten kochen. Dabei ständig rühren, sodass nichts anbrennt. Heiße Kürbismarmelade in sterile Gläser füllen.

Kürbismarmelade mit Orangensaft und Zimt verfeinern.

Noch mehr Aroma bekommt deine Marmelade mit Kardamom und Nelken. Achte aber darauf, die Nelken vor dem Pürieren des Kürbisses zu entfernen. Eine fruchtig-süßliche Schärfe bekommt deine Marmelade mit etwas geriebenem Ingwer. Wenn dir der fruchtig-säuerliche Geschmack des Orangensaftes noch nicht ausreicht, dann gebe etwas frisch gepressten Zitronensaft oder etwas Zitronenschalenabrieb zur Marmelade dazu.

Kürbissuppe Sopron, Tökleves

1 kg Kürbis
1 Bund Dill
Becher saure sahne
50 g Butter
2 EL Mehl
1 Liter Brühe
2 Eidotter
Kürbiskernöl und geröstete Kerne zur Garnierung

Kürbis schälen, in Würfel schneiden, waschen, abtrocknen. Die Kerne werden in der Pfanne geröstet. Dill hacken. 30 Gr. Butter auslassen und den Kürbis anbraten. Die Hälfte vom Dill zugeben. 1 Tasse Brühe zugeben. Ggf. mehr Brühe zugeben. Der Kürbis muss ganz weich sein. Nach 20 Minuten durch ein Sieb streichen. Nun eine Mehlschwitze zubereiten und unterrühren. Mit der restlichen Brühe aufkochen. Vor dem Servieren abschmecken und die saure Sahne und die Eidotter untermengen. Nicht mehr kochen. Den restlichen Dill unterrühren. Wer mag, kann Kürbiskern Öl und Kerne auf die Suppe tun.

Kürbissalat, Töksalata

1 kg Kürbis
1 Bund Dill
Salz,
Essig,
1 Tasse Öl
Kürbiskernöl für die Garnierung
1 Tasse saure Sahne
Kürbis schälen, waschen, in grobe Raspeln schneiden. Ordentlich salzen, kneten. Nun zwei Löffel Essig unterheben. Nochmal kneten das Wasser ausdrücken. Öl und saure Sahne und Dill zu Dressing verarbeiten. Unter den Kürbis heben. Garnieren mit Dill.

Kürbis-Mohn-Reétes, Tökös-mákos rétes,
Strudel von Kürbis und Mohn

Backofen auf Umluft 180 Grad vorheizen.

1 kg Kürbis
150 Gr. Zucker
Schale von 1 Zitrone
Saft von einer halben Zitrone
Zimt nach Geschmack
Nelke nach Geschmack
70 Gr. Vorbereiteter Mohn, gerieben
30 Gr. Semmelbrösel
Prise Salz
1 Packung Rétes, Strudelteig, man kann auch Blätterteig oder Hefeteig nehmen.

Kürbis schälen, waschen, in grobe Raspeln schneiden und salzen. Nach 20 Minuten ausdrücken. Kürbis mit Zitrone, Schale und 75 Gr. Zucker und den Gewürzen verkneten. Der Mohn wird mit dem restlichen Zucker, und den Semmelbröseln vermischt. Diese Mischung großzügig auf den gesamten Teig verteilen. Die Kürbismasse wird nur auf ein Drittel des Teiges verteilt. Nun sorgfältig aufrollen. Mit Eistreiche einstreichen und 25 Minuten backen. (Umluft 180 Grad). Daneben stehen bleiben, ggf. 5 Minuten weniger oder 5 Minuten länger backen.

Rétes, Strudelteig

250 g Mehl
1 Ei
30 g Öl (z.B. Maiskeimöl)
Salz
100 ml warmes Wasser
1 TL Essig

Für den Strudelteig Mehl in eine große Rührschüssel geben. In der Mitte eine Mulde formen und Ei, Öl, ca. 100 ml lauwarmes Wasser, 1 TL Essig und 1/2 TL Salz hineingeben. Alles mit den Knethaken des Mixers zu einer glatten, sehr elastischen Teigkugel verkneten. Bei Bedarf etwas zusätzliches Wasser zufügen. Den Strudelteig in Klarsichtfolie wickeln und ca. 30 Minuten bei

Zimmertemperatur ruhen lassen. Dann mit Öl beträufeln und mit den Händen viereckig, gleichmäßig auswalken. Dann das Nudelholz nehmen. Der Strudelteig wird nun immer dünner und sollte zum Schluss den gesamten Tisch bedecken, ohne zu reißen. Der Belag wird nun nur zu einem Drittel unten gut verstrichen. Der Strudel wird nun gleichmäßig aufgerollt. Links und rechts der Rand wird eingeklappt. Mit einem Pinsel kann man Wasser verstreichen, damit der Teig nicht reißt. Man kann den Strudel entweder mit Öl bestreichen oder mit Eistreiche. 1 Eigelb und halbe Tasse Milch oder Wasser gut verkleppern und aufstreichen 180 Grad, Umluft 25 Minuten (+-5 Minuten) backen

Frittierte Eier mit Kürbiskernmayonnaise

4 Eier
40g grob gemahlene Kürbiskerne
Salz
Pflanzenöl zum Ausbacken
Salatblätter zum Garnieren
50ml Kürbiskernöl
30ml Balsamicoessig weiß
eine Prise Salz

Wasser zum Kochen bringen. Die Eier hineinlegen und 6 Minuten kochen. Die Eier anknacken und anschließend sofort in Eiswasser zum Abkühlen legen, dann Eier schälen. Die geschälten Eier etwas salzen und in den grob gemahlenen Kürbiskernen wälzen. In heißem Pflanzenöl goldbraun ausbacken. In der Zwischenzeit einen Klecks Kernölmayonnaise auf den Teller verteilen und den Salat mit dem Kernöldressing beträufeln, Ei drauf setzen. Schmeckt warm oder kalt.

Kürbiskernöl-Mayonnaise

1 Eidotter
1 TL Senf
Saft 1/2 Zitrone
eine Prise Salz
etwas Pfeffer
125ml Kürbiskern Öl

Für die Mayo wird ein Dotter mit einer Prise Salz und Pfeffer, Senf und Zitronensaft mit einem Mixer schaumig gerührt. Das Kürbiskern Öl langsam einrühren.
Öl emulgiert.

Caprese mit Kürbiskernöl

4 Tomaten
2 Kugeln Mozzarella
Einige Blätter Basilikum
Dressing
2 EL Kürbiskerne
50 ml Kürbiskern Öl
30 ml Balsamicoessig rot
Salz
etwas Pfeffer

Tomaten waschen und in Scheiben schneiden. Mozzarella abtropfen lassen. Ebenfalls in Scheiben schneiden. Tomaten und Mozzarella abwechselnd auf 2 Teller auflegen. Das Dressing gut verrühren und über den Salat träufeln. Zum Schluss mit gehackten Basilikumblättern und Kürbiskernen garnieren.

Kürbiskern-Gugelhupf
200 g gemahlene Kürbiskerne
100 g Weizenmehl (405)
50 g gemahlene Mandeln
240 g Ofenohrzucker
3 Eier
200 ml Sonnenblumenöl
185 ml Milch
1 Apfel
1/2 Päckchen Backpulver
1 Prise Salz
Butter und Mehl für die Form
Puderzucker zum Bestäuben

Eine Gugelhupfform (25cm Durchmesser) einfetten und mit Mehl bestäuben. Den Ofen auf 200°C Ober-/Unterhitze vorheizen. Kürbiskerne, Mandeln, Mehl, Backpulver und Salz in eine Schüssel sieben und kurz verrühren. Zur

Seite stellen. Die Eier und den Zucker in einer großen Schüssel mit einem Handrührgerät aufschlagen, bis man eine dickcremige Masse hat und sich der Zucker aufgelöst hat. Das Öl und die Milch langsam hineingießen, dabei weiterrühren. Die trockenen Zutaten auf die Masse sieben und mit einem Teigschaber vorsichtig unterheben. Zuletzt den Apfel relativ grob auf den Teig reiben und erneut vorsichtig mit dem Teigschaber verrühren. Den Teig in die Form geben und ca. 50 Minuten backen. Stäbchenprobe machen. In der Form auskühlen lassen vor dem Servieren mit Puderzucker bestäuben.

Frankfurter Kranz aus Kürbiskern-Gugelhupf Ein abgekühlter Gugelhupf
1 Butter
1 Vanillepudding
400 ml Milch
6 TL Zucker ggf. mehr
Geröstete Kürbiskerne
Preiselbeeren im Glas oder 1 Glas gute Blaubeermarmelade oder 1 Glas Orangenmarmelade
Garnierungskirschen.

Den Vanillepudding kochen und abkühlen lassen. Die Kürbiskerne in einen Gefrierbeutel geben und grob zerschlagen. Nun die warme Butter 4 Minuten aufschlagen und den Vanillepudding unterheben. Es soll eine homogene Creme entstehen, ohne Klumpen. Nun den Gugelhupf je nach Größe 3 oder 4 Mal aufschneiden. Die Preiselbeeren oder die anderen Marmeladen glatt rühren. Nun wird dünn geschichtet. Mit Spritzbeuteln arbeiten. Unten kommen der große Boden, dann die Vanillecreme, dann die Marmelade und dann wieder ein Boden. Nicht zu viel von der Creme nehmen, wir brauchen den Rest für die äußere Hülle und für die Tupfen oben. Die Hülle wird nun mit den Kürbiskernen beworfen.

Cremiges Kürbisrisotto mit Kürbiskernöl und Kürbiskernen

100 g Risottoreis pro Person
Gemüsebrühe
400 g Kürbis

Olivenöl
Zwiebel
Parmesan
1 Schuss Weißwein
1 Schuss Kürbiskernöl
Kürbiskerne
Salz und Pfeffer

Als Erstes den Backofen auf 180 Grad vorheizen und den Kürbis in kleine
Stücke schneiden. Danach die Kürbisstücke bei 180 Grad für 15 Minuten in die
Backröhre geben. Als Nächstes die Zwiebel in kleine Stücke schneiden und in
Olivenöl andünsten. Daraufhin den Reis dazugeben und ebenfalls andünsten.
Anschließend mit Weißwein ablöschen sowie eine Tasse Gemüsebrühe hinzugeben. Im nächsten Schritt den Kürbis dazugeben und unter ständigem Rühren köcheln lassen. Immer wieder Flüssigkeit ergänzen, bis der Reis fertig
gekocht ist. Danach einen Schluck Kürbiskernöl hinzugeben, damit das Risotto
noch cremiger wird und zum Schluss den Parmesan reiben und unterheben.
Als Letztes das Risotto mit Salz und Pfeffer abschmecken und mit Kürbiskernen garnieren.

Rote-Bete-Feta-Salat mit Kürbis-Dressing

2 mittelgroße Rote Bete
100-150 g Feta pro Person
2 EL Kürbiskerne
2 EL Kürbiskernöl
1 EL Apfelessig
Salz und Pfeffer

gehackte Petersilie
Rote Bete schälen und kochen: 30 - 40 Min. für kleinere rote Bete
45 - 60 Min. für größere Knollen (Halbieren oder vierteln um die Kochzeit zu
verkürzen). Sie sind gar wenn man leicht hineinstechen kann. Alternativ vor-
gekochte Rote Bete verwenden. Feta und Rote Bete in Würfel schneiden und
auf einem Teller oder Schüssel verteilen. Geröstete Kürbiskerne hinzufügen.
Dressing: In einer kleinen Schale das Kürbiskernöl und den Apfelessig verrühren, und mit Salz und Pfeffer abschmecken. Über den Salat träufeln.

Vanilleeis mit Kürbiskernöl

4-6 EL Kürbiskerne
1-2 EL Zucker
Vanilleeis
Kürbiskernöl
evtl. Schlagsahne

Zuerst die karamellisierten Kürbiskerne herstellen. Dafür eine Pfanne erhitzen, die Kürbiskerne hineinstreuen, kurz anrösten, mit Zucker bestreuen und unter ständigem Rühren karamellisieren. Die karamellisierten Kürbiskerne auf ein Stück Backpapier ausbreiten und auskühlen lassen.Aus dem Vanilleeis Kugeln formen, in Schalen oder Eisbechern anrichten und mit Kürbiskernöl beträufeln. Zum Schluss mit den karamellisierten Kürbiskernen bestreuen und wer möchte mit etwas Sahne garnieren.

Rindfleischsalat mit Kürbiskernöl

400 g gekochtes Rindfleisch
2 Zwiebeln
frisches Gemüse wie Tomaten, bunter Paprika, Gurke, Mais, Frühlingszwiebel, Radieschen
Apfelessig
Kürbiskernöl
Salz, Pfeffer
Schnittlauch

Für dieses Rezept das gekochte Rindfleisch in Streifen oder in Würfel schneiden. Die Zwiebeln schälen und fein schneiden. Das frische Gemüse in mundgerechte Stücke schneiden. Das Rindfleisch mit dem Gemüse und den fein geschnittenen Zwiebeln vermischen. Aus Essig, Kürbiskernöl, Salz und Pfeffer eine Marinade richten und den Rindfleischsalat damit anmachen. Zum Schluss den Salat nochmals abschmecken, auf Tellern oder in Schüsseln anrichten und mit Schnittlauch bestreuen. Dazu Bauernbrot servieren. Der Rindfleischsalat kann mit vielerlei Zutaten abwechslungsreich zubereitet werden. Sehr gut passen gekochte Käferbohnen, hart gekochte Eier, Käse, Radieschen, Jungzwiebel und vieles mehr.

Kürbiscremesuppe

½ kg Kürbis (Hokkaido, Muskatkürbis,...)
1 Zwiebel
1-2 Knoblauchzehen
neutrales Öl oder Butter
600 ml Gemüse- oder Hühnersuppe
Salz, Pfeffer
Muskatnuss
Kürbiskernöl
Kürbiskerne
Ingwer
150 ml süße Sahne

Für das Rezept der Kürbiscremesuppe den Kürbis halbieren und die Kerne mit den Fasern entfernen. Den ausgeschabten Kürbis in Würfel schneiden. Der Hokkaidokürbis muss dabei nicht geschält werden, die Schale kann mitgegessen werden. Zwiebel und Knoblauch klein hacken und in Öl oder Butter anschwitzen. Den würfelig geschnittenen Kürbis dazugeben, kurz mitrösten und mit der Suppe aufgießen. Mit Salz, Pfeffer, Muskatnuss und wer mag etwas Ingwer würzen und köcheln lassen. Ist der Kürbis weichgekocht, die Suppe im Mixer unter Zugabe von Sahne pürieren und abschmecken. Ist die Suppe noch zu dickflüssig, einfach mit etwas Wasser oder Brühe strecken. Die Kürbiscremesuppe in einem Suppenteller servieren, mit etwas Kürbiskernöl beträufeln und ein paar geröstete Kürbiskerne drüberstreuen.

Kürbisnockerl mit Kernölsauce

600 g Kürbis geputzt (Hokkaido, Butternuss, Muskatkürbis)
150 g Mehl
50 g Grieß
2 Dotter
Salz, Pfeffer
Muskatnuss
1 Knoblauchzehe
1 EL Butter
1 EL Mehl
250 ml Suppe
200 g Frischkäse
50 ml Kürbiskernöl
Salz, Pfeffer

geriebener Bergkäse
geröstete Kürbiskerne

Den Kürbis halbieren und das Kerngehäuse entfernen. Die Kürbishälften im BackOfen oder im Dampfgarer rund ½ Stunde dämpfen, bis das Fruchtfleisch weich ist. Den heißen Kürbis mit einem Löffel aus der Schale kratzen, pürieren und auskühlen lassen. Falls nötig, etwas Wasser zum Pürieren hinzugeben. Den Hokkaidokürbis kann man mit Schale pürieren Den pürierten Kürbis abwiegen und die restlichen Zutatenmengen gegebenenfalls anpassen. Das Kürbismus mit Mehl, Grieß, Dotter, Salz, Pfeffer und Muskatnuss zu einem weichen Nockerlteig vermengen und etwas rasten lassen. Währenddessen in einem großen Topf reichlich Wasser erhitzen und gut salzen. Aus dem Nockerlmasse mit Hilfe von zwei Löffeln Nockerl formen, ins siedende Salzwasser einkochen und bei schwacher Hitze ziehen lassen. Die Kürbisnockerl steigen an die Wasseroberfläche, wenn sie gar sind. Mit einem Siebschöpfer herausnehmen und warmhalten, bis alle Nockerl fertig sind. Für die Kernölsauce zu den Kürbisnockerl die Knoblauchzehe fein schneiden und in Butter anschwitzen, mit Mehl stauben und mit der Suppe aufgießen und einkochen lassen. Frischkäse einrühren und mit Kürbiskernöl aufmixen. Zum Schluss die Kernölsauce mit Salz und Pfeffer abschmecken. Mit der Kernölsauce einen Spiegel auf vorgewärmte Teller ziehen und die Kürbisnockerl darauf anrichten. Etwas Bergkäse darüber hobeln und mit gerösteten Kürbiskernen garnieren. Sehr gut lassen sich die Kürbisnockerl im Dampfgarer zubereiten. Dafür die Kürbisnockerl auf ein eingeöltes Lochblech legen und rund 7 bis 10 Minuten bei 100 Grad dämpfen.

Kürbisspalten aus dem Ofen

1 Speisekürbis (Hokkaido, Butternuss, Muskatkürbis,...)
Salz
Pfeffer
Zitronensaft
Knoblauchzehen
Öl (Sonnenblumenöl,..)
frische Kräuter (Schnittlauch, Petersilie,..)

Für dieses Rezept den Speisekürbis waschen und halbieren. Mit einem Löffel die Kerne mit den Fasern herausschaben und den Kürbis mit der Schale in Spalten schneiden. Die Kürbisspalten mit Salz, Pfeffer, fein gehacktem Knob-

lauch und frischem Zitronensaft marinieren und auf ein Backblech legen. Mit
Öl beträufeln und für ca. ½ Stunde bei 170° C ins vorgeheizte BackOfen schieben. Vor dem Servieren die fertigen Kürbisspalten aus dem Backofen mit frischen Kräutern bestreuen. Die Kürbisspalten eignen sich sehr gut als Beilage,
aber auch als Hauptgericht mit einer Joghurtsauce und frischem Baguette
schmeckt der Kürbis richtig gut. Den Kürbis mit Gewürzen und Kräutern nach
Wahl (Rosmarin, Muskatnuss, Chili, Koriander,...) marinieren. Die Kürbisspalten zusätzlich mit Mandelblättchen bestreuen, ehe sie im Ofen gebacken werden.

Kürbislaibchen mit Dip

500 g Kürbis (Ölkürbis, Hokkaido, Muskatkürbis,...)
4 mittlere gekochte Kartoffeln (vom Vortag)
2 EL Semmelbrösel
2 EL Haferflocken
2 Eier
Salz, Pfeffer
Dille
Öl zum Braten
1 Bund Radieschen
1 Becher Sauerrahm
2 EL Naturjoghurt
Spritzer Zitronensaft
Kresse oder Schnittlauch
Salz, Pfeffer
evtl. eine Prise Zucker

Für den Dip Sauerrahm mit Joghurt und Zitronensaft glatt rühren. Die Radieschen putzen und fein würfeln oder reiben. Gemeinsam mit der Kresse unter
den Dip rühren. Mit Salz und Pfeffer abschmecken und beiseite stellen. Den
Kürbis schälen, entkernen und grob reiben. Die gekochten, ausgekühlten Kartoffeln ebenfalls schälen und reiben. Mit den restlichen Zutaten - Brösel, Haferflocken, Eier und Gewürze - vermengen und kurz anziehen lassen. Öl in
einer Pfanne erhitzen, aus der Laibchenmasse Kugeln formen und flach drücken. Die Kürbislaibchen von beiden Seiten knusprig braten, herausnehmen
und auf Küchenrolle abtropfen lassen.
Die fertigen Kürbislaibchen mit Dip servieren. Ist die Laibchenmasse zu flüssig
oder bindet nicht, einfach noch Semmelbrösel dazugeben.

Du kannst auch geriebenen Käse unter die Masse mischen.

<h2 style="text-align:center"><u>Kürbiskernkekse</u></h2>

250 g Weizenmehl glatt
150 g Butter kalt
100 g Puderzucker
200 g geriebene oder fein gehackte Kürbiskerne
1-2 EL Kürbiskernöl
2 Dotter
Prise Salz
Zimt und Nelkenpulver (optional)
1 EL Sauerrahm oder etwas Milch (zur besseren Bindung)
Marillenmarmelade
Schokolade

Alle Zutaten zusammen mit dem Mehl und mit kleinen Butterstückchen auf der Arbeitsfläche oder in einer Schüssel vermischen. Dann flott zu einem Teig kneten, zu einer Kugel formen und zugedeckt mindestens eine halbe Stunde kühl stellen. Den Teig auf der bemehlten Arbeitsfläche mit einem Nudelholz dünn ausrollen und Sterne ausstechen.

Die Kürbiskernkekse auf ein gefettetes oder mit Backpapier belegtes Backblech legen und in der vorgeheizten Backröhre bei 190° C ca. 10 Minuten backen. In der Zwischenzeit die Teigreste zusammenkneten und mit dem restlichen Teig gleich vorgehen. Nach dem Backen jeweils zwei Kekse mit Marillenmarmelade zusammensetzen. Die Kürbiskernkekse zur Hälfte in flüssige Schokolade tauchen und auf ein Gitter legen. Wer möchte, verziert die Kekse noch mit fein gehackten oder geriebenen Kürbiskernen. Gib etwas Zimt und Nelkenpulver in den Teig, diese Gewürze verleihen einen besonderen Geschmack! Nimm beliebige Keks-Ausstechformen (Stern, Herz, Karo, Taler,...).
Ist der Teig zu bröselig, kann man einen Esslöffel Sauerrahm oder etwas Milch hinzugeben, damit der Teig besser bindet. Für etwas Abwechslung kann man die Kekse auch in weiße Schokolade tunken!

<h2 style="text-align:center"><u>Kürbisgemüse, Tökfözelek</u></h2>

1,5 kg geputzter Kürbis in Würfeln

Salz
Schnapsglas Weißer Essig oder Saft 1 Zitrone
Dill frisch oder gefroren
60 Gr. Schmalz
80 Gr. Mehl
40 Gr. Zwiebeln
Becher Saure Sahne
3 TL Zucker
1 TL Gewürzpaprika

Den Kürbis hobeln und salzen. Nach 20 Minuten auspressen. Dann mit Essig oder Zitronensaft beträufeln. Den Dill hacken. Mit Mehl und Schmalz und Paprika eine Mehlschwitze zubereiten, dann die Zwiebeln fein hacken und dazugeben. Den Kürbis zugeben. Mit Brühe auffüllen. Alles gut aufkochen bis der Kürbis durch ist. Mit Zucker und weiterem Essig abschmecken. Nun den Dill zufügen und auch die Saure Sahne. Schmeckt sehr gut zu Braten, Hackbraten, kann aber auch zu Pörkölt gereicht werden.

Kürbisgemüse mit Tomate, tök zöldségek paradicsommal

1,5 kg geputzter Kürbis in Würfeln
Salz
Schnapsglas Weißer Essig oder Saft 1 Zitrone
500 Gr. Schmackhafte Tomaten
60 Gr. Schmalz
80 Gr. Mehl
40 Gr. Zwiebeln
Becher Saure Sahne
3 TL Zucker
1 TL Gewürzpaprika

Den Kürbis hobeln und salzen. Nach 20 Minuten auspressen. Dann mit Essig oder Zitronensaft beträufeln.. Mit Mehl und Schmalz und Paprika eine Mehlschwitze zubereiten, dann die Zwiebeln fein hacken und dazugeben. Den Kürbis zugeben. Mit Brühe auffüllen. Alles gut aufkochen bis der Kürbis durch ist. Mit Zucker und weiterem Essig abschmecken.
Die Tomaten klein schneiden und in einer Pfanne rösten. Das Wasser soll verkocht werden. Nun den Kürbis zufügen und auch die Saure Sahne.

Abschmecken. Schmeckt sehr gut zu Braten, Hackbraten, kann aber auch zu Pörkölt gereicht werden.

Gefüllter Kürbis in Dillsauce, Töltött tök kapormártással

1 kg Kürbis von großen hellgrünen, länglichen Kürbissen oder 5 Zucchini
50 Gr. Butter
100 ml Brühe
1 Zwiebel
1 EL Öl oder Schmalz
500 Gr. Mischhack oder Hack deiner Wahl
500 Gr. Reis
1 Ei
1 Knoblauchzehe
Dill
Becher saure Sahne

Zwiebel und Knoblauch fein hacken, in Öl oder Schmalz anbraten. Hackfleisch zugeben. Würzen und 5 Minuten schmoren. Reis zugeben, 5 Minuten schmoren. Nun so viel Brühe angießen, dass der Reis bedeckt ist. Nochmal 5 Minuten kochen lassen. Abkühlen lassen und das rohe Ei dazugeben. Die Kürbisse nun schälen und aushöhlen, aber in der Form an sich ganz lassen. Nun füllen und in eine feuerfeste Form legen. Mit Brühe angießen. Bei 180 Grad bis zu 35 Minuten im Ofen dünsten. Der Reis sollte jetzt weich sein.
Für die Dillsauce den Dill hacken und unter die Saure Sahne rühren. Beim Anrichten bekommt jeder eine Hälfte vom Kürbis und Sauce nach Bedarf.

Kürbis in Essig, das Konservieren für den Winter

3 kg Kürbis in dünnen Streifen
1.250 Gr. Zucker
4 Nelken
1 Zimtstange
2 Zitronen, davon der Saft und
1 Zitronenschale
1 Liter Weinessig
1 Liter Wasser

In einer großen Schüssel werden der Kürbis, der Essig und das Wasser gemischt und mit Deckel über Nacht in der Speisekammer gestellt. Nun gut abtropfen lassen. Die Flüssigkeit wird mit Zucker, den Saft der 2 Zitronen, der Schale und den Gewürzen aufgekocht. Nun den Kürbis darin etwa 10 Minuten kochen. Danach in sterilen Gläsern abfüllen und verschließen.

Kürbis über den Winter aufbewahren

Das Kochbuch zu diesem Rezept ist von 1961 und wurde von mir auf einem Flohmarkt gekauft. Daher weiß ich leider nicht, wo und ob man die Zutaten Siegellack oder flüssiges Pech kaufen kann.

Schöne, tadellose Kürbisse werden trockengewischt und der Stengel wird nun in flüssigen Siegellack oder flüssiges Pech getaucht und in den Keller verbracht. Sie werden nun in Sand im Keller eingelagert, bis zum Gebrauch.

Kürbiseintopf,
Kürbiseintopf mit Hackbraten oder Buletten.

Einen mittleren Gemüse-Kürbis kleinschneiden und mit Suppengemüse und Brühe ggf. Salz und Pfeffer als Gewürz weichkochen. Nicht pürieren. Dann ein ganzes Bund Dill fein hacken und erst vor dem Servieren unterrühren. Den Hackbraten ganz normal mit Mischhack, Pfeffer, Salz, Paprika, , Brötchen, Zwiebel, Ei zubereiten und im Ofen bei 180 Grad backen. Mit dem Fleischthermometer prüfen. Alles über 70 Grad ist prima. Er sollte außen appetitlich braun sein. Bisschen abkühlen lassen. In dicke Scheiben schneiden und jeder bekommt eine Scheibe in den Eintopf. Dazu wird eine Scheibe Brot gereicht. Man kann auch mittelgroße Buletten, Fleischpflanzerl herstellen, braten und sie vor dem Servieren in den Teller geben.

Die Kombination Kürbis mit Dill schmeckt einfach großartig.

Kürbissuppe:

1 Kilogramm Hokkaido
1 Karotte
1 Kartoffel
1 Zwiebel

Sahne
Butter oder Bratfett
1 Liter Gemüsebrühe
Salz, Pfeffer, Muskat
nach Geschmack 4 cm von Ingwerwurzel

Das komplette Gemüse und den Ingwer würfeln und in Butter anbraten, bis
alles schön braun ist. Mit der Brühe aufgießen und alles weichkochen. Dann
würzen und pürieren. Mit der Sahne abschmecken. Jetzt nicht mehr kochen.
Dazu in Butter geröstete Brötchenscheiben servieren.
Variante: mit 1 Esslöffel Currypulver zubereiten.

Kürbiscremesuppe

500 g Kürbis (halber Kürbis)
1 Zwiebel
200 ml Wasser
100 ml Sahne
1 Brühwürfel
Salz
Pfeffer
Chiliflocken
Öl
für die Suppenbeilage: Chili-Kürbiskerne
Tortellini
Kürbisöl

Den Kürbis entkernen und in Stücke schneiden. Dann bei 200 Grad in den
Ofen schieben. Backen, bis er schön weich ist und man ihn aus der Schale
nehmen kann. Den Brühwürfel in dem Wasser auflösen. Die Zwiebeln in Öl
anbraten, dann den Kürbis, die Gewürze, die Sahne und das Wasser hinzufügen.

Kürbistortellini

Kürbistortellini gefüllt mit Schafskäse oder mit Kürbis-Walnuspesto oder
Spinat oder Gemüse, was du magst

Für den Nudelteig:

400 g Mehl
4 Eier (Größe M)
Salz
Für den Kürbis:
800 g Kürbis (z. B. Hokkaido)
Salz
Pfeffer
4 EL Olivenöl
1 Frühlingszwiebel
1 Chilischote
2 Stiele Thymian
1 TL Bio-Zitrone, die abgeriebene Schale davon
125 g Ziegenfrischkäse oder Spinat oder Gemüse oder Kürbismus

Außerdem:
2 EL Rohrohrzucker
4 TL Walnusskerne
80 g Butter

Zubereitung

Für den Tortellini-Teig Mehl, Eier und 1 TL Salz zu einem glatten, geschmeidigen Teig kneten. Den Teig zur Kugel formen, abdecken und ca. 30 Minuten
ruhen lassen. Den Backofen auf 180 Grad Ober- und Unterhitze vorheizen. Ein
Backblech mit Backpapier auslegen. Den Kürbis halbieren, entkernen und
ungeschält in ca.16 Spalten schneiden. Kürbisspalten mit Salz und Pfeffer
würzen und mit dem Öl beträufeln. Kürbisspalten (bis auf 4-5 Stück) auf der
mittleren Schiene ca. 30 Minuten backen, bis das Fruchtfleisch weich ist. Die
übrigen Kürbisspalten in einer (Grill)-pfanne von beiden Seiten ca. 10-15 Minuten weich braten. Die Frühlingszwiebel putzen, abbrausen und fein hacken.
Chili halbieren, entkernen und fein hacken. Thymian abbrausen und trocken
schütteln, Blättchen abzupfen und fein schneiden. Kürbisspalten aus dem Ofen
nehmen, leicht abkühlen lassen und das Fruchtfleisch mit einer Gabel leicht
zerdrücken. Thymian, Frühlingszwiebeln, Chili, Zitronenschale und Frischkäse mit dem zerdrückten Kürbispüree mischen und mit Salz und Pfeffer würzen. Den Nudelteig portionsweise auf einer leicht bemehlten Arbeitsfläche
oder in der Nudelmaschine etwa 2 mm dünn ausrollen und mit der Ausstechform oder einem kleinen Glas Kreise von ca. 8 cm Ø ausstechen.

Jeweils 1 TL Kürbismasse mittig auf die Kreise setzen. Die Teigränder dünn
mit etwas Wasser bestreichen, Teighälfte über die Füllung legen. Ränder gut
zusammendrücken, dabei eingeschlossene Luft herausdrücken. Die zwei Enden umbiegen, gut zusammendrücken. Tortellini auf ein bemehltes Tuch legen. So weiterfahren, bis Teig und Füllung aufgebraucht sind.
Tortellini portionsweise im knapp siedenden Salzwasser ca. 5 Minuten ziehen
lassen, abtropfen, warm stellen. Zucker in einer Pfanne schmelzen. Walnüsse
zugeben und karamellisieren lassen. Herausnehmen und abkühlen lassen.
Butter in einer Pfanne erhitzen und leicht bräunen. Tortellini darin schwenken.
Tortellini mit den Kürbisspalten aus der Pfanne, Walnüssen und, nach Belieben, Chilistreifen anrichten.

Tipp: wer keinen Käse mag oder nicht verträgt, einfach weglassen und für die
Füllung evtl. 2 Kürbisspalten mehr nehmen. Wenn von der Füllung oder dem
Käse noch etwas übrig bleibt, einfach mit den Tortellini und Kürbisspalten
dekorativ anrichten.
Für Spinatfülle frischen Spinat 4 min kochen und hacken. Würzen.

L

Langos

Lángos ist dem deutschen Knieküchle sehr ähnlich, allerdings weist der Lángos selten eine absichtlich erzeugte Delle wie das Knieküchle auf.

Ursprünglich bestand Lángos aus Brotteig, der in der Backstube an der Öffnung des Backofens nahe der Flamme („láng") gebacken wurde. Original stammen die Fladen aus weichem Hefeteig aus Ungarn. Dort ist es ein beliebtes Streetfood und wird wie bei uns an Ständen verkauft. Da Langos ein typisches auf-die-Hand-Essen ist, ist der Belag meistens nicht sehr aufwendig. Aber eine Zutat darf in der ungarischen Originalvariante auf keinen Fall fehlen: Knoblauch!

400 Gr. gesiebtes glattes Mehl
1 Würfel frische Hefe
1 KL Salz
2 EL Speiseöl
⅛ l Milch
⅛ l Wasser
Für den Teig das Mehl in eine Rührschüssel sieben und mit der Germ gut vermischen. Die übrigen Zutaten der Reihe nach dazugeben und mit dem Handmixer (Knethaken) zu einem glatten Teig verkneten. Zugedeckt an einem warmen Ort so lange gehen lassen, bis der Teig doppelt so hoch ist.

Den Teig gut durchkneten und den Vorgang wiederholen.

Zum Ausbacken
500 g Kokosfett
Den Teig in 10 Stücke teilen und zu Kugeln rollen. Die Teigkugeln zu Fladen (20 cm Ø) ausrollen und mit den Fingern von der Mitte aus zum Rand hin etwas größer drücken. Die Fladen beidseitig in heißem Kokosfett bei 160 Grad Fetttemperatur schwimmend ausbacken.
Backzeit: etwa 6 Min.

Zum Bestreichen
1 TL Salz
3 geschälte, zerdrückte Knoblauchzehen

⅛ l Wasser

Salz mit Knoblauch und Wasser gut vermischen. Die noch heißen Langos damit leicht bestreichen und noch warm servieren.

Die einfachste Langos Variante: den Teig mit Knoblauchöl bestreichen und salzen. Creme aus Schmand und Knoblauch, darüber Reibekäse, mit ungarischem Letscho. Die beliebteste Langos Variante: geriebener Käse, Lauch und wahlweise Speck- oder Schinkenwürfel belegen.

- Kolbasz (das ist eine ungarische Paprikasalami) und Käse
- Frische Kräuter, z.B. Petersilie und Kresse
- Paprika, Pilze, Tomaten, Speck
- Chili und frischer Pfeffer für einen scharfen Belag
- Räucherlachs
- Geschmorte Zwiebeln, Schinken, Feldsalat
- Feta, Gurke und Tomate
- Mozzarella, Tomaten und Balsamico
- Tomatenmark, Rucola, Parmesan und wer mag Parmaschinken
- Camembert, Feigen, Walnüssen und Honig
- Puderzucker
- Zimtzucker
- Marmelade
- Nuss-Nougat-Creme
- Apfelmus und selbst gemachter Vanillesauce
- Nussmus
- Banane und Schokoraspel
- Schlagsahne
- verschiedene Eissorten
- Karamellsauce
- Selbst gemachte Spekulatiuscreme als weihnachtlicher Belag

Leber und Leberarten

Leberklösschen, siehe Rezept Hochzeitssuppe

Die wohlschmeckendsten Lebern stammen von Jungtieren wie Kalb, Lamm oder vom Reh, von Kaninchen, der Gans und der Ente. Es werden aber auch Lebern von Schwein und Rind sowie Huhn, Pute und Hase in der Gastronomie und Küche verwendet.

Rehleber ist eine Delikatesse vom Rehfleisch, sie wird in der Küche wie Kalbsleber behandelt.

Rinderleber ist ist rotbräunlich und schmeckt kräftig, bisweilen etwas bitter. Sie wird milder, wenn man sie eine Zeitlang in Milch einlegt. Wegen der Anreicherung von Schwermetallen werden Lebern von Rindern die mehr als 24 Monate alt sind nicht mehr als Lebensmittel in den Verkehr gebracht.

Schweineleber ist dunkelbraun, im Schnittbild etwas grober und sehr herzhaft im Geschmack.

Geflügelleber Verbreitet sind Lebern von Huhn und Pute, etwas seltener von Gans und Ente. Eine Spezialität ist Foie gras, eine durch Nudeln oder Stopfen erzeugte Fettleber von Gänsen und Enten. Diese Mastform wird heute in Deutschland, Österreich, der Schweiz, Finnland, Polen und weiteren europäischen Ländern weithin als Tierquälerei angesehen und ist deshalb unter anderem in diesen Ländern durch Tierschutzgesetze verboten.

Dorschleber Als Dorschleber bezeichnet man die Leber eines Kabeljaus, die meist in eigenem Saft (Öl), gewürzt mit Lorbeerblättern und Pfeffer, in Konserven oder Gläsern angeboten wird.

Kalbsleber erkennt man an der hellbraunen Farbe und am glatten Anschnitt. Sie ist recht zart, mild im Geschmack und etwa dreimal so teuer wie Rinderleber.

Die Leber wird zu den Innereien gezählt und enthält große Mengen an Vitamin A, B1, B2 und B12, C und D. Bei Leber gelten für den Metzger sehr strenge Vorschriften, sodass man bei sachgemäßer Lagerung im Kühlschrank Kalbsleber auch noch nach 2-3 Tagen beruhigt essen kann. Die permanente Lagertemperatur sollte ca. 4-6°C betragen. Dennoch sollte die Leber nicht über drei Tage im Kühlschrank liegen. Ist sie vakuumverpackt und wird bei zwei bis fünf Grad Celsius im Kühlschrank ungeöffnet gelagert, ist die Rinderleber innerhalb von zehn Tagen zu verbrauchen. Eingefrorene Leber ist spätestens nach einem Monat zu verarbeiten. Als Beilage empfehlen sich Zwiebeln oder Apfelscheiben aber auch Kartoffeln sowie Kartoffelbrei passen wunderbar zu Kalbsleber.

Kalbs-Leberklößchen-Suppe (Variante)

1 Ei
100 g Butterflocken
5 Esslöffel Grieß
Salz, Pfeffer, Muskat
100 g Kalbs-Leber fein gehackt
1 Liter Brühe
Suppengemüse in kleinen Quadraten

aus den Zutaten einen festen Teig herstellen und 10 min ruhen lassen. Die Brühe aufkochen und das Suppengemüse reingeben. Mit einem Esslöffel mittlere Kugeln herstellen und in der Brühe mindestens 5 min leise kochen lassen. In den Teller 3 Klößchen und Brühe geben und mit Schnittlauch garnieren.

Kalbsleberstreifen in Soße

4 Tassen dünn geschnittene Zwiebeln
100 g Butter
1/4 Tasse Mehl
1/2 Teelöffel Salz
1/8 Teelöffel frisch gemahlener schwarzer Pfeffer
500 g Kalbsleber, in Streifen geschnitten
3 Esslöffel Rinderbrühe
250 g Sahne
Schnapsglas Calvados.
Nach Geschmack frischen Ingwer

Geben Sie die Zwiebeln und die Butter in eine große Pfanne bei mittlerer Hitze. Kochen Sie unter häufigem Rühren, bis die Zwiebel weich und leicht gebräunt ist. Beiseite stellen.
Die Leber in mundgerechte Stücke schneiden, würzen und mehlieren.

Gut Abklopfen. Die Leber in die Pfanne geben, die Hitze auf mittlere bis hohe Stufe erhöhen und 5 Minuten unter ständigem Rühren braten bis sie durch aber noch rosa ist. Nehmen Sie die Leber aus der Pfanne und legen Sie sie auf einen vorgewärmten Teller oder eine Servierplatte.

Die Rinderbrühe, die Sahne und den Calvados in die Pfanne geben. Unter ständigem Rühren 1 Minute lang kochen, um die Pfanne abzulöschen.

Die Soße abschmecken. Nun die Zwiebeln und die Leber in die Soße geben. Einmal durchrühren. Dazu Kartoffelbrei reichen.

Variationen: die Zwiebeln mit einem 4 cm großen Stück gehackten Ingwer anbraten. Die Soße wird nun scharf und exotisch.

Berliner <u>Kalbsleber</u> mit Äpfeln und Zwiebeln

1 Zwiebel
50 g Butter
2 saure Äpfel
6 Scheiben Kalbsleber
Mehl
Pfeffer
Salz
Calvados

Die Zwiebel in Ringe schneiden. 1 EL Butter in einer Pfanne erhitzen und die Zwiebelringe darin in 5 Min. glasig dünsten. Aus der Pfanne nehmen und bereitstellen. Die Äpfel schälen, Kerngehäuse entfernen und in 0,5 cm dicke Scheiben schneiden. 2 EL Butter in der Pfanne erhitzen, den Zucker zufügen und etwas Farbe annehmen lassen. Die Apfelringe dazugeben und auf beiden Seiten karamellisieren lassen.

Die Leberscheiben trocken tupfen, würzen, im Mehl wenden und in einer zweiten Pfanne in der restlichen heißen Butter bei mittlerer Hitze von beiden

Seiten kurz braten. Die Apfelringe mit dem Calvados übergießen und die
Zwiebel hinzufügen. Leber mit Salz und Pfeffer würzen und mit Äpfeln und
Zwiebeln anrichten. Dazu passt Kartoffelpüree.

Lebbencs-Suppe

500 gr. Kartoffeln
20 gr. Salz
40 gr. Schmalz
100 gr. Räucherspeck
20 gr. Zwiebel
100 gr. Mehl
1 Ei
1 rote Paprikaschote
1 Tomate oder Tomatenmark, Paprikapulver

Kartoffeln schälen, würfeln und in Salzwasser halbgar kochen. Wasser aufbe-
halten. Aus Mehl und Ei einen Teig bereiten, ausrollen und in grosse Würfel
schneiden. In Schmalz anbraten und rausnehmen. Speck und Zwiebel und
Paprika anbraen, mit Paprika bestäuben und das Kartoffelwasser aufgiessen.
Alles in diese Brühe geben und 10 Minuten kochen.

Letscho, Lecsó

Letscho ist ein Schmorgericht der ungarischen Küche, das grundsätzlich aus
weißem Spitzpaprika (ungarisch: Lecsópaprika oder Magyar fehér paprika),
Tomaten und Zwiebeln besteht und mit Salz und Pfeffer gewürzt ist.
Letscho ist in Ungarn eine Hauptmahlzeit und keine Beilage, deshalb wird es
manchmal mit Eiergraupen (Tarhonya) zubereitet. Es können auch Lecsókol-
bász (eine ungarische Wurstsorte), Wein und Reis hinzugefügt werden. [1]Das
Gericht hat inzwischen auch international Liebhaber gewonnen. So ist es beispielsweise ein wichtiger Bestandteil der österreichischen Küche geworden.

Letscho, Letschokartoffeln

Ungarisches Letscho mit Speck und Kolbász
500 Gr. ungarische Spitzpaprika,
3-4 Tomaten

2 Zwiebeln
1 Zehe Knoblauch
125 g Schinken-Würfel oder Speck.
1 EL Tomatenmark
Pfeffer Salz
1 Kolbász

Zuerst die Zwiebel hacken und wenig Öl bei geschlossenem Deckel dünsten.
Knoblauch klein hacken und mit den Schinkenwürfeln und Kolbászscheiben
weiter dünsten. Paprika und Tomaten kleingehackt dazugeben. Kein Wasser
dazugeben, die Tomaten saften aus. 15-20 Minuten weiter kochen. Tomatenmark unterrühren und mit Pfeffer und Salz abschmecken. Mit Brot, Reis, Kartoffeln oder hart gekochten Eiern oder Fleischbällchen servieren.
Wer es schärfer mag, tut eine Chilischote mit rein. Ich reiche noch Sauerrahm,
tejföl dazu, falls es doch zu scharf wurde. Eine Variante ist es, geschälte, geviertelte Kartoffeln mindestens 1 Stunde mizukochen.

__Liebstöckelsuppe mit Huhn.__ Csirkeraguleves lestyánnal

Diese Suppe ist eine alte ungarische Suppe.
1 Suppenhuhn, oder du kannst jedes Fleisch nehmen, das du da hast) mit
Rindfleisch ist sie auch lecker
200 Gr. grüne Bohnen
1 TL Bohnenkraut
Suppengemüse
1 Bund Liebstöckel
1 Zitrone
öl
Petersilie
Pfeffer, Salz
saure Sahne
Mehl
Vegeta Brühpulver (kann man, muss man nicht)
1 Lorbeerblatt
4 Pimentkörner

Das Suppenhuhn, oder das Fleisch deiner Wahl wird mit dem geschälten, nicht
zu klein geschnitten Suppengemüse, Bohnenkraut und 5 Liebstöckelstengeln
und 5 Petersilienstengeln gar gekocht. Vegeta, Pfeffer, Salz, Piment, Lorbeeer-

blatt mitkochen. Ca 15 min vor Ende die Bohnen zugeben. Sie müssen knackig
sein. Durch den weiteren Kochvorgang werden sie alleine weich. Alles kalt
werden lassen und durch ein Sieb geben. Die Suppe auffangen. Eine Mehlschwitze machen und zur Suppe geben. Sie soll nur leicht gebunden sein. Nun
das Huhn abpulen und das Fleisch kleingeschnitten zur Suppe geben. Die
Bohnen zur Suppe geben. Das Gemüse kleinschneiden und auch beigeben. Je
eine Handvoll Petersilie und Liebstöckel dazugeben. Saft einer Zitrone dazugeben. 1 x aufkochen, abschmecken und dann saure Sahne unterrühren. Man
kann noch Kartoffeln beitun.

<u>Liebstöckel</u>

Der Liebstöckel ist bekannt als Gewürz- und Volksheilpflanze. Früher spielte
es auch im Volksglauben eine bedeutende Rolle. Später, nach dem ersten
Weltkrieg, wurde es als Maggikraut bekannt, obwohl sie nichts gemein haben.
Liebstöckel wurde schon immer in Suppen verwendet, denn beim Kochen
wird Sotolon frei, das Suppen einen intensiveren Geschmack gibt.
Liebstöckel gilt als verdauungsfördernd und hilft gegen Blähungen. In der
Volksheilkunde wird es gegen Halsschmerzen oder Ohrenschmerzen einge-
setzt. Dem stark aromatischen Duft des Liebstöckels wurde eine Abwehrwir-
kung gegen böse Geister, die Mensch und Vieh schaden wollen, zugeschrieben, In der Steiermark wurde das Kraut zur Fronleichnamsprozession mitgenommen und geweiht. Dies sollte vor Unwetter und Hexerei schützen. Zu
Mariä Himmelfahrt enthielt das Wurzbüschel im Rauriser Tal als Schutz vor
Zauberei stets auch Liebstöckel. Obwohl der Name Liebstöckel nicht auf die
Wörter Liebe und Stock zurückzuführen ist, führte der Wortbestandteil "Lieb"
wohl dazu, dass das Kraut im Liebeszauber Anwendung fand. In Schlesien
wurde beispielsweise die Wurzel mit sich geführt, um der Liebe zu begegnen.
Bei den slawischen Bezeichnungen für Liebstöckel fand eine ähnliche etymo-
logische Wortbildung statt, die die Beziehung zur Liebe nahelegte. Auch in
diesem Sprachraum wurde die Pflanze als Liebesmittel genutzt. So versicher-
ten sich in Slawonien angehende Ehefrauen mit einem Blick durch das Liebstöckel des zukünftigen Eheglücks.

<u>Liebstöckelsuppe mit Hackfleischbällchen</u>

Kochen Sie ein Stück Rippe oder ein Stück Fleisch mit Knochen mit gewürfelten Suppengemüse und Lorbeer und Liebstöckel bis das Fleisch von den Knochen abfällt. Nachdem es fertig gekocht ist, nehmen sie ein Sieb und fangen

die Brühe auf. Das Fleisch von den Knochen behalten wir für den nächsten
Tag, um eine kräftige Vorspeisensuppe zu kochen. Fügen Sie später das sehr
fein geschnittene Koch-Gemüse der Brühe hinzu: Karotten, Zwiebeln, Sellerie,
Pastinake, wer will Erbsen. In der Zwischenzeit die Fleischbällchen aus 300
Gramm Hackfleisch, drei Esslöffel vorgekochtem, aber noch nicht garen Reis,
Petersilie, Salz, Pfeffer, ein rohes Ei und ein wenig Mehl oder Grieß zubereiten,
um alles die zu binden. Die Fleischbällchen sind eher klein, rund. Sie werden
auf auf einen Teller gelegt, von wo aus mit einem Löffel einer nach dem anderen der Brühe hinzugefügt werden. Die Fleischbällchen müssen gut kochen.
Sie sind durch, wenn sie an die Wasseroberfläche steigen. Nun mit 3 El Tomatenmark abbinden und die Suppe probieren. Nachwürzen. In die heiße Suppe
werden jetzt klein geschnittenes Koch- und Suppengemüse, frisch gehackter
Liebstöckel und die kleinen Hackbällchen gegeben. Diese Suppe ist eine Vorspeisensuppe.

Schwäbische Linsen

Die schwäbischen Linsen sind ein Nationalgericht aller Schwaben. Sie werden
üblicherweise mit Spätzle und Wiener Würstchen (Saiten) gegessen. Als Wiener Würstchen, Krenwürstchen, Frankfurter Würstl oder schwäbisch Saiten,
bezeichnet man eine dünne Brühwurst im Saitling. Sie ist eine Abwandlung
des Frankfurter Würstchens und wird im Gegensatz zu diesem aus Rind- und
Schweinefleisch hergestellt.

Einweichzeit der braunen Linsen: min. 4 Stunden oder über Nacht
300–400 g braune eingeweichte Linsen
Suppengrün
ca.1 Liter Brühe
1–2 EL Schmalz
Thymian
1 Lorbeerblatt
Pfeffer
Salz
Balsamicoessig rot
Zucker
1 Teelöffel Senf
evtl. Maggie zum abwürzen
Mehlschwitze (optional) zum andicken
2 EL Butter

2 EL Weizenmehl

Spätzle zum Dazuessen

Die verlesenen Linsen über Nacht einweichen lassen, und am folgenden Tag
durch ein Sieb gießen und bereitstellen. Das Suppengrün putzen und in kleine
Stücke schneiden. Die Hälfte davon frieren wir ein. Das gewürfelte Gemüse
kurz anrösten und mit Brühe ablöschen. Die Linsen mit Thymian und dem
Lorbeerblatt zugeben und die Suppe ca. 30 Minuten lang köcheln lassen.
Für die Einbrenne in einer Pfanne Butter heiß werden lassen, das Mehl zugeben und je nach Wunsch, die Brenne hell oder dunkel rösten lassen. Diese in
die Suppe geben und gut rühren. Einmal aufkochen lassen. Erst zum Schluss
salzen und pfeffern. Den Senf unterrühren. Mit Maggie, Zucker und Essig
abschmecken. Dazu Spätzle reichen

<u>Linsensuppe mit Knacker und Kassler</u>

Linsensuppe mit Knacker schmeckt ganz anders als das Gericht „schwäbische
Linsen". Schwäbische Linsen sind eine Beilage zu Spätzle und Saitenwurst,
breiiger und im Geschmack eher süß/ sauer. Linsensuppe mit Knacker und
Kassler ist ein herzhafter Eintopf, den man alleine mit einer Scheibe dunklem
Brot isst.

Einweichzeit der Linsen: min. 4 Stunden oder über Nacht
300–400 g braune eingeweichte Linsen
Suppengrün
3 Kartoffeln
2 dicke Scheiben Kassler
2 Knacker (geräucherte Mettwurst)
oder 2 Pfefferbeisser
ca. 2 bis 3 Liter Brühe
1–2 EL Schmalz
Thymian
Majoran
1 Lorbeerblatt
Pfeffer
Salz
Balsamicoessig rot
Zucker
1 Teelöffel Senf
evtl. Maggie zum abwürzen

Die verlesenen Linsen über Nacht einweichen lassen, und am folgenden Tag
durch ein Sieb gießen und bereitstellen. Das Suppengrün und die Kartoffeln
putzen und in kleine Stücke schneiden. Die Hälfte des Suppengrüns frieren
wir ein. Das gewürfelte Gemüse und die gewürfelten Kartoffeln kurz anrösten. Den Kassler und die Knacker obenauf legen. Jetzt mit der Brühe ablöschen. Bitte dran denken, es handelt sich um Suppe, also viel Brühe dazugeben. Die Linsen mit Thymian, Majoran und dem Lorbeerblatt zugeben und die
Suppe ca. 30 Minuten lang köcheln lassen. Nun das Kassler und die Knacker
klein schneiden und in die Suppe geben. Erst zum Schluss salzen und pfeffern.
Den Senf unterrühren. Mit Maggie, Zucker und Essig abschmecken. Dazu
Schwarzbrot essen

Löwenzahn

Aufgrund seines hohen Gehalts an Vitaminen und Mineralstoffen lässt sich die auch unter den Namen Pusteblume und Bettseicher bekannte Pflanze getrost als regionale Superpflanze bezeichnen. Es gibt nur wenige Lebensmittel, die es hinsichtlich des Vitalstoffgehalts mit dem Löwenzahn aufnehmen können. Er enthält viel Vitamin C sowie Vitamin A und verfügt über einen hohen Gehalt an Magnesium, Kalium und Phosphor. Traditionell wird Löwenzahn unter anderem als hilfreiches Mittel bei Leberbeschwerden und zur Steigerung der Gallensekretion genutzt. Löwenzahn lässt sich vielseitig verarbeiten und in der Küche sowie für die Herstellung von Naturkosmetik verwenden. Der Löwenzahn zählt dank seiner gesundheitsfördernden Wirkung zu den Heilkräutern. Zu Unrecht wird er oftmals als Unkraut missachtet, denn er vertreibt Kopfschmerzen und die Frühjahrsmüdigkeit, weshalb er generell als Muntermacher gilt. Du kannst Löwenzahntee als Ersatz für Kaffee oder schwarzen Tee trinken. Eine Tasse Löwenzahntee am Morgen regt den Stoffwechsel von Magen Darm, Leber, Galle, Blase und Nieren an. Deshalb ist er auch ein optimaler Begleiter für eine Fastenkur und hilft beim Abnehmen.

Löwenzahntee als Aufguss oder als Sud:

Bei einem Aufguss werden frische oder getrocknete Pflanzenteile mit kochendem Wasser übergossen. Zugedeckt lässt du ihn 10 Minuten ziehen und siebst die Pflanzenteile ab. Jetzt kannst du den Tee als Aufguss probieren. Für eine Tasse benötigst du entweder ein frisches Löwenzahnblatt oder ein bis zwei Teelöffel getrockneter Blätter.

Löwenzahnhonig

250 g Löwenzahnblüten
30 cl Wasser
600 g Zucker

Löwenzahnblüten waschen und mit kochendem Wasser übergießen.
Ca. 15 Minuten köcheln, erkalten und für einige Stunden stehen lassen. Blüten abschieben. Zucker und Zitronenschale hinzufügen, Honig wieder aufkochen und ca. 30 Minuten köcheln. Löwenzahnhonig noch heiß in Gläser abfüllen.

Löwenzahn-Pesto

Löwenzahn-Pesto ist ähnlich wie das bekannte italienische Pesto aus
Basilikum, aber als Kraut wird stattdessen Löwenzahn verwendet. Daher
schmeckt es auch leicht bitter. Wie andere Löwenzahn-Gerichte regt es den
Stoffwechsel an, stärkt Leber und Nieren, und wirkt gegen Frühjahrsmüdigkeit. Man kann Löwenzahn-Pesto als Sosse zu Spaghetti essen, aber
auch zu Kartoffeln oder auf Brot schmeckt es gut. Da das Löwenzahn-Pesto
recht kompakt ist, lässt es sich gut als Brotaufstrich verstreichen.

100 gr Löwenzahn
30 gr Parmesankäse (fein gerieben)
100 gr Sonnenblumen-Kerne (leicht geröstet)
150 ml Sonnenblumenöl
2 Knoblauch-Zehen
Salz, Pfeffer
Spritzer Zitrone

Die Zutaten können nach Belieben variiert werden. Um den herben
Löwenzahngeschmack etwas abzumildern, werden ziemlich viele Sonnenblumenkerne verwendet. Dadurch wird das Pesto jedoch sehr steif, eignet sich
allerdings gut zum Verstreichen. Wenn man es jedoch als Spaghetti-Sosse
benutzen will, sollte man weniger Sonnenblumen-Kerne verwenden, um das
Pesto geschmeidiger zu machen. Wasche die Löwenzahnblätter und trockne
sie vorsichtig mit Küchenrolle ab. Schneide die Löwenzahnblätter in feine
Streifen. Pelle die Knoblauchzehen und schneide sie in kleine Würfel.

Röste vorsichtig die Sonnenblumenkerne. Die Sonnenblumenkerne werden so
weich, dass man sie mit einem Pürierstab zerkleinern kann. Decke das
Püriergefäss ab. Gib nach und nach die restlichen Zutaten in das Gefäß.
Zerkleiner und vermische die Masse mit dem Mixstab bis eine einheitliche
Masse entstanden ist. Schmecke mit einem einen Spritzer Zitrone ab. Füll das
Pesto in eine Schüssel, wenn du es gleich verwenden willst. An der Oberfläche
dunkelt es sehr schnell nach, außer man lässt etwas Öl überstehen. Wenn du
das Pesto eine Weile aufheben willst, füll es in ein kleines Glas. Achte darauf,
dass oben eine Schicht Öl übersteht, um die Oxidation zu verhindern.
Verschließ das Glas. Im Kühlschrank hält sich das Pesto 2 Wochen.

<u>**Lubi**</u> pecsenye nokedlivel

Das sind mit Hack gefüllte Schweinelende-Scheiben mit Paprikasauce und
Nockeldi.

8 Scheiben Lende
500 Gr. Gemischtes Hack—
150 gr
geräucherter Speck
1 Becher Sauerrahm
1 Teelöffel Mehl oder Stärke
2 große rote Zwiebeln
1 Knoblauchzehe gehackt
1 Ei
Öl
Salz, Pfeffer, Knoblauchpulver oder 2 Zehen Knoblauch für die Sauce
Wasser oder Brühe . Den gewürfelten Speck in etwas Öl anbraten, dann die
fein gewürfelte rote Zwiebel zugeben und die geschnittenen Knoblauchzehen
hinzugeben und andünsten. Das Hackfleisch gut würzen mit Salz, Pfeffer,dazu
ein Ei und kneten. ggf. Paniermehl, Semmelbrösel dazugeben. Rohe Zwiebel
wird nicht verwendet. Diese Masse in das geklopfte Fleisch streichen und wie
eine Roulade aufrollen. Zumachen mit Piekern, Zahnstochern. Die gefüllten
Fleischstücke nun in den vorbereiteten Zwiebelspecktopf legen. Kurz anbraten
und mit Wasser oder Brühe aufgießen. Bei schwacher Hitze etwa 50-60
Minuten mit Deckel zu köcheln lassen. Die gefüllten Fleischstücke , wenn sie
gar sind, aus der Sauce nehmen. Den Sauerrahm mit Pfeffer, Salz, Paprika
würzen, gut verrühren und mit 1 TL Mehl klumpenfrei verrühren. Nach und
nach unter Rühren in die eher kalte Sauce rühren. Jetzt aufkochen lassen.
Manche machen noch 1 TL Estragon rein. Die Rouladen in der Sauce
erwärmen und alle Pieker vor sem Servieren entfernen. Dazu Nockeldi
servieren.

M

Maggie-Würze

Werbeleute formulierten eingängig: „Ja, das macht das Essen fein, Maggi-Würze muss hinein." Maggi-Würze ist eine vegane Würzsauce, die ihren Namen durch die Entwicklung vom Schweizer Julius Maggi bekam. Das Produkt eignet sich durch den fleischigen Geschmack besonders zum Würzen von Suppen oder Eintöpfen. Die Maggi-Würze wurde am 8. Juni 1886 von Julius Maggi als preiswerter Ersatz für Fleischextrakt entwickelt. Hergestellt wird sie vom Unternehmen Maggi, das seit 1947 zu Nestlé gehört. Die MAGGI-Würze wird aus biologisch aufgeschlossenem, pflanzlichem Eiweiß hergestellt. Weitere Zutaten sind Wasser, Salz, Aroma, Glutamat und Hefeextrakte. Das Pflanzeneiweiß wird in einem biologischen Gärprozess in seine Bausteine - die Aminosäuren – aufgeschlossen. Dabei entsteht das charakteristische Aroma der Würze, das dem Geschmack des Liebstöckels sehr ähnlich ist. Dies brachte dem Würzkraut im Volksmund den Namen MAGGI-Kraut ein, der sogar Eingang ins Lexikon gefunden hat. Für die Herstellung von MAGGI-Würze wird Liebstöckel aber nicht verwendet.

Mákos guba, Mohnauflauf

Der ungarische Mohnkuchen „Mákos guba" war vor vielen hundert Jahren noch als „lőnye" bekannt, kam aber auch unter dem Namen Bobajka vor. Das erste bekannte Rezept ist mindestens dreihundert Jahre alt, aber es ist viel wahrscheinlicher, dass es schon früher existierte. Das erste ungarischsprachige Kochbuch, „Das Handbuch des Koch-Gewerbes" aus dem Jahr 1695 erwähnt „lőnye" zum ersten Mal schriftlich. In diesem Rezept ist schon der heutige Mohnkuchen, „mákos guba" erkennbar. „Guba" ist wahrscheinlich eines unserer ältesten ungarischen Desserts, mit einem ebenso alten Namen. Das Wort „Guba" ist ein lautnachahmendes Wort finno-ugrischen Ursprungs, was ungefähr bedeutet, dass es ein Nudelgericht ist. Es lohnt sich aber nicht, das Wort zu übersetzen, „guba" klingt einfach sehr gut. Es hat auch einen wichtigen Platz unter den ungarischen Volkstraditionen: Im Weihnachtsfasten, in den drei Wochen vor Weihnachten, im Advent, war der Mohnkuchen beliebt. Eine Dattel oder Feige oder andere Trockenfrucht wurde im Auflauf versteckt. Es wurde mit Hilfe des Kuchens vorausgesagt, welches Mädchen im kommenden Jahr heiraten würde. Nach 1945 begannen trockene Kipfel das ursprünglich verwendete Milchbrot oder Brezeln zu ersetzen. Das trockene

Kipfel wurde in Stücke geschnitten, mit heißem Wasser übergossen, oder in Milch eingeweicht, dann mit Zucker oder Honig gesüßt. Da das Essen des vorweihnachtlichen „Guba" eine mehrere Jahrhunderte alte Tradition ist, sind die Rezepte auch heute sehr vielfältig und abwechslungsreich.

2 Kipfel, getrocknet oder 2 trockene Brötchen, oder Weissbrot
200 ml Milch
1 Ei
Zitronen- oder Orangenschale, optional
50 g Mohn, gemahlen
40 g Zucker
1 Stck. Vanillezucker
Mandelblättchen
Rosinen, optional
Butter

Kipfel oder das Brot oder die Brötchen in Stücke schneiden und trocknen lassen. Das kann schon einen Tag vor dem Backen vorbereitet werden. Der Vorgang kann etwas beschleunigt werden, indem man die Kipfel im Ofen trocknet. Milch mit der Vanille zum Kochen bringen und auf die getrockneten Kipfel gießen. Es ist gut, wenn die Kipfel ordentlich in Flüssigkeit eingeweicht sind. Die Eier mit dem Zucker, dem Mohn und der Zitronen- oder Orangenschale mischen. Die Mohnmischung dem Kipfel zugeben, und nach Wunsch mit Mandelblättchen und / oder Rosinen bestreuen. In eine gebutterte Form legen und im Ofen bei 200 Grad ca. 20 Minuten backen, bis die Oberseite braun wird. Mit Vanillesoße servieren.

Markklösschen
als Suppeneinlage, siehe Rezept Hochzeitssuppe

Matjes

Salzheringe sind Heringe, die meist schon an Bord des Fangschiffs ausgenommen und in Salz oder Salzlake gelagert werden. Durch das Einsalzen werden die Fische konserviert und die Struktur ihres Muskelgewebes verändert. Eine besonders feine und beliebte Zubereitungsvariante des Salzherings ist der Matjes. Vor dem Verzehr sollten Salzheringe gewässert werden.

Matjes in Schmandsauce

12 halbe Matjes
200 gr, Schmand
150 gr Magerjoghurt
200 ml süsse Sahne
1 säuerlicher Apfel
4 Gewürzgurken in Scheiben
1 Zwiebel
Pfeffer aus der Mühle

Schmand, Sahne und Joghurt miteinander vermengen. Zwiebel in feine Ringe,
Apfel in feine kleine Scheiben und Gurken in dünne Scheiben schneiden.
Unter die Schmandmasse heben, mit Pfeffer abschmecken. In kleine mund-
gerechte Stücke schneiden und ebenfalls in die Sauce geben und unterheben.
Alles ca. 2-3 Stunden durchziehen lassen.Dazu Pellkartoffeln servieren.

Mayonnaise selber machen

1 Ei (so frisch wie möglich)
250 ml Öl (z.B. Färberdistelöl)
1 EL Zitronensaft
1 TL Senf
1-2 Prisen Salz
Benötigte Hilfsmittel
1 Pürierstab
1 Glas (verschließbar)

Nimm einen Messbecher. Schlage das Ei auf und gebe es vorsichtig in den
Becher Glas. Das Eigelb sollte intakt sein. Gieße das Öl vorsichtig über das Ei.
Salze mit 1-2 Prisen Salz. Gebe nun den Stabmixer in das Glas und platziere
ihn direkt über dem Eigelb, . dass Ei und Öl emulgieren. Nach einigen Sekunden kannst du den Stabmixer langsam nach oben ziehen. Die Mayonnaise ist
fertig, wenn kein flüssiges Öl mehr im Glas ist. Nach ungefähr 30 Sekunden ist
die Mayonnaise fertig. Füge 1 EL Zitronensaft und 1 TL Senf hinzu und mixe
alles mit dem Stabmixer noch einmal gut durch. Gib alles in das das saubere
Glas und lagere die Mayonnaise bis zu 7 Tagen im Kühlschrank

Metzelsuppe

Wurstbrühe oder Wurstsuppe (auch Metzelsuppe oder Greddelbrühe, in Bayern auch Brittsuppe) ist die Brühe, die bei der Herstellung von Brüh- und Kochwurst entsteht. Beim traditionellen Schlachtfest wurden vor den Würsten auch Fleisch und Leber im gleichen Kessel gegart, wodurch –besonders, wenn später auch noch Würste platzten– eine kräftige Brühe entstand, die die Grundlage zum Beispiel für Brotsuppe bildete.

1 Liter Kesselbrühe nach dem Schlachten
Schwarzbrot
Salz und Pfeffer
Schnittlauch

kleine Suppennudeln nach Bedarf
in Würfel geschnittenes Kesselfleisch nach Bedarf

Das Brot dünn aufschneiden und mit der Brühe aufgießen. Evtl. nachwürzen. Wer mag kann noch gekochte Suppennudel und Kesselfleisch dazugeben.

Milchsuppe herzhaft

altes Schwarzbrot
Wasser zum Einweichen
1 Liter Milch
Salz und Maggie

Das Brot in Wasser 10 min einweichen. Wasser abgießen, Brot in Würfel schneiden und warme Milch aufgießen. Mit Salz und Maggie würzen.

Milchsuppe süß

altes Schwarzbrot oder alte Brötchen oder alter Zopf
Wasser zum Einweichen
1 Liter Milch
Salz
Zucker oder Honig zum Süßen

Das Brot in Wasser 10 min einweichen. Wasser abgießen, Brot in Würfel
schneiden und warme Milch aufgießen. Mit Zucker oder Honig abschmecken.

Milchbatzen nach Art der Karthäuserklösse

8 Brötchen, altbacken besser Milchbrötchen
500 ml Milch, evtl. mehr
2 Eier
20 g Zucker
etwas Salz
2 Tropfen Bittermandelaroma (optional)
125 g Fett, zum Braten
50 g Zucker
½ TL Zucker-Zimt
Teller mit Semmelbrösel

Die Brötchen halbieren. Die anderen Zutaten ohne Zucker-Zimt gut vermischen. Die Brötchen mindestens 1 Stunde in die Eiermilch einlegen, nach 30
min wenden. Nun kurz abtropfen lassen und i Semmelbrösel wenden. In Butter braten und mit Zucker-Zimt betreuen. Dazu die Mostsauce oder Vanillesauce servieren.

Milchreisauflauf mit Kirschen

1 Tasse Milchreis
0,5 Liter Milch, evtl. mehr
Becher Sahne
3 Eier
50 g Butterflocken
Rosinen (wer mag)
3 Esslöffel Zucker
Salz
1 Glas Sauerkirschen ohne Saft
Zucker-Zimt

Den Milchreis mit Milch und Sahne und Zucker kochen. Etwas erkalten lassen
und dann die Rosinen, die Butter, die Eier, Salz unterrühren. Fehlt Zucker,
nachwürzen. die Hälfte in eine gebutterte Auflaufform oder Kuchenform geben. Mit den Kirschen bedecken. den Rest Reis oben drauf schichten. Mit den

Butterflocken bedecken, bei 180 Grad goldbraun backen und mit Zucker-Zimt bestreuen. Warm essen.

Milchreis, wie ihn Oma kocht

1 Tasse Milchreis
0,75 Liter Milch, evtl. mehr
Becher Sahne
3 Esslöffel Zucker
1 Vanille-Pudding
braune Butter
Zucker-Zimt

Die Milch mit dem Zucker und dem Vanillepudding in den Topf geben und mit dem Schneebesen verrühren. Den Milchreis dazugeben und alles auf kleiner Flamme min 10 min kochen. Immer rühren. Dann die Sahne einrühren. Ist der Brei zu star, noch Milch einrühren. Nun den Topf mit Deckel für 4 Stunden ins Bett stellen. Inzwischen Butter so lange im Topf erhitzen, bis sie braun ist und aromatisch riecht. Auf den Teller gehören eine Kelle Brei, darauf dann 4 Löffel braune Butter, darauf Zucker-Zimt und Apfelmus wer mag.

Most

Als Most (lateinisch mustum) wird allgemein durch Keltern (Pressen) gewonnener Fruchtsaft bezeichnet, je nach Gegend auch bereits vergorener. Übliche Früchte sind Äpfel (Apfelmost), Birnen oder Trauben (Traubenmost als Vorstufe zum Wein, Federweißer). Andere Obstweine werden üblicherweise nicht als Most bezeichnet. Der lateinische Wortstamm bedeutet so viel wie „junger Wein".
Apfel- und Birnenmost wird aus sogenanntem Mostobst gewonnen, das einen höheren Gerbstoffanteil besitzt als Früchte, die für den Verzehr gedacht sind. Mit einer Mostpresse wird der Saft, der sogenannte Süßmost, aus den Früchten gepresst. Durch Hefepilze wird der enthaltene Fruchtzucker zu Alkohol vergoren. Die Gärung dauert zehn Tage bis drei Wochen. Einigen Mostsorten werden auch Edelhefen zugesetzt, die die Gärung um einige Tage verlängern. Anschließend wird der Most filtriert und geklärt.

<h1 style="text-align:center">Süßherbe Mostsuppe</h1>

1 Liter Most
0,25 Liter Wasser
2 Eier
2 Esslöffel Mehl
Becher süße Sahne
Salz und Zucker
1 Esslöffel saure Sahne
1 altes Brötchen in kleine Würfel geschnittenes
1 Esslöffel Butter
Zimt-Zucker zum Bestreuen
Den Most und das Wasser in einem Topf aufkochen, auf kleinster Flamme zur
Seite stellen. Die Eier, das Mehl, die Sahne gut verrühren und langsam in den
Most gießen. Mit dem Schneebesen sehr gut verrühren. Mit Zucker und der
sauren Sahne abschmecken. Sollte die Suppe zu dick sein, mit Most aufgießen.
Es kann passieren, das Klümpchen entstehen. Das ist nicht schlimm. Diese
sind sehr lecker. Die Brötchenwürfel in der Pfanne in Butter anrösten und mit
Zimt-Zucker bestreuen. Zusammen mit der Suppe schön anrichten.

<h2 style="text-align:center">Mostsosse oder Weinschaumsauce</h2>

0,25 l Most oder süßer Weißwein
2 Eier
1 Eigelb
60g Zucker,
Zitronenschale

Ein Wasserbad aufstellen und das Wasser leise kochen lassen.
Oben in den Topf alle Zutaten kräftig aufschlagen. Die Masse nicht zu heiß
werden lassen, sonst gibt es Rührei. Die Masse wird mit der Zeit cremig. Dann
vom Feuer nehmen und weiterschlagen. Passt sehr gut zu Dampfnudeln.

<h2 style="text-align:center">Mürbeteig</h2>

1 kg Mehl
600 gr Butter, weich
300 gr. Zucker
0,5 TL Salz
2 Eier

Alles gut verkneten und 1 Stunde abgedeckt in den Kühlschrank stellen. Vor dem Verarbeiten ausrollen und bei Kuchenteigen mehrmals mit der Gabel einstechen. Backen bei 180 Grad 20 bis 40 Minuten, je nack Backstück.

N

<u>Nockeldi</u>

200 gr Mehl
2 Eier
1 Glas Mineralwasser
1 TL Salz

Salzwasser aufkochen. Alle Zutaten verkneten und 20 min in den Kühlschrank
stellen. Eine Schüssel mit kaltem Eiswasser bereitstellen. Auf einem Brett mit
einem Messer dicke Nockeldi abschaben und solange kochen, bis sie hochkommen. Man kann auch mit einem kleinen Löffel kleine Nocken formen und
ins Wasser geben. Im Eiswasser abschrecken. Schwäbische Spätzle sind eher
weich. Nockeldi sind eher hart. Dazu schmeckt gut Pörkölt. Man kann sie aber
auch süss mit Kompott oder Apfelmus essen.

<u>Nudeln herstellen</u>

2 Eier
200 Gr. Mehl
1 Esslöffel Hartweizengrieß
bisschen Wasser

Alles zusammenkneten, bis ein sehr fester Teig entsteht.
Mindestens für ½ Stunde zum Ruhen in den Kühlschrank legen.

Dann auf einem Küchentuch auswellen, bis man das Muster sehen kann. Jetzt
die gewünschten Nudeln mit einem Nudelroller abschneiden.
Man kann sie in der Küche oder über der Wäscheleine trocknen oder gleich
verwerten. Da sie frisch sind, ist die Kochdauer nur sehr kurz.

<u>Nudel- Pilz-Pfanne</u>

1 Packung Pilze
1 mittlere Zwiebel
1 Stück Rindfleisch
200 g Nudeln

1 Packung Schlagsahne
½ Packung saure Sahne
Pfeffer, Salz
Öl zum braten
1 Tasse Rinderbrühe
Nudeln kochen. Pilze, Zwiebeln, Fleisch in kleine Stücke schneiden. In Öl nur kurz anbraten. Die Schlagsahne, die Brühe und die Saure Sahne dazu geben. Die Nudeln unterheben. Alles abschmecken mit Pfeffer und Salz
Variante: Spätzlekäse drüber geben

Nussecken

Mürbteig:
130 g Butter
130 g Zucker
2 Eier
etwas Zitronenabrieb oder Zitronenzucker
1 Teel. Vanillzucker
300 g Mehl
1 gestr. Teel. Backpulver

Belag:
4 Eßl. Aprikosengelee
200 Butter
200 g Zucker
2 Päckch. Vanillezucker
1 Teel. Zimt
300 g Haselnüsse (2/3 gemahlenen und 1/3 gehackte Nüsse)
100 g gemahlene Mandeln
4 Eßl. Wasser
300 g Kuchenglasur oder Kuvertüre

Aus den oben angeführten Zutaten einen Mürbteig herstellen. Die kalte Butter sollte rasch in kleinen Stücken unter das Mehl-Ei-Gemisch geknetet werden und für eine halbe Stunde abgedeckt im Kühlschrank ruhen, dass die Butter wieder kalt wird. Währenddessen stellt man die Nussmasse her. Hierzu kommt die Butter, der Zucker, Vanillezucker, Zimt, Nüsse, Mandeln und das Wasser in einen Topf und wird heiß gemacht bis alles verbunden ist.

Wer den vollen Nussgeschmack möchte, kann die Nüsse vorher in einer Pfanne anrösten, aber nicht zu lange, denn sie werden ja auch noch gebacken.
Teig aus dem Kühlschrank holen, auf einem Backpapier mit einem Wellholz ausrollen und das Papier auf ein Blech legen.

Die Aprikosenkonfitüre auf dem Teig gleichmäßig verteilen und darauf dann die abgekühlte Nussmasse verstreichen. Das sollte man schon ordentlich und eben machen, um so schöner sehen die Ecken dann aus.
Nussmasse kommt dann für 25 – 30 Minuten bei 180 Grad in den Ofen bei Ober- und Unterhitze. Rauten oder Dreiecke noch warm schneiden.
Wenn die Masse vollständig abgekühlt ist, werden die Ecken an den 3 Rändern in die aufgelöste Kuvertüre getaucht und auf einem Gitter abgelegt, dass die überflüssige Glasur abtropfen kann. Aufheben lassen sich die Nussecken gut in einer Blechschachtel oder Keksdose.

O

Ofenschlupfer

2 altbackene Brötchen in dicke Scheiben schneiden
oder vom altbackenen Weißbrot 4 dicke Scheiben abschneiden
oder vom altbackenen Zopf 4 dicke Scheiben abschneiden

1 Ei
0,75 l Tasse Milch
4 Ess-Löffel Zucker
1 Vanille-Zucker
1 Vanille-Pudding-Pulver
Zucker/Zimt Mischung zum bestreuen
4 saure Äpfel mit Schale in Scheiben gerieben

Das Puddingpulver, Vanille-Zucker, das Ei und den Zucker in der Milch gut
verquirlen. In eine kleine runde Auflaufform immer eine Lage Brötchen und
Äpfel schichten. Jede Stufe mit der Puddingmilch angießen. Ganz oben sollten
Äpfel sein. Für 45 min bei 180 Grad im Ofen garen. Der Pudding muss gestockt sein, dann ist er durch. Zum Schluss mit Zucker/Zimt Mischung bestreuen.

Orangenweißbrot

1 Würfel frische Hefe, 42 g
warme Milch für die Hefe
150 g Rosinen
1 Packung gerebelte Mandeln
1 Packung Pistazien
1 Vanillezucker
250 g Butter
170 g Zucker
6 Eier (Gr. M)
1 TL Zitronenschale bio
1 TL Orangenschale bio
550 g Weizenmehl (Type 405)
1 Prise Salz
50 g Zitronat

50 g Orangeat
etwas Hagelzucker zum Bestreuen
etwas Mehl zur Teigverarbeitung
etwas Butter für die Form

Einen süßen Hefeteig herstellen und warm stellen. Da kommt zusätzlich das
Orangeat und Zitronat rein und die Mandeln und die Pistazien. Einmal
durchkneten und zweiteilen. Die Zitronenschale reiben, die Schale auch.
Beide Teige gleich groß rechteckig ausrollen. Beide dick mit Butter bestreichen, dann mit Zucker bestreuen und den Orangen- und Zitronenschalen. Jetzt
die Rosinen verstreuen. Beide Teige hintereinander legen und die Kante verschließen. Nun zur Rolle aufrollen und schön in die Kuchenform legen. Mit Ei
verstreichen. 180 Grad 50 min. Ist der Hefe-Kuchen zu hell, noch länger backen.

Der <u>Osterhase</u>

Was hat der Osterhase mit Ostern zu tun? Der Hase ist ein Symbol für Frucht-
barkeit und Geburt. Zudem ist er ein Frühlingsbote und meist bei den ersten
warmen Sonnen.strahlen im Frühling im Wald und auf den Wiesen anzutreffen. Weil diese zwei Komponenten aufeinander treffen, ist der Hase ein Sym-
bolträger für Ostern. Die ersten Schoko-Osterhasen wurden bereits Mitte des
19. Jahrhunderts in deutschen Schaufenster hauptsächlich von Konditoren
ausgestellt. Die Figuren waren jedoch im Gegensatz zu heute noch massiv und
wogen mehrere Kilogramm. Am Anfang des 20. Jahr-hunderts wurde die
Herstellung der Hasen revolutioniert, indem man von den massiven Schoko-
ladentieren zu sogenannten Hohlfiguren überging. Vorbild für die Produktion
waren die in der Imkerei verwendeten Honigschleudern, die durch zentrifuga-
le Kräfte den Honig aus den Waben katapultieren. Die damaligen Chocolatiers
spannten ihre Hasenformen auf die Schleuder und konnten durch die schnellen Drehungen perfekte Hohlfiguren herstellen – ein Prinzip, dass noch in der
heutigen Hohlfigurenherstellung Verwendung findet.

Der <u>Osterfladen</u>

Der Osterfladen ist ein Gebäck, das traditionell an den Osterfeiertagen zum
Frühstück und/oder zum Tee am Nachmittag gereicht wird. Am weitesten
verbreitet sind süße Rezepte, meist aus Hefeteig mit Rosinen und Mandeln. Es
gibt sowohl protestantische als auch katholische Traditionen, in denen der

Fladen vor dem Verzehr kirchlich geweiht wird. Der Osterfladen ist eine Variante von Osterbrot. Mittlerweile werden Osterfladen bereits deutlich vor Ostern auch im Handel angeboten, Schwerpunkt des Verkaufs sind die zwei Wochen vor Ostern.
für den Osterfladen:
300 g Weizenmehl (405)
1/2 Würfel frische Hefe
75 ml lauwarme Milch
65 g Butter
2-3 EL Zucker
1/2 TL Salz
Abrieb einer Zitrone
1 Eigelb
65 g Rosinen
1 Eigelb zum Bestreichen
für den Zuckerguss:
250 g Puderzucker
Saft einer Zitrone
100g Mandelblätter

Mehl in eine Schüssel sieben. Hefe zerbröckeln und mit 3 EL Zucker in 3 EL lauwarmer Milch auflösen. In der Mitte des Mehls eine Mulde machen und Hefemilch hineingeben. Etwas Mehl darüber stäuben. An einem warmen Ort (40 Grad) zugedeckt ca. 15 Minuten gehen lassen. Butter, Eigelb und restlichen Zucker schaumig rühren. Unter den aufgegangenen Hefeteig rühren. Die restliche Milch, Salz und Zitronenabrieb dazugeben und den Teig kräftig durchschlagen. Wenn sich der Teig vom Rand der Schüssel löst, ohne zu kleben, die Rosinen untermischen. Aus dem Teig einen runden Laib formen und zugedeckt an einem warmen Ort (ca. 40 Grad) nochmals ca. 30 Minuten gehen lassen. Backofen auf 200 Grad vorheizen. Den Osterfladen auf der Oberseite kreuzförmig einschneiden und mit Eigelb bestreichen. Im vorgeheizten Backofen bei 200 Grad 45 Minuten backen. Aus dem Ofen nehmen, abkühlen lassen und servieren.

Großes Osterbrot – mit Hefe

500 ml Milch + 2 Esslöffel Milch zum Bestreichen
200 g Butter
1 kg Mehl
2 Würfel (à 42 g) frische Hefe oder 2 Päckchen Trockenhefe
100 g Zucker
2 Päckchen Vanillezucker
2 EL Abrieb von 1 Bio-Zitrone
2 Eier (Größe M)
2 Eiweiß (Größe M)
200 g Mandelstifte (kann man auch weglassen)
200 g Rosinen (kann man auch weglassen)
2 Eigelb (Größe M)

Butter und 500 ml Milch erwärmen und verrühren. Mehl in eine Rührschüssel geben und in die Mitte mit den Händen eine Mulde hineindrücken. Hefe zerbröseln und in die Mulde geben. Anschließend die Milch-Butter-Mischung, Zucker, Vanillezucker, abgeriebene Zitronenschale, Eier und Eiweiß hinzugeben. Die Zutaten zu einem glatten Hefeteig verkneten. Anschließend Mandelstifte und Sultaninen unter die Masse heben. Den Teig noch einmal mit den Händen durchknete, bevor er zugedeckt an einem warmen Ort ca. 1 Stunde gehen muss. Teig erneut kneten, dann halbieren, 2 runde Laibe formen und je auf ein mit Backpapier ausgelegtes Backblech legen. Dort erneut eine Stunde gehen lassen. Anschließend mit dem Messerrücken ein leichtes Kreuz in die Brote drücken. Eigelbe und 2 EL Milch verquirlen und das Osterbrot mit der Milch-Ei-Mischung bestreichen. Im vorgeheizten Backofen (E-Herd: 175 °C/ Umluft: 150 °C/ Gas: s. Hersteller) ca. 40 Minuten backen. Anstatt in Brotform kann man auch einen Osterhasen oder einen Kranz formen.

Großer Osterhase mit Hefe und Quark

250 g Magerquark mit 250 ml Milch verrühren
2 EL Milch zum Bestreichen
200 g Butter
1 kg Mehl
2 Würfel (à 42 g) frische Hefe oder
2 Päckchen Trockenhefe
100 g Zucker

2 Päckchen Vanillezucker
2 EL Abrieb von 1 Bio-Zitrone
2 Eier (Größe M)
2 Eiweiß (Größe M)
200 g Mandelstifte (kann man auch weglassen)
200 g Rosinen (kann man auch weglassen)
2 Eigelb (Größe M)

Butter, Quark und 250 ml Milch verrühren. Mehl in eine Rührschüssel geben und in die Mitte mit den Händen eine Mulde hineindrücken. Hefe zerbröseln und in die Mulde geben. Anschließend die Milch-Butter-Mischung, Zucker, Vanillezucker, abgeriebene Zitronenschale, Eier und Eiweiß hinzugeben. Die Zutaten zu einem glatten Hefeteig verkneten. Anschließend Mandelstifte und Sultaninen unter die Masse heben. Den Teig noch einmal mit den Händen durchknete, bevor er zugedeckt an einem warmen Ort ca. 1 Stunde gehen muss. Teig erneut kneten, dann halbieren, 2 runde Laibe formen und je auf ein mit Backpapier ausgelegtes Backblech legen. Dort erneut eine Stunde gehen lassen. Anschließend mit dem Messerrücken ein leichtes Kreuz in die Brote drücken. Eigelbe und 2 EL Milch verquirlen und das Osterbrot mit der Milch-Ei-Mischung bestreichen. Im vorgeheizten Backofen (E-Herd: 175 °C/ Umluft: 150 °C/ Gas: s. Hersteller) ca. 40 Minuten backen. Anstatt in Brotform kann man auch einen Osterhasen oder einen Kranz formen.

Osterkekse
die Kekse schmecken auch noch nach Ostern

265 Gramm Mehl
150 Gramm Zucker
2 Prisen Muskat
ein Ei
150 Gramm weiche Butter
1 Teelöffel Orangen-Extrakt
250 Gramm-Puderzucker zum Verzieren

Alle Zutaten (außer Puderzucker) verkneten. 20 min im Kühlschrank ruhen lassen. Ofen vorheizen auf 160 Grad. Kekse ausstechen und 15 min backen. 10 min erkalten lassen und mit Puderzucker bestreuen.

Der doppelte Hase,
ein überraschender <u>Osterkeks</u>

300 g Mehl
2 TL Backpulver
100 g Zucker
1 Vanillezucker
1 Ei
150 g kalte Butter
1 Ausstecher in Hasenform
1 Ausstecher in Herzform
5 Esslöffel Marmelade zum Füllen

Ofen vorheizen auf 175 Grad. Alle Zutaten verkneten und eine halbe Stunde in den Kühlschrank stellen. Dann ausrollen und Hasen ausstechen. In jeden zweiten Hasen noch ein Herz ausstechen. Backen bei 175 Grad 8 min. Die Kekse gut gut abkühlen lassen. Die Marmelade glatt rühren und auf die unteren Kekse streichen. Die Hasen mit dem Herz oben drauf legen und gut andrücken.

<u>Osterhasenkuchen</u>

560 g weiche Butter
330 g Kristallzucker
1 Päckcheng. Bourbon-Vanillezucker
10 Eier (Größe M)
700 g Weizenmehl universal
5 TL Backpulver
2 Prisen Salz
6 EL Milch
80 g Haselnusscreme
30 g Kakaopulver
100 g Zartbitterkuvertüre
60 ml Sahne

Ofen auf 180 °C (Ober-/Unterhitze, 160 °C Umluft) vorheizen. 280 g weiche Butter, 160 g Kristallzucker und Vanillezucker mit den Quirlen sehr schaumig hell schlagen. 5 Eier einzeln je ca. 30 Sekunden unterrühren. 350 g Mehl mit 2 TL Backpulver und 1 Prise Salz mischen. Mehlmischung und 3 EL Milch unter die Buttermasse rühren. Eine Kastenform (30 cm Länge) mit Backpapier aus-

kleiden. Teig einfüllen und glatt streichen. Auf zweiter Schiene von unten 50-55 Minuten backen (Stäbchenprobe). Aus dem Ofen nehmen, in der Form 10 Minuten abkühlen lassen, mithilfe des Backpapiers auf ein Gitter heben und mind. 60 Minuten vollständig auskühlen lassen. Backpapier vorsichtig abziehen. Nach und nach ca. 2 cm dicke Scheiben vom Kuchen schneiden und daraus jeweils ein oder zwei ca. 4,5 cm große Hasen ausstechen. Man benötigt ca. 15 Hasen. (Kuchenreste anderweitig verwenden oder essen.) Ofen auf 180 °C (Ober-/Unterhitze, 160 °C Umluft) vorheizen. Kastenform wieder mit Backpapier auskleiden. 280 g Butter, 50 g Haselnusscreme und 170 g Kristallzucker mit den Quirlen sehr schaumig schlagen. 5 Eier einzeln je ca. 30 Sekunden unterrühren. 350 g Mehl mit Kakaopulver, 3 TL Backpulver und 1 Prise Salz mischen. Mehlmischung und 3 EL Milch unter die Buttermasse rühren. Ca. 3 EL Teig gleichmäßig auf den Boden der Form streichen. Hasen dicht aneinander mittig auf den Boden stellen. Restlichen Teig in einen Spritzbeutel mit ca. 3 cm großer Öffnung füllen und zunächst neben den Hasen in die Form spritzen, möglichst ohne dass diese ihre Position verändern. Danach den restlichen Teig auf den Hasen verteilen und glatt streichen. Auf zweiter Schiene von unten 50-55 Minuten backen (Stäbchenprobe). Aus dem Ofen nehmen, in der Form 10 Minuten abkühlen lassen, mithilfe des Backpapiers auf ein Gitter heben und mind. 60 Minuten vollständig auskühlen lassen.
Kuvertüre fein hacken. Sahne in einem Topf kurz aufkochen, vom Herd nehmen, Kuvertüre und 30 g Haselnusscreme hineingeben und ohne Rühren 2 Minuten schmelzen lassen. Mit einem Silikonspatel in kleinen zügigen Kreisen rühren, bis ein glatter Guss entstanden ist. Kuchen damit einstreichen. An einem kühlen Ort ca. 60 Minuten trocknen lassen.

<u>**Osterschinken – Rezept:**</u>

Den rohen Schinken mit viel kaltem Wasser aufsetzen, ganz langsam zum
Kochen bringen. Das Wasser soll nur leicht blubbern, darf nicht sprudeln.
Kochzeit hängt vom Gewicht des Schinkens ab: man sollte den Schinken
so viel Stunden lang kochen, wieviel Kg es wiegt. (1Kg-1 Stunde, 1,5Kg-1,5
Stunden…) Wenn der Schinken zu salzig ist, sollte man ihn vor der Zubereitung 1-2 Stunden wässern. D r Schinken ist fertig, wenn es sich ganz leicht mit
einer Gabel zerteilen. lässt. Anschließend den Schinken im Kochwasser abkühlen lassen! Zum schicken gehört Weißbrot, Meerrettich, und in der Schinken-
brühe
gekochte Eier! Guten Appetit

<u>**Oubatzter**</u> **mit Chicoree**

15–20 Chicoréeblätter
200g Camembert
40g Butter
1 große Zwiebel
nach Bedarf Kümmel, Salz, Pfeffer, Muskat, Paprika

Fünfzehn bis zwanzig Chicoréeblätter abzupfen und waschen. Kleiner Tipp:
Wenn Sie die Blätter kurz lauwarm abwaschen, ist der Chicorée weniger bitter.
Camembert, Butter und Zwiebel kleinschneiden und mit einer Gabel gut verkneten. Mit einem kleinen Löffel die Masse auf die vorbereiteten Blätter verteil-
len. – Fertig sind die hübschen Chicorée-Schiffchen. Der perfekte Appetizer!

P

Palatschinkenteig

150 g Mehl
2 Eier
1 Dotter
0,30 l Milch
25 g zerlassene Butter oder Margarine
Salz

Das Mehl mit den ganzen Eiern, dem Dotter, der zerlassenen Butter und der Hälfte der Milch zu einem dickflüssigen Teig verrühren. Mit der restlichen Milch den Teig zur gewünschten Konsistenz bringen. Wenig Fett in einer Palatschinkepfanne erhitzen und soviel Teig unter Drehen der Pfanne hineingießen, daß der Boden dünn bedeckt ist. Beidseitig hellbraun anbacken. Aus der Pfanne nehmen, warmstellen und die restlichen Palatschinken herausbacken. Die Palatschinken dann mit einer beliebigen Fülle bestreichen und einrollen. Mögliche Füllungen: Marmelade, Topfen, Eis, Nüsse usw., pikante Füllungen (Fleisch, Hirn, Gemüse etc.) Mögliche Garnierungen: Staubzucker, Fruchtmark, Schokoladesauce, Schlagobers usw. Die angegebene Menge reicht für etwa 10 Palatschinken, je nach Größe der Pfanne. Teig vor Verwendung immer 15 Minuten ruhen lassen.

Gefüllte Paprika mit Hackfleisch für 4 Personen

4 grosse, rote Paprikaschoten
500 g gemischtes Hackfleisch
1 altbackenes Brötchen oder 1 / 2 Tasse Paniermehl
1 kleine Zwiebel
1 TL Paprikapulver
1 Ei
1 TL Salz
Pfeffer
Petersilie
1 Tasse Brühe

Den Ofen anheizen auf 180 Grad. Die Paprikaschoten waschen, den Deckel gerade abschneiden und die Paprika sauber entkernen. Die Stege entfernen.

Für die Zubereitung der Hackfleischfüllung zuerst das Brötchen in einer kleinen Schüssel mit Wasser einweichen. Die Zwiebel und die Petersilie fein hacken. Das Hackfleisch, das Ei, die Zwiebelwürfel und die Petersilie in eine Schüssel geben. Das eingeweichte Brötchen gut ausdrücken und ebenfalls hinzufügen. Nun die Füllung mit Salz und Pfeffer und Paprikapulver gut würzen und verkneten. 4 gleich große Kugeln formen und die Paprikaschoten mit dieser Hackfleischmasse gleichmäßig füllen. Dann die Brühe in eine Auflaufform füllen und die Paprikaschoten in die Brühe hineinsetzen. Die gefüllte Paprika mit Hackfleisch auf der mittleren Schiene bei 180 °C ca. 60 Minuten backen. Die fertigen Paprikaschoten aus der Form nehmen und aus der Flüssigkeit eine Sauce zubereiten. Mit Pfeffer, Salz abschmecken. Die Schoten wieder einsetzen und noch mal 10 min in den Ofen geben. Dazu passen Reis, Kartoffelbrei oder gekochte Salzkartoffeln. Variante: Wer mag, kann die rohe Hackfleischfüllung vorab in wenig Öl anbraten und dann die Paprikaschoten damit füllen. Hier verringert sich die Backzeit um 30 min. Variante: Man kann nur 250 g rohe Hackfleischmasse mit 1 Tasse angekochten, gesalzenem Reis vermischen und damit die Paprika füllen.

Gefüllte Paprika, in Tomatensoße

Zutaten: (für 6 Personen)
-Hackfleisch 500g (Rind, Schwein oder gemischt)
-Spitzpaprika ca.6 Stück
-Tomatenmark ca.150g
-Geflügelfond, Vegeta oder/und Wasser
-Reis ca.125g, halbgekocht
-2 Eier
-1 Zwiebel (klein geschnitten)
-Paprikapulver (3 Teelöffel), Salz, Pfeffer
-Knoblauchzehe (3 Stück, gepresst)
-Öl/ Schmalz, etwas Mehl
-Zucker (1 Esslöffel)
Paprika (gelbe Spitzpaprika) entkernen. Hackfleisch mit Reis, Eiern, Zwiebeln, Knoblauch, Salz, Pfeffer, und Paprikapulver gut vermischen. Mit dieser Mischung werden die Paprika gefüllt. Von der übrig gebliebenen Füllung können wir Hackbällchen, Buletten, Frikadellen machen. Inzwischen machen wir aus Öl/ Schmalz und Mehl eine Einbrenne und geben das Tomatenmark dazu. Mit Wasser, Brühe und/ oder Gemüsefond aufgießen, gut verrühren.

In dieser Soße kochen wir die Paprika und Frikadellen ca. 45-50 Minuten am besten in einer feuerfesten Form im Ofen. Am Ende geben wir 1 Esslöffel Zucker zu der Soße. Die süßliche Soße mit den herzhaften Bällchen/ Paprikas harmoniert sehr schön. Dazu Salzkartoffeln, Brot oder Reis essen

Gefüllte Paprika , Töltött paprika
Wie man sie in Bozsok serviert bekommt.

Zutaten: für 4 Personen
8 grosse ungarische gelbe Paprikaschoten
400 g gemischtes Hackfleisch
1 Zwiebel
1 Knoblauchzehe Salz
2 EL Paprika mild
2 Messerspitzen Paprika scharf
1 Ei
100 g halb gar gekochter Reis
Für die Tomatensoße:
20 g Butter oder Margarine
20 g Mehl
500 - 600 ml Brühe oder Wasser
500 ml passierte Tomate
2 Lorbeerblätter
Salz
1 Messerspitze scharfes Paprikapulver

Paprikaschoten unter kaltem Wasser waschen und putzen. 100 g Reis anstatt 20 Minuten nur 10 Minuten in gesalzenem Wasser halbgar kochen, abseihen und auskühlen lassen. Für die Füllung: Eine mittelgroße geschälte Zwiebel klein schneiden und in etwas Fett andünsten. Das Hackfleisch in eine Schüssel geben, die etwas ausgekühlten Zwiebeln darüber streuen. Die Masse mit einer zerdrückten Knoblauchzehe, 1 Ei, mildes und scharfes Paprikapulver und Salz zu einer festen Masse verkneten. Den inzwischen ausgekühlten Reis hinzugeben. Die vorbereiteten Paprikaschoten mit dieser Masse füllen. Sollte noch Hackfleischmasse übrig bleiben, diese zu Kugeln formen und zu den gefüllten Papikaschoten in die Tomatensoße einlegen und mitgaren. In einem reichlich großen, etwas breiteren Topf wird nun aus Margarine oder Butter, Mehl und Brühe oder Wasser eine helle Mehlschwitze zubereitet.

Die passierten Tomaten werden nun mit untergerührt und noch eventuell mit
etwas Salz und 1 Messerspitze scharfem Paprika nachgewürzt. Ebenso 2 Lorbeerblätter mit zur Soße geben und die Tomatensoße unter Rühren einmal
aufkochen lassen. In diese Menge Tomatensoße nun nacheinander vorsichtig
die gefüllten Paprikaschoten einlegen, erneut kurz aufkochen, danach den
Topfinhalt mit reduzierter Hitze, mit einem Deckel zugedeckt langsam in 40 -
50 Minuten fertig schmoren lassen. Mit Reis oder Brot servieren.

Paprikás Burgonya

Paprikás Burgonya heißt auf Deutsch soviel wie Paprikakartoffeln und wird
Paprikás-typisch mit saurer Sahne verfeinert: Zwiebelwürfel und Knoblauch
in Schmalz anbraten, paprizieren, mit Wasser oder Brühe auffüllen, Würfel
von gekochten, gepellten Kartoffeln, und Würfel von Tomaten und grünen
Paprika beigeben und schmoren. Zu den typischen Gewürzen ausnahmsweise
auch schwarzer Pfeffer. Abwandlung durch Beigabe von Debracziner oder
anderer geräucherter Wurst.

Paprikás Csirke

Paprikás Csirke heißt auf Deutsch Paprikahähnchen. Hierfür wird ein Hühnchen zerteilt und in Schmalz goldbraun angebraten, mit den Gewürzen in
Hühnerbrühe weichgekocht. Brühe entfetten, mit Mehl binden und mit Sahne
verfeinern. In Österreich ist die Schreibweise Paprikasch für verschiedene
Paprikagerichte üblich, im Burgenland ist das Fischpaprikasch mit Fogosch
bekannt. Paprikasch ist neben Gulasch, Pörkölt und Tokány eines der vier
typischen ungarischen Nationalgerichte. Paprikasch ist ein Ragout, das aus
Paprika, saurer Sahne und entweder weißem Fleisch oder Fisch, mit gehackten
oder dünn geschnittenen Zwiebeln sowie mit Tomaten oder auch Kartoffeln
zubereitet wird. Bekannt ist vor allem das Hühnerpaprikasch (ungarisch paprikás csirke, auch csirkepaprikás). Das Beifügen von Sauerrahm in den ungarischen Eintopf zeigt den deutschen Einfluss bzw. die Versuche in der zweiten
Hälfte des 19. Jahrhunderts, ungarische Gerichte mit Sahne und Sauerrahm
abzumildern.

Paprikás csirke

Zutaten für 4 Personen:
1 ganzes oder 1,5 kg Huhn,
80 g Schmalz,
1 große Gulaschzwiebel grob gehackt,
200 ml Sauerrahm,
Salz,
Paprikapulver,
1,5 EL Mehl

Zubereitung: Das von den Innereien befreiten Hähnchen nach dem Waschen in kleine, gleichgroße Stücke schneiden. Die Schenkel und Flügel in zwei, Brust und Rücken quer und längs in 4 Stücke teilen. Die Fleischstücke ein wenig salzen. Brust und Rücken werden nach dem Kochen trocken. Damit das gesamte Hühnerfleisch saftig bleibt, sollte man es am Vorabend marinieren, d.h. die Fleischstücke in einer Paprikamarinade in einer Tupperdose einlegen und im Kühlschrank lagern. Die grob gehackten Zwiebeln im Schmalz bei geringer Hitze glasig dünsten. Paprikapulver darin verrühren, wenig Wasser dazumischen und bei geringer Hitze die Zwiebeln auf das Fett reduzieren, dabei darauf achten, dass das Paprikapulver nicht anbrennt. Die Fleischstücke dazugeben (wenn ohne Marinade, dann salzen) und mehrmals wenden. Wenig Wasser zugeben und ohne Deckel dünsten, bis die im Hühnerfleisch enthaltene Flüssigkeit verdampft ist.Wenig Wasser zugeben und unter Deckel etwa 1 Stunde lang gelegentlich umrühren und nachgießen, bis das Fleisch gar ist. Kurz vor dem Garwerden 1, max. 1,5 EL Mehl in 200 mL Sauerrahm klumpenfrei verrühren, in den Topf geben und dort weiterrühren, damit keine Mehlklumpen gebildet werden. Unter dem Deckel das Fleisch bei mäßiger Hitze gar kochen. Serviert wird Paprikasch tradionell mit Nockeldi, Galuschka, Spätzle.

Pastinakenauflauf

800 g Pastinaken
170 g Sauerrahm
170 g Schlagsahne
3 EL Senf
100 g Käse (gerieben)
1 Prise   alz
1 EL Öl

Das Backrohr auf 200 Grad vorheizen. Pastinaken waschen, schälen und in
dünne Scheiben schneiden. In eine eingefettete Auflaufform verteilen. Sauerrahm, Sahne, Senf und Salz verrühren und über das Gemüse gießen. Mit Käse
bestreuen und im Backrohr 50 Minuten backen. Sie können auch 1/2 Kartoffeln
und 1/2 Pastinaken verwenden.

Alt-Wiener <u>Patzerlgugelhupf</u>

Für diese traditionelle Mehlspeise wird weicher Hefeteig mit Mohn, Nuss,
Topfen und Powidl gefüllt und in eine Gugelhupfform geschichtet – ein
Schmuckstück und Leckerbissen für jeden Kaffeetisch. Hefeteig ist ein vielsei-
tiger Teig, der durch die Verwendung von frischer oder getrockneter Hefe als
Triebmittel aufgeht und dabei eine luftige und lockere Konsistenz entwickelt.
Er gehört traditionell in verschiedenen Ländern zur kulinarischen Kultur, wie
etwa als Hefezopf in Deutschland, als Babka in Polen oder als Panettone in
Italien. Auch in herzhaften Varianten wird Hefeteig oft verwendet, etwa für
Pizza oder gefüllte Teigtaschen, und natürlich verhelfen die Hefezellen Brot
und Gebäck zu einer flaumigen Krume. In der Wiener Küche gibt es viele
traditionelle Mehlspeisen, die mit Hefeteig zubereitet werden. Etwa der aus
drei, vier, sechs oder gar acht Strängen geformte Striezel oder die mit Powidl
gefüllten Buchteln. In Fett herausgebacken zählen auch die – vor allem im
Fasching beliebten – Krapfen dazu. Aus der böhmischen Küche stammend,
sind die gedämpften Hefeteigknödel in der österreichischen Küche heimisch
geworden. Hefeteig hat den Ruf, dass er schwierig herzustellen sei. Doch das
stimmt nur bedingt, denn wer auf die Arbeitstemperatur achtet, hat die größte
Fehlerquelle schon ausgeschaltet. Sowohl die Raumtemperatur als auch die
Zutaten sollten weder zu warm noch zu kalt sein. Frische Hefe mag gern ein
wenig gefüttert werden, bevor sie mit den anderen Zutaten verknetet wird.
Das geschieht mithilfe eines "Dampferls". Dafür verrührt man Hefe mit einer
Prise Zucker oder einem TL Honig und etwas warmer Milch, streut eine dünne Schicht Mehl darauf und lässt das Dampferl etwa 15 Minuten ruhen.
Die Eier sollten Zimmertemperatur haben und die Butter ebenso, oder sie wird
geschmolzen und mit der warmen Milch vermischt. Wenn alles gut verknetet
ist und sich der Teig leicht und ohne Spuren von Schüsselrand löst, muss er
bei einer warmen, konstanten Temperatur gehen – das heißt, er verdoppelt
sein Volumen. Das gelingt gut im abgeschalteten Backrohr oder in einer Tief-
kühl- oder Styroporbox. Die Schüssel dabei immer abdecken, damit der Teig
nicht austrocknet.

Für eine längere Gehzeit kann der Teig auch über Nacht in den Kühlschrank gestellt werden, das macht ihn besonders feinporig. Bei dieser Methode wird weniger Germ verwendet – etwa die halbe Menge reicht. Ein bis zwei Stunden vor der Weiterverarbeitung muss er wieder auf Raumtemperatur erwärmt werden. Bevor der geformte oder gefüllte Teig gebacken wird, darf er noch einmal gehen.

Für den Hefeteig:
500 g Weizenmehl – glatt
250 ml Milch
1 Würfel frische Hefe (42 g)
80 g Kristallzucker
40 g Butter
3 Eidotter
1 EL Vanillezucker
1 Prise Salz
1 Zitronenschale – gerieben

Für die Topfenfülle:
125 g Topfen
2 EL Zucker
1 Eidotter
1 TL Zitronenschale – gerieben

Für die Mohnfülle:
100 g Mohn – gequetscht
2 EL Zucker
2 EL Semmelbrösel
1 EL Rum
125 ml heiße Mich

Für die Nussfülle:
100 g Wal- oder Haselnüsse – gerieben
2 EL Zucker
2 EL Semmelbrösel
1 EL Amaretto oer Rum
125 ml heiße Milch

Pflaumenmusfülle
5 EL Pflaumenmus zum Füllen

Butter für die Form

Das Mehl in eine Rührschüssel wiegen. In der Mitte eine kleine Mulde machen. Die Germ mit 1 EL Zucker in warmer Milch auflösen und in die Mulde gießen. Etwas von dem Mehl darüberstreuen und das Dampferl etwa 15 Minuten gehen lassen. Währenddessen Butter in einem Topf schmelzen und mit Milch, Zucker, Salz, Vanillezucker und Zitronenschale vermischen. Das Mehl mit dem Dampferl und der Butter-Milch-Masse in der Küchenmaschine zu einem geschmeidigen Teig kneten. Dabei die Eidotter einzeln einarbeiten. Der Teig ist fertig, wenn er sich von der Rührschüssel löst. Die Schüssel abdecken und den Hefeteig an einem warmen Platz etwaauf das doppelte Volumen gehen lassen. Die Gugelhupfform mit flüssiger Butter ausstreichen. In der Zwischenzeit die vier Füllen zubereiten. Dazu die jeweiligen Zutaten in einer Schüssel verrühren. Den Teig in ca. 45 g schwere Stücke teilen und jedes Stück zu einer Kugel rundschleifen. Dann eine Kugel nach der anderen Kugel flach drücken und jeweils einen bis zwei Esslöffel Fülle in der Mitte platzieren. Den Teig rund um die Kugel schließen. Die gefüllten Kugeln in die gefettete Gugelhupfform schichten. Dabei darauf achten, dass verschiedene Füllungen übereinander liegen, damit beim Anschnitt unterschiedliche Sorten in jedem Stück zu sehen sind. Die Form abdecken und nochmals für etwa 30 Minuten an einem warmen Ort rasten lassen. Den Gugelhupf im vorgeheizten Backrohr bei 170 Grad Ober-Unterhitze ca. 45 Minuten backen. In der Form auskühlen lassen, dann stürzen und mit Staubzucker bestreuen.

<u>Pfauenaugen</u>

250 g weiche Butter, zerlassenen in der Pfanne
250 g Mehl
80 g Puderzucker
2 Päckchen Vanillezucker
4 El Backkakao
Für den Teig alle Zutaten miteinander verkneten, bis der Teig schön geschmeidig ist. Probiere den Teig, ob er dir süss genug ist.
Nun mit der Hälfte des Teiges den Backkakao verkneten.
Beide Teige für 20 Minuten in den Kühlschrank legen.
Den hellen Teig zu einer Schlange rollen. Den Kakao-Teig ausrollen. In die Mitte die Schlange legen. Zu einer grossen Rolle rollen und mit dem Messer Scheiben abschneiden. Backe die Pfauenaugen bei 150 Grad Umluft für ca. 15-20 Minuten.

Pfannenkartoffeln

500 gr. Festkochende Kartoffeln
1 Knoblauchzehe
2 EL Olivenöl
Salz, Pfeffer

Backofen auf 200 gr. vorheizen. Kartoffel mit Hobel möglichst dünn schneiden
und auf ein Küchentuch legen. Den Knoblauch pressen. Eine grosse, schwere
Pfanneoder eine Ofenbackform mit Knoblauch ausreiben. Die Kartoffeln in
die Pfanne geben und mit dem Öl durchkneten. Dann den Knoblauch zugeben
und würzen. Die Kartoffeln wie eine Spirale schichten. Nun in den Ofen geben
für 45 Minuten, bis sie durch sind. Entweder aus der Pfanne servieren oder in
eine Schüssel geben und dann servieren. Mit Sauerrahm servieren.

Pfitzauf

1 Liter Milch
500 Gr. Mehl
6 Eier
125 Gr. Flüssige Butter
Salz
nach Geschmack Zucker
Milch und Mehl und Eier glatt verrühren, die flüssige Butter langsam einarbeiten. Die Pfitzaufform ausbuttern. Den Teig nur zur Hälfte einfüllen. Bei 150
Grad ca. 30 min backen. Nicht den Ofen aufmachen! Dazu Mostsauce oder
Vanillesauce oder Eis oder geschlagene Sahne reichen. Kompott aus Kirschen
oder rote Grütze schmecken auch sehr gut dazu. Pfitzauf ist ein traditionelles
Eiergebäck der schwäbischen Küche. Die Masse ist recht flüssig, entspricht
dem Flädlesteig und besteht aus Milch, Mehl, zerlassener Butter, Salz, Eiern
und nach Geschmack etwas Zucker. Dabei dienen Milch und Eier als Locke-
rungsmittel. Der Pfitzauf wird in speziellen Pfitzaufformen aus glasiertem Ton
im Ofen ausgebacken. Stehen diese nicht zur Verfügung, können Tassen als
Ersatz dienen. Die Formen werden nur zur Hälfte befüllt, denn während des
Backvorgangs hebt sich der Pfitzauf weit über den Rand der Backform hinaus
– er „pfitzt auf". Pfitzauf wird warm als Hauptspeise serviert, wahlweise mit
Vanillesauce, Kompott oder mit Puderzucker bestreut. Es ist üblich, den
Pfitzauf mit Gabeln aufzureißen. Verwandt mit dem Pfitzauf sind der engli-
sche Yorkshire Pudding und der US-amerikanische Popover.

Pilota Keks

Diese Keksringe sind eine traditionelle ungarische Kekssorte mit Vanillege-
schmack, die mit Schokolade gefüllt werden. Ein kleiner Snack, der den Pilot-
Keksen, die man im Laden kaufen kann, sehr ähnlich ist.

Für den Teig:
2 Stück Eier
250 Gr. Margarine
250 Gr. Puderzucker
1 Päckchen Vanillezucker
1 Päckchen Backpulver
2 EL Milch,
2 Esslöffel Kakaopulver
Für die Creme:
200 Gr. Puderzucker
2 Stück Eier
3 Esslöffel Mehl
1 Esslöffel
Kakaopulver
300 ml
Milch
100 Gr. Backschokolade
1 Gläschen Rum oder Rum-Geschmack
150 Gr.
Butter oder Margarine
Für die hausgemachten Pilot-Kekse die Eier mit der Margarine und dem Zucker verquirlen, das gesiebte Mehl und das Backpulver hinzufügen und mit
etwas Milch verkneten. Den Teig in zwei Hälften teilen, eine hell lassen und
die andere Hälfte mit Kakaopulver bestreuen. Den Teig 3 mm dick ausrollen
und mit einer Ausstechform auf einen Durchmesser von etwa 4 cm ausstechen. Auf einem gefetteten oder mit Backpapier ausgelegten Blech im vorgeheizten Backofen bei 180 °C (mit leichtem Abstand) 8-10 Minuten backen. Für
die Creme alle Zutaten außer der Butter oder Margarine auf kleiner Flamme
kochen, bis sie dickflüssig sind. Vom Herd nehmen und die Butter einrühren;
wenn sie geschmolzen ist und zu gelieren beginnt, mit dem Schneebesen
schaumig schlagen. Eine gelbe und eine braune Scheibe mit der Creme zu-
sammenkleben. Hinweis.

Pflaumencrumble

Dieser Kuchen ist für alle, die keinen Boden mögen. Eine große Auflaufform
ausbuttern. Ca 500 Gr. Pflaumen oder Zwetschgen entsteinen und in der Form
eng an eng legen. Darauf braunen Zucker großzügig verteilen. Die Früchte
müssen Saft ziehen. Dann Zimt verteilen.
Streusel
In einer Schüssel wird ein halber Block Butter weich gemacht. Darauf kommen
8 TL Zucker und ca. 200 Gr. Mehl. Der Teig soll fest sein und kommt für 30
Minuten in den Kühlschrank.
Den Ofen auf 180 Grad anheizen. Die Streusel fein verkrümeln und über die
Pflaumen geben. Backen, bis sie braun sind. Dazu Schlagsahne oder Vanillesauce oder Eis reichen. Im Winter nehme ich Pflaumen oder Zwetschgen aus
dem Glas. Ich habe auch schon eingefrorene genommen, davon rate ich aller-
dings ab.

Q

Quarkbällchen

sind kleine Krapfen, der die mit Quark zubereitet werden. .
Die Teiglinge werden dazu üblicherweise in heißem Fett für vier bis sechs
Minuten ausgebacken und anschließend mit Zucker und ggf. Zimt bestreut.

250 g Mehl
1 Pck. Backpulver
125 g Zucker
2 Pck. Vanillezucker
250 g Mager-Quark
3 Eier
1 Liter Frittierfett oder Öl
150 g Zucker vermischt mit Zimt zum Wälzen

Mehl und Backpulver zusammen mischen und in eine Schüssel sieben. Zucker
und Vanillezucker hinzufügen. Den Quark mit den Eiern mischen und zu den
trockenen Zutaten hinzufügen alles mit dem Handrührgerät verrühren.
Einen kleinen Topf bereitstellen, das Fett bei mittlerer Hitze erwärmen.
Mit dem Thermometer immer wieder die Temperatur prüfen, am besten lassen
sich die Quarkbällchen bei 180° ausbacken. Um die Bällchen mit der Hand zu
formen ist der Teig zu flüssig, deshalb einen Eisportionierer zur Hilfe nehmen,
damit kleine Teigkugeln abstechen und vorsichtig in das heiße Fett geben. Die
Quarkbällchen sollten 5-7 min im Fett schwimmen bis sie durchgebacken sind.
Die fertig frittierten Bällchen mit einem Schaumlöffel herausnehmen und auf
einem Küchenkrepp gut abtropfen lassen. Die noch heißen Quarkbällchen in
Zimt-Zucker wälzen und lauwarm servieren. Variante: aus 250 g Mehl und 1/2
Block (21 g) Hefe und den obigen Zutaten (ohne Backpulver) einen Hefe-Teig
herstellen und genauso zubereiten. Die Quarkbällchen schmecken dann eher
wie Berliner (Pfannkuchen).

<u>**Quarkschnitten nach Rákóczi**</u>

Teig
100 gr. Mehl
80 gr. Butter
50 gr. Puderzucker
1 Ei
Halber Becher saure Sahne
Messerspitze Natron

Masse
500 gr. Magerquark
150 gr. Zucker
25 gr. Gries
2 Eidotter
Halber Becher saure Sahne
2 Eiweiss zu Schnee geschlagen

Decke
Schnee von 3 Eiweissen
90 Gramm Zucker

Ofen anheizen, 200 Grad. Den Teig kneten und im Ofen 10 Minuten anbacken.
Die Masse gut verteilen und wieder in den Ofen schieben. Wenn der Kuchen
fast durch ist, mit dem Eischnee ein schönes Muster spritzen.
In Schnitten servieren.

Quarkkuchen ohne Boden, 26 Backform

4 Eier trennen
Das Eiweiß mit Salz aufschlagen
125 gr Butter für 30 Sek in die Mikro geben, dann mit den Eigelben aufschlagen. Die Butter zusammen mit
500 gr Magerquark
1 Vanillepudding
4 El Gries
200 gr Zucker
0.5 Backpulver
Saft 1 Zitrone oder Orange gut vermischen, den Eischnee unterheben.
Bei 180 Grad 1 Stunde backen

R

Rauke, Rucola

Der intensive Geschmack erinnert an Kresse und Walnüsse. Rucola wird auch als Würze zum Beispiel in Nudelgerichten, Risotto, Suppen, Ragouts, in Pesto und auf Pizzen verwendet. Als Rucola (auch Rukola, Rauke, Arugula). Rucola wird hauptsächlich als Salatpflanze angebaut. Im deutschsprachigen Raum ursprünglich als Rauke bekannt, aber in Vergessenheit geraten, wurden die Pflanzen unter ihrem italienischen Namen wieder populär. Die Senfrauke ist schon seit dem Altertum als Nutzpflanze bekannt. Sie wurde schon in römischer Zeit im Mittelmeerraum gegessen und galt sogar als Aphrodisiakum. Im Mittelalter gelangte die Rauke später auch nach Mitteleuropa. Der Doppelsame stammt ebenfalls aus dem Mittelmeerraum. Im Gegensatz zur Senfrauke ist er jedoch besser an die klimatischen Verhältnisse in Mitteleuropa angepasst und kommt auch häufig wild vor.

In Deutschland führte Rucola bis Ende des 20. Jahrhunderts ein Schattendasein unter den Salaten. Wegen seines scharfen Geschmacks war er nicht sonderlich beliebt. Erst der Trend zu internationaler und insbesondere mediterraner Küche führte zu seiner derzeitigen Bekanntheit und allgemeinen Verfügbarkeit.

Rukola-Salat
mit geräucherter Forelle, Rezept bei Forelle

Reichhaltige Suppe mit Innereien
Legényfogó leves, wie man sie im pásztor in Szombately essen kann

300 gr Hühnerbrust oder Schweinefleisch, was da ist
200 Gr. Hühnerleber, Magen, was da ist
Becher saure Sahne
150 Gr. Pilze
150 Gr. grüne Erbsen
2 grosse Karotten
2 Selleriegrün oder 1 Sellerieknolle
1 Zwiebel
1 Tomate
1 l Brühe aus Vegeta
1 Esslöffel Zitronensaft

1 Teelöffel rote Chilipaste
Salz
Pfeffer
Öl
Paprikapulver zum anbraten
1 TL Mehl für die Mehl-Schwitze

Die Zwiebel in kleine Stücke schneiden und auf ein wenig Öl dünsten, bis sie
weich ist. Nun das Paprikapulver zufügen. Fügen Sie die gewürfelte Hähn-
chenbrust, Salz, Pfeffer hinzu, danach das Mehl und rösten alles an. Ablöschen
mit der Brühe. Würfeln Sie das Gemüse. Karotten und Sellerie reinigen und
schneiden. Die Pilze in Stücke schneiden, Erbsen. Die Tomaten in Würfel
schneiden. Geben Sie das Ganze in die Suppe. Kochen Sie es in einer Stunde
auf kleiner Flamme. Wenn Sie nur noch zehn Minuten zum Kochen haben,
würfeln Sie die Leber und/oder den Magen und geben Sie sie der Suppe hinzu.
Nun den Zitronensaft zugeben und saure Sahne unterrühren. Heiß servieren,
aber nicht mehr kochen, die Sahne flockt aus.

Resteessen – Kartoffeln- Suppe mit Würstchen

Haben wir Kartoffeln übrig, werfen wir diese nicht weg, sondern gucken ein-
mal, was wir noch im Kühlschrank haben und kochen was Leckeres.
Mit der Brühe, die wir bereits gekocht haben, kochen wir eine gute Suppe.
Dazu ein bisschen Tiefkühlgemüse bereithalten. Dieses erst am Schluss in die
Suppe geben. Die Brühe kochen wir auf und geben das Gemüse als auch die
kleingeschnittenen Kartoffeln herein und schmecken die Suppe mit Pfeffer,
Salz und Maggie ab. Falls Sie noch ein paar Wiener Würstchen im Kühlschrank gefunden haben, schneiden wir diese in Rädchen. Mit Petersilie gar-
nieren.

Resteessen – Kartoffeln-Kartoffelbrei angebraten

5 bis 6 mittlere gekochte Kartoffeln
250 ml Milch
zerlassene Butter
Muskat
Salz
Pfeffer
1 Teelöffel Stärke

1 Teelöffel Butter
1 Ei zu Bindung

Die gekochten Kartoffeln in eine Schüssel geben. Am besten man schneidet sie
ganz klein. Die Milch heiß machen, über die Kartoffeln gießen, mit der Butter,
dem Ei und die Gewürze zu einem Kartoffelbrei verarbeiten. Die Stärke unterheben und den Teig für 10 min stehen lassen. In kleine Röllchen formen und
braun braten. Auch einfache Kleckse sind möglich. Wer mag, kann Petersilie
unter den Teig heben. Sehr gut schmeckt auch frische kleingehackte Chilischote (nur leicht scharf). Man kann dazu Joghurtsauce oder Saure Sahne essen.

Joghurtsauce

150 Gr. Griechischer Joghurt
1 Zitrone
Salz
Dill gehackt
Minze gehackt
Knoblauch fein zerrieben

Alles miteinander vermischen. In den Kühlschrank für mindestens 2 Stunden
stellen.

Resteessen – Kartoffeln- Bratkartoffeln

5 bis 6 mittlere gekochte Kartoffeln in Scheiben geschnitten
1 mittlere Zwiebel
Speck, kleingeschnitten oder Schinken kleingeschnitten,
Thymian
Liebstöckel
Majoran
Pfeffer
Salz
Paprikapulver
Kümmel, wer mag
2 Esslöffel Öl

In einer großen Pfanne das Öl erhitzen und den Speck und die Zwiebeln schön
anbraten. Die Kartoffeln reingeben und kräftig würzen. Alles 10 min braten,

bis alles kross ist. Noch mal abschmecken. Wer mag, kann ein Ei unterrühren.

Dazu passen Gewürzgurken und Spiegeleier.

Resteessen – Nudeln-Suppe

Haben wir Nudeln übrig, werfen wir diese nicht weg, sondern gucken einmal, was wir noch im Kühlschrank haben und kochen was Leckeres. Mit der Brühe, die wir bereits gekocht haben, kochen wir eine gute Suppe. Dazu ein bisschen Tiefkühlgemüse bereithalten.

Die Brühe kochen wir auf und geben das Gemüse als auch die Nudeln herein und schmecken die Suppe mit Pfeffer, Salz und Maggie ab. Das geht auch mit Spaghetti, diese sollte man aber vorher ein wenig klein schneiden.

Resteessen – Nudeln-Puddingsuppe mit Nudeln oder Spätzle:

In der Nachkriegszeit, wenn man jemanden aufpäppeln musste, kochte man eine Puddingssuppe.

Heute verwenden wir 1 Pack Vanille-puddingpulver mit 0,75 Liter Milch und Zucker und geben die Nudeln darein.

Das geht auch mit Spaghetti, diese sollte man aber vorher ein wenig klein schneiden. Diese Pudding-Nudelsuppe schmeckt warm und kalt. Wer mag, streut noch Zimt-Zucker drüber.

Resteessen-Maultaschen -Maultaschensuppe mit Gemüse

1 Liter Brühe
¼ Beutel Gefriergemüse (200 g)
Maultaschen
kleine Suppennudeln, Handvoll

Die Brühe aufkochen, die Nudeln und das Gemüse reingeben. Die Maultaschen reingeben. Einmal aufkochen. Herdplatte ausmachen und die Suppe stehen lassen. Nach 5 min kann man sie essen.

Rétes, Strudelteig

250 g Mehl
1 Ei
30 g Öl (z.B. Maiskeimöl)
Salz
100 ml warmes Wasser
1 TL Essig

Für den Strudelteig Mehl in eine große Rührschüssel geben. In der Mitte eine Mulde formen und Ei, Öl, ca. 100 ml lauwarmes Wasser, 1 TL Essig und 1/2 TL Salz hineingeben. Alles mit den Knethaken des Mixers zu einer glatten, sehr elastischen Teigkugel verkneten. Bei Bedarf etwas zusätzliches Wasser zufügen. Den Strudelteig in Klarsichtfolie wickeln und ca. 30 Minuten bei Zimmertemperatur ruhen lassen. Dann mit Öl beträufeln und mit den Händen viereckig, gleichmäßig auswalken. Dann das Nudelholz nehmen. Der Strudelteig wird nun immer dünner und sollte zum Schluss den gesamten Tisch bedecken, ohne zu reißen. Der Belag wird nun nur zu einem Drittel unten gut verstrichen. Der Strudel wird nun gleichmäßig aufgerollt. Links und rechts der Rand wird eingeklappt. Mit einem Pinsel kann man Wasser verstreichen, damit der Teig nicht reißt. Man kann den Strudel entweder mit Öl bestreichen oder mit Eistreiche. 1 Eigelb und halbe Tasse Milch oder Wasser gut verkleppern und aufstreichen.
180 Grad, Umluft 25 Minuten (+-5 Minuten) backen

Rhabarber

Die geschälten oder ungeschälten Blattstiele dieser Nutzpflanze werden unter
anderem zu Kompott, Konfitüren, Kuchen und auch zu Saft verarbeitet.
Der Name Rheum rhabarbarum stammt vom mittellateinischen Wort rheu
barbarum in der Bedeutung einer fremdländischen Wurzel: rheum für Wurzel
und barbarus für ausländisch, fremd. Bei seiner Ankunft in Europa im 18.
Jahrhundert wurde die deutsche Bezeichnung aus dem italienischen Wort
rabarbaro entlehnt, entsprechend dem französischen rhubarbe und dem spani-
schen sowie portugiesischen ruibarbo. Rhabarber stammt aus dem Himalaya.
Seit dem 11. Jahrhundert gelangte Rheum rhabarbarum L. als Importware aus
Zentralasien oder China über die arabische Medizin des Mittelalters und die
Schule von Salerno in die abendländische Medizin des Mittelalters, wo nicht
wie heute die Stängel, sondern vor allem die unterirdischen Sproßachsen –
insbesondere zur Zubereitung von Arzneimitteln – Verwendung fanden
Im 16. Jahrhundert wurde er in Russland angebaut und gelangte im 18. Jahrhundert in andere Teile Europas. Über Frankreich und die Niederlande kam er
nach England, wo der Anbau seit 1753 belegt ist. Die Treiberei wurde als erstes
von Gärtnern in Chelsea betrieben und später in Yorkshire perfektioniert.
Der erste gewerbsmäßige Anbau in Deutschland erfolgte 1848 in Hamburg-
Kirchwerder und breitete sich von Norden nach Süden aus. Die meisten rechnen Rhabarber somit generell spontan zum Obst, wird er doch hauptsächlich
zu Süßspeisen wie Kuchen, Kompott und Marmelade verarbeitet. Tatsächlich
wird er aber botanisch dem Gemüse zugeordnet, da nicht der Fruchtstand,
sondern die Stängel gegessen werden. Um besonders von den gesunden In-
haltsstoffen des Rhabarbers profitieren zu können, empfiehlt es sich, die Stangen möglichst zeitig im Frühjahr zu ernten, dann ist ihr Oxalsäuregehalt noch
nicht so hoch. Traditionell endet die Erntesaison für Rhabarber am Johannistag
(24. Juni), unter anderem, weil die Konzentration der Oxalsäure zum Sommer
hin ansteigt. Ähnlich wie Spinat, Mangold oder Rote Bete gehört auch Rhabarber zu den Lebensmitteln, die besonders viel Oxalsäure enthalten. Der gele-
gentliche Verzehr von oxalsäurehaltigen Lebensmitteln ist für gesunde Menschen unbedenklich. Wenn sie regelmäßig auf deinem Speiseplan stehen,
empfiehlt es sich aber zu berücksichtigen, dass Oxalsäure die Aufnahme von
Mineralstoffen behindern – insbesondere von Calcium, Eisen und Magnesium
– und die Entstehung von Nierensteinen begünstigen kann. Durch den gleich-
zeitigen Verzehr calciumhaltiger Lebensmittel wird Oxalsäure vor der Aufnahme gebunden und ausgeschieden. Wahrscheinlich wird Rhabarber deshalb
traditionell häufig zusammen mit Milchprodukten wie Vanillesoße, Milcheis

oder im Quarkkuchen serviert. Wer sich rein pflanzliche ernährt, kann diesen
Effekt aber auch erzielen, indem er pflanzliche Calciumlieferanten mit Rhabarber kombiniert. Weil die Schale des Rhabarbers besonders viel Oxalsäure
enthält, ist es meist sinnvoll, ihn vor der Verarbeitung zu schälen. Auch Kochen hilft, den Oxalsäuregehalt zu reduzieren, allerdings vor allem dann,
wenn das Kochwasser nicht weiterverwendet wird. Frischer Rhabarber ist
kühl gelagert etwa 3 Tage haltbar. Während der Lagerung sollte er, wenn
möglich, in ein feuchtes Tuch eingewickelt werden. Bei der Lagerung muss
man darauf achten den Rhabarber nicht in der Nähe von Obst zu platzieren,
da er ansonsten schneller verdirbt. Alufolie ist ebenfalls nicht ratsam, da die
enthaltene Oxalsäure damit reagiert. So wird Rhabarber richtig geschält: Blätter und ausgetrocknete Schnittenden mit einem Messer abschneiden. Reste von
Erde unter fließendem Wasser abspülen. Das Messer an einem Stangenende
unter der Schale ansetzen, die Schale zwischen Fingern und Messer fixieren
und abziehen. Rundherum wiederholen.

Rhabarber-Kompott

Rhabarber lässt sich auf vielfältige Weise zubereiten. Während er in unseren
Breiten überwiegend als Süßspeise in Form von Kompott, Kuchen und Co.
serviert wird, genießt man ihn andernorts auch gerne in herzhaften Gerichten.
Die einfachste Weise, Rhabarber zu kochen, ist ein klassisches Rhabarber-
Kompott.

Du brauchst dafür nur drei Zutaten:
1 kg Rhabarber
150-200 g Zucker
1 Packung Vanillezucker

So wird das Rhabarberkompott zubereitet: Rhabarberstangen waschen, holzige Enden und schadhafte Stellen wegschneiden und nach Bedarf schälen.
Zucker und Vanillezucker zusammen mit etwas Wasser in einen Topf geben
und kurz aufkochen. Die Rhabarberstücke dazugeben. Die Rhabarber-Zucker-
Mischung so lange köcheln lassen, bis die Rhabarberstücke weich sind. Das
dauert meist nur wenige Minuten. Wenn man den Rhabarber dagegen zusammen mit dem Wasser erhitzt, wird er meist zu weich oder zerfällt gleich in
Fasern.
Dazu passt Sahne, Vanilleeis oder Vanille-Sauce.

Gedeckter Rhabarberkuchen

Für den Teig:
200 g Mehl
100 g gemahlene Mandeln
100 g Zucker
1 Prise Salz
1 Ei
200 g Butter
800 g Rhabarber
150 g Zucker

Für den Teig das Mehl mit den Mandeln, Zucker und Salz mischen, auf eine Arbeitsfläche häufeln und in die Mitte eine Mulde drücken. Das Ei in die Mitte geben und die Butter in Flöckchen um die Mulde herum verteilen. Mit einem Messer sämtliche Zutaten krümelig hacken und mit den Händen rasch zu einem glatten Teig verarbeiten. Zu einer Kugel formen und in Frischhaltefolie gewickelt für 30 Minuten in den Kühlschrank stellen. Den Backofen auf 180°C Umluft vorheizen.

Inzwischen den Rhabarber waschen, putzen, in 2 cm große Stücke schneiden und mit dem Zucker mischen. Den Teig halbieren und die eine Hälfte auf bemehlter Arbeitsfläche etwas größer als die Form ausrollen. Eine gebutterte Auflaufform damit auskleiden und einen Rand hochziehen. Den Rhabarber darauf verteilen. Die zweite Teighälfte in Größe der Form ausrollen und in Streifen schneiden und kreuzweise auf den Rhabarber legen. Die Ränder gut andrücken und den Kuchen im vorgeheizten Ofen 30-35 Minuten backen. Herausnehmen, auskühlen lassen, aus der Form lösen und lauwarm in Stücke geschnitten servieren.

Dazu passt Sahne, Vanilleeis oder Vanillie-Sauce
Variante: mit Erdbeeren: 400 Gr. Rhabarber und 400 Gr. Erdbeeren mischen.

Rhabarberkuchen mit Quark und Baiser

für den Mürbeteig:
325 Gramm Mehl
125 Gramm Zucker
2 Eier

125 Gramm Butter
1 Prise Salz
für die Füllung:
1 Kilogramm Rhabarber
500 Gramm Quark
2 Eier
3 Eigelb
1 Packung Vanillepuddingpulver
Für das Baiser:
150 Gramm Zucker
3 Eiweiße
1 EL Butter (zum Einfetten)

Aus Mehl, Zucker, Eier, Salz und Butter einen Mürbeteig herstellen. Den Mürbeteig in Frischhaltefolie einwickeln und in den Kühlschrank legen. Den Rhabarber in ca. 2 Zentimeter große Stücke schneiden. Für die Füllung Quark, Zucker, Eier und Eigelb mit der zerlassenen Butter und dem Vanillepuddingpulver verrühren. Den Rhabarber unter die Quarkmasse heben. Backofen auf 180 Grad vorheizen. Den Mürbeteig auf einer mit etwas Mehl besiebten Backunterlage mit einem Nudelholz ausrollen und den Teig auf ein gefettetes Backblech legen. Der Teig sollte einen kleinen Rand nach oben bilden. Die Rhabarber-Quark-Masse auf dem Mürbeteigboden gleichmäßig verteilen und ca. 45-50 Minuten backen. Kurz vor Ende der Backzeit das Eiweiß steif schlagen, den Zucker unter weiterem Rühren auf niedriger Stufe hinein rieseln lassen bis sich der Zucker aufgelöst hat. Das Baiser nun über den vorgebackenen Kuchen ziehen und bei gleichbleibender Temperatur weitere 10 bis 15 Minuten backen. Den Kuchen vor dem Servieren abkühlen lassen.

Rhabarberblootz

Süssen Hefeteieg nach Rezept, S. 68 benutzen
4 Stangen Rhabarber geputzt und in Stangen geschnitten
Semmelmehl
4 Eier
3 Esslöffel Zucker
1 Vanillezucker
2 Becher Schmand
2 Esslöffel Mehl

Denn Hefeteig dünn auswellen und auf ein gefettetes Blech legen. Zucker und Semmelmehl vermischen und auf den Teig streuen. Den Rhabarber auf dem Teig verteilen. Schmand, Eier, Mehl, Vanille-Zucker, Zucker schaumig schlagen und über den Rhabarber gießen. Bei 180 bis 200 Grad backen. Aber nicht zu schnell und nicht zu heiß, sonst verbrennt der Guss. Variante: Boden aus Mürbeteig, Sandmasse, Hefeteig, Blätterteig

Schokoladenkuchen Rigó Jancsi

Ein süßes Kleingebäck wird Rigó Jancsi genannt. Der Fürst des fahrenden Volkes Jancsi verführte 1896 zuerst mit seiner Musik, später mit seinem Charme die reiche belgische Prinzessin Chimay. Der Kuchen hat zwei Schichten sehr reichhaltigen Schokoladen-Bisquit-kuchens. Zwischen den beiden Kuchenschichten befindet sich eine dicke Schicht aus dunkler Schokolade und Sahnefüllung und eine sehr dünne Aprikosemarmelade. Die Füllung kann weiterhin einen Hauch von dunklem Rum und/oder Vanille enthalten. Der Kuchen ist weiterhin mit einer dunklen Schokoladenglasur bedeckt. 1896 spielten sie in einem Restaurant in Paris, Restaurant Payard, wo der belgische Prinz Chimay und seine junge Frau, die Tochter eines amerikanischen Millionärs, Clara Ward, alias Clara Ward, anwesend waren. Die Frau verliebte sich in den feurigen schwarzhaarigen Jancsi, sie ließ ihren Mann für ihn zurück.
Die Liebe war gegenseitig, und Jancsi ließ sich von seiner Frau Mariska Barcza scheiden. Dies löste ein so großes Aufsehen aus, dass mehrere Zeitungen, darunter die Nationalzeitung von Kálmán Mikszáth, über die Scheidungsklage berichteten. Die Liebe dauerte etwa zehn Jahre, in denen mehr als 8 Millionen Dollar verschwendet wurden.

Rigó Jancsi

5 Eier
100 gr. Zucker
100 gr. Mehl
30 gr. Kakao
30 gr. Aprikosenmarmelade
150 gr. Schokaladenzuckerguss oder Kuvertüre
100 g. Blockschokolade
500 ml Sahne
250 gr. weiche Butter

Messen Sie ihr Backblech aus. Backblech mit Backpapier auskleiden. Machen
Sie sich Markierungen und drehen das Backpapier um. Es sollen 20 gleich
grosse Teile entstehen. Ein Standardblech hat 40 x 32 cm. Eier, Zucker, Mehl,
Kakao, weiche Butter mindestens 5 Minuten aufschlagen. Der Teig wird weicher und vergrössert sich. und den Teig sauber verteilen. Backen bei 170 Grad.
Stäbchenprobe machen. In der Mitte bei 20 cm einmal durchschneiden. Dann
können Sie den Boden besser längst schneiden. Sie haben jetzt vier gleich grosse Teile. Die zwei unteren Teile werden dünn mit Aprikosenmarmelade bestrichen. Die beiden oberen Teile mit Schokaladenzuckerguss oder Kuvertüre
einpinseln oder begiessen. Nun die Sahne aufschlagen. Die Blockschokolade
bei 30 Grad im Wasserbad aufschlagen und schnell in die Sahne einrühren.
Diese Sahne wird jetzt auf die beiden unteren Böden auf die Marmelade verteilt. Darauf kommen jetzt die beiden oberen Teile.

Tipp zum Schneiden. Bevor sie die beiden Schokoladen-Deckel aufsetzen,
schneiden Sie die 20 Stücke an. Dann kann man später besser alles schneiden.

Ribiselkuchen mit Baiserhaube oder
Johannisbeerenkuchen mit Baiserhaube

Für den Biskuit:
6 Eier, nicht getrennt
eine Prise Salz
6 EL Zucker
6 EL glattes Mehl
Für die Baiser-Masse
5 Eiweiß
1 EL Zitronensaft
10 EL Zucker
etwa 400 g Ribisel/Johannisbeeren

Ofen auf 180° vorheizen. Eier, Salz und Zucker zu einer sehr dickcremigen
Masse aufschlagen, Mehl darüber sieben und vorsichtig unterziehen. Teig auf
das Blech streichen und etwa 10-12 Minuten hell backen.
In der Zwischenzeit die 5 Eiweiß mit dem Zitronensaft steif schlagen, dabei
den Zucker löffelweise einrieseln lassen. So lange weiter schlagen, bis das
Eiweiß glänzt und so steif ist, dass man feste, standhafte Zacken aufziehen
kann. Die Ribisel/Johannisbeeren unterheben und die Masse auf das heiße

Biskuit streichen. Das Blech wieder in den Ofen schieben und den Belag in etwa 10 Minuten goldgelb backen bzw. so lange, bis die Baiser-Zacken zu bräunen beginnen. Dann den Ofen ausschalten, kurz öffnen, dass die feuchte Luft entweichen kann und den Kuchen weitere 10 Minuten bei geschlossener Ofentüre trocknen lassen.

Arme Ritter

2 altbackene Brötchen in dicke Scheiben schneiden
oder vom altbackenen Weißbrot 4 dicke Scheiben abschneiden oder vom altbackenen Zopf 4 dicke Scheiben abschneiden

1 Ei
1 Tasse Milch
1 Vanille-Zucker
Zucker/Zimt Mischung zum bestreuen
Butter zum Ausbraten

Die Zutaten in einem tiefen Teller gut verquirlen. Die Scheiben für mindestens 5 min in die Eiermischung geben und zwischendurch mal umdrehen. Butter nicht zu heiß werden lassen. Die Scheiben langsam braten, bis sie goldbraun sind. Mit Zucker/Zimt Mischung bestreuen und warm essen.

Arme Ritter

Arme Ritter sind eine einfache Speise aus altbackenen Brötchen oder Weißbrotscheiben. Weitere, teils regionale Bezeichnungen sind: Rostige Ritter, Semmelschnitten, Semmelnudeln, Semmelschmarrn, Weckzämmädä, Kartäuserklöße, Weckschnitten, Gebackener Weck, Bavesen, Pofesen, Blinder Fisch (mit Zwieback). In Amerika werden diese zum Frühstück als French Toast gegessen. Als rabanadas sind sie in Portugal ein traditionelles Gebäck zu den Weihnachtstagen, das entweder in einer Mischung aus Ei und Milch oder in Wein, Tee oder Wasser getunkt wird. Die rabanadas werden nach dem Frittieren mit Zimt und Zucker bestreut oder mit einer Sauce aus Zucker, Zimt, Wasser und Portwein begossen. Zur Zubereitung werden die halbierten, selten auch entrindeten, Brötchen oder Weißbrotscheiben in einer Mischung aus Milch oder Rahm mit Eiern, Zucker, Vanille und Salz eingeweicht und anschließend in Butterschmalz oder anderem Fett gebraten. Je nach Rezept und Region wird zwischen zwei Brotscheiben Pflaumenmus oder Konfitüre gegeben, was aus den Armen Rittern Reiche Ritter macht, oder das eingeweichte Brot wird vor dem Herausbacken in Paniermehl gewälzt. Serviert werden sie mit Puderzucker, Ahornsirup oder einer Mischung aus Zimt und Zucker sowie Vanillesauce. Zu den verwandten Gerichten gehören auch der als Auflauf gebackene, vor allem in Österreich und dem südlichen Bayern bekannte Scheiterhaufen und der im Südwesten Deutschlands sogenannte Ofenschlupfer. Ähnlich kann das Gericht als Semmelauflauf beispielsweise mit geriebener Zitronenschale, Vanille und Rosinen in einer Auflaufform, bedeckt mit geriebenen Semmeln, Zimt, Zucker und Butterflocken, gebacken werden; der gebackene, in Scheiben geschnittene Auflauf kann in Butter gebraten und mit Kompott oder Saft serviert werden.

Rosenküchle oder frittierte Waffeln

Rosenküchle ist ein altes traditionelles Eiergebäck der schwäbischen Küche. Der Teig besteht aus Milch, Mehl, Zucker, Salz und Eiern. Man benötigt ein spezielles Roseneisen, welches es in verschiedenen Formen gibt.

Der Teig läst sich sehr gut vorbereiten und das Gebäck kann auch sehr gut in geselliger Runde zusammen mit den Gästen oder vor den Gästen gebacken werden. Die Rosenküchle gab es schon vor ca. 200 Jahren. Die dazu notwendigen Eisen gab es in unterschiedlichen Formen so zum Beispiel auch als Schnecke, die auch Sprungfeder oder Spiralwaffel genannt wird, oder regionale Motive wie Blumen, Kreuz, Herz oder Initialen eines Hochzeitspaares oder eines Bäckers. Ähnliche Spezialitäten sind die Schlotfeger bei denen um das konische Eisen eine Scheibe Teig gelegt wird der mit Bindfaden umwickelt Frittiert und mit Zucker und Zimt bestreut mit Sahne gefüllt wird, das Schneeballen Eisen aus Rothenburg Tauber, Römische Pasteten Eisen, sowie Gebäcke wie Strauben die mit einem Trichter ins Fett portioniert werden. Überlieferungen gibt es auch aus Siebenbürgen, denn dort wurden Baumstriezel, ein Gebäck auf einem konischen Holz im Backofen oder auf Holzkohle gebacken.

Rezept 1, wie es immer wieder gelingt.

1 Ei
2 TL Zucker
1 x Vanilienzucker
Prise Salz,
100 ml Milch,

100 ml Mehl (oder 1Tasse)
Backpulver
Kokosfett zum Ausbacken

Wichtig ist, das Fett (Kokosfett) und die Waffelform muss heiß sein, damit der Teig anhaftet beim eintauchen, wenn es sich nicht ablöst ist es ok.

Rezept 2, Zutaten für ca. 15 Küchle
350 g Weizenmehl
5 Eier
¼ Liter Milch
2 EL Zucker
1 TL Salz
1 Vanilleschote
1 Zitrone Abrieb und Saft
Pflanzenfett, Biskin oder Schweineschmalz zum Ausbacken
Puderzucker zum Bestäuben

Das Rosenküchle-Eisen wird zum Erhitzen in einen Topf, ein Fondue oder die Friteuse gestellt. Danach werden die oben angegebenen Zutaten zu einem glatten Teig gerührt. Bitte nicht schaumig schlagen. Das mindestens 10 Minuten im Fett erhitzte Rosenküchleeisen kann nun zu 2/3 in den Teig getaucht werden. Nachdem innerhalb weniger Sekunden eine dünne Teigschicht am Rosenküchleeisen anhaftet, im Fett ca. 1 Minute ausbacken. Während des Ausbackens, das Eisen etwas bewegen und zum Lösen den Stiel etwas gegen den Topfrand klopfen, damit sich das Rosenküchle vom Eisen löst. Das gelöste Rosenküchle mit einer Drahtkelle wenden und auch von der anderen Seite noch 15 Sekunden backen. Das fertige, goldgelbe und knusprige Rosenküchle wird auf Küchenkrepp abgetropft und nach Belieben mit Puderzucker abgepudert und warm serviert.

<u>Rührei</u>

Das wichtigste sind gute Eier. Wenn du keine Bauernhofeier kaufen kannst, nimm Bio. 12 Stück zu 3 Euro. Dann Butter nicht zu heiß machen. Die Eier verquirlen, aber nicht zu stark. Langsam braten und vor allem nicht zu lange. Sie müssen cremig sein. Eier ziehen auf dem Teller noch nach. Mit einer Prise Salz würzen.

<u>'Ruggele'</u>

heißt auf Alemannisch 'rollen', und die Ruggele werden durch Aufrollen eines dreieckigen Teigstreifens hergestellt. Daher liegt die Vermutung nahe, dass die Ruggele aus dem alemannischen Sprachraum, also aus südwest-Deutschland oder der Schweiz stammen.

200 gr Butter
300 gr Mehl
200 gr Frischkäse (Doppelrahm)
40 gr brauner Zucker
40 gr weißer Zucker
50 gr Haselnüsse gemahlen
Butter, Mehl und Frischkäse alles zu einem glatten Teig verkneten, für 20 min kaltstellen. Zucker und Haselnüsse mischen und das Zuckergemisch auf die Arbeitsplatte verstreuen.

Teig in 4 gleich große Stücke teilen. Den Teig rund auswellen. Mit einem Tortenteiler die Schnittkanten markieren. Insgesamt 16 Dreiecke ausschneiden und zu Hörnchen aufrollen
Blech mit Backpapier auslegen. Backofen auf 175 Grad vorheizen und 12-15min. Backen. Am besten schmecken sie frisch.

<u>Rumrosinen</u>

Man kann sich einen Vorrat an Rum-Rosinen vorbereiten. Ein Einweckglas sauber auswaschen. Die Rosinen heiß abwaschen, trocken tupfen und mit ordentlich Rum begiessen. Diese eingelegten Rosinen kann man z. B. auch für Stollen oder Rosinenkuchen benutzen.

S

<u>Sauer- und Süsskirschen einmachen</u>
<u>Kirschen, ein gutes Kompott für Kranke</u>

1 kg Süßkirschen entstiehlt und entkernt
1 kg Sauerkirschen entstiehlt und entkernt

500 g Zucker,
etwas Zimt,
3 Nelken
soviel Wasser, das die Kirschen im Topf bedeckt sind.

Zuerst die Süßkirschen mit soviel Wasser, das die Kirschen im Topf bedeckt sind, dem Zucker und dem Zimt und den 3 Nelken aufkochen, dann die Sauerkirschen obendrauf geben und nochmal soviel Wasser einfüllen, das die Kirschen im Topf bedeckt sind. Einmal aufkochen bis alle Kirschen weich sind. Die Hälfte des Saftes in saubere Flaschen abfüllen und verkorken (oder Schraubverschluss). Die Kirschen gibt man in saubere Weckgläser (oder Schraubgläser) und schließt sie. (Die Flaschen oder Gläser klicken, wenn sie abgekühlt sind durch das Vakuum)

<u>Sauerkirschsauce zu Wild</u>

350 gr. Sauerkirschen, frisch oder aus dem Glas, entkernt
0,3 Liter Wasser oder vom Fruchtsaft
50 gr. Mehl
Salz
Glas Rotwein
1 Gewürznelke
Butter
Zucker nach Geschmack, mindestens 5 EL
Becher saure Sahne
Saft einer halben Zitrone

Sauerkirschen in Wasser oder Fruchtsaft, Nelke, Zucker, Prise Salz und Rotwein kochen. Aus Butter und Mehl eine helle Schwitze zubereiten. Die Schwitze in die Kirschsauce geben und aufkochen. Danach vom Feuer nehmen und die saure Sahne unterühren. Nicht mehr kochen.

Saure Kartoffeln

1500 gr. Kartoffeln
40 gr. Schmalz
60 gr. Mehl
Salz
1 Lorbeerblatt
30 gr. Zwiebel
Tasse Essig
Halber Becher saure Sahne
Pfeffer
10 gr.

Kartoffeln schälen, abwaschen und in Scheiben schneiden. Nicht zu weich kochen, salzen, Lorbeerblatt hinzufügen. Eine helle Mehlschwitze bereiten, die Zwiebeln hinzufügen und mit 1 Becher Koch-Wasser und Essig begiessen und gut rühren. Mit Essig und Zucker zusätzlich abschmecken. Hierein die Kartoffeln geben, abschmecken, pfeffern und die Sahne unterrühren.

saure Nierle

500 g Nieren
Milch
30 g Fett
1 Zwiebeln
1 EL   Mehl
125 ml Wasser oder andere Flüssigkeit
4 EL Sauerrahm
Balsamico-Essig
1 Prise Zucker
Salz und Pfeffer

Nieren waschen, häuten, in Streifen schneiden, nochmals waschen und in Milch einlegen.
Gehackte Zwiebel in Fett glasig dünsten, Nieren zugeben und solange schmoren, bis sie nicht mehr rot sind. Mehl darüber stäuben, leicht anbräunen und

mit Flüssigkeit aufgießen. Zugedeckt 5 Minuten dünsten lassen. Rahm, Essig und Gewürze zufügen, abschmecken und zum Schluss erst salzen.
Nicht mehr kochen lassen, sonst werden die Nierchen zu hart. Als Beilage passen dazu Semmelknödel oder Bratkartoffeln, Kartoffelbrei. Wer mag, kann sich vor dem Essen roten Balsamico-Essig drüber gießen.

Sauerkrautsuppe, ungarische

Sauerkraut
Eisbein oder Stelze
Paprika
Zwiebeln
Rindsuppe
Kümmel

Für die ungarische Sauerkrautsuppe zunächst Zwiebeln schälen, halbieren und in feine Scheiben schneiden, Selchspeck klein würfeln. Speckwürfel in einem Topf ohne Zugabe von Fett anbraten und auslassen. Zwiebel hinzufügen und goldgelb rösten.Topf vom Herd nehmen, Paprikapulver kurz unterrühren und mit Rindssuppe aufgießen. Stelze hinzufügen und 1 Stunde weich kochen. Abkühlen lassen und in Stückchen schneiden. Sauerkraut abtropfen lassen. Wer die Suppe nicht so sauer mag, kann das Sauerkraut kurz mit Wasser abspülen. Danach das Kraut und gehackten Kümmel zur Suppe hinzufügen und zugedeckt für 30 Minuten weich dünsten. Fleisch dazugeben. Petersilie waschen und fein hacken. Ungarische Sauerkrautsuppe mit Salz und Pfeffer abschmecken. Wer die Suppe dicker mag, nimmt Mehlschwitze.

Schichtsalat

wir benötigen eine große Schüssel mit Deckel

1 kleines Glas Selleriesalat, oder siehe Rezept Apfel-Selleriesalat
1 kleine Dose Mais
1 Dose Ananas
1 Stange Porree
200 g Kochschinken
200 g Reibekäse
Glas Mayonnaise

4 Eier, hart gekocht
1 Teelöffel Senf
Salz und Pfeffer nach Geschmack

Den Porree putzen und in feine Ringe schneiden. Den Schinken in kleine Stücke schneiden. Die Dose Ananas abgießen. Den Saft von der Ananas mit der Mayonaise und zwei kleingehackten Eiern, Senf, Salz, Pfeffer gut vermischen und als Dressing beiseite stellen. Sellerie abtropfen und unten in die Schüssel geben.Nun wie folgt schichten: Mais, Porree, Ananasstücke und Schinken. Anschließend oben mit der Mayonnaise beträufeln. Mit den in Scheiben geschnittenen Eiern belegen und zum Schluss mit Käse bestreuen. Den Salat mit einem Deckel oder Teller zudecken und über Nacht kalt stellen. Die Schüssel genauso auf den Tisch stellen. Der Salat vermischt sich automatisch.
Würde man ihn vorher durchmischen, entstünde eine Matsche und der ganze Salat wäre ruiniert. Wer keinen Sellerie mag, lässt ihn weg.

Schinkenflecken

500 gr. Mehl
3 Eier
0,2 L saure Sahne
150 gr Schinken
Salz Pfeffer
Wasser

Aus Mehl, 1 Ei, wenig Wasser einen Teig kneten, ausrollen und in Würfel schneiden. Antrocknen lassen. Nun kochen und abschrecken. Ausbreiten. Schinken und Paprika anbraten. Die anderen Eier mit der sauren Sahne verkleppern. Mit den Nudeln vermischen und in eine feuerfeste Form geben. 10 Minuten bei 200 Grad backen.

<u>Schmalz</u> oder Warum ist das Essen bei der Omi immer so lecker?

Wegen seines ausgeprägten Aromas wird Schmalz vor allem deftigen Gerichten wie Eintöpfen oder Braten zugegeben. Im Vergleich zu vielen pflanzlichen Ölen ist es gut und hoch erhitzbar.

Beliebt ist es für Schmalzbrot. Traditionell wird auch Kuchenteig etwas Schmalz hinzugefügt, um den Geschmack zu verbessern oder wie beim schwäbischen Zwiebelkuchen werden vor dem Backen Schmalzflöckchen auf dem Kuchen verteilt. Jede Bratkartoffel, jedes Kohlgericht, wie Rotkohl oder Kohlrouladen, jedes Schnitzel oder Fleischpflanzerl gewinnt deutlich an Geschmack. Schmalz (von mittelhochdeutsch smalz; verwandt mit schmelzen), ist ausgelassenes tierisches Fett z. B. von Schweinen, Gänsen und früher auch von Hühnern. Das Schlachtfett von Rindern hat einen höheren Schmelzpunkt und wird Talg genannt. Im weiteren Sinne wird auch Butterschmalz zum Schmalz gezählt. Um Schmalz herzustellen, werden ungeräucherter Schweinespeck oder Gänsefett kleingeschnitten und bei mäßiger Temperatur ausgebraten. Anschließend wird das Schmalz durch ein sauberes Baumwolltuch gefiltert und geklärt. Da das Fett beim ausbraten durch den Entzug von Wasser und Eiweiß kaum verdirbt, kann Schmalz, soweit kühl und dunkel gelagert, durch Luftabschluss auch zur Konservierung von gegartem Fleisch verwendet werden. Die Haltbarkeit von Schmalz ist zwar ziemlich lang, aber wenn Sie es noch länger aufbewahren müssen, können Sie es einfrieren. Da Lebensmittel im Allgemeinen nicht gerne wiederholt eingefroren und aufgetaut werden, ist es am besten, Schmalz in kleinen Portionen einzufrieren.

__Schneckennudel__ 1

Einen süßen Hefeteig zubereiten, siehe Rezept unter (Hefeteig). Nun kann man verschiedene Füllungen zubereiten:

Zimt-Zucker
Apfelstücke und Zimt
Mohn
(Rum)-Rosinen
Nussfüllung

Mit dem Nudelholz ca. 45 x 35 cm groß ausrollen. Gleichmäßig mit der Füllung bestreichen. Den Teig von der langen Seite aus aufrollen. In 10 gleich breite Stücke schneiden und mit den Schnittflächen nach unten auf ein Blech setzen. Weitere 30 Minuten gehen lassen. Mit Eigelb bestreichen und bei 180 Grad c. 25 bis 35 min backen. Das Gebäck soll schön braun sein. Abkühlen lassen. Aus Zitrone, Wasser und Puderzucker eine flüssige Glasur herstellen und die Schneckennudeln bestreichen.

<u>**Schneckennudel**</u> **2** aus der Backform

Einen süßen Hefeteig zubereiten, siehe Rezept unter (**Hefeteig**). Die Zubereitung ist die Gleiche wie oben, nur werden die Schnecken in eine gebutterte Backform geschichtet.
Den Backofen auf 180 °C (Gas 3, Umluft 160 °C) vorheizen. Schneckennudeln im heißen Ofen auf einem Rost auf der mittleren Schiene 45 Minuten backen. Auf einem Kuchengitter 10 Minuten abkühlen lassen.
Das Gebäck soll schön braun sein. Abkühlen lassen. Aus Zitrone, Wasser und Puderzucker eine flüssige Glasur herstellen und die Schneckennudeln bestreichen.

<u>**Füllungen für Schneckennudel:**</u>

<u>**Nussfüllung**</u>

250 g Haselnüsse
100 g Zucker
2 Pck. Vanillezucker
etwas Zimt
10 EL süße Sahne

Die Nüsse in der Pfanne anrösten. Nun mahlen. Alle Zutaten verkneten und zu einer Kugel formen. In den Kühlsckrank stellen. Vor dem Backen ca. 30 min in der Küche aufwärmen. Kalt kann man den Nussteig sehr gut ausrollen. Umso wärmer der Teig, umso mehr klebt er.

<u>**Mohnfüllung**</u>

250 g gemahlenen Mohn mit Milch bei mittlerer Hitze in einem Topf aufkochen, dabei gelegentlich umrühren. Dann ca. 100 g Zucker und Zitrone für den runden Geschmack hinzufügen. Umrühren, die Temperatur reduzieren und 10 Minuten kochen lassen, bis der Mohn weich ist. Den Topf beiseite stellen und vollständig abkühlen lassen. Diese Mohnfüllung wird beim Abkühlen dicker und sämiger. Die Fülle darf erst verwendet werden, nachdem sie komplett abgekühlt ist.

<u>**Apfelstücke und Zimt-Zucker-Füllung**</u>

5-6 geschälte saure Äpfel klein raspeln und großzügig mit Zimt-Zucker bestreuen. Mit der Zubereitung der Schneckennudeln nicht zu lange warten, denn sie saften schnell aus.

<u>**Schnecken**</u> **zubereiten**

120 Weinbergschnecken
4 Zwiebeln
150 gr. Butter
150 ml trockener WEisswein oder Wermut
500 gr. Kräuterbutter
2 Baguettes
Die Schnecken waschen und im Sieb abtrofen. Dann kurz blanchieren und in Eiswasser abschrecken. Nun mit einem Pieker die Schnecken vom Gehäuse befreien. Butter erhitzen und die gewürfelten Zwiebeln anschwitzen. Die Schnecken dazu geben und mit Weisswein ablöschen. Eine Stunde leise köcheln. Nun die Schnecken in die Gehäuse zurücktun und mit Kräuterbutter verschliessen. In einer Schneckenpfanne je 12 Stück platzieren oder alle 120 auf einem Blech so hinlegen, das die Öffungen oben sind. 3 Minuten im Ofen garen und mit Baguette servieren.

<u>**Schneeball**</u>,

häufig auch Schneeballen genannt, ist ein Gebäck aus Mürbeteig, das in Österreich und in der Region Hohenlohe/Franken (Rothenburg ob der Tauber, Feuchtwangen, Dinkels-bühl) bekannt ist. Seinen Namen verdankt es seiner kugeligen Form und der traditionellen Dekoration mit Puderzucker. Der Schneeballen hat einen Durchmesser von zirka acht bis zehn Zentimetern. Seit mindestens 300 Jahren sind die Schneeballen vor allem in Österreich sowie im Hohenlohischen und Fränkischen bekannt. Wurden sie einst vor allem zu besonderen Anlässen wie beispielsweise Hochzeiten serviert, können die runden Gebäckstücke heute rund um Rothenburg ob der Tauber und Dinkelsbühl in den meisten Bäckereien, Konditoreien und Cafés erworben werden. Es gibt sogar Unternehmen, die sich auf die Herstellung von Schneeballen spezialisiert haben und diese in immer neuen Variationen anbieten. Neben den klassischen, mit Puderzucker bestäubten Schneeballen finden sich dort auch mit Schokolade und Nüssen überzogene sowie mit Marzipan, Vanille, Nougat u. a.

gefüllte Kreationen. Für Touristen sind die Schneeballen ein beliebtes Mitbringsel.

<u>Fränkische Schneeballen</u>

4 Eigelb
2 Eier ganz
9 EL Sahne
1 EL Zucker
1 Prise Salz
750 g Mehl
Butterschmalz, zum Ausbacken

Das Butterschmalz in der Fritteuse oder in einem Topf auf ca. 180°C erhitzen. (Probe: taucht man einen Holzkochlöffel in das Fett, steigen kleine Bläschen auf). Den Mürbeteig in mehreren Etappen mit dem Nudelholz etwa 3 mm dick ausrollen. Aus dem ausgerollten Teig Quadrate von ca. 17 x 17 cm mit einem Teigrädchen ausradeln und etwa 10 Minuten zum leichten Abtrocknen ruhen lassen. Dabei eventuell einmal wenden und ganz dünn mit Mehl bestreuen. Danach in jede Teigplatte in etwa 1 – 1,5 cm Abstand wiederum mit dem gezackten Teigrädchen Streifen radeln, dabei aber bei der Teigplatte ringsum einen etwa 1,5 cm breiten Rand stehen lassen. Bei Verwendung von einem Schneeballeneisen oder auch unter der Bezeichnung Schneeballform bekannt (im Fachhandel oder im Internet erhältlich) dieses vor dem ersten Einfüllen im heißen Öl erwärmen, danach auf Küchenpapier abtropfen lassen. Jede eingeschnittene Teigplatte nun auf einen Kochlöffelstiel auffädeln. Dazu die Teigstreifen mit dem Holzstiel abwechselnd so aufnehmen, dass immer ein Streifen frei bleibt, wie man es vom Weben oder Löcher in Strümpfen stopfen her kennt. Den Holzlöffel hochheben, dabei mit der anderen Hand gleichzeitig locker den Teig von unten her festhalten, in das geöffnete Schneeballeneisen einlegen, verschließen und zunächst senkrecht stehend in das heiße Öl setzen, dabei die Schneeballform an der oberen langen Halterung festhalten und für gut 30 Sekunden ständig im Öl drehen, wobei eine schöne Rundung vom Schneeballen entsteht. Danach kann man die Schneeballform schräg im Fett liegen lassen und hin und wieder auf die andere Seite drehen. Nach 5 – 6 Minuten Ausbackzeit hat das Gebäck eine zart goldbraune Farbe angenommen und ist fertig zum Herausnehmen. Das geschlossene Schneeballeisen hochheben, gut abtropfen lassen, danach den Schneeball entnehmen und auf einer dicken Lage Küchenpapier zum Abtropfen des Fettes legen. So fort fahren bis alle Schneebälle gebacken sind.

251

<u>**Schnitzel Balkony Art**</u>
<u>**Schnitzel Budapester Art**</u>
<u>**Schnitzel Holsteiner Art**</u>
<u>**Z. Schnitzel**</u>

Bei diesen Gerichten handelt es sich immer um kurz gebratene Schweineschnitzel mit Beilage. Man kann auch Lende nehmen. Je nach Geldbeutel
nimmt man Huhn, Pute, Schwein oder Rind. Je nach Gusto isst man Pommes
oder Kroketten oder Reis oder vielerorts auch Petersilienkartoffeln.

<u>Balkony Art:</u>
Pilze werden gesäubert und mit Zwiebeln scharf angebraten. Gut würzen und
mit Sahne aufgegossen. Ggf. mit Kräutern, z. B. Majoran aromatisieren.

<u>Budapester Art:</u>
Dieses Gericht ist ganz interessant. Es wurde auf der Brüsseler Weltausstellung 1958 im ungarischen Zelt präsentiert. Pilze, Zwiebeln, gelber Paprika und
Hühnerleber werden vorsichtig zu einer dicken Sauce gekocht. Die Leber muss
weich sein. Dazu kommen noch grüne Erbsen. Ein großer Schöpfer kommt auf
das Fleisch. Reis schmeckt dazu am besten.

<u>Holstein Art:</u>
Es wird ein Letscho aus Paprika, Zwiebeln, Tomaten und Gewürzen gekocht.
Dieses wird großzügig über das Fleisch verteilt und 2 Spiegeleier vervollstän-
digen das Gericht.

<u>Z. Schnitzel:</u>
In Ungarn ist das Wort „Z. " nicht verboten und sie sind Teil des normalen
Straßenbildes. Sie bezeichnen sich selber stolz als „Z". Das Z. Schnitzel ist hier
in Ungarn kein Schnitzel mit Letscho, sondern ein Schnitzel mit extrem viel
Knoblauch.

<u>Schnitzel Budapest</u>

6 Scheiben Schweinefleisch, z .b. Schnitzel, oder Lende
150 gr Hühnerleber
100 gr Champignons
1 kleine Zwiebel

1/2 grüne Paprika
150 Gr. grüne Erbsen
1 Esslöffel Tomatenmark
Salz
frisch gemahlener Pfeffer
ein wenig Speiseöl
200 ml Suppenbrühe

Öl erhitzen, die Zwiebel in kleine Stücke schneiden und zusammen anbraten
und mit gemahlenem Paprika bestreuen. Gut anrösten. Das Fleisch extra braten und warm halten. Fügen Sie die gewaschenen Hühnerleberstücke zu den
Zwiebeln und geben grüne Erbsen, geschnittene Pilze und grüne Paprikascho-
tenscheiben hinzu. Mit Salz bestreuen. Fügen Sie das Tomatenmark hinzu und
mischen Sie es gut mit dem Ragout. Jede Person bekommt ein Stück Fleisch
und darauf eine Kelle von dem Ragout. Mit Reis essen.

Z. Schnitzel

4 Kalbsschnitzel (oder Schweins- und Hühnerschnitzel)
1 Prise Salz
1 Prise Pfeffer
50 g Mehl
2 EL Butterschmalz
1 Stk. Zwiebel
3 Stk. Paprika
1 Stk. Pfefferoni
1 Stk. Knoblauchzehe
3 Stk. Tomaten (aus der Dose, geschält)
125 ml Weißwein
1 TL Tomatenmark
1 TL Paprikapulver (edelsüß)

Für die **Z. Schnitzel** zuerst das Fleisch leicht klopfen. Sodann mit Pfeffer und
Salz würzen und in Mehl wenden. Von Pfefferoni und Paprika die Stiele und
Kerne entfernen, in schmale Streifen schneiden. Zwiebel schälen und ebenfalls
in Streifen schneiden. Den Knoblauch schälen und fein hacken. Die Tomaten in
kleine Würfel schneiden. Butterschmalz in eine Pfanne geben und erhitzen. Schnitzel von beiden Seiten bei starker Hitze jeweils 1 Minute kräftig
anbraten, 3 bis 4 Minuten bei mittlerer Hitze weiter braten. Herausnehmen, in

Alufolie wickeln und warm stellen. Knoblauch und Zwiebeln im Bratensatz
anrösten, mit Wein ablöschen, Tomatenmark zufügen. Pfefferoni, Tomaten
und Paprika unterrühren. Würzen mit Paprikapulver, Pfeffer und Salz.
Eine Viertelstunde lang bei geringer Hitze köcheln lassen. Die Schnitzel aus
der Alufolie entnehmen und mit in die Pfanne geben. Für 2 bis 3 Minuten
mitköcheln lassen. Alles auf angewärmten Tellern anrichten.

Schomlauer Nockerln

Die Schomlauer Nockerln (SOMLÓI GALUSKA) ist die bekannteste ungarische Süßigkeit In dem berühmten Gundel Restaurant in Budapest arbeitete in
den 1950er-Jahren ein Oberkellner namens Karoly Gollerits. Er ist der Erfinder
dieses Desserts, das sogar an der Weltausstellung in Brüssel im 1958 großen
Erfolg hatte und mehrere Auszeichnungen gewann.

5 Eier
0.5 Backpulver
180 Gr. Kristallzucker
150 gMehl (glatt)
60 g Kakaopulver
1 Becher Schlagobers

Guss
1 Päckchen Vanillezucker
250 ml Wasser
250 ml Rum
3 EL Zucker
150 g Rosinen

Vanillecreme
1.5 l Milch
80 g Staubzucker
80 g Vanillepuddingpulver (2 Päckchen)

Dotter, Zucker und Vanillezucker einige Minuten schaumig schlagen. Eiweiß
steif schlagen und abwechselnd mit Mehl und Backpulver unterheben. Die
Hälfte des Teiges mit dem Kakaopulver verrühren. Inzwischen den Backofen
auf 200 Grad Ober- und Unterhitze vorheizen. Dann ein Backblech mit Backpapier auslegen und den hellen und dunklen Teig nebeneinander darauf ver-

teilen. Für 20 Minuten bei 200 Grad backen lassen. Aus dem Ofen nehmen und gut auskühlen lassen. Für den Guss Wasser, Rum, Zucker und Rosinen in einen kleinen Topf geben und aufkochen. Auskühlen lassen und die Rosinen abseihen. Für die Vanillecreme Milch mit Zucker und Puddingpulver verrühren und aufkochen lassen. Immer wieder umrühren, einige Minuten köcheln. Anschließend auskühlen lassen. Hellen Biskuitteig in eine große Kastenform legen, Rosinen darauf verteilen und die Vanillecreme darüber geben. Den dunklen Biskuitteig darauf legen und mit dem Guss überziehen. Alles für 4 Stunden im Kühlschrank ziehen lassen. Mit einem großen Löffel Nockerl ausstechen und diese portionsweise auf einem Teller anrichten.

Schwamm-Nudeln

2 Eier
1 großen Esslöffel Mehl
Prise Salz
Pfeffer
Prise Muskat
1 Liter Fleischbrühe
wer mag 1 Tasse gemischtes Gemüse
(Möhren, Erbsen, Blumenkohl usw.)
Petersilie

Die Eier trennen. Aus dem Eiweiß und der Prise Salz einen steifen Schnee herstellen. Das Eigelb mit dem Mehl verrühren, Prise Muskat und Pfeffer dazugeben.Den Schnee unter den den Eigelbteig locker unterheben. Fleischbrühe einmal aufkochen, dann auf kleinster Stufe vor sich hin simmern lassen. Wer mag, kann jetzt das Gemüse dazugeben. Den Nudelteig langsam eingießen. Nicht rühren. Deckel auf den Topf geben und 5 min ziehen lassen. Oben auf der Brühe ist ein runder Pfannkuchen entstanden. Diesen vorsichtig raus heben und mit Messer und Gabel zerpflücken. Wer es schöner will, saubere Nudeln abschneiden. Die Nudeln auf den Teller geben und mit der Brühe angießen (mit oder ohne Gemüse). Mit Petersilie bestreuen.

Senf

Senf ist ein scharfes Gewürz, das aus den Samenkörnern des Weißen, Braunen und des Schwarzen Senfs hergestellt wird. Gebräuchlich sind sowohl reine Senfkörner (ganze Samen), Senfpulver (gemahlene Samen) und vor allem die aus den mehr oder weniger fein gemahlenen Samen und weiteren Zutaten bereitete Würzpaste, genannt „Tafelsenf" oder „Mostrich(t)". Das Wort Senf (von mittelhochdeutsch sёnef „Senf, Senfsamen") ist ein Lehnwort aus dem lateinischen sināpi. Ob scharf oder süß, grob oder fein, Senf ist einfach vielseitig einsetzbar. Geben Sie Senfmehl in Suppen, Saucen, oder selbstgemachte Currys um eine schöne sauerscharfe Note zu erhalten. Auch zu hellen Fleischgerichten passt Senfmehl ideal. Senfmehl verfeinert Gerichte, wird traditionell mit für die Senfherstellung genutzt und kann auch in Fußbädern zu Stärkung des Immunsystems verwendet werden. Eine Anwendung, die man gut zu Hause machen kann, ist ein

Senfmehlfußbad.

Die befreiende Wirkung der Senföle geht durch den gesamten Körper: Zwei Esslöffel Senfmehl in warmes Wasser gerührt, helfen bei Migräne, beginnenden Erkältungen, Entzündungen der Nasennebenhöhlen und Atemwegserkrankungen. Kalte Füße werden warm, sogar Schlafstörungen und Depressionen können gemildert werden. Nehmen Sie einfach 2 EL schwarzes Senfmehl für ein Fußbad bis zum Knöchel und 4 EL schwarzes Senfmehl für ein Fußbad bis zur Wade und verrühren es in warmem Wasser. Baden Sie die Füße 15 bis 20 Minuten (eventuell heißes Wasser nachgießen, damit die Temperatur konstant bleibt). Nach der Anwendung die Füße gut mit klarem Wasser abwaschen.

Senf selber machen

Senfsaat oder Senfmehl im Reformhaus besorgen

500 g Senfsaat oder Senfmehl
30 g Salz
125 g Zucker
1.000 ml Wasser
300 ml Weißweinessig (5% Säure)
2 EL Honig

Einweckgläser oder Schraubgläser
Stabmixer

Zubereitung: Wenn du Senfsaat verwendest, musst du diese zuerst mahlen.
Das geht am besten in einer sauberen Kaffeemühle. Du kannst aber auch direkt Senfmehl verwenden dann hast du dir diesen Schritt gespart. Den gemahlenen Senf gibst du zusammen mit dem Zucker und dem Salz in eine große
Schüssel. Das Wasser kochst du zusammen mit dem Weißweinessig und dem
Honig kurz auf und lässt es abkühlen. Sobald der Sud Zimmertemperatur hat,
gibst du Ihn zu dem gemahlenen Senf.

<u>Senf</u> verfeinern:

Wenn dir unser Basisrezept zu langweilig ist, kannst du deinem Senf natürlich
auch noch diverse Zutaten beimischen. An Kräutern eigenen sich Thymian,
Rosmarin, Dill, Estragon oder auch saisonal Bärlauch. Wer es etwas fruchtiger
und süßer mag, kann der Senfmasse folgende Obstsorten als Püree untermischen: Feigen, Datteln oder etwas Zitronenabrieb. Wenn Dir der Senf nicht
scharf genug ist, gib einfach ein bisschen frisch gehackte Chili oder Chiliflocken mit dazu.

Wie lange ist der selbst gemachte Senf haltbar?

Sofern die Weckgläser gut verschlossen sind und du den Senf kühl und dunkel
lagerst ist er bis zu 5 Wochen ohne Bedenken haltbar. Heißt du kannst auch
ruhig eine größere Menge davon machen.

<u>**Süßen Senf**</u> **herstellen:**

Zutaten
1 kleine Zwiebel (kann man auch weglassen)
2 EL dunkler Waldhonig
2 Gewürznelken
3 Wacholderbeeren
5 Pfefferkörner
1 kleines Lorbeerblatt
Salz
3 EL Essigessenz
125 g gelbes Senfmehl (Reformhaus)
40 g grünes Senfmehl (Reformhaus)

175 g brauner Zucker
2 TL geriebener Meerrettich

Die Zwiebel schälen und vierteln, mit gut 350 ml Wasser, Honig, Gewürzen,
etwa 1½ TL Salz und Essigessenz 15 Min. leise köcheln, dann abkühlen lassen.
In einer Schüssel beide Senfmehle mit braunem Zucker mischen. Essigsud
durch ein Sieb gießen und so viel davon unter die Senfmehle rühren, bis ein
ziemlich flüssiger Brei entstanden ist. Restlichen Essigsud aufheben, den Senf
zugedeckt bei Zimmertemperatur bis zum nächsten Tag quellen lassen.
Den Meerrettich und nach Bedarf weiteren Essigsud einrühren, bis der Senf
zähflüssig vom Löffel tropft. Den Senf in Steinguttöpfchen oder Gläser füllen
und im Kühlschrank mindestens 1 Woche ruhen lassen. Der Senf hält sich
genauso lang wie gekaufter. Jetzt vermischst du alles miteinander bis eine
schöne homogene Masse entsteht. Dann kommt der Stabmixer zum Einsatz.
Die Senfmasse kannst du nun so lange pürieren, bis sie die gewünschte Konsistenz hat. Achte aber darauf, das du immer wieder eine Pause machst, damit
die Masse nicht zu heiß wird. Denn sonst entfaltet der Senf zu viele ätherische
Öle und wird extrem scharf und ungenießbar! Wenn du die gewünschte Konsistenz erreicht hast, gibst du den Senf in Weckgläser und lässt ihn 2-3 Tage
ruhen.
Tipps & Hinweise
Wenn du Senfsaat verwendest, kannst du sowohl groben als auch feinen Senf
herstellen. Sofern du direkt Senfmehl nimmst, klappt natürlich nur der feine
Senf. Sollte dir der Senf nach dem Pürieren nicht fein genug sein, kannst du
Ihn auch noch durch ein feines Sieb passieren. Es ist wirklich wichtig das du
den Sud gut abkühlen lässt, bevor du ihn zum Senfmehl gibst, gleiches gilt für
die Pausen beim Pürieren.

<u>Senfeier</u> für 4 Personen

8 mittelhart gekochte Eier
Margarine
Mehl
Tasse Brühe
5 große Esslöffel mittelscharfer Senf
8 große Pellkartoffeln oder 12 mittlere Pellkartoffeln
Milch oder Sahne
Pfeffer, Salz

In einem Topf ca. zwei Esslöffel Margarine flüssig werden lassen. Das Mehl dazugeben und mit dem Schneebesen verrühren, dass sich keine Klümpchen bilden. Mit der Brühe sowie Milch oder Sahne ablöschen und kräftig rühren bis das ganze sämig wird. Den Senf dazugeben, kräftig verrühren.
Die Sauce sollte schön cremig sein, mit Salz und Pfeffer abschmecken, die Eier dazugeben. Variante: Speck und Zwiebel kräftig anbraten und daraus die Sauce zubereiten.

Senf-Honig Sauce zum Dippen

2 EL Honig
2 EL Zitronensaft
½ TL Senfpulver
½ TL rote Paprikapulver edelsüß
Alle Zutaten in einem Topf vermengen.
Bei schwacher Hitze unter ständigem Rühren die Senf-Honig Sauce zum Kochen bringen.Die fertige Sauce vom Herd nehmen und vollständig abkühlen lassen. Die Sauce schmeckt sehr gut zu kaltem Braten oder kaltem Räucherfisch.

Senf-Honig Sauce zum Dippen (2)

150 g mittelscharfer Senf
1 Esslöffel Wasser
1 Esslöffel süßer Senf
2 Esslöffel Honig
optional: 4 Zweige Dill oder 1 Zweig Estragon oder 1 Chilischote
Pfeffer, Salz zum Abschmecken
Alles miteinander verrühren, den Dill oder Estragon oder Chili fein hacken und unterrühren. Kalt stellen. Die Sauce schmeckt sehr gut zu kaltem Braten oder kaltem Räucherfisch.

Siedfleisch, Tafelspitz

Rindfleisch versäubern, die Haut abmachen. 1 kg Rindfleisch benötigt im Schnellkochtopf 45 Minuten. Man kann Suppenfleisch nehmen, aber auch Beinscheiben. In Ungarn muss man Tafelspitz bestellen. Eine Zwiebel mit Schale halbieren und im Topf kurz anbrennen lassen für eine schöne Farbe. Das Fleisch mit Suppengemüse, den Zwiebeln, Lorbeerblatt, Pimentkörnern,

Wacholder in den Schnellkochtopf geben und mit Wasser bedecken. Kein Salz!
Das blutet das Fleisch aus. 45 Minuten kochen und probieren, ob es durch ist.
Das Fleisch rausnehmen und abkühlen lassen. Kartoffeln schälen und kochen.
Eine Buttermehlschwitze zubereiten, den Rettich aus dem Glas unterrühren
und mit der Kochbrühe vom Fleisch angießen. 1 Zitrone auspressen, dazugeben. Alles glatt verrühren. Mit Pfeffer und Salz abschmecken, ggf. Brühe. Falls
zu sauer, ein bisschen Zucker dazugeben. Das Fleisch in dünne Scheiben
schneiden und mit Kartoffeln, Sauce, roter Beete servieren. Einen Tag später
gibt's dann Gaisburger Marsch. Die restliche Brühe nehmen. Suppengemüse-
würfel dazu. Das restliche Fleisch vom Vortag in kleine Streifen schneiden.
Eine Kartoffel klein Würfel und in der Brühe weich kochen. Die Spätzle in
Butter anbraten. Man kocht die Brühe auf. Das Fleisch kommt mit den warmen Spätzle in den tiefen Teller, gibt die Brühe mit Kartoffeln und Suppengemüse dazu. Das Fleisch wird im Teller warm serviert.
Petersilie drauf.

<u>**Spargel**</u>

Spargel lässt sich nach seiner Farbe grundsätzlich in drei verschiedene Typen unterteilen: weißen, grünen und violetten Spargel. Streng genommen handelt es sich dabei jedoch nicht um verschiedene „Sorten". Vielmehr sagt die Farbe etwas darüber aus, wie viel Licht die Spargelstangen während des Wachstums ausgesetzt waren: Die vollständig mit Erde bedeckten weißen Spargelstangen verfärben sich durch Sonnenstrahlung zunächst violett, später dann grün. Weißen Spargel sollte man stets gut schälen und die holzigen Enden abschneiden. Das ist zeitaufwändig, aber es lohnt sich, da faserige Teile den Spargelgenuss schnell trüben können. Weißer Spargel wird klassisch mit Sauce Hollandaise serviert. Violetter Spargel schmeckt ein wenig kräftiger als weißer Spargel. Wegen des feinen Geschmacks gilt er besonders in Frankreich als Delikatesse. Bei Geschmack und Zubereitung unterscheidet sich der grüne Spargel deutlich vom weißen. Er schmeckt etwas kräftiger und würziger. Die Stangen sind dünner, die Garzeit dadurch kürzer. Spargel enthält viele Mineralstoffe – wie Kalium (190 bis 280 Milligramm pro 100 Gramm), das blutdrucksenkend wirkt und wichtig für das Funktionieren der Nervenreizleitungen ist. Das Kalzium im Spargel (20 bis 22 Milligramm pro 100 Gramm) ist ein wichtiger Baustein für Zähne und Knochen.

Spargel entwässert den Körper. Spargel soll dabei helfen, das angelagerte Wasser auszuscheiden. Allgemein führt die gesteigerte Harnausscheidung auch dazu, dass beispielsweise Giftstoffe aus dem Körper geschwemmt werden. So wird das Blut gereinigt und die Leber-, Nieren- und Lungenfunktion unterstützt.

<u>**Weißer Spargel mit Sauce Hollandaise**</u>

1 kg weißer Spargel
1 Zitrone
250 g Butter
3 Eigelbe
¼ l Weißwein
Salz
Zucker
500 g festkochende Kartoffeln als Beilage

Die Kartoffeln schälen und kochen. Den Spargel putzen und die holzigen
Enden abschneiden. In einem großen, flachen Topf den Spargel mit soviel
Wasser bedecken, dass er gerade noch schwimmen kann. 1 Teelöffel Salz, 1
Teelöffel Zucker und eine halbe Zitrone sowie ein Teelöffel Butter dazu geben.
Solange kochen (ca. 10 min), bis beim reinpieken kein Widerstand spürbar ist.
120 g Butter zerlassen. Lauwarm abkühlen lassen. 3 Eigelb und 1 Esslöffel
Wasser in einer Metallschüssel kräftig mit den Quirlen des Handrührers auf-
schlagen. 3 Esslöffel Weißwein unter Rühren zugeben. Die Schüssel nun in ein
heißes Wasserbad geben. Die Masse so lange weiterschlagen, bis eine cremige
Sauce entsteht. Aus dem Wasserbad nehmen. Butter vorsichtig erst tropfen-
weise, dann mit dünnem Strahl unterrühren. Mit Salz, Pfeffer und etwas Zitronensaft abschmecken. Dazu schmeckt Schnitzel oder Kochschinken.

Spargelgerichte von den Abschnitten oder von
Bruchspargel oder übrig gebliebenem Spargel

Frühlingssuppe mit Bruchspargel

1 Liter klare Fleischbrühe
4 Stangen Suppenspargel oder 8 Stücke Bruchspargel
125 g junge Erbsen
2 Karotten
50 g Perlböhnchen (kleine grüne Bohnen)
1 gutes Stück Blumenkohl
Petersilie und Schnittlauch
1-2 Tomaten

Den Spargel putzen, holzige Enden abschneiden. Die Erbsen werden enthülst,
die Bohnen abziehen und in 2 Teile schneiden. Den Blumenkohl in kleine
Röschen teilen. Die Karotten putzen und in dünne Scheiben schneiden. Die
Brühe erhitzen und das Gemüse nur kurz angaren. Es darf nicht zu weich
werden. Mit Petersilie und Schnittlauch und klein gehackten Tomaten bestreu-
en. Die Suppe kann durch Eierstich oder der Zugabe von Flädle oder Suppennudeln oder Markklößchen verfeinert werden.

Spargelsuppe

250 g Suppenspargel
1 Liter Wasser
2 Teelöffel Salz
40 g Butter
40 g Mehl
1 Eigelb
Muskat, Pfeffer

Den Spargel schälen, in ca. 3 cm lange Stücke schneiden und mit 1 Teelöffel
Salz in ¼ Liter Wasser ca. 10 min kochen. In der Zwischenzeit aus Butter und
Mehl eine helle Mehlschwitze zubereiten. Die Mehlschwitze mit dem Kochwasser aufgießen und gut verquirlen. Mit weiterem Wasser verdünnen und
aufkochen. Eine Tasse von der Spargelsuppe kalt werden lassen und mit dem
Eigelb verrühren, dann in die heiße Suppe zurückgeben. Mit Salz, Pfeffer und
Muskat abschmecken. Die Spargelstücke nun in die Suppe geben. Die Suppe
heiß servieren. Besonders intensiv schmeckt die Suppe, wenn man die Spar-
gelschalen mitkocht. Diese müssen nach dem Kochen entfernt werden. Auch
kann man dem Kochwasser einen halben Teelöffel Zucker und eine halbe
Zitrone beigeben.

Spargelsuppe mit Ei und Blumenkohlsuppe mit Ei

1 Blumenkohl fein zerteilt oder Spargelabschnitte
1 Liter Brühe oder mehr, je nach Größe des Blumenkohl oder Spargel
Salzkartoffeln
Pfeffer
Muskat
2 Eier
2 Teelöffel Milch

Man schält den Spargel und schneidet ihn in 3 cm kleine Stücke. Den Blumenkohl zerteilt man in Röschen. In einem einem Topf kocht man den Spargel
oder den Blumenkohl in der Brühe für gut 10 Minuten lang. Die Eier und die
Milch verquirlen und langsam unterziehen. Das Ei flockt nun aus. Mit Pfeffer,
Salz und Muskat abschmecken. Variante: weil das gestockte Ei in der Suppe
oft nicht schön anzusehen ist, kann man auch Eierstich in die Suppe geben.

<u>**Spätzle**</u>

100 ml kaltes Wasser
250 g Mehl
3 grosse Eier

Für die Spätzle das Mehl mit Eiern und Wasser zu einem Teig verrühren und eine Prise Salz dazugeben. Ruhig schwungvoll rühren, damit Luft in den Teig kommt. Die richtige Konsistenz hat er, wenn er am Kochlöffel Fäden zieht, die aber nicht sofort abreißen. Den Teig ein paar Minuten stehen lassen. Einen großen Topf Wasser und Salz zum Kochen bringen.

Den Teig in die Spätzlepresse geben und und gleichmäßig in das kochende gesalzene Wasser pressen. Wenn die Spätzle aufschwimmen, abschöpfen und mit klarem Wasser abschrecken.

Man kann die Spätzle auch schaben. Dazu den Teig auf ein Brett verteilen und mit einem Küchenschaber schnell kleine Spätzle in das kochende Wasser schaben. Wer ganz faul ist, kauft sie im Supermarkt frisch oder getrocknet.

<u>**Spekulatiuscreme**</u>

als Belag für Palatcinka oder Langos oder als Tortencreme
200 g Gewürzspekulatius
120 g Kondensmilch (4% Fett)
75 g brauner Zucker
30 g Honig
80 g Butter
1 TL Spekulatiusgewürz

Den Gewürzspekulatius im Mixer ganz fein mahlen. Umso cremiger wird die Spekulatiuscreme.
Die Butter im Topf auslassen, braunen Zucker und Honig zugeben und rühren bis sich alles aufgelöst hat. Anschließend Kondensmilch, Spekulatiusgewürz und den gemahlenen Gewürzspekulatius zugeben und zu einer glatten Masse rühren. Die Spekulatiuscreme in ein Glas füllen und bei Zimmertemperatur abkühlen lassen. Später kann sie dann im Kühlschrank aufbewahrt werden.

Pellkartoffeln mit <u>Spinat</u> und Spiegel-Ei

1 Packung Spinat (frisch) ca. 500 g oder
1 Tiefkühlpackung Spinat
4 Eier
6 mittlere Kartoffeln
1 kleine Zwiebel
(Knoblauch nach Bedarf)
Öl
Butter
Salz
Pfeffer
Muskat
1 Packung süße Sahne

Den frischen Spinat gründlich waschen und klein hacken. Zwiebel klein hacken und in Öl anbraten, wer mag, kann jetzt den kleingehackten Knoblauch
dazugeben. Den Spinat drüber geben, würzen und 5 min langsam zusammenfallen lassen. Die Sahne drüber geben, gut durchrühren und noch mal mit
Pfeffer, Salz und Muskat abschmecken. Die Pellkartoffeln mit ausreichend
Wasser und 1 Teelöffel Salz langsam auf kleiner Flamme ca. 20 min köcheln
lassen. Sie sind fertig, wenn man reinpieken kann und kein Widerstand mehr
da ist. Für die Spiegeleier, Butter in eine Pfanne geben und die 4 Eier gleichzeitig braten. Ein bisschen Salz drüber geben. Das Gelb muss noch cremig, flüssig
sein, das Eiweiß allerdings gestockt.
Variante:
Tiefkühlspinat im Topf erwärmen und mit Salz, Pfeffer und Muskat abschmecken. Ggf. Mit Sahne verfeinern.
Achtung: nur einmal kurz aufkochen, das er richtig heiß ist. Dann gleich essen.
Umso länger er kocht oder steht, umso schlechter wird sein Aussehen und
Geschmack.

<u>Spinatbällchen</u>

Butter
500 gr. Spinat frisch
4 Eigelb
3 EL Sahne
30 gr. Parmesan

85 gr. Weichweizengries
Salz, Pfeffer
Zum Servieren
Butter
Salz
Salbei, optional

Butter erhitzen und Spinat 4 Minuten dünsten. Gut ausdrücken. Fein hacken. Spinat zurück in den Topf geben. 2 EL Gries und Eigelbe und Sahne und Parmesan unterühren. Würzen und 5 Minuten kochen. Aus dem Topf nehmen und kalt werden lassen. Kleine Bällchen formen. Klebt die Masse, Gries an den Handen hilft. 16 Bällchen formen und über Nacht in den Kühlschrank stellen. Nun Wasser mit Salz zum Kochen bringen und die Bällchen 3 Minuten kochen, bis sie hoch kommen. Braune Butter herstellen und ggf. Salbei ein bisschenanrösten. Uber die Bällchen geben und mit Parmesan servieren.

Spitzweck

Teig, siehe Rezept Hefeteig
Teig dünn ausrollen und in 5 cm breite Streifen schneiden. Dann schräge Rauten schneiden und noch mal gehen lassen. Mit einem feuchten Tuch abdecken. In der Friteuse von beiden Seiten hellbaun ausbacken, danach auf Küchenkrepp abtrocknen. Noch warm in Zimt-Zucker wälzen. Schmecken warm am besten.

Spritzkuchen

250 ml Wasser
60 g Butter, oder Margarine
1 Prise Salz
1 Paket Vanillezucker
125 g Mehl
4 Eier
1 TL Backpulver, gestrichen
Fett, zum Ausbacken
200 g Puderzucker
2 EL Wasser, heiß, evtl. 3 EL
1 EL Zitronensaft, oder Rum

Das Wasser mit Butter, Vanillezucker und Salz in einem Topf erhitzen, bis die Butter geschmolzen ist und die Mischung kocht. Vom Herd nehmen, das Mehl sofort auf einmal mit einem Kochlöffel kräftig einrühren, bis sich der Teigkloß vom Topfrand löst. Etwas abkühlen lassen. Dann unter kräftigem Rühren mit dem Handrührgerät die Eier einzeln einarbeiten, bis ein glatter, seidiger, spritzfähiger Teig entstanden ist. Zum Schluss Backpulver unterrühren. Großen Topf mit Fett erhitzen. Ein Stück Butterbrotpapier in der Größe des Topfes schneiden, in das heiße Backfett tauchen und auf eine Platte legen. Teig in einen Spritzbeutel mit weiter Tülle füllen und je 3 – 5 Kränze von 1½ -2 cm Höhe auf das Papier spritzen. Mit dem Papier in das heiße Fett gleiten lassen, dabei das Papier an einer Ecke festhalten, bis die Kränze abgleiten, dann herausziehen. Kränze am Anfang hin und her bewegen, damit das Fett über den Teig fließt, dann gehen die Spritzkuchen auf. Gebäck von beiden Seiten goldbraun backen. Auf einem mit Küchenpapier belegten Kuchengitter (Rost) abtropfen lassen. Für den Guss Puderzucker mit dem heißen Wasser und Zitronensaft (Rum) verrühren. Die Oberseite der Spritzkuchen damit bestreichen.

Die Steckrübe

Die Steckrüben erreichten Deutschland im 17. Jahrhundert aus Skandinavien, daher auch die Bezeichnung „Schwedische Rübe". Der tatsächliche Ursprung der Steckrübe ist jedoch ungeklärt. Heute wird sie weltweit angebaut. Erntesaison in Europa ist September bis Mai. In Notzeiten waren Steckrüben mehrfach die letzte Nahrungsreserve für einen Großteil der Bevölkerung. In die Geschichte eingegangen ist der sogenannte deutsche Steckrübenwinter während des Ersten Weltkriegs 1916/17. Da die Kartoffelernte im Herbst 1916 eine Missernte war, wurden Steckrüben als Ersatz. herangezogen. Sie waren vorher hauptsächlich als Schweinefutter angebaut worden. Da praktisch alle Lebensmittel in Deutschland knapp waren, dienten Steckrüben als Basis für die verschiedensten Gerichte, 1917 erschienen eigens Steckrüben-Kochbücher. Auch im Hungerwinter 1946/47 nach dem Zweiten Weltkrieg kamen in Ermangelung ausreichender Nahrungsmittelmengen die Ersatzrezepte für Steckrüben vielfach zum Einsatz. Heute wird die Steckrübe in vielen Restaurants als winterliche Delikatesse angeboten. Die gelbe Steckrübe (die weiße Steckrübe ist weiterhin vor allem Tierfutter) hat gerade einmal rund 35 Kalorien pro 100 Gramm, liefert dafür aber viele pflanzliche Kohlenhydrate, Kalzium, Kalium, Beta-Carotin sowie B-Vitamine und das Vitamin C.

Sie schmeckt durch den hohen Fruchtzuckeranteil leicht süss, aber auch herb
und erdig. Sie erinnert geschmacklich an eine Mischung aus Kohlrabi und
Möhren, kombiniert mit einer herben Note, die je nachdem, ob die Rübe etwas
Frost hatte oder nicht – dadurch wird die Steckrübe nämlich süßer, fast leicht
bitter im Gaumen wirken kann.

Steckrübeneintopf

1 Steckrübe
1 Suppengrün
4 Kartoffeln
250 Gr. Schweinfleisch, durchwachsen
2 Knacker (geräucherte Mettwurst) oder
2 Pfefferbeisser
Schmalz zum Anbraten, 2 Esslöffel
Pfeffer
Salz
Majoran
1 bis 2 Liter Brühe
Schuss Maggie

Das Suppengrün putzen und in kleine Stücke schneiden. Die Hälfte davon
frieren wir ein. Die Steckrübe schälen und in kleine Stücke schneiden. Die
Kartoffel schälen und in Stücke schneiden. In einem großen Topf, Schmalz
erhitzen, das Suppengrün, die Kartoffeln und die Steckrübenwürfel anrösten,
das Fleisch im Stück oben drauf legen und mit Brühe angießen. Die Brühe soll
alles gut bedecken. Ca. 30 min köcheln lassen. Das Fleisch entfernen und in
Stücke schneiden. Die Suppe mit Pfeffer, Salz, Majoran, Maggie abschmecken,
das Fleisch unterrühren. Die Knacker in mittlere Scheiben schneiden und in
die Suppe geben. Noch einmal aufkochen lassen. Die Suppe schmeckt am
nächsten und übernächsten Tag umso besser.

Strapatzka

Strapatzka wird in Ungarn gerne in Freibädern anstatt Pommes gegessen. Es
ist billig, macht satt und schmeckt richtig gut. Strapatzka werden aus Kartoffelteig gemacht und sehen aus wie ungarische Nockeldi, bloss das sie dunkler
sind und sehr viel geschmackvoller sind. Man kann sie überall im Supermarkt
kaufen. Die Strapatzka werden in Salzwasser gekocht, abgeschreckt und bei

Seite gestellt. Dann muss man sehr viele Zwiebeln in Scheiben schneiden und
in Schmalz richtig lange braten. Speck wird in Würfel geschnitten und solange
ausgelassen, bis er knusprig braun ist. Dann kommen die Strapatzka in die
Speckpfanne. Alles wird gut vermischt. Serviert werden 2 Kellen Speckstra-
patzka, daruf kommt eine Kelle von den Zwiebeln und oben drüber Pfeffer
aus der Mühle und Paprikapulver für die Schönheit. An den Rand kommt ein
großer Klecks mit Tejföl-Sauerrahm. Varianten sind Strapatzka mit Sauerkraut
oder krümeligen Schafskäse.
1 kg mehligkochende Kartoffeln
250 g Mehl (Type 405)
2 Eier (Größe M)
Salz für den Teig und für das Kochwasser
Paprikapulver
Kartoffeln schälen und fein reiben. In einer Schüssel mit Mehl, Eiern und Salz
verkneten. Mit einer Spätzlereibe oder einem Brett und einem Messer kleine
Teigknödel in kochendem Salzwasser garen.

Streuselkuchen

Für diesen Streuselkuchen benötigt man einen Hefeteig (siehe Rezept Hefeteig). Den fertigen Teig lässt man 2 x gehen. Auf ein gut gefettetes Blech (inkl.
der Ränder) diesen gleichmäßig ausrollen. Mit der Milch einpinseln. Nun mit
den Streuseln bestreuen und nochmal gehen lassen. Ofen anheizen auf 250
Grad und bei 220 Grad backen bis er schön braun ist, ca. 25 min.

Streusel für den Kuchenteig

250 Gr. Butter
200 Gr. Zucker
1 Eigelb
500 Gr. Mehl

Die Zutaten gut verkneten und in den Kühlschrank stellen für 20 min. Dann in
kleine Streusel zerkrümeln und auf den Kuchen geben. Zimt nach Wahl, Rosinen nach Wahl, Nüsse nach Wahl, Mandeln nach Wahl

Suppenmaultaschen,
siehe Rezept unter Hochzeitsuppe

T

Tarhonya

Besonders beliebt in Ungarn sind Tarhonya eine Mischung aus Nudel und Reis auf Deutsch - Eiergraupen. Die traditionelle Teigware sieht aus wie Eingetropftes in Suppen: kleine Teigklümpchen verschiedener Größe. Die Zubereitung ist denkbar einfach und ähnlich der von Reis: Man nehme eine Tasse Tarhonya und die doppelte Menge Wasser und gebe beides in eine feuerfeste Form in den vorgeheizten Backofen. Bei 250 Grad lässt man die Tarhonya vor sich hin köcheln und rührt manchmal um. Noch besser wird sie, wenn man statt mit Wasser mit Rindsuppe oder anderer Brühe aufgießt. Gelegentlich umrühren und bei Bedarf Wasser nachgießen. Die Tarhonya ist fertig, sobald sie bissfest gekocht ist. Dann mit ein paar Butterflocken garnieren und noch kurz im Ofen ziehen lassen, bis die Butter zerlassen ist. Tarhonya eignet sich besonders gut als Beilage zu deftigen Fleischgerichten wie etwa Gulasch, sie schmeckt aber auch köstlich zu Vegetarischem, z. B. mit Tomatensauce.

Tarhonyasuppe

300 gr. Knochen deiner Wahl
100 gr. Karotten, Mohrrüben
50 gr. Petersilienwurzel
40 gr. Fett
20 gr. Zwiebel
30 gr. Rote Paprika
40 gr. Räucherspeck
Petersilie
100 gr. Letscho aus dem Glas
100 gr. Trockenene Tarhonya

Die Knochen mit den Wurzeln 1,5 Stunden langsam kochen. Knochen entfernen. Tarhonya in Fett rösten, Zwiebel, Petersilie dazugeben. Paprika und Speck auch darin anbraten und mit Letscho aufgiessen. Mit Brühe aufgiessen. Abschmecken mit Salz und Pfeffer.

Tiramisu von Kastanien

Oh, du meine Güte, ist das lecker. Gegessen im fehér ló in Bük.

20 Löffelbiskuite
150 gr. Edelkastanie (Marone) , gekocht und püriert Oder eine Packung Kastanienpüree
100 gr. Mascarpone
Rum
90 gr. Zucker
Becher Kaffee Kaffee
Becher Schmand
Vanillezucker
2 EL Milch
Kakaopulver etwas

Mascarpone, Schmand, Kastanienpüree, 80 gr. Zucker, Vanillezucker, Milch und 3 El. Rum glatt verquirlen. Die Sahne steif schlagen und unter die Masse heben. Kaffee mit 1 El. Rum und 1 El. Zucker verrühren. Eine Form oder 4 kleine Schälchen herrichten. Die Löffelbiskuits in den Kaffee tauchen und dann im Wechsel mit der Kastaniencreme in die Form oder Schälchen schichten. Mindestens 2 Stunden in den Kühlschrank geben und vor dem Verzehr noch mit dem Kakaopulver bestäuben.

Tomatenfisch

500 Gr. Fischfilet
200 Gr. Geräucherter Bauch
Margarine oder Öl zum Braten
2 große Gewürzgurken
1 mittlere Zwiebel
Salz und Pfeffer
4 Esslöffel süße Sahne oder Kondensmilch
1 Dose kleine Tomatenmark oder 4 Esslöffel Tomatenmark aus der Tube
6 Butterflocken

Zwiebel und Gurken kleinhacken, Bauch in kleine Würfel schneiden.
In Öl oder Margarine anbraten. Tomatenmark und Sahne dazugeben, würzen.
Für 5 min kochen. Eine feuerfeste Form einfetten, die Hälfte der Sauce einfül-

len. Den Fisch einlegen und mit der restlichen Sauce bedecken. De Butterflocken locker verteilen. Den Fisch 25 Minuten bei 220 Grad im Backofen garen.
Dazu passen gekochter Reis oder Salzkartoffeln und grüner Salat.

Welche Fische eignen sich zum Kochen:
Optimal sind ganze Fische oder Fischkoteletts, bei denen das Fleisch durch
Haut und Gräten beim Garen zusammengehalten wird und so vor dem Zerfal-
len geschützt ist. Besonders geeignet sind Schellfisch und Seelachs, aber auch
Weißfische wie Karpfen und Schleie, Kabeljau sowie Forelle.

Tomaten mit Hack gefüllt

Tomaten, mit Hack gefüllt, im Sommer, wenn man selbst viele Tomaten im
Garten hat und nicht weiß, was man alles kochen soll.

8 grosse Tomaten, Paradeiser
50 g Reis
200 g Hack
1 mittlere Zwiebel, 2 Knoblauchzehen
1/2 Bund Petersilie
Öl
Salz, Pfeffer aus der Mühle

Alle Zutaten bereitstellen, Paradeiser waschen, Zwiebel, Knoblauch schälen,
fein hacken. Reis waschen, abtropfen, in wenig Salzwasser bissfest kochen,
abgießen und vom Herd nehmen. Paradeiser innen aushöhlen, beiseite stellen.
In Pfanne etwas Öl erhitzen, Zwiebel und Knoblauch anrösten, das Fleisch der
Paradeiser dazugeben und einkochen lassen, würzen. Reis mit dem Faschier-
ten vermengen, salzen und pfeffern, Petersilie unterrühren. Paradeiser füllen,
Deckel darauf setzen. Paradeiser in die Sauce setzen und rund 20 Minuten bei
180 °C im Ofen garen.

Topfenpalatschinken

Zutaten für 4 Portionen
100 g Mehl
250 ml Milch
2 Stk Eier
40 g Zucker
1 Prise Salz
0.5 EL Butter (für die Pfanne)
0.5 EL Butter (für die Auflaufform)

Zutaten für die Füllung
50 g Rosinen (optional)
1 EL Rum (optional)
30 g Butter (weich)
80 g Zucker
0.5 Stk Zitronenschale (abgerieben)
2 Stk Eier
250 g Topfen
Zutaten zum Übergießen
1 Stk Ei
125 ml Milch
1 Päckchen Vanillezucker
1 EL Zucker
2 EL Staubzucker (zum Bestreuen)
Für den Palatschinken zuerst das Mehl mit der Hälfte der Milch, den Eiern,
Salz und Zucker in einer Schüssel verrühren - dann soviel Milch dazugießen,
dass ein dünnflüssiger Teig entsteht. Eine Pfanne erhitzen und gleichmäßig
mit 1/2 EL Butter ausfetten. Etwa 1/8 des Teiges mit einem Schöpflöffel hineingießen und die Pfanne schwenken, sodass der Teig auseinander fließt und der
Pfannenboden dünn bedeckt ist. Die Palatschinken bei schwacher Hitze beidseitig goldgelb backen. Auf diese Weise 8 Palatschinken bereiten und warmstellen. Wenn der Teig zwischendurch eindickt, wieder etwas Milch unterrühren. Für die Fülle: Die Rosinen heiß abwaschen, trockentupfen und mit Rum
beträufeln. Man kann sich einen Vorrat an Rosinen vorbereiten. Ein Einweckglas sauber auswaschen. Die Rosinen heiß abwaschen, trocken tupfen und mit
ordentlich Rum begiessen. Diese eingelegten Rosinen kann man z. B. auch für
Stollen oder Rosinenkuchen benutzen. Butter mit Zucker und Zitronenschale
schaumig rühren. Die Eier trennen und Eigelbe unter die Buttermasse rühren.
Topfen und Rosinen daruntermischen. Danach das Eiweiß zu steifem Schnee
schlagen und ebenfalls unterheben. In der Zwischenzeit den Backofen auf 200
Grad (Ober-/Unterhitze) vorheizen, eine Auflaufform mit Butter ausstreichen.
Die Fülle bleistiftdick auf die Palatschinken streichen. Die Palatschinken zu-
sammenrollen und quer halbieren. Die Palatschinkenstücke mit den Schnitt-
seiten nach oben in die Auflaufform schichten. Für den Guss: Ein Ei mit Milch,
Zucker und Vanillezucker verquirlen und über die Palatschinken gießen. Die
Form in den Backofen stellen und in etwa 25 Min. goldgelb überbacken. Die
Topfenpalatschinken dick mit Staubzucker bestreuen und sofort servieren.

U

Ungarisches Rindergulasch, Pörkölt mit Spätzle

500g Rindfleisch
2 große Zwiebeln
2 Knoblauchzehen
Etwas Schmalz oder Öl
1 kleine Tomate
1 kleine Dose Tomatenmark
1 Teelöffel scharfe oder süße Paprika-Creme
Salz, Pfeffer, Kümmel gemahlen
2 Esslöffel Gewürzpaprikapulver
ein guten Schluck Rotwein
Wasser oder Brühe

Spätzle
ca. 300g Mehl
2 Eier
Wasser, Salz

Zwiebel klein hacken, mit dem gepressten Knoblauch in einem möglichst großen Topf scharf anbraten. Wenn die schon glasig sind, Fleisch (in kleine Würfel geschnitten) dazugeben, und paar Minuten mitbraten. Mit Salz, Pfeffer, Gewürzpaprikapulver und eine Priese Kümmel würzen. Klein gehackte Tomate, Tomatenmark, Paprikacreme dazugeben, und mit einem guten Schluck Rotwein, und mit ca. 1 Glas Wasser oder Brühe aufgießen. (Flüssigkeit darf nicht zu viel sein! Lieber etwas noch nachgießen, unsere Soße soll schön dick sein!) Ca. 1 Stunde Kochen, und mit Nockerln, oder Nudeln servieren.

Spätzle:
Für den Spätzle Teig Mehl, Wasser (ca.50ml), Eier Salz mit einem Kochlöffel gut verrühren. Er muss glatt, fest, aber schön fließen sein. Ist der Teig zu dünn, gibt man etwas Mehl dazu. Spätzle in kochendes Wasser Reiben (mit einer Spätzle Reibe) und nach ca.5 Minuten herausnehmen, wenn sie an der Oberfläche schwimmen.

Natürlich kann man dieses Rezept variieren. Man kann ein Gulasch ohne
Wein, oder mit Chili, auch aus Schweinefleisch kochen. Jedermann macht es
ein bisschen anders, Hauptsache, es muss uns schmecken! Wir essen gerne
Wildpreiselbeeren dazu, wenn wir ein Glas Rotwein trinken, oder Eingelegtes,
dann passt aber Wein gar nicht mehr zu.

V

Vanillepudding selber kochen

500 ml Milch
1 Vanilleschote
60 g Zucker
2 Eigelbe (Gr. M)
25 g Speisestärke

Milch in einem Topf zum Kochen bringen. Vanilleschote längs aufschneiden und das Mark mit der stumpfen Messer-Rückseite auskratzen. Mark und die ausgekratzte Schote zur Milch geben. Zucker mit Eigelb, Stärke und 3 EL der Milch glatt rühren. Kochende Milch von dem Herd nehmen und unter Rühren den Stärke-Mix zugeben. Zurück auf die Herdplatte geben und bei geringer Hitze 1 Minute unter Rühren köcheln lassen. Vanilleschote entfernen und Pudding in eine Schüssel umfüllen. Nimmt man mehr Milch, wird der Pudding zur Suppe, man muss dann auch den Zucker angleichen.

Vanille-Buttercreme

Eine klassische deutsche Buttercreme mit Pudding, verfeinert mit Vanilleschote. Mit ihr kannst du über Torten und Kuchen bis zu Muffins viele deiner liebsten Back-Kreationen verfeinern und verzieren. Generell ist die Vanille-Buttercreme vielseitig einsetzbar. Du kannst Kuchen wie Bienenstich vom Blech füllen oder Cupcakes mit einem Spritzbeutel verzieren. Torten wie eine Erdbeertorte mit Biskuitboden kannst du mit der Vanille-Buttercreme füllen oder damit einstreichen.

1 Vanilleschote
500 ml Milch
100 g Zucker
2 Päckchen Puddingpulver, Vanille
350 g zimmer warme Butter

Den Pudding mit allen Zutaten außer der Butter zubereiten und im Kühlschrank abkühlen lassen. Mit den Schneebesen des Rührgerätes die zimmerwarme Butter hellcremig aufschlagen.

Nun den abgekühlten Pudding esslöffelweise unter die aufgeschlagene Butter
rühren und so die Vanille-Buttercreme aufschlagen.

Achte hier unbedingt darauf, dass Butter und Pudding die gleiche Temperatur
haben, sonst gerinnt die Vanille-Buttercreme.

W

Waldfrucht-Rote Grütze kochen und einwecken

1000 g Waldfrüchte (eingefroren)
400 g Zucker
1 Päckchen Zitronensäure
2 Teelöffel Stärke
5-6 Schraubgläser / Marmeladengläser

Die Waldfrüchte in einen großen Topf geben, den Zucker darüber streuen und 30 min stehen lassen. Dann die Zitronensäure darüber geben und alles gut durchrühren. Mindestens 5 min aufkochen lassen. Mit ein wenig Wasser 2 Teelöffel Stärke anrühren und langsam in den Topf gießen. Noch einmal 1 Minute kochen lassen. Heiß in saubere Gläser abfüllen und gleich schließen. Auf den Kopf stellen. Irgendwann hört man ein Plopp und die Gläser kann man wegstellen. Die rote Grütze kann man mindestens 1 Jahr aufheben, meist auch länger.

Gläser sterilisieren:
Dafür kochendes Wasser bis zur Hälfte in die Gläser gießen. Die Deckel müssen liegen extra und müssen komplett mit kochendem Wasser befüllt sein. Dann die Gläser mit den Deckeln zumachen und einmal kräftig schütteln. Das Wasser ausgießen. Das Wasser kann man, wenn es kalt ist, noch zum Blumengießen verwenden.

Wassersuppe mit Brot

altes Schwarzbrot in Scheiben,
pro Person 1 bis 2 Scheiben
1 große Zwiebel
Schmalz zum Braten
1 Liter Wasser, besser 1 Liter Brühe
Salz und Pfefferkörner
Schnittlauch

Das Schwarzbrot in mundgerechte Stücke schneiden. Die Zwiebel in Scheiben schneiden und in Schmalz anbraten bis sie schön braun sind. Die Brotstücke drauf geben, gut durchbraten. Die Brühe über das Brot geben und kurz ziehen lassen. Mit Pfeffer und Salz evtl. Maggie abschmecken. Mit Schnittlauch garnieren.

frittierte Windbeutel

5 EL Öl
250 ml Wasser
1 PrisenSalz
1 EL Zucker
150 g Mehl
3 Eier
n. B. Rosinen oder Äpfel
Puderzucker oder Zimtzucker zum Bestreuen
Öl, 2 Liter, oder 2 kg Fett zum Ausbacken

Öl, Wasser, Salz und Zucker im Topf aufkochen. Den Topf von der Kochstelle nehmen und das Mehl auf einmal hineinschütten. Alles mit dem Knethaken des Handrührgeräts gut durcharbeiten. Den Topf wieder auf die heiße Kochstelle stellen und so lange weiterarbeiten, bis sich der Teig als Kloß vom Boden löst. Den Teigkloß in eine Schüssel geben und mit dem Handrührer sofort 1 Ei darunterkneten und die Masse ein wenig abkühlen lassen. Die restlichen Eier nacheinander drunterkneten, bis der Teig glänzt. Nach Belieben Rosinen oder Äpfel unter den Teig mischen. Mit 2 Teelöffeln Klößchen abstechen und in heißem Öl oder Fett goldgelb ausbacken. Abtropfen lassen und mit Puderzucker oder Zimtzucker bestäuben.

Windbeutel - Backofen

0,25 Liter Wasser
50 g Butter
Prise Salz
150 g Mehl
4 große Eier

Alle Zutaten in einem Topf gut verrühren und dann aufkochen. Den Topf von der Kochstelle nehmen und das Mehl auf einmal hineinschütten. Alles mit dem Knethaken des Handrührgeräts gut durcharbeiten. Den Topf wieder auf die heiße Kochstelle stellen und so lange weiterarbeiten, bis sich der Teig als Kloß vom Boden löst.

Den Teigkloß in eine Schüssel geben und mit dem Handrührer sofort 1 Ei darunterkneten und die Masse ein wenig abkühlen lassen. Die restlichen Eier nacheinander drunterkneten, bis der Teig glänzt. Entweder mit 2 Teelöffeln kleine Windbeutel aufs Blech setzen, schöner wird es mit dem Spritzbeutel. Bei 220 Grad backen, bis sie leicht braun sind. Abkühlen lassen und füllen.

Wrukensuppe (gelbe Kohlrüben), répa

Kassler oder Rinderknochen mit Fleisch mit Wurzelgemüse und Lorbeer und Piment anbraten und dann schön in Brühe weichkochen.
Die gewürfelten gelben Rüben wie einen Möhreneintopf kochen und das Fleisch wieder dazu geben. Wer es deftiger mag oder nach Weihnachten noch Gans oder Entenfleisch übrig hat, der brät die Knochen der Ganz oder der Ente in Gänse- oder Entenschmalz mit Wurzelgemüse an an, dazu die Wruken geben, Brühe und Beifuss und schön weich kochen.

Wurstsalat

500 g Leberkäse oder Schinkenwurst
in Streifen geschnitten
1 kleine Zwiebel gehobelt
3 mittlere Gewürzgurken gehobelt
Balsamicoessig
Öl
Brühe
Salz
Pfeffer
Maggie
0.25 Liter Wasser kochen und in eine große Schüssel gießen. 2 Teelöffel Rinderbrühe auflösen. Die gehobelte Zwiebel dazugeben. Manche mögen keine rohen Zwiebeln oder vertragen sie nicht. Wenn man die Zwiebel in die kochende Brühe gibt, sind sie angegart und somit bekömmlicher.
Darauf die gehobelte Gewürzgurke geben und dann den Leberkäse. Gut durchrühren. 2 große Spritzer Essig, die Gewürze und 2 Esslöffel Öl darüber geben. Alles vermengen. Mit Maggie abschmecken. Ca. 2 Stunden in den Kühlschrank stellen. Brot dazu reichen. Wer mag, schneidet Käse klein und streut ihn über den Salat. Essig mit auf den Tisch stellen, manche mögen den Salat recht sauer.

Z

<u>Zimtrollen</u> mit dem Rolleneisen (Schillerlocken)

Schillerlocken, insbesondere in Österreich auch als Schaumrollen bezeichnet, sind ein tüten- oder rollenförmiges Gebäck aus Blätterteig, das gesüßt mit Schlagsahne oder Creme, ungesüßt mit Ragouts, Salaten oder Pürees gefüllt wird. Zur Herstellung werden etwa drei Zentimeter breite, dünne Blätterteigstreifen spiralförmig um kegelförmige Blechhülsen gewickelt, mit Eistreiche bestrichen und ausgebacken. Die süße Variante wird vor dem Backen oft in Hagelzucker oder ohne Eistreiche in Puderzucker gewälzt.

750 gr Butter
1 kg Mehl
4 Eier
100 Gr. Zucker
Zimt
Salz
0,25 l Weißwein

500 g Butter in Scheiben schneiden und kalt stellen. Davon 250 g Butter, Zucker und das Mehl, Zimt und die Eier verkneten. Den Wein hinzufügen. In den Kühlschrank für 30 min stellen. Das ist der Grundteig. Der Wein gibt Geschmack. Nach 30 min auswellen und wie einen Blätterteig behandeln. Pro Runde 250 gr Butter in den Teig einarbeiten. Wieder den Teig einschlagen, auswellen und danach in den Kühlung stellen. Der fertige Teil wird jetzt zugeschnitten. Er soll 0,5 cm dick sein und das Rolleneisen deutlich überlappen. Die Teigplatte wird um das Rolleneneisen 2 x umwickelt. Der Baumwollfaden wird durch die Rolle geführt und dann in Spiralen um die Teigplatte gewickelt. Der Faden hält den Teig fest. Das Ende des Fadens wird mit dem Griff des Eisens festgehalten. Die Zimtschnecke wird goldbraun in Fett ausgebacken. Danach wird der Faden abgewickelt. Einmal auf den Griff klopfen und die Rolle sollte sich lösen. Jetzt in Zimt-Zucker wälzen. Wenn sie kalt ist, kann man sie mit Vanille-Pudding oder Sahne füllen. Wer die Rollen nicht fritieren möchte, kann Teigstreifen über eine Metall-Tülle legen und damit ausbacken. Blätterteig ausrollen und in sechs Streifen ca. 40x4 cm schneiden. Jeden Teigstreifen von der Spitze her so um eine Metallform wickeln, daß der Teigstreifen mit zwei Dritteln eine Rundung bedeckt und das letzte Drittel den vorhergehenden Streifen überlappt. Eigelb verschlagen, den Teig damit bestreichen

und Zucker darauf streuen. Auf ein mit Backpapier ausgelegtes Blech geben und im vorgeheizten Backofen bei 180° ca. 15. min backen. Leicht abkühlen lassen und von der Form lösen. Nach völligem erkalten kann man sie füllen.

Zwetschgenknödel mit Hefeteig

Den Hefeteig (siehe Rezept Hefeteig) in der Hand zur Kugel formen. Dann den Teig ganz flach drücken, eine entkernte Zwetschge reintun und in die Mitte ein Zuckerwürfel geben. Alles gut verschließen. Ins leicht kochende, leicht gesalzene Wasser geben. Ohne Deckel vor sich hin simmern lassen, bis nach ca. 20 min die Knödel hochkommen. Erst wenn alle komplett an der Oberfläche schwimmen, sind sie durch.

Zwetschgenknödel mit Kartoffelteig

Den Kartoffelteig (siehe Rezept Kartoffelteig) in der Hand zur Kugel formen. Dann den Teig ganz flach drücken, eine entkernte Zwetschge reintun und in die Mitte ein Zuckerwürfel geben. Alles gut verschließen. Ins leicht kochende, leicht gesalzene Wasser geben. Ohne Deckel vor sich hin simmern lassen, bis nach ca. 20 min die Knödel hochkommen. Erst wenn alle komplett an der Oberfläche schwimmen, sind sie durch. Wer noch mehr Zwetschgen benötigt, kann

Zwetschgenkompott dazu essen.

1kg entkernte Zwetschen mit
5 Esslöffel Zucker,
Tasse Wasser
und einer Zimtstange einmal aufkochen und auf dem Herd ohne Flamme stehen lassen. Zu den Klößen lauwarm servieren und Vanillesauce (siehe Rezept) dazu reichen.

Spezial-Sauce zu Zwetschgenknödel (Karamell)

1 Liter Milch
5 Esslöffel Zucker
250 g Butter
4 Esslöffel Mehl
Prise Salz

Butter im Topf flüssig werden lassen, Zucker dazu geben, alles leicht karamellisieren lassen. 1 Tasse Milch mit dem Mehl anrühren. Restliche Milch in das Karamell geben, gut verquirlen. Dann den Mehlteig langsam unterrühren und aufkochen lassen

Zwiebelsuppe

300g Zwiebeln in dünnen Scheiben
2 Knoblauchzehen
30g Butter
200g Kartoffeln
1 TL Senf
3 Lorbeerblätter
3g Thymian, gerebelt
150 ml trockener Weißwein
400ml Gemüsebouillon oder Rindesuppe
1 Becher Creme fraiche oder saure Sahne
Parmesan-Knödel
300g Parmesan, fein gerieben
3x Eiweiß
Öl zum frittieren.

Man benötigt feuerfestes Geschirr aus Steingut oder Glasgeschirr oder kleine Metalltöpfe, da die Suppe im Gefäss noch mal in den Ofen kommt. Butter auslassen und die Zwiebel anschwitzen. Nicht zu dunkel, sonst wird es bitter. Kartoffeln würfeln und Knoblauch klein schneiden. Alles ausser der Sahne in den Topf geben und 20 min kochen. In der Zwischenzeit 3 Eiweiss und den Parmesan vermischen und kleine Knödel formen. ÖL auf 160 Grad erhitzen und die Knödel frittieren, bis sie hoch kommen. Suppe mit dem Kartoffelstampfer oder einem Schneebesen klein stampfen. Nicht den Mixer nehmen, dann schleimt die Suppe. Nun die Saure Sahne unterheben und noch mal gut rühren. Nicht mehr kochen. 2 grosse Schöpfer Suppe in das feuerfeste Gefäss geben. Pro Person 4 Knödel in die Suppe hineingeben und mit Parmesan bestreuen. Bei 200 Grad 5 Minuten in den Ofen bei Ober- und Unterhitze zum Warmhalten an Anschmelzen des Käses stellen. Brot dazu reichen.

Die ungarische Küche
kurz erklärt

Die ungarische Küche kurz erklärt

Die ungarische Küche hat einiges mehr zu bieten als das so bekannte Gulasch oder die berühmte ungarische Salami. Grundsätzlich entstammen die meisten Gerichte der bäuerlichen Küche und sind daher sehr nährstoffreich, sehr sättigend und stark gewürzt.

Paprika und Paprikapulver,
das Feuer von Ungarn

Die zentrale Rolle in der ungarischen Küche nimmt natürlich die Paprika (frisch, als Pulver oder püriert) ein. Während man in Deutschland meist nur 2-3 verschiedene Sorten kennt, differenziert der Ungar sehr viel stärker. Neben dem Schärfegrad ist auch wichtig, wie fein jeweils gemahlen wird. Auch wenn die ungarische Küche deshalb oft als "würzig" angesehen wird, so ist es dennoch ein besonderes Merkmal, dass nur wenige Gewürze - diese aber sauber aufeinander abgestimmt - zum Einsatz kommen. Insbesondere ein echtes ungarisches Pörkölt ist ohne jede Menge Paprika undenkbar. Die rote Paprika und das aus Ihr hergestellte rote Paprikapulver sind natürlich eines der Markenzeichen Ungarns und dürfen auf keiner Touristen-Einkaufsliste fehlen. Angebaut werden sie zumeist im sonnigen Süden des Landes in der Region um Szeged.

Zu erwerben sind sie aber fast überall. In speziellen Fachgeschäften erhält der Feinschmecker dann auch eine breite Palette an allen möglichen Produktvarianten - von getrockneten Paprikas, über Paprikaöl, bis hin zum Paprikaschnaps. In der ungarischen Küche ist die Paprika natürlich kaum wegzudenken. Fast alle Fleisch- oder Gemüsespeisen erhalten damit ihre typische, ungarische Note. Paprika ist ein Nachtschattengewächs und ist somit mit Kartoffeln, Tabak und Tomaten verwandt.

Die unterschiedlichen Paprikapulver in der Anwendung

Der gemahlene Paprika ist das Nationalgewürz Ungarns. Der Paprika wurde während der über 150 Jahre andauernden türkischen Besatzung im 17. Jahrhundert in Ungarn heimisch. Durch seine über mehrere Generationen beeinflussten speziellen Veränderungen gehört er weltweit zu den feinsten und aromatischsten Gewürzen, welche in keiner guten Küche fehlen sollten.

Ein bedeutender Anteil des globalen Umsatzes des Gewürzpaprika, ca. 10%, wird in Ungarn erzeugt.

- Edelsüßer Paprika wird in jedem echt ungarischen Gericht verwendet, so für Pörkölt und Gulasch
- Halbsüßer Paprika
  ist ein bisschen scharf, wird in herzhaften Gerichten verwendet.
- Rosenpaprika ist sehr scharf, wird für stark gewürzte Speisen verwendet.
- Scharfer Paprika wird, wie schwarzer Pfeffer nur sparsam verwendet und wird zum nachträglichen Würzen der Speisen verwendet
- Der Delikateß-Paprika hat eine kaum merkliche Schärfe, hat aber eine starke Farbwirkung. Er wird für Saucen verwendet.
- Schärfefreies Paprikapulver ist für die Zubereitung von Diätköst zu verwenden. Er bietet Geschmack und Farbe.

Paprika muss richtig angewendet werden, damit der Geschmack und die Farbe optimal zur Geltung kommt. Er löst sich am besten in heißem, aber nicht siedendem Fett. Ist das Fett zu heiß, brennt er an,, die Farbe wird braun und der Geschmack bitter.

Unterscheidung Gulyás – Pörkölt – Paprikás

Pörkölt ist ein Gericht der ungarischen Küche, bestehend aus Fleischwürfeln in einer würzigen Soße. Was weltweit als „ungarisches Gulasch" bekannt ist, ist in Ungarn ein Pörkölt oder ein Paprikás.

Pörkölt enthält keine saure Sahne (Sauerrahm) und heißt Paprikás, wenn saure Sahne hinzugefügt wird.

Ungarische Viehhirten kochten gewürfeltes Fleisch mit Zwiebeln und Gewürzen in Soße schon mindestens 300 bis 500 Jahre lang. Paprikapulver wurde in der ungarischen Alltagsküche frühestens ab Mitte des 18.Jahrhunderts als Gewürz verwendet. Als das Gewürz Paprika extrem beliebt wurde, verdrängte es den schwarzen Pfeffer und den Ingwer. Schwarzer Pfeffer wurde zuvor nicht nur zum Würzen, sondern auch als Konservierungsmittel verwendet. Rohes Fleisch wurde damit eingerieben, um es länger frisch zu halten; der

Pfeffer wurde mit Salz, mit Zucker oder alleine verwendet. Die Ungarn experimentierten mit dem neuen Gewürz, indem sie Paprika als Konservierungsmittel auf das rohe Fleisch rieben. Beim Braten bekam das paprizierte rohe Fleisch eine braune, krustenartige Oberfläche mit einem angenehm anderen Geschmack, was mit dem ungarischen Verb pörköl als „leicht anbrennen" beschrieben wird. Deshalb hieß das neue Gericht pörkölt: gebratenes Fleisch mit Fett und Zwiebeln. Mitte des 19. Jahrhunderts wurde das neue Gericht Pörkölt genauso beliebt wie Hühnchen, Kalbfleisch oder Schweinefleisch, die nun ebenfalls auf ähnliche Weise mit Paprika zubereitet wurden.

Weil Besucher aus Österreich, Böhmen, Polen und der Schweiz als Ehrengäste behandelt wurden, bewirteten die Ungarn sie mit ihren Festtagsspeisen Pörkölt oder Paprikás. Diese Gerichte fanden sodann ihren Weg in die Kochbücher und die Restaurants dieser benachbarten Länder. Pörkölt ist – außer in Ungarn – auf der ganzen Welt als Gulasch bzw. Gulaschsuppe bekannt. Der Unterschied zwischen Gulasch und Pörkölt liegt erstens in der Menge an Flüssigkeit, die dem Fleisch hinzugefügt wird, und zweitens, ob Kartoffeln und Teigwaren enthalten sind. Im echten ungarischen Pörkölt oder Paprikás gibt es keine anderen Zutaten außer Fleisch (Rind-, Schweine-, Kalb- oder Hühnerfleisch), Paprika, Zwiebeln, typische Kräuter und Gewürze, sowie zum Anbraten fast immer Schweineschmalz (Sertészsir.

Gulyás

Ein Gulyás ist eigentlich ein ungarischer Rinderhirte! Ein Gulyás ist ein ungarischer Rinderhirte und sein Leibgericht wird "Gulyás hus" oder Rinderhirtenfleisch genannt.

Fleisch für das traditionelle gulyás wurde bei den Nomaden in der Sonne getrocknet: Rindfleisch aus der Rippe oder Schulter.
Fachleute bestehen darauf, dass ins Gulasch niemals Hammel- oder Schweinefleisch und auch niemals saure Sahne gehören.

Paprikás

In den Paprikás gehört immer süße oder saure Sahne und wird manchmal mit Mehl angedickt. Die populärste Variante ist aus Kalb oder Hühnchen, sonst auch aus Lamm, Ente oder Fisch. Auch hier sind die Fleischbrocken größer als beim Gulyás, die Soße ebenfalls so dick, dass sie an den Stücken hängen bleibt.

Pörkölt

Für pörkölt wird fetteres, in größere Stücke geschnittenes Fleisch als für Gulasch genommen, das Gericht hat auch einen stärkeren Zwiebelgeschmack. Es darf Kalb-, Rind-, Hammel-, Wildfleisch und auch Gans, Ente oder Schweinefleisch verwendet werden.

Ist Pörkölt gleich Gulasch?

Das deutsche Gulasch entspricht in Ungarn mehr einer Suppe. Pörkölt kommt dem was man in Deutschland unter Gulasch versteht schon recht nahe, aber beinhaltet zumeist kein Gemüse.

Zubereitung und Varianten

Typische Gewürze sind Edelsüßpaprika, Kümmel, Knoblauch, Salz und Tomaten oder Tomatenmark.

Häufige Fragen zum Thema Essen und Trinken in Ungarn
Was sind denn nun die Elemente der ungarischen Küche?

Neben Paprika und Paprikapulver natürlich der Sauerrahm (téjföl) - ohne den geht fast nichts. Typisch Ungarisch ist aber auch das traditionelle kochen im Kessel über dem offenen Feuer. Ansonsten hat die ungarische Küche viele schwäbische Einflüsse - Nockerln und Graupen sind die typischen Beilagen zu vielen Fleischgerichten.

Schweinspörkölt

Zwiebelwürfel werden goldbraun mit Selchspeck angebraten, mit wenig Wasser gelöscht, papriziert und gewürzt, Fleischwürfel aus der Schweineschulter beigefügt und im eigenen Saft weich gedünstet, zuletzt Tomaten(-mark) beigefügt. Der Saft soll zum Schluss soweit reduziert sein, dass die Soße nicht zu dick ist. Beilagen: Nockerl oder Salzkartoffeln.

Hirschpörkölt

aus Schulter vom Hirschfleisch, wird wie Schweinspörkölt zubereitet.

Kalbspörkölt

Borjúpörkölt heißt auf Deutsch etwa geschmortes Kalbfleisch, es wird aus
Kalbfleisch (von der Schulter oder vom Hals), teils mit gewürfeltem grünen
Speck und/oder grünen Paprika, sonst wie Schweinspörkölt zubereitet.
Beilagen: Csipetke (Zupfnockerl), Nockerl oder Tarhonya.

Pörkölthuhn

Ein Huhn wird geviertelt und sonst wie bei Schweinspörkölt verfahren, die
Beilagen sind Nockerl oder Tarhonya.
Fischpörkölt

Für Fischpörkölt wird erst eine Pörköltsauce aus feingeschnittenen Zwiebeln,
Fett, Paprikapulver, Tomatenmark, Salz und Knoblauch bereitet, und darin
Filets von Fischen beliebiger Sorte sowie rohe Kartoffelschnitze weichgedüns-
tet.
Krebspörkölt

Krebsfleisch ist nicht mehr wie früher erschwinglich. Sie unterliegen generell
in Ungarn dem Fischereirecht und nur der Fischereiberechtigte darf Flusskrebse fangen und sich aneignen.

Haben Sie frisches Krebsfleisch auf dem Markt ergattert, steht im Rezeptteil
ein Rezept. Ich meine, in der Metro in Szombately gefrorenes Krebsfleisch
gesehen zu haben.

Froschpörkelt

Genauso wie Krebs, sind Frösche nur noch in ausgewählten Läden erhältlich.
In Szombately in der Metro gibt es gefrorene Froschbeine. Im Rezeptteil habe
ich ein Rezept aufgeschrieben.

Sauerrahm (Tejföl)

Der Sauerrahm (tejföl) - der eher der in Westeuropa gebräuchlichen Créme
Fraiche entspricht - ist das zweite wichtige Merkmal in ungarischen Gerichten.

Er dient zumeist zum abschmecken der Speisen gegen Ende der Zubereitung, wird aber aber auch sonst sehr viel zu Salaten oder Beispielsweise Lángos gereicht.

Kessel

Traditionell spielt auch der Kessel (Kupferkessel) noch eine große Rolle, in welchem die Speisen über offenem Feuer zubereitet werden. Ein echtes Pörkölt kann man eigentlich nur so genießen. Rezept hinten im Kochbuch unter Bograch.

Fische

„Maledictus piscis in tertia agua". Bedeutet, der Fisch ist verdammt im dritten Wasser. In Ungarn ist dies ein geflügeltes Wort, das besagt, zum Fisch soll kein Wasser serviert und getrunken werden. Man soll einen edlen Wein reichen. Der Fisch lebt im Wasser, kocht im Wasser und soll mit einem Wein sein Ende finden. Aber warum Latein? Jahrhundertelang war lateinisch Amtssprache in Ungarn. Die Gesetze wurden auf Latein abgefasst und die vornehmen Leute unterhielten sich sogar auf Latein. Ein Kulturhistoriker, der viel in Klöstern unterwegs war, begründet den Spruch „Maledictus piscis in tertia agua" wie folgt: die Mönche hatten einfach keine Lust mehr auf Wasser, sondern wollten lieber einen Wein zum Fisch trinken. Wandernde Mönche hörten diesen Spruch und gaben ihn an andere Klöster weiter. Der Weindurst der Mönche bekam so eine Rechtfertigung. Der Genuß von Fischspeisen ist eine lange Tradition. In der Metropolitan Ervin Szabó Library von Budapest findet man viele alte, teilweise handgeschriebene Rezeptbucher. Eines behandelt nur die ungarischen Fischspeisen. Das älteste Kochbuch beinhaltet 189 Fischrezepte. Der bekannteste ist wohl der Fogasch, Zander, der im Plattensee vorkommt. Sein Fleisch ist außerordentlich schmackhaft, weiß und ohne Gräten. Der zweite ist der stachelige Barsch. Sein Fleisch ist zart und schmilzt im Munde. Sein Rogen wird anstatt Kaviar in ungarischen Meisterküchen verwendet. Der zweite bekannteste ist der Karpfen und fast grätenlos. Er hat ein bräunliches Fleisch mit fast süßlichem Geschmack. Er wird für die Szegediner Fischsuppe verwendet (Rezept weiter hinten). Der Karpen lebt im Schlamm, muss daher vor dem Verwenden in Süsswasser schwimmen. Der Wels ist ein Raubfisch, der sich tagsüber im Schlamm versteckt. Das Fleisch ist schmackhaft, grätenfrei und ganz zart wenn man ihn richtig zubereitet. Probieren Sie unbedingt die scharfe Suppe „Fischerssaft". Sie ist extrem scharf und feuerrot und besteht

eigentliche aus Fischsuppen-Würfeln. Die bekanntesten Suppen sind die aus
der Theiß-Region.

Der Sammelbegriff „Fischsuppe der Theiß-Region" kann sich auf die Szeged-,
die Szolnok- oder die sogenannten Tisza-Weinsorten beziehen. Die Rezepte
der Theiß-Region sind komplizierter als die Rezepte von Baja: Während bei
letzterem der Fisch nicht gesiebt, sondern einfach mit Zwiebeln gedünstet
wird und die Suppe ausschließlich aus Karpfen zubereitet wird, wird in der
Theiß-Region zunächst eine Brühe aus Zwiebeln zubereitet, Paprika und
Fischabfälle, dann wird es gesiebt und die zuvor geschnittenen Fischsteaks
werden darin zubereitet. Dieser Suppe fehlen auch Nudeln, während die Baja-
Fischsuppe mit Nudeln zubereitet wird, die „Gyufatészta" genannt werden.
Und seit 2017 ist Fischsuppe der Theiß-Region offiziell wurde ein Hungari-
cum.

Fischsuppen-Würfel

Weil das Fischsuppe kochen eine Menge Arbeit macht, wurde der Fischsup
pen-Würfel erfunden. Die Hausfrauen nahmen große Bleche und gossen Suppe hinein. Auf großen Feuern wurde alles erhitzt und als das Wasser verkocht
war, hatte man gummiartige Würfel, den „ Fischersaft" . Bis 1989 wurden in
zwei großen Fabriken in Ungarn diese Würfel hergestellt. Zusätzlich wurde
sehr scharfer Paprika zugefügt. Nach 1989 wurden beide Fabriken von Maggi
und Knorr gekauft. Die Qualität änderte sich schlagartig mit dem Einsatz von
Konservierungsmitteln. Auch die Schärfe viel weg.

Krebse, Frösche

Krebse werden in den R-Monaten, Januar bis April und September bis Dezember gefangen und gegessen. Frösche werden das ganze Jahr gefangen und
gegessen.

Schnecken

Bei den Landschnecken sind es vor allem die Weinbergschnecken und die
Achatschnecken, die als Delikatesse auf den Tisch kommen.

Geflügel, die Gans

Der Ungare liebt seine Gänse, als Braten, Gänsebrust, als Grieben, als Schmalz,
als fette Gänsewurst, Gänsespeck, im Kopfkissen. Der Gänseschmalz eignet
sich sehr gut als Braten, weil er hocherhitzbar ist. In den Bratkartoffeln ist
immer auch ein guter Löffel vom Gänseschmalz.
Zu Weihnachten gehen Sie bitte in Budapest in die Fleischeiern rund um die
Synagoge. Dort gibt es die besten Gänseprodukte, den die Metzgereien arbeiten koscher.

typisch ungarische Lebensmittel:
Paprikasalami, Paprikaknacker, Speck
Ungarische Salami und Kolbasz

Ungarische Salami oder Kolbasz schmeckt nicht nur als Aufschnitt zu Brot
sehr gut, sondern sie gibt ihren pikanten Geschmack auch an Eintöpfe, Suppen
oder Aufläufe ab, wenn man sie mitkocht. Das Schweineschlachten in Ungarn
war meist eines der größten Familienereignisse, das vor Weihnachten oder im
Januar abgehalten wurde. Durch Räuchern und Salzen ließ sich das Schweinefleisch konservieren, und man hatte dann außer ungarischer Salami auch
Schmalz und Speck für das ganze Jahr zur Verfügung.

Was wäre eine Brotzeit ohne dünn geschnittene Salami? Das Original Télis-
zalami stammt von Mark Pick, der die Zubereitung von Rohwurst im 19. Jahrhundert eigentlich in Tirol erlernte. Zurück in seiner Heimatstadt Szeged begann er selbst, nach abgewandeltem Rezept Salami zu erzeugen. Sie besteht
aus Schweinefleisch oder einer Mischung aus Schweine- und Rindfleisch und
Speck. Gewürzt wird die Masse mit Paprika, Salz, Pfeffer, Knoblauch und
Kümmel. Die Rohwurst wird zunächst zehn bis zwölf Tage kalt geräuchert
und anschließend in feuchtem Klima bis zu drei Monate gegärt. Dabei entsteht
der typische Edelschimmel am Rand. Je länger eine Salami trocknen bzw.
reifen kann, desto intensiver werden ihr Geschmack und das Aroma. Die
Trocknungs- und Reifezeit erkennt man in der Regel an der Festigkeit der
Wurst: je fester, desto länger wurde sie dem Reifeprozess unterzogen. Das
MHD ist nicht wie oft vermutet das Verfallsdatum der Ware. MHD bedeutet
Mindesthaltbarkeitsdatum. Diese Angabe garantiert, dass die Ware bis zu
diesem Datum geschmacklich unverändert bleibt.

Dies bedeutet zum Beispiel, dass eine ungarische Salami, Kolbasz, Schinken
meist weit über das MHD hinaus haltbar ist. Wenn das Produkt aus der Verpackung genommen und an geeigneter Stelle aufgehängt wird (kühl, trocken,

292

luftig), kann die Kolbasz oder der Schinken solange verzehrt werden, solange
dieser schmeckt. Natürlich wird sich durch die Trocknung der Geschmack
eventuell etwas verändern und die Salami wird fester, aber unter Umständen
wird dies sogar gemocht. Die meisten angebotenen Kolbász sind in dünnen
Naturdarm gefüllt, so dass die Hülle bedenkenlos mitgegessen werden kann.

Mangalitza, für Feinschmecker und Gourmets

Beim Mangalitza Schwein, wegen seiner lockigen Borsten auch Wollschwein
genannt, handelt es sich um eine Urrasse des Schweins, welche aus Ungarn
stammt. Diese Rasse ist noch so ursprünglich und naturnah, dass die Ferkel
des Mutterschweins ebenso gestreift sind wie die Frischlinge der Wildsau.
Die robusten Schweine leben das ganze Jahr über im Freien, wobei sie ihre
dicke Speckschicht und das ungewöhnliche Haarkleid vor extremer Witterung
schützen. Dieses natürliche Leben draußen auf der Weide, wo das Mangalitza
Schwein ausreichende Bewegung hat und langsam aufwächst (sie werden erst
im Alter von 2 Jahren geschlachtet, im Gegensatz zum herkömmlichen
Schwein mit einem Schlachtalter von ca. 6 Monaten), ist ein wichtiger Aus-
schlag dafür, dass sein Fleisch von besonders guter Qualität und sehr
schmackhaft ist. Hervorzuheben ist die Zusammensetzung der Fettsäuren des
Fleisches, ähnlich der von pflanzlichen Ölen. Der Gehalt der positiven Omega
3 Fettsäuren beträgt ca. das Vierfache wie beim Fleisch des herkömmlichen
Schweins.

Béres Tropfen, Glaube macht gesund

Die flüssige Erfindung des Dr. József Béres spaltet die Gesundheitssuchenden
auch heute noch in zwei Lager. Die einen glauben fest an die heilenden, aber
auch vorbeugenden Kräfte der Béres Tropfen, die anderen halten sie für eine
(auch noch schlecht schmeckende) Mixtur ohne große Wirkung. Zumindest in
Ungarn sind sie offiziell als Medikament zugelassen und können frei in der
Apotheke erworben werden. Die den Tropfen zugeschriebenen, positiven
Wirkungen reichen dabei von der Behandlung von Rheuma und Gelenk-
schmerzen, über Behandlung depressiver Zustände bis hin zur Tumorbekämp-
fung. Vergleichbar sind diese Tropfen mit dem deutschen Heilmittel Iberogast.

Traubisoda

Traubisoda wurde in den 30-er Jahren von Lenz Moser, einem alteingesesse-
nen ostösterreichischen Winzer erfunden. Da es Menschen gibt, die Weintrauben lieben, aber keine Weintrinker sind, kam Moser auf die Idee, ein nicht
süßes, sondern herb erfrischendes, alkoholfreies Getränk zu schaffen. Die
Lizenz wurde1971 an einen ngarischen Landwirtschaftsbetrieb verkauft. In
Ungarn wurde Traubisoda so beliebt, dass das nunmehr ungarische Traubisoda in seiner neuen Heimat sogar erfolgreicher war als Coca-Cola.

Quark (Túró)

Der ungarische Quark unterscheidet sich stark in Geschmack und Aussehen,
von dem was etwa in Deutschland unter diesem Namen verkauft wird. Er ist
meist sehr grobkörnig - etwas wie Frischkäse - und auch im Geschmack trockener und weniger süß. Verwendet wird er häufig als Füllung für leckere
Kuchen und natürlich in den bekannten Túró Rudi Quarkstäbchen.

Túró Rudi

Ist ein mit einer Quarkzubereitung gefüllter Schokoladenriegel, ist eine bekannte Spezialität in Ungarn. „Túró" steht im Ungarischen für Quark oder
Topfen. Vom Geschmack her nicht zu süß, gibt es den Túró Rudi in verschiedenen Größen wahlweise mit einem Überzug aus Zartbitterschokolade (klassisch) oder aus Vollmilchschokolade. Neben der naturbelassenen Füllung gibt
es weitere Versionen mit Hinzugabe von Fruchtkonfitüre. „Rudi" ist im Ungarischen, wie auch im Deutschen eine Koseform des männlichen Vornamens
Rudolf, aber auch eine Anlehnung an das Wort rúd, das sich hier mit Stab oder
Riegel übersetzen lässt, mit diesem Wort geht also um die Form des Produkts,
bei „Túró" eher um dessen Inhalt. Der Name „Rudi" geht allerdings nicht, wie
manchmal behauptet, auf Rudolf Mandeville, einen Vorarbeiter der Molkerei
Erzsébetváros, der in der Produktion arbeitete, sondern auf Sándor Klein zurück, der neben der Namensfindung auch mit der Entwicklung der Verpackung und der Durchführung der einführenden Werbekampagne betraut
wurde. Er entwickelte die erste Verpackung, verziert mit einem kleinen Mäd-
chenkopf mit roten Zöpfen, auf der ein Punktmuster zu sehen war.

Geschichte von Túró Rudi:

Die Geschichte von Túró Rudi geht zurück auf das Jahr 1954, als die drei ungarischen Molkereifachleute Imre Takó, Ferenc Ketting und Zsolt Borka eine

zweiwöchige Studienreise in die Sowjetunion unternahmen, um die dortige Milchwirtschaft zu studieren.

Sie lernten ein Produkt kennen, das als Vorläufer des heutigen Túró Rudi gelten kann. Es handelte sich um eine aus einer Quark-Butter-Fett-Mischung hergestellte, gezuckerte und mit Schokolade überzogene Süßspeise, die eine weiche Konsistenz hatte. Nach der Studienreise wurde in Ungarn ein Bericht erstellt, der im Mitteilungsblatt der Milchindustrie veröffentlicht wurde. So kam es dazu, dass in den 1960er Jahren in der Molkerei Erzsébetváros in Budapest ein ähnliches Produkt entwickelt wurde. In Ungarn wurde die Konsistenz angepasst, so dass der Riegel einfach gekühlt aufbewahrt werden konnte. Die Massenproduktion begann 1968 am Ort der Produktentwicklung in der Molkerei Erzsébetváros, doch aufgrund der beengten und ungünstigen Standortbedingungen wurde sie bald nach Nyíregyháza und dann nach Mátészalka verlegt. Im Laufe der Zeit wurden neben der traditionellen puren Quarkfüllung verschiedene Geschmacksvarianten mit Haselnuss, Erdbeere, Pfirsich, Himbeere, Blaubeere oder Kokosnuss entwickelt. 2004 wurde Túró Rudi erfolgreich in den Nachbarländern Slowakei und Rumänien eingeführt. Im Handel gibt es den Riegel mittlerweile von verschiedenen Anbietern. Der originale Túró Rudi der Firma „Pöttyös" wird in einer charakteristischen Verpackung mit Punkten angeboten. Die Punkte symbolisieren den Namen des ungarischen Herstellers „Pöttyös" (ungarisch gepunktet). Seit geraumer Zeit wird Túró Rudi nicht nur in Geschäften verkauft, sondern auch mit Verkaufsautomaten. „Rudi" wurde 2005 auf der Anuga (Allgemeine Nahrungs- und Genussmittel-Ausstellung) präsentiert und wurde dort mit dem „Innovationspreis der Anuga Taste 05" ausgezeichnet. Der Name Túró Rudi ist innerhalb der EU geschützt. Es gibt auch eine österreichische Variante, sie schmeckt aber anders als die ungarische: Die Frischkäsefüllung ist süßer und zudem in anderen Geschmacksvarianten erhältlich.

Honigspezialitäten aus Ungarn

Akazienhonig ist ein besonders milder, klarer, hellgelber Honig, der sehr lange flüssig bleibt. Außer als Brotaufstrich kann man ihn auch zum Süßen von Tee, kalten Getränken oder Desserts verwenden. Warum ist Akazienhonig so teuer? Blühende Akazien und süßer Klee hingegen geben deutlich wenig Nektar ab, wodurch, weit weniger Honig gewonnen werden kann. Dementsprechend sind diese meist teurer. Das Pflanzen zu bestimmten Jahreszeiten sowie Wetterbedingungen unterschiedliche Mengen an Nektar produzieren sollte allen bekannt sein. Er soll gegen Sodbrennen helfen.

Der Lindenblütenhonig ist von gelb bis ganz dunkel in der Farbe und hat einen typisch kräftig, aromatischen Geschmack. Lindenhonig stellt aufgrund seiner antiseptischen Eigenschaft ein gutes Vorbeugungsmittel vor Angina und Atemwegsentzündung dar und wirkt deshalb derart wohltuend bei einer Schnupfen- und Erkältungsbehandlung, indem er die Sekretausscheidungen aus Nase und Rachen erleichtert.

Tarhonya

Eine beliebte ungarische Beilage zu vielen Gerichten ist Tarhonya. Nudeln sind besser im Geschmack, wenn bei der Herstellung mehr Eier verwendet werden. So weichen sie beim Kochen nicht auf. Gewöhnlich sind Nudeln und Tarhonya pro kg mit vier Eiern verarbeitet. Unsere Spitzensorten aus Ungarn werden mit acht frischen Eiern und ohne Zusatzstoffe in einem kleinen Familienbetrieben hergestellt und auf den Märkten frisch verkauft.

Rote scharfe Paste zu Suppen

Auf den Tischen steht oft ein Töpfchen mit einer roten Paste und einem winzig kleinen Löffelchen. Diese rote Paste ist höllisch scharf und man tut sie in die Suppe oder um ein bereits scharfes Gulasch oder Pörkölt noch schärfer zu machen. Die fleischig roten, scharfen Paprikaschoten werden mit der Reibe klein zermahlen und dann mit Salz vermischt. Diese Paste wird ganz fest in kleine Gläser gedrückt. Der Name lautet Erös Pista. Es darf keine Luft ran kommen. Luft verursacht Gärung und die schöne Paste geht kaputt. Man kann sie im Supermarkt kaufen, dann ist da wieder Konservierungsstoff drin und sie ist nicht so aromatisch wie die eigene. Es gibt eine süße Variante, sie heißt Edes Anna und wird aus süßen, roten Paprikaschoten hergestellt. Beim Kochen und Essen muss man immer daran denken, das Salz in der Paste ist.

Gefülltes Kraut

Das gehobelte Kraut und auch die ganzen Köpfe werden mit Salz eingelegt. Ist das Kraut fertig, wird eine Mischung aus Hackfleisch und angekochtem Reis gefüllt und in Tomatensauce so lange gekocht, bis es durch ist. In Deutschland verwendet man blanchierte Kohlblätter und nur Hackfleisch in Ungarn sind es Sauerkrautblätter. In der Tomatensauce werden noch Rippchen oder Kassler oder Schweinenacken mitgekocht. Gewürzt wird mit Kümmel und schwarzen Pfefferkörnern. Traditionell wird in riesigen Tontöpfen im Back-Ofen zubereitet, wenn das Brot fertig gebacken war und die Hitze ausgenutzt werden konnte. Hier schmorte es bis 6 Stunden. Gefülltes Kraut wurde früher gerne im Winter zur Weihnachtszeit zubereitet. Das fertige Kraut wurde in den Keller oder den kalten Schuppen gestellt, wo es nicht verderben konnte. Heute isst man gefülltes Kraut das ganze Jahr über. Als komplettes Weihnachtsmahl gab es: Reichhaltige Schweinesuppe mit Wintergemüse, dann das gefüllte Kraut und als Nebengang eine Schweinesülze mit Schweineohren und Schweineschwanz. Nach dem Weihnachts-Frühstück holten die Frauen die Tontöpfe mit dem gefüllten Kraut und stellten diese in den Küchenherd, der mit Kohlen und Holz befeuert wurde. Am Heiligabend trafen sich dann die Pferdehirten und auch die Knechte auf dem Dorfplatz und gaben mit ihren langen Peitschen ein Knallkonzert, die Frauen und die Kinder sangen Weihnachtslieder. Danach fuhren alle mit ihren Pferdewagen fort. Wieder zu Hause angekommen, war das gefüllte Kraut warm und es mussten nur noch die Kartoffeln aufgesetzt werden, wenn man denn welche hatte. Jeder bekam ein Klecks tejföl, saure Sahne und eine Scheibe Brot. Die Erwachsenen tranken Bier oder ein Glas verdünnten Weißwein und die Kinder Himbeersaft. Und was war es für ein Fest, das angesetzte Kraut aus dem Tontopf zu kratzen. Übrigens wurden die Reste am nächsten Tag zu einer kräftigen Suppe. Diese war fast noch besser als das gefüllte Kraut.

Knödel

Knödel als Beilage kamen natürlich mit der Wiener Küche als auch von Böhmen und Mähren nach Ungarn. Sie sind genauso als Semmelklöße oder Hefeklösse oder als Fleischbeilage als auch als süße Knödel nicht mehr wegzudenken. Serviettenklösß werden aus altem Weißbrot gefertigt. Es gibt z. B. süße als Kartoffelklöße mit Zwetschgen und Aprikosen, Topfenknödel aber auch typische Quark-Griesknödel und auch mit Obst gefüllt werden. Der Maisbrei Puliszka kommt aus Rumänien. Dort wo kein Weizen wächst, wird Mais angebaut. Der Mais wird getrocknet und zu Maisgries verarbeitet. Puliszka ist eine nahrhafte salzige Hauptspeise mit Schafsquark. Kinder essen ihn süß mit Milch und Zimt und Zucker.

Pogatschen

sind runde, salzige Gebäckstücke, die im Karpatenbecken, auf dem Balkan und in der Türkei zur typischen Küche gehören.

Süße Obstsuppen im Sommer

Im Sommer wird gerne eine kalte pürierte Suppe aus Obst gereicht. Apfel-Suppe, Himbeersuppe, Pfirsich-Suppe, Melonensuppe, Aprikosensuppe, Kirschsuppe usw.

Suppe

In Ungarn unterteilt man die Suppen wie folgt:

Einfache Suppe, z. B. grüne Bohnensuppe, in D. Eintopf
Passierte Suppe, z. B. Linsenpüreesuppe
Kremsuppen, z. B. Spargelkremsuppe
Obstsuppe, warm oder kalt, z. B. Kirschsuppe
Spezielle Suppe, z. B. Hühnersuppe auf Újházer Art.

In Ungarn isst man zu 90 % eine Suppe vor dem Hauptgang. Meist sind es reichhaltige Brühen mit Nudeln und Gemüse, aber auch Lebbentsch, Gulaschsuppe, Hühnersuppe, Leberklößchensuppe. Auch die Grießklöschensuppe steht auf dem Tisch. Zusätzlich zur Suppe erhält man Brot, rote, scharfe Paprikapaste im Töpfchen und im Schälchen eine Art grüne extrem scharfe Pfefferoni, manchmal Almapaprika oder Chili sowie Pfeffer und Salz zum nachwürzen. Probieren sie zuerst die Suppe, sie ist meist bereits ordentlich gewürzt.

„Velős pirítós"

sieht man allerorten am Plattensee ausgeschrieben, auch viele Touristen kosten diese Spezialität, die es eigentlich nur am Balaton gibt. Den meisten schmeckt das gut – zumindest solange, bis sie mal im Wörterbuch nachgeschlagen haben, was das überhaupt ist. „Pirítós" steht dabei für eine geröstete Brotscheibe, „velő/velős" für Knochenmark oder Gehirn. Wobei die ungarische Sprache an der Stelle ein wenig unklar ist, letztlich können sich dahinter sowohl Teile vom Knochenmark als auch vom Gehirn verbergen. Ein Index dafür, was man überhaupt isst, könnte der Preis sein, denn Gehirn ist in der Anschaffung teurer. Also die preisgünstigere Variante ist dann aus Knochenmark, die teure

Variation beinhaltet Gehirn. Übrigens verwendet man meist Schweinehirn und/oder Mark. Und so wird's gemacht –

Die Zwiebeln werden klein geschnitten in Öl oder Fett auf mittlerer Flamme 5-6 Minuten angebraten. Das „Velő" wird von gröberen Stücken befreit und mit kaltem Wasser gespült, welches danach gründlich ablaufen muss. Das ganze kommt dann in die Pfanne und wird dort zusammen mit den Zwiebeln ca. 5 Minuten gebraten. Salz, Pfeffer und roter Pfeffer sind nach und nach zuzugeben und einzurühren. Wenn die Konsistenz an ein dichtes Rührei erinnert und alles leicht vom Pfeffer dominiert wird, hat man das perfekte „Velő" hinbekommen. Auf eine geröstete Brotscheibe geschmiert wünschen wir guten Appetit!

Kastanie, Maroni

In Ungarn sind mehrere Glaubensrichtungen, Volksfeste und Bräuche mit der Edelkastanie verbunden. Es ist nicht nur in unserer Kultur, sondern auch in der Gastronomie präsent; zum Beispiel ist Kastanienpüree („gesztenyepüré") eines der beliebtesten ungarischen Herbstdesserts. Laut Márton Takács und Ákos Malatinszky, das Wort „gesztenye" [gɛstɛɲɛ] kam wahrscheinlich um 1200 durch slawische Vermittlung in die ungarische Sprache. Interessanterweise bezieht sich dieses Wort sowohl auf den Baum selbst als auch auf die Frucht der Edelkastanie. Die Edelkastanie ist in Mittel- und Südeuropa beheimatet (nördliche Iberische Halbinsel, Südfrankreich, Mittel-Nord-Italien und die südliche Balkanhalbinsel). Die Römer pflanzten in ganz Europa Kastanienbäume, um ihre essbaren Früchte zu ernten. Sie rösteten die Kastanien normalerweise oder mahlten sie zu Mehl. Der Überlieferung nach aßen römische Soldaten einen Brei aus Edelkastanien, bevor sie in die Schlacht zogen. In Ungarn hat der Anbau dieser Art eine ziemlich lange Geschichte, die bis ins 13. Jahrhundert zurückreicht. Dies wird dadurch angezeigt, dass verschiedene Variationen des Wortes „gesztenye" erscheinen im Namen zahlreicher ungarischer Siedlungen, wie Geszt, Gesztely, Geszteréd, Gesztes, Kesztölc und Keszthely. Volksbräuche und Glauben Legenden zufolge wurde die Edelkastanie im 15. Jahrhundert im Königreich Ungarn immer beliebter, nachdem Königin Beatrix, die Frau von König Matthias, Rezepte für Edelkastanien aus Italien mitbrachte. Das Lieblingsgericht des Königs war mit Kastanien gefüllter Kapaun. Die Esskastanie galt in Siebenbürgen als edle Frucht, und der Stadtrat schenkte den Herren und Adligen oft Kastanien. Nach den ethnographischen Aufzeichnungen wurden Kastanien traditionell in ungarischen Dörfern an

Allerheiligen geröstet und den Männern geschenkt, die die Glocken zum Gedenken an die Toten läuteten. Um die vergessenen Volksbräuche wiederzubeleben, begannen immer mehr ungarische Siedlungen, Kastanienfeste zu veranstalten. Die beiden berühmtesten Kastanienfeste finden in Iharosberény und Velem statt. Ungarische handgemachte Delikatesse gewinnt prestigeträchtigen gastronomischen Preis Kastanienpüree "Gesztenyepüré" ist ein beliebtes ungarisches Dessert. Sie können das ganze Jahr über vorgefertigtes Kastanienpüree in den meisten Supermärkten in Ungarn kaufen. Es ist jedoch ein typisches Herbstdessert, da Kastanien normalerweise von Mitte September bis November geerntet werden und wie bei den meisten Gerichten hausgemacht am besten ist. Dieses nahrhafte Dessert ist vermutlich italienischen Ursprungs und wurde vom legendären Montebianco inspiriert.

Ganz typische Maroni-Gerichte in Ungarn sind

- Gesztenyés Kifli (kleine Hörnchen aus Hefeteig mit Maronenmasse gefüllt)
- Gesztenyével töltött (gefüllte Pute mit Maronen)
- sült Gesztenye (geröstete Maronen)
- Gesztenyéspüré hagyományos módon (Maronenpüree traditionell)
- Gesztenyéspürè (aus fertiger Maronenmasse).

das Schweineschlachtfest, disznótor

Das Schweineschlachtfest war früher eins der bekanntesten Winterfeste. Es wird um den Thomastag, 21.12.2024 gefeiert. Die Kinder auf dem Dorf bekamen schulfrei. Der Metzger ging von Haus zu Haus, um ein Schwein zu schlachten. Nachdem die Messer gewetzt wurden, wurde erst einmal ein Palinka getrunken. Dann führte der Meister den sachkundigen Stoß. Etwas vom Haus entfernt, wurde ein großer Strohhaufen entzünde, in die Mitte legte man das Schwein. Die Borsten wurden so mit der Zeit abgesengt. Am nächsten Morgen durfte sich der Metzger die Schweineohren abschneiden und die Spitzen mit Salz und Paprika würzen und essen. Nun wurde das Tier auseinander geschnitten und die Hausfrauen schnitten und würzten die einzelnen Stücke. Viele verschiedene Würste wurden hergestellt und durch brühen und braten und kochen und räuchern haltbar gemacht. Abends kamen viele geschmückte Gäste zum disznótor. Zuerst wurde eine deftige Suppe serviert, hergestellt aus den Genickteilen. Hierin waren nockeldi oder Leberklösschen eingekocht. Danach gab es Haxen und Schweinskopfstücke, einge-

legt in Aspik oder mit Meerrettich serviert. Die hauptmalzeit war gefülltes
Kraut und Krautauflauf, dazu frische Würste und Schweinskoteletts.
Der nächste Gang waren Quarkknödel mit Grieben gefüllt und tejföl, Saure
Sahne. Später gab es Parikahuhn und Hühnertokány. Für die, die immer noch
essen konnten wurde Rétesch mit den verschiedensten Füllungen oder Split-
terstrudel angeboten. Zwischendurch für die gute Verdauung gab es einen
Palinka oder ein Unicum. Ein Geigenspieler sorgte für die gute Stimmung.
Zuletzt gab es Obst und Kleingebäck. Bis alles verzehrt wurde, graute der
Morgen. Ohje, jetzt aber schnell ins Bett, denn am Abend war schon das nächs-
te Schlachtfest.

Erntedankfest

Am 29.06. feierte man Erntedank. Die Puszta war und ist bekannt für seinen
Weizen, aus diesem fertigte man Brot und viele Mehlspeisen, Rétesch genannt. Zuerst versammelte man sich auf dem Dorfplatz. Dort warteten schon
viele gefüllte Weinfässer und ein großer Topf voller Gulasch. Das fahrende
Volk in ihren bunten Gewändern sorgte für stimmungsvolle Musik. Zuerst die
melancholischen Weisen und danach die lustigen Lieder. Nun singen die meisten mit und die Jugend rüstet sich zum Tanz dem Csárdás. Zwei Schritte nach
links, dann zwei nach links. Die Mädchen suchen nach ihren Burschen und
dann geht es fröhlich immer im Kreis herum. Erst wenn das letzte Weinfass
leer ist, wenn der Gulaschkessel mit dem letzten Brot sauber ausgewischt
wurde, endet das Fest. Dies war meist in den frühen Morgenstunden.

Hurka

sind Brühwürste, die in zwei Hauptsorten vorkommen: „Májas" (Leberwurst)
und „ Véres " (Blutwurst). Auf vielen Festen und in zahlreichen Snackrestaurants an den Touristen orten gibt es immer die gute ungarische Wurst. Heute
beschäftigen wir uns einmal mit der Hurka. Hurka ist eine ungarische Blutwurst, die in der ungarischen Küche sehr beliebt ist. Diese traditionelle
Wurstsorte wird in Ungarn sowie auch in anderen Ländern Mitteleuropas
hergestellt und ist bekannt für ihren herzhaften Geschmack. Zutaten: Die
Hauptbestandteile von Hurka sind Schweinefleisch und Schweineblut. Es
werden auch Zwiebeln, Gewürze wie Salz, Pfeffer und Paprika sowie manchmal Reis oder Haferflocken hinzugefügt, um die Konsistenz zu verbessern und
den Geschmack zu variieren. Zubereitung: Die Herstellung von Hurka beginnt
mit dem Zerkleinern des Schweinefleischs und dem Mischen mit den übrigen
Zutaten. Das Blut wird hinzugefügt, um der Wurst ihre charakteristische

301

dunkle Farbe zu verleihen. Anschließend wird die Mischung in Schweinedärme gefüllt und zu Würsten geformt. Kochen/Braten: Die Würste werden in Wasser gekocht, bis sie vollständig durchgegart sind. Manchmal werden sie auch gebraten, um eine knusprigere Textur zu erhalten. Varianten: Es gibt verschiedene Varianten von Hurka, je nach Region und persönlichem Geschmack. Einige beliebte Sorten sind „Héjja Hurka" (mit Leber) und „Májas Hurka" (mit Leber und Lunge). Servieren: Hurka wird normalerweise als Teil einer herzhaften Mahlzeit serviert. Es wird auch mit Sauerkraut, Senf oder anderen würzigen Beilagen kombiniert. In Ungarn sind sie generell eine beliebte Wahl bei Veranstaltungen wie Volksfesten und traditionellen Feiern. Man sollte jedoch beachten, dass der Geschmack von Blutwurst für manche Menschen gewöhnungsbedürftig sein kann, aber für Liebhaber deftiger Fleischgerichte ist Hurka eine kulinarische Delikatesse.

Die tägliche Prüfung am Markt

Der Ungare liebt es, jeden Tag in den frühen Stunden auf den Markt zu gehen und sein Obst und Gemüse für das Mittagessen zu kaufen. Tatsächlich öffnet der Markt um 5 und schließt gegen 13 Uhr. Auf dem Markt gibt es alles, was das Herz begehrt, mit dem Vorteil, dass alles frisch von den Bauern kommt und nicht aus dem Ausland. Zudem sind die Preise bis zu ein Viertel niedriger, was man an den Eiern oder Honig am deutlichsten merkt. Auf dem Markt kann man zwischen verschiedenen Größen wählen. Eingelegtes Gemüse bereitet die Omi am Tag zuvor vor und es hat keine Konservierungsstoffe.
Mit der Zeit hat man seine Verkäufer, bei dem man seine Lebensmittel regelmäßig kauft. Sehr zu empfehlen sind die frische Milch, die Butter, tejföl oder turo direkt vom Bauern. Bringen Sie ihre eigenen Dosen, kleinen Eimer, Glasflasche mit, denn es kann sein, das der Verkäufer keine Behältnisse anbietet. Sogar die Eierkartons werden immer wieder verwertet. Im Prinzip kann man bei großen Mengen feilschen, aber wer will das schon, bei Preisen, die man im Supermarkt nie bekommen wird.

Die Faschingszeit:

In der Faschingszeit gibt es Krapfen, Fánk. Dieser weiche, gefüllte oder ungefüllte Hefeballen, mit Zucker oder ohne Zuckerguss. Fánk ist die gleiche in Fett ausgebackene Hefekugel, wie ein deutscher Berliner, Pfannkuchen oder Krapfen.Die am häufigsten verwendeten Zutaten sind: Mehl, Hefe, Butter, Eigelb, ein wenig Rum, Salz, Milch und eine grosse, tiefe Pfanne mit Öl zum ausba-

cken. Nachdem der Hefeteig etwa 30 Minuten lang am warmen Ort gegangen
ist, werden Kugeln geformt und ausgebacken. Fánk wird traditionell mit Puderzucker bestäubt und mit der traditionellen Aprikosenmarmelade, lekvár,
gefüllt. Was ist Fasching in Ungarn eigentlich? Die Faschingszeit hat kein
festes Datum, sondern dauert vom Dreikönigsfest bis zum Aschermittwoch.
Interessant ist es, das man in der Faschingszeit in Wirtshäusern kleine rauten-
förmige Krapfen bestellt und dann in den Tokaj tunkt.

Busójárás:

Als Busójárás werden die insgesamt sechs Tage andauernden Feierlichkeiten
zum Ende des Faschings (ung. farsang) in Mohács im Süden Ungarns bezeichnet. Mohács ist eine ungarische Stadt im gleichnamigen Kreis am rechten Do-
nauufer, in der Nähe der Grenze zu Kroatien und zu Serbien. Überregional
bekannt ist Mohács für den dortigen Karneval. Das sechstägige Faschingsfest
gilt als das größte Ungarns und lockt alljährlich Zehntausende Schaulustige.
Der Buso ist eine eine aus Weide geschnitzte und traditionell mit Tierblut
bemalte Maske. Sie trägt eine Kapuze aus Schafsfell. Die von berühmten
Volkskünstlern geschnitzten Masken sind einzigartig. Seit 2009 ist der
Busójárás Teil der Repräsentativen Liste des immateriellen Kulturerbes der
Menschheit der UNESCO. Der Busójárás beginnt am Donnerstag vor Aschermittwoch mit dem Kinderfasching (kisfarsang), der auch einen Kostümwett-
bewerb umfasst. Am Freitag folgen die offizielle Eröffnungszeremonie und
eine Handwerksausstellung, am Samstag gedenken die Busó-Gruppen gemeinsam der zahlreichen Ereignisse in der Geschichte Mohács'. Am Nachmittag wird ein Sarg, der den Winter symbolisiert, über die Donau gelassen, bevor nach Einbruch der Dunkelheit ein großes Feuer im Stadtzentrum entzün-
det wird. Der Tanz um das Feuer wird von Tambura- und Sackpfeifen-
Spielern begleitet. Der Höhepunkt der Feierlichkeiten ist der Umzug der
Busó-Gruppen am Sonntag. Die Busós setzen zunächst mit Ruderbooten von
Újmohács über die Donau nach Mohács über und ziehen anschließend mit
selbst gestalteten Wägen vom Kóló tér im ehemaligen Šokci-Viertel zum
Hauptplatz der Stadt (Széchényi tér). Dabei teilen die mit Kuhglocken läuten-
den Busós Wein, Pálinka und Faschingskrapfen (Fánk) mit den Zuschauern.
Außerdem „entführen" sie Frauen aus der Zuschauermenge. Am Montag
ziehen die Busós vor allem im ehemaligen Viertel der Šokci von Tür zu Tür
und feiern mit Familie und Freunden zu Hause oder in Restaurants. Den Ab-

schluss der Feierlichkeiten stellt schließlich das die „Beerdigung des Faschings" (farsangtemetés), das symbolische Verbrennen des Sarges – und damit des Winters – am Faschingsdienstag dar.

Essen zu Neujahr

Glück auf dem Teller: ungarische Neujahrsgerichte, die man probieren sollte.

Schwein bringt dir Glück

Der Volksmund sagt, dass da Schweine mit ihrer Nase in den Boden wühlen, graben sie das Glück für dich aus, und sorgen dafür, dass es dir im kommenden Jahr an nichts mangelt. Du kannst Schwein in Form von Schweinebraten, Schlachtprodukten (Blutwurst, Wurst) oder sogar Würstchen essen. Und wenn man auf der Suche nach einem Gericht aus Schweinefleisch ist, kann man auch das besondere Festtagsgericht der Ungarn, die Sülze, probieren: Das gekochte Gemüse, das Schweinefleisch und die Gewürze werden mit Brühe übergossen, dann wird die Sülze an einem kalten Ort gelassen um fest zu werden. Oft werden Teile von Schweinefüßen, Ohren, Zungen oder Schwänze zu diesem Meisterwerk hinzugefügt.

Iss viele Linsen und du wirst reich!

Der Schlüssel zum Wohlstand, sagen die Ungarn ist die Neujahrslinse. Und wer würde nicht gerne das ganze Jahr über im Reichtum schwelgen? Die Linsen symbolisieren vom Aussehen her Münzen, deshalb essen die Ungarn am 1. Januar reichlich davon. Typisches Neujahrsessen sind Linsensuppe oder Linseneintopf, aber auch andere Hülsenfrüchte bringen Glück, so kann am Neujahrstag auch eine große Portion Bohnensuppe auf dem Tisch stehen.

Das Geheimnis des langen Lebens: der Strudel

Ein guter, lang gestreckter und gut gefüllter Strudel kann dem Aberglauben nach nicht nur das Leben verlängern, sondern auch Reichtum versprechen. Versuche also auch den Strudel zu Neujahr. In Budapest gibt es ein sehr altes, sehr bekanntes Strudelrestaurant. Das Rétesház bietet herzhafte und süße Strudelköstlichkeiten, aber auch Gulasch und ungarische Fischsuppe.

Strudel House Budapest, Első Pesti Rétesház, Budapest, Október 6. u. 22, 1051.
Das Café mit seiner hohen Decke befindet sich in einem Gebäude von 1812.

Hebe das Hähnchen für den Rest des Jahres auf

Am Neujahrstag wird am besten kein Geflügelfleisch gegessen, da Geflügel
das Glück wegkratzen. Also alles, was Hähnchen, Hühner, Pute oder anderes
Geflügel ist, sollte für den Rest des Jahres aufgehoben werden.
Ein weiterer nützlicher Tipp für den ersten Tag des neuen Jahres: was auch
immer du isst, lass immer ein paar Reste auf dem Teller, denn das kann dir
helfen, in den kommenden Monaten immer etwas Neues und Frisches in dein
Leben zu bringen.

Die 10 typischen Lebensmittel und Gerichte

Wenn Sie in Ungarn im Urlaub sind und in einer der traditionellen Csárdás –
wie Gasthäuser von Einheimischen genannt werden – speisen, erwarten Sie
Gerichte, die seit vielen Jahrhunderten nach altbewährten Rezepten gekocht
werden. Oft werden würzige Eintopfgerichte noch wie anno dazumal in Kes-
seln zubereitet. Feurige Gewürze wie Paprika, würzige Salami, Zwiebeln,
Fleisch und verschiedene Gemüse sind Zutaten, die vielen traditionellen Speisen ihr einzigartiges Aroma verleihen. Auch für Freunde der süßen Küche hat
Ungarn viel zu bieten: Legendäre Strudel, Pogatschen und Palatschinken lassen die Herzen von Naschkatzen höherschlagen. Dazu passen die aromatischen Dessertweine Tokaji Aszú und Tokajer Ausbruch hervorragend, die aus
der gleichnamigen Weinbauregion stammen.

- Fischsuppe: Halászlé
- Gulasch ist nicht gleich Gulasch
- Pörkölt – der beliebte Eintopf
- Das Paprikahuhn – ein Klassiker
- Lecsó: nicht nur die perfekte Beilage aus Ungarn
- Deftige Wurst: Debreceni páros kolbász
- Langós – der berühmte Fladen
- Ungarische Salami – der Rohwurstklassiker
- Gundel-Palatschinken: die süße Köstlichkeit
- Dobostorta – ideal für die Kaffeepause

Die Erklärungen und Rezepte finden Sie im Rezeptbuch, das alphabetisch
sortiert ist.

Sind Palatschinken Pfannkuchen oder Crepes?

Grundsätzlich ja, Palatschinken werden aber zumeist sehr viel dünner gemacht und ähneln so mehr dem französischen Crêpes. Auch ist es typisch, dass man Palatschinken nicht nur süß genießt, sondern auch gerne deftig mit Fleischfüllung (z.B. Wild).

Palatschinken

Die Palatschinke kommt eigentlich aus Rumänien. Aber sie ist noch viel älter. 150 nach Christus schmierte man einen dicken Getreidebrei auf heiße Steine. Diese nannten sie Placenta (med. Mutterkuchen). Die Rumänen assen sie später mit Schafskäse. Die Ungarn übernahmen das Gericht, und die Palatschinken wurden sehr viel dünner und üppig gefüllt. Von den Ungarn übernahmen die Österreicher das Gericht, danach die Franzosen und Italiener, wobei der Name zu Crépe geändert wurde. Milch, Mehl und Eier sowie Eidotter und etwas Salz (ggf. etwas Zucker) werden zu einem flüssigen Teig verrührt, ein Teil der Flüssigkeit kann durch Sodawasser ersetzt werden. In einer Pfanne wird etwas Butter erhitzt, je eine kleine Schöpfkelle Teig eingegossen, der durch leichtes Kippen rasch auf dem ganzen Pfannenboden verteilt und gebacken wird. Die Palatschinken werden mit Marmelade oder einer Füllung bestrichen, lose aufgerollt und mit Zucker bestreut serviert. Man rechnet mehrere Stück pro Portion als Nachspeise; in der Altwiener Küche nahm man zum Backen halb Butter, halb Schweinefett.
Rezept im Kochbuch unter Palatschinken.

Pálinka, Schnaps und Unicum
Fütyülős Barack aus Aprikosen

Der ungarische Schnaps (Pálinka) wird aus allem gebrannt was die Natur zur Verfügung stellt. Besonders beliebt sind dabei der Honigschnaps oder gebranntes aus Aprikosen und Pflaumen. Zum Abschluß eines würzigen, ungarischen Festmahls darf er eigentlich nie fehlen. Das bekannteste Nationalgetränk der Ungarn ist der Palinka. Er ist eine ungarische Spezialität und bezeichnet verschiedene edle Obstbrände. Der Name Palinka wird gesetzlich durch die EU geschützt. Nur diejenigen Destillate dürfen so genannt werden, die aus original ungarischen Früchten sowie ohne Zusatz- oder Aromastoffen hergestellt und im Land gebrannt werden. Die von uns angebotenen Obstler werden in Kecskemét hergestellt, ein traditionelles Obstanbaugebiet, wo seit Jahrhunderten außergewöhnliche Schnäpse gebrannt werden. Aus 100 kg

Marillen (Aprikosen) entstehen zum Beispiel 15-16 Liter erstklassiger Barack
Palinka Made in Hungary.
Palinka

Erstklassige reine Obstbrände

Der Pálinka gehört zu den hervorragendsten Spezialitäten der Ungarn.
Pálinka ist nicht das Endprodukt industriell hergesteller Fabrikation, keine
Massenware, die aus Großbetrieben stammt. Sondern wegen des Verlesens
ausgereifter Früchte, der zeitaufwendigen Vorbereitung, der sorgfältigen Des-
tillierung ist die Herstellung nur in kleinen Mengen, in überschaubaren Fami-
lienmanufakturen möglich. Weshalb ist der ungarische Pálinka so besonders,
was unterscheidet ihn von vielen, mit ähnlichem Verfahren hergestellten europäische Spirituosen? In erster Linie die Qualität der Ausgangsstoffe. Da der
Zuckergehalt der ungarischen Obstsorten sehr hoch ist, ist ihr Aroma unver-
wechselbar. Außerdem können die Ungarn auf eine Jahrhundert alte Erfahrung, von Generation zu Generation weitergegebenen beruflichen Könnens,
welches bereits zu einer Kunst wurde, zurückblicken. Mit den besonders edlen
Aromen, der Harmonie von Farben und Düften ist ein raffinierter Genuss
sowohl im Privaten als auch in der Gastronomie.

Zwack, Unicum:

Majestät Joseph II hatte sich mal wieder „überfressen" und hatte Magendrü-
cken. . Er fragte seinen jüdisch-ungarischen Leibarzt Dr. Zwack nach einem
Heilmittel. Seine Großmutter hatte früher schon Mixturen aus Kräutern und
Rinden und Beeren zusammengebraut. Die Rezepte lagen wohl verwahrt in
seiner Praxis. 1790 konnte er etwas gegen Magendrücken und Völlegefühl
präsentieren. Dieses Elixier besteht aus 90 Kräutern, versetzt mit Alkohol. Der
Kaiser befand es als hilfreich und nannte es Unikum, einzigartig.
Die Produktion konnte starten und das Elixier war recht schnell erfolgreich.
Während des Kommunismus war nur eine einfache Version auf dem Markt,
da die Familie auf der Flucht war und das Rezept mitgenommen hatte. Bis
1990 wurde der Unicum in Italien im Exil produziert. Heutzutage wird in
Budapest unter dem Namen Zwack gebraut. Allerdings gehört die Hälfte der
Fima der Gruppe Underberg. Auch über die Landesgrenzen hinaus bekannt ist
der Unicum - ein herber Kräuterlikör, den man am ehesten mit dem deutschen
Jägermeister vergleichen kann. Auch wenn der Unicum sehr oft Geschmackssache ist, ein beliebtes Urlaubsmitbringsel ist er allemal. Der Unicum besteht
heute aus Bitterkräutern, Alkohol und Süßholz. Weitere Abwandlungen des

Unicum Cynar mit 16 % Alkohl schmecken leicht nach Artischoken. Fernet Branca schmeckt nach Pfefferminz. Die bitteren Kräuter regen die Galle und den Magen an und Eiweiße und Fette werden besser verdaut.

Unicum Produktion und Museum in Budapest

Seit 1892 wird Unicum im IX. Stadtbezirk von Budapest in der Soroksári út 26 produziert. Sie haben die Möglichkeit, sich die Unicum Produktion anzuschauen und einen Rundgang durch die Keller zu unternehmen. Zunächst können sich die Besucher einen ca. 20-minütigen Film über die Geschichte der Familie Zwack und die Brennerei in Ungarisch, Englisch, Deutsch und Italienisch ansehen. Anschließend steht den Besuchern ein Audio-Guide zur Verfügung, der Sie auf dem Rundgang durch das Museum und die Museumsgalerie mit einer Miniaturflaschensammlung von 17.000 Flaschen begleitet. Für Gruppen kann nach vorheriger Absprache auch eine Führung vereinbart werden. Die Destillations- und Extraktionsanlagen, das so genannte "Herz des Unicum", befinden sich in einem alten, efeuberankten Gebäude in der Mitte des Fabrikhofes. Hier wird Unicum seit 1892 hergestellt. Aus Gründen der Geheimhaltung des Rezepts kann nur ein Teil der Herstellung besichtigt werden. Schon beim Betreten des Gebäudes wird Sie der Duft der Unicum Kräuter und Gewürze überwältigen. Von der Brennerei können die Besucher in den Keller hinabsteigen. Dieser befindet sich auf über 2.500 Quadratmetern unterhalb des alten Fabrikgeländes. Am Ende der Tour können Besucher den klassischen Unicum und Unicum Zwetschke aus einem der 500 Eichenholzfässer zapfen und probieren. Die Unicum Fässer sind durch eine rote, die Unicum Zwetschke Fässer durch eine goldene Umrandung markiert. Besuchern, die Unicum und Unicum Zwetschke nicht bereits im Keller probiert haben, wird eine Verkostung im alten Verkostungsraum ermöglicht. Hier sind Sie in Gesellschaft vieler berühmter Persönlichkeiten, die uns schon besucht haben und deren Fotos an einer „Wall of Fame" angebracht sind.

Haushaltstipps

Haushaltstipp – Dünger aus Kaffeesatz

Den Kaffeesatz auf einen großen flachen Teller geben und in die Sonne stellen oder an einen warmen Platz. Nach 2 Tagen wenden und nochmal 1 Tag trocknen lassen. Ist der Satz nicht richtig trocken, wird er im Blumentopf schimmeln. Pro Pflanze 1 Teelöffel Satz auf die Erde verteilen. Bei großen Pflanzen oder Palmen kann man 2 bis Teelöffel verwenden.

Haushaltstipp – Zwiebeln, die austreiben.

Muss man Zwiebeln wegwerfen, die austreiben? Nein, man kann das Grün problemlos essen. Man suche die Zwiebeln heraus, die anfangen zu treiben. Dann nimmt man einen Blumentopf und füllt Erde rein. Die Zwiebeln einfach oben auf die Erde daraufstellen und ein bisschen angießen. Am nächsten Tag ein bisschen mehr gießen und jetzt einfach stehen lassen. Die Zwiebeln bilden Wurzeln und wachsen nun alleine weiter. Ist die Erde sehr trocken, dann ein bisschen gießen. Hast du keinen freien Blumentopf, aber eine große Topfpflanze, dann gib die Zwiebeln da auf die Erde. Nach einer Woche sollte ein schönes Grün da sein. Das Grün kannst du wie Schnittlauch verwenden, schneide es klein und gib es über Rührei oder anstatt von Zwiebeln in Bratkartoffeln. Was auch sehr gut und fein schmeckt, ist eine Quiche. Anstatt von Lauch einfach das Grün verwenden.

Unser Garten, die Forsythie

Die Forsythie, auch Garten-Forsythie, Goldflieder oder Goldglöckchen genannt, ist ein häufig gepflanzter Zierstrauch. Forsythien werden etwa zwei bis drei Meter hoch und werden in vielen Gärten als Heckenpflanze eingesetzt. Was viele nicht wissen: Die Blüten sind für die die meisten Insekten wertlos. Für viele Gärtner ist die Blüte der Forsythie zudem ein untrügliches Zeichen dafür, dass sie ihre Rosen schneiden können. Forsythien gelten als sogenannte Zeigerpflanzen des phänologischen Kalenders. Dieser ist nicht in vier Jahreszeiten, sondern in zehn Phasen unterteilt. Die Forsythienblüte dokumentiert den Beginn des Erstfrühlings. Für naturnahe Gärten sind Forsythien nicht empfehlenswert: Sie bilden nur selten Pollen oder Nektar und sind deshalb für Insekten wie Bienen und Hummeln als Nahrungslieferant wertlos. Forsythien benötigen einen sonnigen Standort. Je schattiger ihr Platz ist, desto weniger blühen sie und auch der Blattwuchs ist weniger dicht. An den Gartenboden stellen Forsythien keine besonderen Ansprüche.

Der beste Zeitpunkt zum Pflanzen ist das zeitige Frühjahr, sobald der Boden frostfrei ist. Beim Einpflanzen sollte bei sandigem Untergrund reichlich Kompost ins Pflanzloch gegeben werden. So wird Gießwasser besser gespeichert und die Pflanzen haben zum Anwachsen ausreichend Nährstoffe.

<u>Der phänologische Kalender</u>

Jahreszeit	Leitphase	Ersatzphase
Vorfrühling	Hasel (Blüte)	Schneeglöckchen (Blüte)
Erstfrühling	Forsythie (Blüte)	Stachelbeere (Blattentfaltung)
Vollfrühling	Apfel (Blüte)	Stiel-Eiche (Blattentfaltung)
Frühsommer	Schwarzer Holunder (Blüte)	Robinie (Blüte)
Hochsommer	Sommerlinde (Blüte)	Rote Johannisbeere (Früchte)
Spätsommer	Frühapfel (Fruchtreife)	Eberesche (Früchte)
Frühherbst	Schwarzer Holunder (Fruchtreife)	Kornelkirsche (Früchte)
Vollherbst	Stiel-Eiche (Fruchtreife)	Rosskastanie (Früchte)
Spätherbst	Stiel-Eiche (Blattverfärbung)	Eberesche (Blattfall)
Winter	Stiel-Eiche (Blattfall)	1. Apfel, spätreifend (Blattfall) 2. Europäische. Lärche (Nadelfall)

Kalendarisch und meteorologisch wird das Jahr in vier Jahreszeiten eingeteilt, die jeweils zu einem festen Datum beginnen.

Phänologen ist diese Einteilung allerdings zu ungenau, sie unter-scheiden zehn Jahreszeiten, vom Vorfrühling, Erstfrühling und Vollfrühling bis hin zum Winter. Die Phänologie ist die "Lehre vom Einfluss des Wetters, der Witterung und des Klimas auf den jahreszeitlichen Entwicklungsgang und die Wachstumsphasen der Pflanzen und Tiere" (Schirmer et al. 1987).

Die Phänologie bewegt sich damit im Grenzbereich zwischen Biologie und Klimatologie. Dazu zählen beispielsweise im Frühjahr das Sprossen und Blühen von Pflanzen oder die Rückkehr von wandernden Vögeln und Schmetterlingen. Phänologische Phasen werden hauptsächlich durch Temperatur und Strahlung gesteuert.

<u>Aussaat</u> von Getreide und Gemüse und Rasen

Getreide-Arten werden in Sommer- und Wintersorten eingeteilt. Je nachdem für welche Variante Sie sich entscheiden, variiert der empfohlene Termin zur Aussaat.

- Winterweizen: Aussaat im Herbst, Ernte im Mai
- Sommerweizen: Aussaat im Frühjahr, Ernte im Herbst

Bei der Aussaat von Gemüse ist der richtige Zeitpunkt wichtig. Zum einen müssen die Pflanzen rechtzeitig im Jahr ausreifen, damit sie vollen Geschmack und Größe entwickeln können. Andererseits dürfen die Samen aber nicht zu früh in die Erde kommen, damit sie ideale Keimbedingungen vorfinden und die Jungpflanzen nicht von den späten Frösten geschädigt werden.
Der Zeitpunkt für die Aussaat ist außerdem von den äußeren Rahmenbedingungen abhängig. Hierbei ist nicht die Lufttemperatur ausschlaggebend. Vielmehr dienen die mittleren Bodentemperaturen als Indikator dafür, welche Gemüsepflanzen gerade gute Keimbedingungen haben. Die aufgeführten Pflanzen benötigen zum Keimen eine Mindesttemperatur. Entscheidend ist die Temperatur in 5 cm Bodentiefe.

 5 °C: Möhren, Radieschen, Rettich
11 °C: Erbsen
12 °C: Kopfsalat, Feldsalat
13 °C: Porree
14 °C: Mais
15 °C: Grünkohl
16 °C: Spinat, Kürbis
17 °C: Blumenkohl, Rosenkohl, Rot- und Weißkohl, Brokkoli, Wirsing
18 °C: Zwiebeln, Schwarzwurzeln
19 °C: Mangold, Rote Bete, Weiße Bete
20 °C: Sellerie, Chinakohl
über 20 °C: Bohnen, Paprika, Tomaten, Zucchini

Diese Mindesttemperaturen müssen über ein Zeitfenster von etwa einer Woche eingehalten werden, damit die Samen keimen können.

Direktsaat – Leitfaden für die direkte Aussaat im Beet

Im April und Mai geht es hoch her im Blumenbeet und Gemüsegarten. Spätestens nach den Eisheiligen öffnet sich das Zeitfenster für die direkte Aussaat einheimischer Arten, wie Sonnenblumen, Löwenmäulchen, Karotten, Stangenbohnen oder Radieschen. Wer einen Rasen anlegen möchte, wählt diese Jahreszeit ebenfalls zum Aussäen von Rasensamen.

So gehen Sie Schritt für Schritt richtig vor: Boden mit Harke und Rechen solange bearbeiten, bis eine Unkraut-freie, lockere, feinkrümelige Struktur entsteht. Abgestimmt auf die Pflanzenart das Saatgut breitwürfig oder in Reihen aussäen. Reihenaussaat: Furche ziehen, Samen in vorgeschriebenem Abstand einsetzen und mit Erde abdecken. Samen andrücken mit den Händen oder einer Rasenwalze und mit feiner Brause bewässern. Zum Schutz vor pickenden Vögeln und hungrigen Schnecken überziehen Sie das Saatbeet mit einem Schutznetz. Bitte versäumen Sie am Ende nicht, die Saatreihen mit den Etiketten des Saatguts zu kennzeichnen.

Warum heißt der Karfreitag eigentlich Karfreitag?

Diese Woche ist Karfreitag - für Christen ein ganz besonderer Feiertag. Zugleich gilt in Bayern das strikteste Tanzverbot des ganzen Jahres. Warum das so ist. Karfreitag ist der Freitag vor Ostern und erinnert an die Kreuzigung Christi. Dieser Tag, in der evangelischen Kirche der höchste Feiertag, wird deshalb als strenger Bußtag begangen. Das "Kar" im Wort Karfreitag kommt laut ökumenischem Heiligenlexikon aus dem Althochdeutschen. "Kara" oder "Chara" bedeutet Trauer oder Wehklage - und steht für die Bedeutung des Tages, an dem die Christen an den Tod von Jesus denken. Der Karfreitag steht am Ende der 40-tägigen Fastenzeit und ist zugleich auch der wichtigste Fastentag. Es ist Brauch, an diesem Tag kein Fleisch, sondern nur Fisch zu essen. Auch auf Alkohol und Süßigkeiten verzichten Gläubige - und auf fröhliche Veranstaltungen und Tanz. In Bayern gilt am Karfreitag das strengste Tanzverbot des Jahres. Während an den meisten anderen stillen Tagen erst ab zwei Uhr morgens Tanzverbot gilt, ist am Karfreitag bereits um 0 Uhr Schluss mit fröhlichem Feiern.

<u>**Knappe Weisheiten:**</u>

Angebranntes nie Umrühren oder Abkratzen. Das nicht Angebrannte abnehmen und probieren. Schmeckt es nicht angebrannt, dann im anderen Topf weiterkochen.

Versalzene Speisen mit einer ganzen geschälten Kartoffel weiterkochen.

Natron, Essig und Salz helfen nicht nur beim Kochen, sondern auch beim Reinigen von angebrannten Pfannen und Töpfen.

Haben Sie kein Natron (engl. Baking Soda) zur Hand, verwenden Sie Backpulver. Backpulver enthält zusätzlich Stärke, die aber beim Putzen nicht stört. Geben Sie etwas Wasser und ein Päckchen Backpulver in den Topf auf die eingebrannten Stellen. Dann erhitzen Sie alles kurz und lassen die Mischung für ungefähr eine Stunde einwirken. Anschließend können Sie die Verkrustungen mit dem Schwamm leicht entfernen.

Essig hilft oft gegen Eingebranntes: Hierzu mischen Sie Essig und Wasser im Verhältnis eins zu drei. Diese Mischung im angebrannten Topf vor sich hinköcheln lassen, bis sich die Verschmutzungen ablösen.

Den stark verkrusteten Topf mit einer Salzlösung (3 Esslöffel Salz auf 1 Liter Wasser) füllen. Diese Mischung im angebrannten Topf vor sich hinköcheln lassen, bis sich die Verschmutzungen ablösen.

Auch die Kombination zwischen Spülmittel, Wasser und Salz (3 Esslöffel Salz auf 1 Liter Wasser und ein halbes Schnapsglas Spülmittel) hat sich bewährt. Diese Mischung im angebrannten Topf vor sich hinköcheln lassen, bis sich die Verschmutzungen ablösen. Der Ceranglasschaber eignet sich sehr gut, um Verschmutzungen im Topf zu entfernen.

<u>**Natron das Wundermittel in Küche, Haushalt und Garten**</u>

Beim Kochen
Fügt man dem Kochwasser von Hülsenfrüchten wie Erbsen, Linsen und Bohnen eine Prise Natron hinzu, dann werden sie schneller weich.

Für die Wäsche

Auch beim Waschen ist Natron vielseitig einsetzbar: Geben Sie einen gehäuften Esslöffel davon direkt zum Waschmittel in den Waschgang. Es sorgt nicht nur für strahlend weiße Wäsche, sondern macht ganz nebenbei auch noch den Weichspüler überflüssig. Vor dem Waschen von Sportschuhen in der Waschmaschine streuen Sie eine Nacht vorher Natron großzügig hinein. Die Schuhe riechen nach dem Waschen wie neu gekauft.

Als Allzweckreiniger

Mischen Sie dafür einfach einen Teelöffel Natron, einen Teelöffel geriebene Kernseife und warmes Wasser in eine Sprühflasche und schon kann es losgehen. Waschbecken, Badewannen und Duschkabinen lassen sich mit Natronpulver und einem feuchten Schwamm spielend leicht reinigen.

Backofenreiniger

Einfach Natron auf einen Schwamm geben, anfeuchten und auf die betreffenden Stellen verteilen. Den besten Effekt erzielt man, wenn man das Ganze eine gute Weile lang einwirken lässt (z.B. über Nacht). Mit viel Wasser nachwischen.

Schlechte Gerüche entfernen

Stellen Sie ein Schälchen mit Natronpulver in Ihren Kühlschrank oder in müffelnde Küchenschränke, aber auch in den Schuhschrank, um eventuelle schlechte Gerüche zu neutralisieren. Auch bei übel riechenden Abflüssen, dem Katzenklo oder dem Mülleimer hilft es, eine wenig Natron hinein zu streuen, um den lästigen Mief zu bekämpfen.

Verstopfter Abfluss

Um einen verstopften Abfluss zu reinigen, schütten Sie zunächst eine Tasse pures Natron in den Abfluss, gefolgt von 1-2 Tassen Essig. Denn in Verbindung mit Essig ist Natron eine natürliche Alternative zu chemischen Abflussreinigern. Lassen Sie das Ganze für circa 20 Minuten einwirken und gießen sie im Anschluss ein Liter kochendes Wasser nach. Sollte der Abfluss stark verstopft sein, wiederholen Sie einfach den Vorgang.

Ersatz für Shampoo

Natron reinigt schonend die Kopfhaut und entfernt durch seine leicht alkalische Wirkung überschüssiges Fett. Für den Shampoo-Ersatz lösen sie etwas

Natron in warmem Wasser auf, massieren es in die Haare ein und spülen es
dann wie gewohnt aus.

Hält Blumen frisch
Schnittblumen bleiben deutlich länger frisch, wenn man dem Wasser einen
Teelöffel Natron hinzugibt.

Ameisen in der Küche
Streuen Sie das Pulver überall hin, wo die Ameisen hingelangen: entlang der
Fußleisten, in den Zimmerecken, in die Löcher des Ameisen-Baus und ggf.
auch in Ihren Schränken.

Der Dosenöffner

Mit der Verbreitung der Konservendose haben sich auch zahlreiche Variationen von Dosenöffnern herangebildet. Die Konservendose wurde 1810 von
einem Engländer erfunden Sie fand ihre erste weite Anwendung ab 1813
britischen Armee. Die damals vergleichsweise dickwandigen Dosen wurden
mit den im Feld verfügbaren Schneid- und Schlagwerkzeugen geöffnet, so vor
allem mit starken Messern wie dem Bajonett, fallweise auch mit Hammer und
Meißel oder eine Beil. Mit einfachen Instrumenten wird größtenteils mit einer
Spitze ein Loch in den Deckel gestoßen und eine Schneidfläche mit mehr oder
weniger Geschick, Kraft und wiederholter Hebelbewegung entlang des De-
ckelrandes geführt. Dabei wird je nach verwendeter Technik das Deckelblech
aufgeschnitten oder aufgerissen, teils beide Trennvorgänge kombiniert.

Der Backofen in Zahlen

- Schweine- Kalbs- und Rinderbraten langsam bei 150 Grad braten.
- Für Hefeteig den Ofen immer vorheizen auf 250 Grad und backen bei 200
  Grad.
- Blätterteig den Ofen immer vorheizen auf 250 Grad und backen bei 220 Grad.
- Bisquitboden für Bisquitroulade backen bei 200 Grad.
- Sandkuchen backen bei 200 Grad.
- Blechkuchen mit Rührteig backen bei 220

<u>**Nützliche Umrechnungen**</u>

3 Teelöffel sind 1 Esslöffel
1 Tasse sind 16 Esslöffel oder ¼ Liter
1 mittlere Zitrone ergibt 3 Esslöffel Saft
1 Blatt Gelatine entsprechen 2 g
6 mittlere Kartoffeln entsprechen 1 Pfund
12 Scheiben sind 1 Pfund Brot
3 kleinen Eiern entsprechen 2 große Eier
1 Tasse Mehl sind 120 g
1 Tasse Zucker sind 100 g
1 Tasse ungekochter Reis entsprechen 3 ½ gekochter Reis
1 Tasse ungeschlagene Sahne entsprechen 2 ¼ Tassen geschlagene Sahne
Makkaroni verdoppeln sich beim Kochen, andere Nudeln werden um ein
Drittel mehr
1 Knoblauchzehe entspricht 1/8 Teelöffel Knoblauchpulver

Wie viel wiegt ein Ei?

Gewichtsangabe von Eiern

1 Ei Größe	g
Small (S)	< 53 g
Medium (M)	53 - 63 g
Large (L)	63 - 74 g
Extra Large (XL)	> 73g

Umrechnung Tassenmaße (Europa)

Wie viel passt in eine Tasse?

1 Tasse (Standard, 150ml)	g
dünnflüssige Zutaten wie Milch, Saft, Wasser, Sahne und Wein	150 g
Honig	200 g

1 Tasse (Standard, 150ml)	g
Kakaopulver	90 g
Konfitüre	200 g
Nüsse und Mandeln, gemahlen	70 g
Öl	120 g
Puderzucker	100 g
Speisestärke	90 g
Weizenmehl	100 g
Zucker	150 g

Umrechnung von Mengenangaben aus den USA

Amerikanische Maßheit	Deutsche Maßeinheit
1 tablespoon	1 großer Esslöffel
teaspoon	1 Teelöffel
1/3 tsp.	4,93 ml
1 cup Mehl	120 g Mehl
1 cup Puderzucker	120 g Puderzucker
1 cup Butter	225 g Butter
1 cup Zucker	225 g Zucker
1 ounce	28,35 g
1 pound (16 ounces)	454 g

Wieviel Gramm passen auf einen Esslöffel?

Umrechnung EL in g

1 Esslöffel	gestrichen	gehäuft
Wasser	20 g	-
Öl	10 g	-
Mehl	15 g	25 g

1 Esslöffel	gestrichen	gehäuft
Zucker	15 g	30 g
Butter	15 g	-
Salz	10 g	40 g
Kakao	5 g	15 g
Milch	15 g	-
Grieß	12 g	20 g
Nüsse, gemahlen	5 g	12 g

Wieviel Gramm passen auf einen Teelöffel?

Umrechnung TL in g

1 Teelöffel	gestrichen
Wasser	5 g
Öl	4 g
Mehl	5 g
Zucker	5 g
Butter	5 g
Salz	5 g
Kakao	4 g
Milch	5 g
Grieß	4 g
Nüsse, gemahlen	4 g

Bier

Das Bierbrauen in Ungarn hat eine lange und bewegte Geschichte, die bis in die Antike zurückreicht. Die frühesten Zeugnisse der Bierherstellung in der Region lassen sich auf die sumerische Zivilisation zurückführen, die um 4000 v. Chr. in Mesopotamien blühte. Doch erst mit der Ankunft der Kelten im 4. Jahrhundert v. Chr. begann sich das Brauen zu einer besser organisierten Industrie zu entwickeln.

Die Kelten brachten ihr Wissen über das Brauen mit, zu dem auch die Verwendung von Hopfen gehörte, einer wichtigen Zutat bei der Bierherstellung. Hopfen ist eine Kletterpflanze, die kleine, grüne Zapfen hervorbringt, die reich an Alphasäuren und ätherischen Ölen sind. Diese Stoffe verleihen dem Bier seinen bitteren Geschmack und sein Aroma und helfen, es länger haltbar zu machen.

Im Mittelalter spielten Klöster in Ungarn eine bedeutende Rolle bei der Herstellung und dem Vertrieb von Bier. Mönche waren für das Brauen und Verteilen von Bier an die lokale Bevölkerung sowie an Reisende und Händler auf der Durchreise verantwortlich. Dies trug dazu bei, Bier als beliebtes und weit verbreitetes Getränk in Ungarn zu etablieren. Das Klosterbier war das einzige, das über das Wissen und die Ressourcen verfügte, um qualitativ hochwertiges Bier herzustellen, daher wurden ihre Biere von der lokalen Bevölkerung sehr geschätzt.

Während der Regierungszeit von König Matthias Corvinus im 15. Jahrhundert nahmen die Produktion und der Konsum von Bier dramatisch zu. König Matthias war ein großer Bierliebhaber und förderte die Gründung weiterer Brauereien im ganzen Land. Er hatte sogar eine eigene Brauerei in seinem Palast in Buda. Dies führte zu einer Steigerung der Vielfalt und Qualität des in Ungarn hergestellten Bieres. Im 19. Jahrhundert begannen auch ungarische Bauern, Bier für den Eigenbedarf zu brauen. Anfangs hatte es das Bier schwer, sich gegen den ungarischen Wein zu behaupten.

Die erste kommerzielle Brauerei Ungarns gründete 1845 Peter Schmidt in Buda, wodurch die Massenproduktion des Bieres in Ungarn begann[1] Schnell trat Anton Dreher mit seinem österreichischen Bier 1862 in Konkurrenz mit ihm. Die Produktion und der Konsum von Bier wuchsen im Laufe der Jahrhunderte weiter, wobei die Zahl der Brauereien im 19. Jahrhundert auf Hunderte anstieg.

Zu Beginn des 20. Jahrhunderts war Ungarn zu einem der führenden Bier produzierenden Länder in Europa geworden.

Nach dem Zweiten Weltkrieg verstaatlichte die kommunistische Regierung alle Brauereien und verwandelte sie in Staatsunternehmen. Dies führte zu einem Rückgang der Qualität und Vielfalt des in Ungarn hergestellten Bieres. Mangelnder Wettbewerb und der Fokus auf Quantität statt Qualität ließen den Biermarkt leiden. Nach dem Fall des Kommunismus im Jahr 1989 wurden jedoch viele der Brauereien privatisiert und eine neue Ära der Innovation und des Experimentierens begann.

Heute ist Ungarn die Heimat einer vielfältigen und lebendigen Bierkultur, in der eine große Auswahl an traditionellen und modernen Bieren hergestellt wird. Die beliebteste ungarische Biersorte ist Lagerbier, das sich durch seine helle Farbe, seinen knackigen Geschmack und seinen moderaten Alkoholgehalt auszeichnet.

Einige der beliebtesten Lagerbiermarken in Ungarn sind Soproni, Arany Ászok und Dreher. Neben Lagerbier hat die ungarische Bierkultur einen eigenen Bierstil namens „Dunkles Bock", ein dunkles, malziges Bier mit vollem Körper und hohem Alkoholgehalt. Diese Art von Bier ist nicht so verbreitet wie Lagerbiere, wird aber immer noch von Bierliebhabern hergestellt und genossen.

In den letzten Jahren gab es in Ungarn ein wachsendes Interesse an Craft Beer, wobei immer mehr kleine und unabhängige Brauereien aus dem Boden schossen. Diese Brauereien experimentieren mit verschiedenen Stilen und Zutaten und produzieren eine große Auswahl an einzigartigen und geschmackvollen Bieren.

Einige beliebte Handwerksbrauereien in Ungarn sind Mad Scientist, Fóti Kézműves Sörfőzde und Csak a Jó Sör.

Ein einzigartiger Aspekt der ungarischen Bierkultur ist die traditionelle Trinkmethode namens „főzőverseny". Dies ist ein Bierbrauwettbewerb, bei dem Gruppen von Freunden oder Familien zusammenkommen, um ihr eigenes Bier zu brauen. Der Wettbewerb findet in der Regel im Frühjahr oder Sommer statt, und der Gewinner wird ermittelt durch eine Jury oder durch

Volksabstimmung. Diese Tradition ist eine großartige Möglichkeit für Menschen, zusammenzukommen und die Kunst des Bierbrauens zu feiern, und sie fördert auch die Kreativität und das Experimentieren im Brauprozess.
Ein weiterer interessanter Aspekt der ungarischen Bierkultur ist die traditionelle „Csapolás"-Methode zum Einschenken von Bier. Bei dieser Methode wird das Bier in einem Winkel von 45 Grad in ein Glas gegossen und das Glas dann aufrecht geneigt, um eine cremige Schaumkrone auf dem Bier zu erzeugen. Dies gilt als die beste Art, ein Bier einzuschenken, da es ermöglicht, dass die Aromen und Aromen vollständig freigesetzt und genossen werden können.
Heute bestehen in Ungarn vier große Brauereien, welche teilweise zu internationalen Konzernen gehören.

Soproni / Heineken

ist eine ungarische Biermarke, die ehemals von der Brauerei Sopron und heute von Heineken Hungária Sörgyárak Zrt. mit Sitz in der westungarischen Stadt Sopron vertrieben wird. Das 1895 von Gyula Lenck und einem Konsortium einer Brünner Brauerei gegründete Unternehmen mit seiner Hauptmarke zählt heute zu den größten Brauereien des Landes.

Nachdem die Region um Sopron bereits seit dem Mittelalter als Weinanbaugebiet bekannt war, wurde in der Stadt selbst die erste Bierbrauerei erst im März 1895 vom Braumeister Gyula Lenck und einem Konsortium einer Brünner Brauerei gegründet. Sie trug den ins Deutsche übersetzten Namen Erste Soproner Brauerei und Malzfabrik. Nach der Gründung des Unternehmens wurde mit dem Bau der Betriebsanlage begonnen. Die geplante Produktionsmenge der Anlage betrug 25.000 Hektoliter Bier und 500 Tonnen Malz pro Jahr, wobei anfangs fünf Arbeiter, 29 Belader und sechs Tagelöhner engagiert wurden. Am 6. Dezember 1895 wurde die Eröffnung der Brauerei genehmigt, worauf mit der Produktion begonnen werden konnte.

Am 1. April 1896 um 19 Uhr verließ die erste Lieferung auf einer geschmückten Bierkutsche die Fabrik. Das erste Jahr des Bestehens war von schweren Krisen geprägt, wobei das Unternehmen ums Überleben kämpfen und sich auf dem Markt im ständigen Wettkampf mit den anderen Brauereien durchsetzen musste. Dies ging über rund 20 Jahre, ehe im November 1917 ein großer Schritt in der Geschichte des Unternehmens beschritten wurde, als die Brauerei unter einem neuen Namen, sowie als Teilbetrieb der Westungarischen Brauerei und Malzfabrik, deren Hauptsitz in Budapest war, weitergeführt wurde.

In der Zeit bis zur Verstaatlichung 1948 wurde die völlige Ausschöpfung der Produktionskapazitäten erreicht. Nach der Nationalisierung 1949 wurde die Anlage in Sopron als eigenständige Firma geführt und trug den Namen Nationalbrauerei Sopron. Am 1. Januar 1954 kam es zu einer weiteren großen Änderung, als vier unabhängige Firmen fusionierten und daraus die Ungarischen Nationalbrauereien gebildet wurden. In der Zeit zwischen 1955 und 1966 wurde unter anderem die Produktion pro Jahr auf insgesamt 300.000 Hektoliter erhöht.

1971 kam es zu einem Unternehmenszusammenschluss einer Großzahl ungarischer Brauereien. Unter diesen neuen Rahmenbedingungen erhielt die Brauerei in Sopron eine verhältnismäßig große Unabhängigkeit. Bis 1982 wurde die Jahresproduktion auf insgesamt 500.000 Hektoliter erhöht, woraufhin die Firma die vollkommene Unabhängigkeit erreichte.

Am 14. Oktober 1988 konnte das Unternehmen die Lizenz zum Brauen der österreichischen Marke Steffl von der Österreichische Brau AG, heute Brau Union, erwerben. Im Folgejahr erhielt das Unternehmen auch die Lizenz zum Brauen und Vertrieb der Marke Zipfer. 1992 wurde das Unternehmen in eine Aktiengesellschaft umgewandelt, deren Hauptaktionär die Brau-Beteiligungs-Aktiengesellschaft (Brau Union) wurde. Im Mai 1994 stieg die Firma mit ihren Prioritätsaktien in die Budapester Börse ein. In diesem Jahr stieg der Bierabsatz erstmals auf über eine Million Hektoliter.

Hauptmarken zu dieser Zeit waren neben den bereits erwähnten unter anderem die Eigenmarke Soproni, sowie Gösser, Kaiser, Kinizsi und das alkoholfreie Schlossgold. Seit 2003 hält Heineken die Aktienmehrheit an der österreichischen Brau Union, weshalb die Brauerei in Sopron seitdem auch unter dem Namen Heineken Hungária Sörgyárak Zrt. geführt wird.

Premium-Biere: Heineken, Gösser, Gösser NaturRadler, Edelweiss Hefetrüb, Zlatý Bažant, Kaiser, Mainstream-Biere: Soproni, Soproni 1895, Soproni Fekete Démon, Soproni Radler citrom (Zitrone), Soproni Radler körte (Birne), Soproni Radler grapefruit (Grapefruit), Soproni Radler kajszi (Aprikose), Soproni Radler meggy (Kirsche), Soproni Radler meggy-citrom (Kirsch-Zitrone), Steffl, Arany Fácán

Dreher

Die Brauerei Dreher (Dreher Sörgyárak) in Budapest ist Teil der Brauereigruppe Asahi Beer. Die Hauptbiere sind Dreher Classic, Arany Ászok und das Kőbányai Világos Pilsener, ein Lagerbier. Aber auch das Dreher Bak, ein Doppelbockbier wird gebraut. Die Kanizsa Brauerei gehört ebenfalls zu Dreher.

Borsodi

Die 1973 fertiggestellte Brauerei Borsodi Sörgyár kft. ist mehrheitlich in der Hand von Molson Coors Europe. Zusätzlich zu den lokalen Bieren der Marke Borsodi werden unter Lizenz auch Beck's, Löwenbräu, Miller, Stella Artois und Staropramen gebraut.

Pécsi Sörfőzde

Die **Pécser Brauerei** (Pécsi Sörfőzde) war von 1993 bis 2017 ein Teil der Ottakringer Brauerei. Seither ist die Brauerei wieder in Besitz ungarischer Gesellschafter. Die Marken sind Pécsi Szalon, Szalon Barna, Tavaszi Sör (Frühlingsbier), Három Király (Drei Könige) sowie unter Lizenz Gold Fassl. Die Marke Pécsi Sör Prémium Lager ist glutenfrei.

Zudem gibt es noch weitere, kleinere Brauereien.

Bier- Kultur

Traditionell stoßen die Ungarn nicht mit den Gläsern beim Prosten aneinander. Der Grund dafür ist, dass die österreichischen Generäle die Hinrichtung der Märtyrer von Arad 1849 mit dem Anstoßen eines Bieres feierten. Daraufhin wurde das Anstoßen der Biere für 150 Jahre verboten. Ältere Menschen empfinden es heute noch als unhöflich, die Gläser anzustoßen. Jüngere Leute kennen diesen Brauch kaum mehr und stoßen mittlerweile wieder an.

Die bekanntesten ungarischen Käsesorten:

Ein bisschen Geschichte In Ungarn begann die Käseherstellung, wie wir sie
heute kennen, im 18. Jahrhundert. Die Ungarn haben jedoch schon lange vorher Käse hergestellt. Eine frühe Form der Käseherstellung gab es in Ungarn
bereits im 13th Jahrhundert, und wir verwendeten hauptsächlich Schafsmilch
für die Herstellung. Ende des 18. Jahrhunderts gab es in Ungarn viele Molke-
reien, die regelmäßig Milch produzierten und verarbeiteten. Anfangs wurde
der Käse nur aus Rohmilch hergestellt, was zu einem bauschigen Käse mit
vielen Löchern führte. Die Reifungstechnologie kam später, was zur Einführung vieler neuer Käsesorten führte. In 2018, Die ungarische Qualitätskäseher-
stellung ist auf dem Vormarsch.

Parenyica Käse

Man nennt in Ungarn Parenyica Käse - eine geräucherte Käse Sorte, aufgerollt
und mit einem Käseschnur gebunden. In der Slowakei sagt man Parenica dazu
und wird meinstens aus Schafs- und Kuhmich gemischt hergestellt.

Trappistenkäse

ist ein halbfester Schnittkäse aus pasteurisierter Kuhmilch. Er hat zwischen 45
und 60 % Fett in der Trockenmasse (F. i. Tr.). Trappistenkäse wird in etwa 0,5
bis 1 kg großen, kastenförmigen Laiben hergestellt. Er hat eine gelbe bis oran-
gefarbene Rinde. Diese wurde mit Rotschmiere behandelt oder mit einer
Wachsschicht überzogen. Sein Teig ist strohgelb und hat kleine Löcher. Er ist
dem Tilsiter ähnlich und sehr weich.

Sein Geschmack ist mild bis würzig und erinnert ebenfalls an Tilsiter. Seinen
Namen hat der Trappistenkäse vom katholischen Orden der Trappisten, der in
der Normandie beheimatet ist. Von hier kam der Käse nach Deutschland.
Trappistenkäse passt gut zu frischem Brot und Obst.

Der „Trappista Sajt", wie er in Ungarn genannt wird, eroberte dort die Märkte.
Heute gehört er zu einem traditionellen ungarischen Frühstück.
Trappistenkäse eignet sich für die Käseplatte, zum Verzehr während einer
Brotzeit. Er ist jung angenehm mild und wird recht herb und pikant, wenn er
heranreift. Je würziger der Trappistenkäse gereift ist, desto kräftiger kann die

Brotsorte sein, die man dazu reicht. Er passt gut zu Weißbrot, Brötchen und
Baguette, pikant zu Grau- oder Schwarzbrot.

Man kann den Trappistenkäse in der Küche in einer Vielzahl an Gerichten und
Rezepten einsetzen. Ist sein Fettgehalt hoch genug, um gut zu zerfließen, ist er
ein idealer Käse zum Überbacken von Gerichten wie Gratins und Aufläufen.

Lässt man den Käse zur vollen Würze reifen, kann er bei der Fertigung von
Käsesaucen eingesetzt werden. In kleine Würfel geschnitten passt er zur Ver-
feinerung von Salaten und Begleitung von Gemüse-Snacks.
Im Sommer 2017 wurden drei ungarische Käsesorten zu den besten Käsesorten
der Welt gekürt der renommierteste Käsewettbewerb der Welt: Mondial du
Fromage in Frankreich statt.

In der Kategorie Hartkäse waren sowohl der erste als auch der zweite ungarische Käse: Ranolder und Pater. Der Käse namens Panarella belegte den dritten
Platz in der Kategorie halbhart.
Wir gehen im Rest des Artikels auf diese drei wichtigen ungarischen Käsesorten ein.

Ranger Käse

Dieser besondere Käse wurde nach János Ranolder, Bischof von Veszprém,
benannt, der dazu beigetragen hat, die Landwirtschaft der Region, insbesondere den Weinbau und die Weinherstellung, anzukurbeln. Die Zutaten, aus
denen Ranolder hergestellt wird, stammen alle aus der Region. Das besondere
Aroma des Käses ist auf die sehr hochwertige Milch, Bakterienflora und den
langen Reifeprozess zurückzuführen.
Dieser Käse hat einen außergewöhnlichen Geschmack und ein außergewöhnli-
ches Aroma, schließlich gewann er den ersten Platz in der Kategorie Hartkäse
bei Mondial du Fromage, wo er unter anderem französische und italienische
Konkurrenten hatte. Ranolder ist ein handwerklich hergestellter, vollfett ge-
reifter Hartkäse, der eine helle Ockerfarbe hat. Ranolder wird von der seit 1993
bestehenden Molkerei Sümegtej hergestellt. Dieselbe Molkerei stellt auch den
nächsten Käse her.

Panarella Käse

Panarella ist ein italienischer Käse, der von der Molkerei Sümegtej hergestellt wird. Es ist ein Schnittkäse mit kurzer Reifung (nur 6 Wochen). Erst im Frühjahr 2017 führte die Molkerei dieses Produkt ein, wenige Monate später belegte es bei Mondial du Fromage bereits den dritten Platz in der Kategorie halbhart. Der Panarella-Käse erhält seinen besonderen Geschmack durch den weißen Schimmel auf seiner runzligen Rinde und seine cremige Textur durch die einzigartige Bakterienflora und den Reifungsprozess. Der Käse hat einen süßen Geschmack.

Páter

Die Magyaralmási Agrár GmbH stellt her. Die Molkerei wurde 2014 gegründet. Páter wird nach Anleitungen aus dem 19th Jahrhundert. Páter ist ein Vollfett-Halbhartkäse mit Löchern.

Der Käse durchläuft einen langen Reifungsprozess (6-18 Monate) auf Kiefernbrettern. Der Käse hat eine strohgelbe Farbe, ist leicht zu schneiden, flexibel und zergeht auf der Zunge. Dieser besondere Käse passt gut in die ungarische Gastronomie; es passt gut zu Fleisch oder vegetarischen Gerichten, es ist ideal zum Braten und gut in Sandwiches

Weitere ungarische Käsesorten:
- Kaschkawal: ein strohfarbener Hartkäse aus Schaf- oder Kuhmilch, ähnelt geschmacklich dem italienischen Pecorinokäse. ...
- Olmützer Quargel (Kvargli): ist ein Sauermilchkäse mit Rotschmiere.
- Pálpusztaer Käse (Pálpusztai Sajt):
- Medve und Mazkó (beides ung.
-

Ungarischer Wein

"Die Zeiten des Kopfschmerz verdächtigen Massenweins sind vorbei: Rotweine aus Ungarn sind heute so gut wie nie zuvor - zum Beispiel Blaufränkisch in Sopron, Bikavér in Eger oder Carbernet aus Villány." Ungarn ist ein kleines Land, jedoch ein wichtiger Weinproduzent. Verglichen mit Australien, Kalifornien, Spanien oder Frankreich ist die produzierte Menge relativ unbedeutend. Was die Weinqualität betrifft, zählt Ungarn zu den besten auf dieser Welt. Bei internationalen Weinausstellungen - seitdem es solche gibt - räumten die Ungarn die wichtigsten Pokale und daran ändert sich noch lange kaum etwas.

Dies beruht auf einer alten Tradition bei der Ausbildung von Akademikern für die landwirtschaftliche Forschung und der laufenden staatlichen Kontrolle in den Winzerbetrieben. In Keszthely befindet sich Georgikon, die erste europäische Akademie für die Landwirtschaft, gegründet im Jahre 1797 von Graf Georg Festetics. Die jährliche Weinproduktion beträgt heute 3,5-5,5 Millionen Hektoliter. Wie von den Konsumenten gewünscht, etwa Zweidrittel davon sind Weißweine und den Rest bilden Rot- und Roséweine. Je nach Weinjahr werden 1,0-2,5 Millionen Hektoliter exportiert.

Weine aus Eger

Ungarischer Wein aus der Gegend um Eger, einem alten Barockstädtchen mit einer für Weinbau sehr gut geeigneten Umgebung, ist sowohl im Inland als auch im Ausland sehr bekannt und beliebt. Die ökologischen Gegebenheiten sind zum Anbau von Weinen sehr günstig. Der bekannteste ungarischer Wein dieser Region, ist der „Erlauer Stierblut", als Bikaver weltweit berühmt.

Weine aus Tokaj

In der Vergangenheit eines jeden Volkes gibt es Werte, die es schätzt und sorgsam bewahrt. Die Weinregion Tokaj ist in den Augen der Ungarn ein solcher Wert, der sogar in der ungarischen Hymne Erwähnung findet. Der weltberühmte Wein aus dem Gebiet Tokaj im Nordosten Ungarns ist eines der Aushängeschilder ungarischer Spezialitäten. Sein einzigartiger Geschmack und sein goldenes Aussehen ist das Ergebnis aus dem Zusammenspiel vieler besonderer Gegebenheiten.

Der nährstoffreiche Vulkanboden, lange und warme Sommer sind nur einige der wichtigen Faktoren. Besonders wichtig sind dagegen gute Bedingungen für eine spezielle Sorte eines Edelfäul-Pilzes. Dieser sorgt für eine starke Entwässerung der ungeernteten Weinbeeren und damit zu einer Zunahme des Zuckergehaltes. Bei der Weinlese werden dann nur diese geschrumpften Beeren für die Herstellung eines echten Tokaji verwendet.

Weine aus Villány

In den besten Lagen des Weinbaugebietes von Villány wachsen Blaufränkisch, Zweigelt und Blauer Portugieser. Der Süden Ungarns ist aufgrund der vielen Sonnentage, des Windes, der den Regen rasch trocknet und der kühlen Herbstnächte sehr gut für die ursprünglich französischen Rebsorten.

Weine aus Somlo

In den 1800er Jahren galten die Somlóer Weine als Weltklasse und hatten eine große Fangemeinde in ganz Europa. Vor der Reblauskatastrophe war der Ruf des Weins dem des Tokajers ebenbürtig, und auch der Adel genoss dieses besondere Getränk. Seinen legendären Ruf verdankt der Wein seinen medizinischen Eigenschaften, wie zahlreiche historische Beispiele belegen.
Die meisten Weintrinker betrachten den Somlóer als den Wein der Hochzeitsnächte. Jahrhundert zurück, als der Somlóer Wein bereits für die Habsburger und die Adelshäuser ein unverzichtbares Getränk war: Sie und die Mitglieder anderer europäischer Herrscherhäuser tranken den Somlóer Wein oft, um die Zeugung eines Sohnes zu garantieren. Langzeitstatistiken zufolge werden in der Nähe des Somló-Hügels mehr als 20 % mehr Jungen geboren.

Der Tokajer Ausbruchwein

war einst in einer Zeit berühmt geworden, als die Hausherren in den Adelshäusern Europas leibeigene Alchemisten mit der Erfindung der Goldherstellungsmethode beschäftigten. Als man dem französischen Sonnenkönig den Tokajer Ausbruchswein zur Verköstigung kredenzierte, wurde ihm zugeflüstert, dass er mit diesem schwerflüssigen, damals noch extrem honigsüßen und -farbenen Ausbruchwein flüssiges Gold trinke.
Kein Wunder, dass er den Tokajer Ausbruchswein gleich zur Königin aller Weine erkor. Rd. drei Jahrhunderte später lebt der Tokajer Wein auch heute noch von diesem Mythos.

Eine Reihe von anderen in Tokaj hergestellten Weinsorten (Furmint, Szamorodni, Gelber Muskateller, Traminer, Lindenblatt u.a.) tragen den Namen Tokajer lediglich als Mitläufer, spielen jedoch eine wichtige Rolle bei der Produktion des Tokajer Ausbruchsweines.

Der Ausbruch ist heute ein hochwertiger Süßwein mit Weinbau aus Österreich. Der Begriff bezeichnet nach dem österreichischen Weingesetz einen Prädikatswein, der aus ausschließlich edelfaulen Beeren stammt (d.h. aus ausgebrochenen, überreifen, teils aufgeplatzten Beeren) und dessen Most mindestens ein Mostgewicht von 30° KMW – das sind 156° Oechsle – aufweist.

Seit 2016 ist die Bezeichnung Ausbruch auf das Gebiet der Freistadt Rust beschränkt. Der Ausbruch ist häufig im Burgenland vertreten. Bekannt ist zum Beispiel der Ruster Ausbruch, der vom Cercle Ruster Ausbruch für seine Mitglieder mit einem Mindestmostgewicht von 30° KMW festgelegt wurde. Für den Ausbruch werden meist die Rebsorten Welschriesling, Chardonnay, Weißburgunder und Traminer verwendet. Seit Oktober 2020 ist der Ruster Ausbruch als "Ruster Ausbruch DAC" durch das österreichische DAC-System herkunftsgeschützt.

Auch in den benachbarten Regionen in Ungarn ist der Ausbruch als Qualitätsstufe häufig anzutreffen, zum Beispiel der Kompolter Ausbruch. Auch Tokajer wie Tokaji Aszú, Tokaji Aszúeszencia und Tokaji Eszencia sind Ausbruchweine. Berühmt geworden ist der Tokajer Wein einzig allein durch das Herstellungsverfahren zum "Tokajer Ausbruchwein" bzw. "Tokaji Aszu".

Vergleich Ausbruch- und Eiswein

Das Ergebnis der späten Ernte der zu Rosinen geschrumpften Weintrauben nach dem Frosteinbruch in Tokaj ist sehr gut vergleichbar mit der Ernte zum Eiswein oder einer späten Trockenbeerenauslese. Die Tokajer Weinbauer mögen diesen Vergleich nicht - aus einem einfachen Grund: In Tokaj steckt doppelt so viel Arbeit, sprich zweifache Gärung hinter viel weniger Erfolg, wenn man Alkohol- und Zuckergehalt als Maßstab für den Erfolg im Weinbau betrachtet.

Schuld daran ist die strenge Einhaltung des Tokajer Herstellungs-verfahrens zum Ausbruchwein, womit man in Tokaj den zum Eiswein neigenden Traubenmost mit dem weniger wertvollen Jungwein verlängert. Die neuen Weingutsbesitzer sorgen für neuen Geschmack - Nach der politischen Wende in den 1990er Jahren sind neue, kapitalkräftige Persönlichkeiten und Firmen aus anderen Berufssparten aus westlichen Ländern zu großen Weinfachleuten emporgestiegen (u.a. die Axa Versicherungen aus Köln gibt sich die Ehre), die den einheimischen Weinbauern mit ihrer jahrhundertelanger Erfahrung und Tradition neue Maßstäbe im Weinbau setzen.

Sie sind auf Weinbörsen tätig, haben daher andere Wertvorstellungen, als die früheren Weinbauer, die den Tokajer Ausbruchwein Jahrhunderte lang mit ihrem traditionellen Verfahren kelterten und ihn so weltberühmt machten. Nach der Vorstellung der neuen Eigentümer der Tokajer Weinberge könne man den Tokajer Ausbruchwein nur nach einem Befall durch die Konidienform der Grauschimmelfäule Botrytis cinerea, einem Holzzellwand zerstörenden, parasitären Schädling genießen.

Der Schimmelbefall ist witterungsabhängig und befällt die Weinplantagen nicht alle Jahre wieder, sondern eher selten. Vor allem eine anhaltend feuchtwarme Witterung im Frühsommer ist erforderlich für das Gedeihen von Botrytis cinerea, die nicht nur zellzerstörend wirkt, sondern auch für den Zerfall von Zucker in den heranreifenden Trauben sorgt.
Im Jahre 2002 - womöglich noch rechtzeitig - erklärte die Unesco das Tokajer Weingebiet zum Weltkulturerbe als "Kulturlandschaft". Damals betrug die Größe des Tokajer Weinbaugebietes rd. 6.000 ha in Ungarn und 600 ha in der Slowakei. Die Ortschaft Tokaj liegt in Ungarn und die Slowaken haben ihr"Tokajer Weingebiet" nach der Unesco-Klassifizierung deutlich erweitert.

ungarische Weine, die man unbedingt probieren sollte:

Ungarische Weine sind äußerst vielfältig, mit reichhaltigen, saftigen und würzigen Aromen, was vor allem auf die natürlichen und klimatischen Bedingungen in Ungarn zurückzuführen ist. Hier sind 5 ungarische Weine, die man bei der Reise nach Ungarn unbedingt probieren sollte.

Der Tokajer Aszú

Laut Goethe tranken Mephisto und Dr. Faust in Auerbachs Keller einen Tokaj. Russische Zaren und der polnische Adel tranken ihn. Der Habsburger Kaiser und der englische König tranken ihn. Schon damals ging der Export an Tokajer hauptsächlich ins Ausland.

Der Tokajer Aszú ist der prominenteste Tokajer. Er ist ein natürlich süßer Wein, der eine echte Spezialität ist. Edelschimmel, Botrytis sorgt für seinen feinen Geschmack. Er durchbohrt die Haust der Trauben, lässt sie zu Rosinen schrumpfen, wobei sich der Zuckeranteil erhöht.

Die Beeren werden dann im Spätherbst geerntet und in einem bestimmten Verhältnis dem vorjährigen, trockenem Tokajer zugefügt. Dieses Verhältnis ist 3 bis 6-Buttig. Es bedeutet trocknen oder dörren. Je mehr beeren zugefügt wurden, desto schwerer ist der Wein und seine goldgelbe Farbe

Der Tokajer Aszú hat sehr viel Zucker und entwickelt sich nur sehr langsam. Der Wein wird nun zur Reife in Eichenfässer verbracht, wo er mindestens drei Jahre bleibt. Das wäre 3 Butten. Bei 6 Butten verbleibt der Wein 9 Jahre. Es bildet sich bei der Reifung die goldgelbe Farbe. Umso länger der Wein reift, umso besser wird er.

Der Tokajer Aszú wird oft als Dessertwein betrachtet und passt daher hervorragend zu Süßspeisen oder auch allein, aber auch zu Gänseleber, Entenleber, Wildfleisch und Zitrusfrüchten ist er hervorragend geeignet.

Szamorodni

der naturbelassene, kann trocken oder lieblich sein, so wie es kommt. Auch er wird aus Botrytis und nicht befallenenen Beeren gekeltert und anschließend trocken oder halbtrocken ausgebaut. Die meisten Tokajer die man zu den Fischspezialitäten der Umgebung trinkt, d.h. Um die Flüsse Theiss und Bodrog, sind von Natur aus trocken. Sie entstehen aus Furmint, Lindenblatt und Muscateller. Der Aszú ist eine Cuvée aus diesen drei Traubensorten. Für die Reife und Güte benötigt man einen heißen Sommer und einen langen milden Herbst, dazu die Feuchtigkeit des Nebels im Herbst begünstigt durch die Nähe der beiden Flüsse.

Gelesen wird im Oktober, Anfang November.Beide Tokaher wurden im 18. Jahrhundert bis nach Rom exportiert. Der Jeweilige Papst bekam ein Fässchen. Wichtig war immer der süße Geschmack.

Wissen Sie was ein Viermännerwein ist? Das ist ein Tokajer mit max. 1 % Restzucker. Der ist so sauer, zwei Männer halten einen dritten fest und der vierte muss dann den trockenen Wein einflössen.

Während der Kommunismuszeit wurde eine neue Herstellungsart erfunden. Der Wein musste auf Masse schnell reifen. Die Sowjetunion war der Hauptabnehmer. Die Fässer wurden nicht komplett gefüllt. Durch den Luftsauerstoff schmeckte der Wein älter. Problematisch waren aber die Essigbakterien. Diese konnten schnell den gesamten Wein verderben. Laut Tokajer-Winzer verdarb der Wein schnell und schmeckte nicht gut.

Erst nach 1989 als französische und italienische Winzer die ungarischen Weinberge aufkauften, änderte sich der Geschmack schlagartig. Heute wird wieder reduktiv gekeltert. Die Weinfässer sind spundvoll. Der Wein behält seine Frische und Frucht
Seither trinkt man zum Fisch einen kühlen Lindenblättrigen und zum Palatschinken mit Quarkfüllung einen schweren Aszú.

Egri Bikavér (Erlauer Stierblut)

Der Egri Bikavér ist ein Rotwein mit fruchtigem und würzigem Aroma, der aus der Domestizierung auf blaufränkischer Basis in der Region Oberungarn hergestellt wird. Jede Flasche kann bis zu 5-10 Jahre gelagert werden. Dieser Wein passt hervorragend zu Tomatengerichten, Aufläufen, ungarischen Suppen, Pizzen, Eintöpfen und Braten.

Der Erlauer Stierblut, ein Weinverschnitt, sog Cuvée - Die Bezeichnung Stierblutwein erschien zuerst in einem Roman, einer von A bis Z erfundenen Fantasie des Dichters Géza Gárdonyi (geb. Ziegler) von Velence See, als er im Jahre 1897 nach Eger umzog, sich dort mit einem dicken Buch über die Verteidigung der Burg von Eger gegen die Türken im Jahre 1541 im Literatenkreis präsentierte. Einzig wahr in dem Buch waren die Jahreszahl 1541 und der Name des heldenhaften Burgkapitäns.

Mit diesem Wein sollten die kampfmüden Muselmannen von den Einheimischen alkoholisiert worden sein, nachddem die Ungarn ihnen den Wein als kraftgebendes Stierblut aufgeschwätzt und zugesichert hatten, es wäre kein Alkohol darin. Erst zwei Jahre nach der Veröffentlichung seines Buches im Jahre 1899 stellte sich heraus, dass man den Stierblutwein in Eger damals noch überhaupt nicht kannte, geschweige während der Türkenkriege. In Eger machte das nichts aus, die Literaturgesellschaft von Eger schloss den Dichter Gárdonyi besonders gerne in ihre Reihen.

Die Bezeichnung Bikavér ist ein Fantasiename für den Bordeuxwein, eigentlich ein Schmarrn, der für die bessere Vermarktung dient. Die erste schriftliche Aufzeichnung dieser Bezeichnung entstammt aus einem Weinlied aus dem Jahr 1846, geschrieben von dem Literaten Garay aus Szekszárd. Gemeint ist ein Cuvéewein, der in dieser Gegend seit ca. 1700 bekannt ist. Damals siedelten hier die Donauschwaben an (unter ihnen gab es viele Frankofone) und wahrscheinlich sie brachten das "Rezept" für den Weinverschnitt mit, das absolut identisch ist, mit der Herstellung von Bordeauxwein. Merlot ist ein qualitativ hochwertiger Wein, der als Hauptwein und Geschmacksträger mit bis zu 5 Rotweinsorten den Stierblutwein abrunden - genauso, wie in Frankreich den Bordeauxwein - damit man auch die weniger wertvollen Traubensäfte verkaufen kann. Die Mischweinsorten und ihre Anteile werden jährlich - je nach Ernte (der Fachmann spricht von Weinjahren) - neu zusammengesetzt.

Zum Bordeauxwein mischt man in Frankreich: Cabernet Sauvignon, Cabernet Franc, Malbec und Petit Verdot.
Zum Stierblutwein misscht man in Eger: Cabernet Sauvignon, Cabernet Franc, Spätburgunder und in letzter Zeit weitere, laufend neue Anbausorten.

Der Erlauer Stierblut aus dem nördlichen Weinbaugebiet Eger wird weltweit vermarktet und ist weltbekannt, wenn man den ungarischen Werbebroschüren glaubt. Bekannt ist er in der Tat unter den im Ausland lebenden Ungarn. Durch Werbeprospekte geblendet, die wenigsten Ungarn wissen heute, dass die Weinsorte der Marke Stierblut ursprünglich nur im südlichen Weinbaugebiet

Szekszárd-Tolna bekannt war. Trinktemperatur: 16 °C. Geeignet zu: warmer Schinken, frisch gebratenes Rindsfleisch, Wildpörkölt (dt. Wildgulasch), Gans- und Entengerichte, Pilzgerichte, Hartkäse, Blauschimelkäse, der in Ungarn Roquefort genannt wird.

Csókaszőlő

Die Csókaszőlő-Traube ist eine sehr seltene, alte Rebsorte, aus der heute nur noch wenige Erzeuger Rotwein herstellen. Es handelt sich um einen leichteren, würzigen Wein mit Aromen von Kirschen und Sauerkirschen. Er passt hervorragend zu gebratenem Gemüse, Eintöpfen, Lecsó, Eintopfgerichten und Aufläufen.

Irsai Olivér

Irsai Olivér ist eine in Ungarn sehr beliebte Weinsorte, die Anfang des 20. Jahrhunderts in der Gegend von Kecskemét gezüchtet wurde. Es handelt sich um einen sehr leichten, frischen Sommerwein, der sich durch seinen fruchtigen und duftenden Charakter von anderen Weinen abhebt. Der Irsai Olivér ist die perfekte Wahl, wenn du ein neuer Weinkenner bist und einen leichten, jugendlichen Wein suchst. Er passt auch gut zu Salaten, Brathähnchen und nicht zu süßen Desserts oder zu Weintrauben mit Käse und Bot.

Cserszegi Fűszeres

Der Cserszegi Fűszeres ist ein beliebter ungarischer Wein: seine unverwechselbaren würzigen Aromen sind blumig, honigartig und parfümiert. Er passt auch ideal zu charakteristischen Aromen und exotischen Gewürzen, so dass die reichen Aromen des Weins perfekt zu Ingwergerichten, Curry, Padthai oder sogar Paella passen.

Weitere ungarische Weine, die interessant sind

Königliche Mädchentraube

Ein sehr süßer, weißer Dessertwein, Trinktemperatur: 12-16 °C. Geeignet zu: Geflügel- und Fischgerichten, ferner zu den mayonnaisehaltigen Produkten der Kalten Küche mit und ohne Kaviar. Im Inland sind die bekannteren Sorten die Eger laényka und die Móri laényka. Eger Leányka wird zu Geflügel, Kalbsbraten und Lammfleisch empfohlen.

Leányka ist ein nach Früchten, vor allem nach Aprikose duftender, süßer Massenwein aus Ungarn, der seit den letzten Jahren vor allem in deutschen Supermärkten in Hülle und Fülle erhältlich ist. Die Rebe ist zwittrig selbstfruchtend und daher in diesem Sinne besonders pflegeleicht. Der günstige Preis soll nicht darüber hinwegtäuschen, dass es sich um einen qualitativ hochwertgen Dessertwein handelt, der mit dem Tokajer Ausbruchwein gut vergleichbar ist.

Das liegt womöglich an seinem Ursprung. Die Mädchentraube war ursprünglich eine ungarische Züchtung aus Sylvaner (eine nach Früchten duftende Sorte) und heute unbekannter, besonders süßen Rebsorte(n), womöglich Furmint (Rebe für den Tokajer Ausbruchwein) und/oder Lindenblatt und wird heute vorwiegend in rumänischen und moldawischen Anbaugebieten gepflegt, aber ihr Anbaugebiet erstreckt sich weit darüber hinaus östlich in der Ukraine und westlich bis nach Österreich.

Kövidinka

(dt. Steinschiller) - Eine schlichte Rebsorte mit langer Tradition in der Großen Ungarischen Tiefebene auf nährstoffarmen Sandböden. Kövidinka ist ein frischer, unbedingt jung zu trinkender fruchtiger Tafelwein mit niedrigem Säuregehalt.Trinktemperatur: 10 °C.

Lindenblatt

ist eine uralte ungarische Sorte, die auf sonnigen Hügeln auf fruchtbarem Boden wächst und Ende Oktober die volle Reife erreicht.
Die Bezeichnung "Lindenblatt" stammt von der Blattform dieser Rebe. Aus den Trockenbeeren wird ein unnachahmlich feiner, nach Honig duftender, halbsüß bis süßer Dessertwein hergestellt. Neben Furmint, der den Hauptanteil im Tokajer Ausbruchwein bildet, steuert der Lindenblattwein den Duft des Tokajers bei.

In anderen nördlicheren Weinbaugebieten dient das Lindenblatt in Weinverschnitten für die Markttauglichkeit anderer Weinsorten. In Deutschland wenig bekannt, ist der Lindenblattwein im englischsprachigen Raum besser bekannt und erhält ihn in Kanada und den USA in allen Liquore Stores.

Das Endprodukt ist ein halbsüßer Weißwein, der in den südlichen Weinbauregionen in guten Weinjahren honigsüß schmecken kann. In guten Jahrgängen duftet der daraus hergestellte säurige, körperreiche Wein intensiv nach Lindenblüten, schmeckt angenehm und ein wenig herb.

Der Ungarntourist sollte daher das Lindenblatt im Urlaubsland probieren und sich beim Gefallen entsprechen versorgen. Besonders beliebt/bekannt ist "Debrői Hárslevelű" aus dem Weinbaugebiet Eger. Trinktemperatur: max. 12 °C., Geeignet zu: Fettreiche Speisen, Suppen mit Einlage, Geflügel-, Wild- und Kalbsfleisch, Pasteten, Obstdesserts.

Traminer

ist ein milder, harmonischer und eleganter Wein mit markant-feinem Duft und Geschmack. Der Traminer ist in Ungarn schon lange vom Markt verdrängt! Die Ungarn verwechseln ihn mit Gewürztraminer und wenn sie Traminer anbieten, dann servieren sie Gewürztraminer. Je nach Anbaufläche halbsüß bis süß, immer mit weichen Säuren und würzigem Aroma. Das Prickeln auf der Zunge erinnert an Sekt. Trinktemperatur: wie Sekt, 8 bis 12 °C, je würziger, umso kühler. Geeignet zu: Helles Geflügel, Gänseleber, gebratene Fischgerichte, Schweinefleisch- und Kalbsgerichte mit Obstbeilage, Desserts.

Muskateller

wird von der Damenwelt bevorzugt, womöglich wegen seinem an Parfüm erinnerndes Aroma. Trinktemperatur: 12 °C. Gelber Muskateller, französisch Muscat à petits grains blancs, ist eine sehr alte und hochwertige, weltweit verbreitete Weißwein-Rebsorte mit intensivem, komplexem Muskatbouquet.

Zweigelt (Weiß- und Rotwein)

ist relativ neu in Ungarn. Die Bezeichnung kommt von der besonderen, symmetrischen Blattform. Er wurde zuerst auf der Halbinsel Tihany angebaut und sollte ursprünglich durch seinen höheren Rest-Zuckergehalt als Cuvée zur Linderung der starken Säuren hiesiger Weine beitragen. In dieser Hinsicht erfüllt Zweigelt die gleiche Funktion, wie das Lindenblatt, ist jedoch weniger anfällig gegenüber Krankheiten. Der Zweigelt als Weißwein ist weniger begehrt als das Lindenblatt. Trinktemperatur: 14 °C.

Schillerwein

auch kurz Schiller, ist ein Wein, den man aus einem Gemisch weißer und roter Trauben herstellt, die im Gemischten Satz, also aus derselben Parzelle (Weinberg) geerntet und noch vor der Maische vermengt wurden. Geeignet zu:

gedünstetes oder gekochtes Schweinefleisch, kalter Braten, Aufschnitt, Gemü-
se- und Cremesuppen, Ziegenkäse

Roséweine werden in Ungarn oft Schillerweine genannt.

Spätburgunder, siehe unter Pinot Noir
Szürkebarát - siehe unter Grauburgunder
Olaszriesling, siehe unter Welschriesling
Ruländer, siehe unter Grauburgunder
Tausendgut, siehe unter Ezerjó
Zöld Veltini, siehe unter Grüner Veltiner

Syrah

Der Syrah ist eine relativ ertragreiche Sorte, die sich aufgrund ihrer Tannine
für den Ausbau in Holzfässern empfiehlt. Aus den Trauben werden auch
wohlschmeckende Barrique-Weine hergestellt. Diese ursprünglich aus Persien
stammende Rebsorte ergibt sehr körperreiche Weine mit feinen Tanninen, die
im Vergleich zu den Cabernetsorten früher reif und trinkbereit werden.

Riesling

einst von deutschen Siedlern aus dem Elsaß und Baden mitgebracht, bezeichnen die Ungarn ihren Riesling als Rheinischer Riesling (Rajnai Rizling). Die
Natur hat dem Riesling eine hohe Weinsäure beschert. Sein Aroma ist stets
kräftig, kann blumig sein, stahlig oder ausgesprochen würzig und je nach
Anbaufläche mehr oder weniger mineralisch. Sein hartes Holz lässt den Riesling auch harte Fröste überstehen. In Ungarn besteht zumeist die Gefahr, dass
er aufgrund des im Vergleich zu Deutschland etwas wärmeren Klimas zu früh
reift und stumpf schmeckt.
Der Merlot ist ein sanfter, dunkelroter Rotwein mit intensivem Duft und Geschmack. Nur in den südlichen Weinbaugebieten Villány-Siklós Mecsekalja
Hajós-Baja und Szekszárd-Tolna schmeckt er weniger herb, Klima und Böden
sorgen dafür. Merlot ist der wichtigste Bestandteil im Bordeauxwein, der in
Frankreich ähnlich, aus der Mischung von dunklen Rebsorten hergestellt wird,
wie auch der Stierblutwein in Ungarn. Zum Bordeaux mischt man die Säfte
von 5-6 Rebsorten, die außer dem Merlot hauptsächlich nur in Frankreich
wachsen.

In Ungarn gab es ein Gesetz für den Stierblutwein, das etwa bis zur Jahrtausendwende in Kraft war. Demnach durften nur drei verschiedene Rebsäfte (Merlot, Cabernet Sauvignon und Cabernet Franc) gemischt werden. Es gab sogar eine Vorschrift für die Bestimmung von Weinkomissariaten, die aus Weinfachleuten zusammengesetzt je nach Ernte jährlich neu über die Mischverhältnisse bestimmten, aber das hat sich mit der Privatisierung erledigt.

Nachdem laufend neue, nie dagewesene Rebsorten für die Pflege von Merlot im Stierblutwein angebaut werden, weiß man heute nicht mehr, was in der Flasche steckt. Aber so ist es, wenn der Weinbauer selbst garantieren soll für die Qualität, den man im eigenen Land bestenfalls nur die Nachbaren kennen, aber genauso ist es im Weinbaugebiet Bordeaux. Heute soll die Herkunft maßgeblich sein für die Qualität - dank EU. Geeignet zu: warmer Schinken, gepökelte Gans- und Entengerichte, geräucherte Zunge.

Berühmte Orte und Persönlichkeiten

Kennen Sie Emmerich Kálmán?
bzw. Emmerich Kálmán (Kálmán Imre)

Emmerich Kalman wird am 24. Oktober 1882 in Siofok am Plattensee in Ungarn geboren und ist einer der bedeutendsten ungarischen Komponisten. Emmerich Kálmán wurde als Imre Koppstein geboren. Er war der Sohn des jüdischen Getreidehändlers Karl Koppstein und dessen Frau Paula, geborene Singer. 1892 zog er mit seiner Familie vom Plattensee nach Budapest und änderte seinen Nachnamen bei der Aufnahmeprüfung am evangelischen Gymnasium am Deák Ferenc tér in Budapest auf Kálmán.

Er schrieb vornehmlich Operetten in deutscher Sprache und war zusammen mit Franz Lehár und anderen einer der Begründer der Silbernen Operettenära. Damals war Siofok ein verschlafenes Dörfchen direkt am Plattensee mit kaum Tourismus. Sein Vater ist als Unternehmer für die Erschließung Siofoks als Sommerfrische tätig. Mit dieser Lage direkt am See müsste sich doch Geld machen lassen. Kalmans früheste Kindheitserinnerungen sind geprägt von Musik. Stundenlang sitzt er unter dem Flügel und hört seiner begabten Schwester beim Üben zu. Zahllose Besuche von Proben und Aufführungen des Sommertheaters wecken schon früh seine Liebe zur Bühne.

Als er mit zehn Jahren nach Budapest aufs Gymnasium wechseln muss, verlässt er die Idylle in Siofok nur ungern. Kalman ist 14, als sein Vater Bankrott macht. Die Familie folgt nach Budapest und das Leben dort ist bestimmt durch schwierige wirtschaftliche Bedingungen.

Emmerich Kalman debütiert 1897 mit 15 Jahren als Pianist und wird als Wunderkind in der Budapester Zeitung gefeiert. Wegen einer Nervenerkrankung an der rechten Hand muss er die geplante Pianistenlaufbahn aber schon ein Jahr später wieder aufgeben.

So beginnt er, neben seinem Studium der Rechtswissenschaft, Komposition und Musiktheorie u.a. bei Hans von Koessler zu studieren. Dieser war war ein deutscher Komponist, der als Hochschullehrer vor allem in Budapest wirkte. E war hoch geschätzt von Kálmán und Dohnányi. Auch Béla Bartók war Kompositionsschüler bei Koessler, der seinen Unterricht auf Deutsch zu geben pflegte.

Danach wird er Musikkritiker und komponiert Lieder, Klavierstücke und auch
Sinfonien. Nach seiner ersten Operette "Tatarjaras" (1908) übersiedelt er nach
Wien und bringt sie dort als "Ein Herbstmanöver" (1909) auf die Bühne. Schon
bald hat er große Erfolge mit seinen Werken, von denen insbesondere "Die
Csardasfürstin" (1915), "Gräfin Mariza" (1924) und "Die Zirkusprinzessin"
(1926) zu nennen sind.

Hugo Andreas Hartung:

Hugo Andreas Hartung, geb. 1902, war ein deutscher Schriftsteller, Hörspiel-
autor und gelegentlicher Drehbuchautor. Er schrieb auch unter dem Pseudo-
nym N. Dymion und Andreas Grüner. Sein bekanntestes Werk ist der 1954
veröffentlichte Roman „Ich denke oft an Piroschka“, der 1955 mit Liselotte
Pulver auch verfilmt wurde.

Was bedeutet Piroska, Piroschka auf Deutsch?

Piroska stammt vom lateinischen Vornamen Prisca, daraus wurde in Ungarn
Piriska, und später Piroska. Prisca bedeutet ursprünglich: Die Ehrwürdige, die
Schöne, die Herrliche. Das alte ungarische Wort Piros beeinflusste wahrschein-
lich auch die Veränderung. Hier bedeutet der Name so viel wie ‚kleine Rote‘.
Im Ungarischen wird das „s“ wie ein deutsches „sch“ ausgesprochen, daher
wird der Name im deutschen Sprachraum meist „Piroschka“ geschrieben.

Unsere Servicemitarbeiterin bei der Bank heißt „Piroschka“. Das bedeutet
allerdings laut ihrer Aussage Rotkäppchen.

„Ich denke oft an Piroschka“

„Ich denke oft an Piroschka“ ist ein Roman von Hugo Hartung aus dem Jahr
1954, der eine ungarische Sommerliebe zum Inhalt hat. 1955, sechs Jahre nach
Kriegsende, waren wohl die wenigsten Deutschen im Urlaub. Der Film zeigt
sehr klischeehaft, wie sich der Deutsche das Land Ungarn und das dortige
Leben vorstellt. So kitschig der Film ist, so ist er doch wirklich schön. Die Film-
Musik ist wunderbar. Und Liselotte Pulver als Piroschka ist wirklich gut aus-
gewählt. Die ungarische Sprache kann man als Einheimischer gut verstehen.

Der Deutsche Andreas fährt 1923 als junger Mann als Austauschstudent mit
Kommilitonen auf der Donau nach Budapest. Er verliebt sich auf dem Schiff in

eine hübsche deutsche Frau namens Greta, die zwei Wochen am Balaton Urlaub machen will.

Mit ihr und einem ständig geigenden Musiker, der dem Paar unentwegt fiedelnd folgt, verbringt er die Nacht in Budapest. Die Wege trennen sich, ohne dass etwas passiert ist. Sie tauschen ihre Adressen in Ungarn aus.
Kurze Zeit später, Andreas fährt mit der Bahn von Budapest nach Hódmezővásárhelykutasipuszta (ca. eine Stunde von Debrecen entfernt), wo er seine Austauschfamilie kennen lernt.

Später am Abend lernt Andreas in der Puszta Piroschka, die 17-jährige Tochter des Stationsvorstehers István Rácz, kennen und sie verbringen einen schönen Sommer. Er verbessert ihre Deutschkenntnisse, sie zeigt ihm dafür das ungarische Leben und zeigt ihm, wie man Csardas tanzt oder mit der Draisine fährt. „Piri" verliebt sich in ihn.

Greta schreibt Andreas eine Postkarte und bittet ihn nach Siofok. Andreas fährt, Piroschka folgt. Die drei verbringen einen Abend auf der Tanzfläche. Es sei nur verraten, das es im eigentlichen Sinne kein "Happy End" für keinen gibt. Greta sieht die Liebe zwischen den beiden und schickt ihn zurück zu „Piri" nach Hódmezővásárhelykutasipuszta. Andreas muss letztendlich zurück nach Deutschland und verspricht „Piri" nach einem Jahr im Sommer wieder zukommen. Das Leben ist anders und er sieht „Piri" und Greta nicht mehr wieder.

In einer Rückblende denkt er an den Sommer in Ungarn zurück. Auch nach 30 Jahren bleibt Piroschka für ihn „immer jung und süß, siebzehn Jahre, mit der kecken Sechserlocke auf der Stirn." Was hat er damals erlebt? „Manchmal meine ich, es war gar nichts – das mit Piroschka. Aber es ist wohl alles gewesen. Alles."

Nobelpreisträger und Biochemiker Albert Imre Szent-Györgyi

Der 1893 in Budapest geborene ungarische Wissenschaftler und Biochemiker, Albert Szent-Györgi entdeckte, dass Paprika sehr viele Vitamine, insbesondere Vitamin C hat. Ihm wird die erste Isolierung von Vitamin C zugeschrieben. 1937 bekam er dafür den Nobelpreis für Physiologie oder Medizin.

Was ist ein Hungaricum?

Als "Hungarika" bezeichnet man typisch ungarische Produkte mit bekanntem Namen und langer Tradition. Neben der bestens bekannten Salami stehen hier natürlich vor allem die berühmten Weine und das noch begehrtere Porzellan. Das Produkt muss in Ungarn erfunden und/ oder hergestellt worden sein und könnte auch ein Musikstück oder ein Friedhof sein. Interessanter Weise wurde auch das Heilbad Heviz in die List aufgenomen.

Szekler-Hymne als neuestes Hungaricum?

Das Lied wurde nicht mit der Absicht geschrieben, eine neue Hymne zu schaffen, aber es wurde ein nationales Symbol und die offizielle Hymne des Szeklerlandes. Ungarn in Siebenbürgen singen das Lied oft zu besonderen Anlässen wie Silvester, wenn sie sich um Mitternacht vor der Kirche versammeln. Nach dem Ende des Ersten Weltkriegs musste Ungarn den Vertrag von Trianon unterzeichnen und einen großen Teil seines Landes abgeben, das von den Nachbarländern erworben wurde. Daher wurden die Ungarn nach der Neudefinition der Grenzen zu einer Minderheit auf ihrem eigenen Land. Szeklers sind eine Gruppe von Ungarn, die in den Kreisen Hargita und Kovászna in der Region Siebenbürgen, Rumänien, leben. Es ist wichtig zu wissen, dass sich nicht alle siebenbürgischen Ungarn als Szekler bezeichnen. Quelle https://dailynewshungary.com/

In der Liste befinden sich derzeit 89 ungarische Produkte. Es kommen laufend welche dazu. Hier ein paar Ausgewählte: Die Ungarische Hirten- und vadászkutya Jagdhundezucht, Pálinka, Unicum bitter, Tokaj Wein, Sikvz Sodawasser, Kalocsa Paprikapulver , Rosen von Széregi , Kalocsa Paprikapulver , Ungarische Akazie und Akazienhoig, Béres Drop, Pécs (Sopiane) frühchristlicher Friedhof, Der ungarische Bauernhof.

Wer war Károly Gundel?

Károly Gundel wurde 1883 in Budapest geboren und war der bekannteste ungarische Koch und Gastwirt. Gründer der Gundel-Dynasty war sein Vater Karl I. Gundel lernte nicht nur bei seinem Vater, sondern auch bei den großen Hotels Ritz und Adlon in Berlin. Später ging er dann auf Wanderschaft durch Deutschland, die Schweiz, Frankreich und England.

Er gilt als stilprägender Koch der ungarischen Küche des 20. Jahrhunderts. Seine Kochkunst war vor allem durch französische Einflüsse inspiriert. Er beherrschte vier Fremdsprachen. Zurückgekehrt nach Budapest übernahm er 1910 das nach dem Vorgänger benannte „Wampetich-Restaurant" im Stadtwäldchen (Városliget), ein Gartenlokal in unmittelbarer Nähe des Tierparks, das sich unter seiner Leitung als Gundel-Restaurant zu einem Spitzenrestaurant mit internationalem Ruf entwickelte.

Károly Gundel hatte einen unübertroffenen Sinn für Gastfreundschaft und behandelte alle seine Gäste so, als ob sie nur zu ihm zu Besuch gekommen wären.

Außerdem pachtete er von 1920 bis 1925 das Restaurant des Hotels Royal und von 1927 bis 1948 das Restaurant im Hotel Gellért. Im Jahr 1939 war Gundels Name die Nummer eins in der ungarischen Gastwirtschaft. Neben dem Betrieb des erfolgreichen Restaurants übernahm Gundel später auch den Betrieb der Restaurants des ebenfalls legendären Gellért Hotels und des Royal Hotels.

Auf der New Yorker Weltausstellung 1939 betrieb er das Restaurant des ungarischen Pavillons. Er beharrte auf heimische Grundzutaten, sodass er ein Jahr vor der Weltausstellung Samen zum Anbau mit einem Schiff nach Amerika schickte und New Yorker Farmer die ungarischen Tomaten, Paprika und anderes Gemüse züchteten. Mit zwei Speisen gewann er zwei Goldmedaillen.

Károly Gundel hatte 13 Kinder. Der Chef des Hauses wohnte mit seiner Familie im Obergeschoss der Gaststätte. Seine Frau begutachtete täglich alle Speisen selbst. Er sammelte leidenschaftlich Kochbücher aus allen Zeiten und Ländern.

Der treueste Kunde und langjähriger Freund von Gundel war Ede Ujházy, der 1841 in Debrecen geboren war. Er war der deamals populärste ungarische Schauspieler. Er war weiterhin ein sehr begabter Koch und Rezepteerfinder. Unter anderem erfand er die wohl bekannteste ungarische Suppe. Ein beliebter erster Gang bei ungarischen Hochzeitsessen und Hochzeiten ist die Újházi-Hühnersuppe (Rezept im hinteren Teil).

Gundel erfand selbst neue Speisen (in der Fachliteratur werden 20 Speisen erwähnt), unter denen die Gundel-Palatschinken mit Nuss-Rosinen-Rum-Füllung und Rum-Schokoladensoße am bekanntesten sind. Er war überaus aktiv, Mitglied verschiedener Fachkommissionen und Verbände und schrieb mehrere Bücher, die in andere Sprachen übersetzt worden sind. Während des Krieges ging ein Großteil seines Vermögens verloren. Nach Kriegsende arbeitete er jedoch mit ungebrochenem Glauben weiter. Bereits im Sommer 1945 öffnete das Restaurant im Stadtwäldchen wieder, im August 1946 das Restaurant Gellért. 1949 wurden beide verstaatlicht. 1948 verlor er sein Augenlicht und wurde arbeitsunfähig.

Im Jahr 1949 wurde auch das Gundel verstaatlicht und für kurze Zeit in „Restaurant 1. Mai" unbenannt. Die vergangenen Jahre waren aber nicht verloren, denn selbst den gleichgültigen kommunistischen Führern war klar, dass das Gundel ein Gundel bleiben muss, somit bekam es bald seinen Namen zurück. Glücklicherweise konnte es eine Weile lang auch während der nationalen Ausmerzung der Gastronomie seine Qualität beibehalten, da Elek Réhberger bis 1957 weiterhin als Küchenchef fungierte, und so das Erbe der Gundel „Familie" im Restaurant weiterführte. Der Gulaschkommunismus erreichte jedoch auch das Gundel und mit der Einführung der obligatorischen Betriebskantinen verschlechterte sich die Qualität rapide. Mit dem Regimewechsel suchte das Restaurant mit wechselnden Besitzern nach seinem Platz, doch scheint es diesen erst jetzt gefunden zu haben.

Nach zahlreichen Operationen starb Gundel 1956 an Krebs. Heute zeugt noch das Gundel-Restaurant (Restaurant im Stadtwäldchen) von der damaligen Größe. Den Namen Gundel trägt auch eine Fachmittelschule in Budapest, die jährlich einen internationalen Kochwettbewerb für Berufsschüler austrägt.

Gundel, das einzige Hungaricum Restaurant

Ungarns berühmtestes und einziges Hungaricum Restaurant, das 1890 eröffnet wurde ist ein Muss, der berühmteste und bekannteste Ort in Budapest und der ungarischen Gastronomie!

Das Gundel wurde im September 1991 gekauft und im November geschlossen. Insgesamt wurden 23 Millionen Dollar für das Haus ausgegeben – damals Weltrekord. Seit der Eröffnung 1992 flogen viele Menschen aus Nordamerika nur wegen Gundel nach Budapest. Die Schlüsselfigur der erfolgreichen Ära war der fantastische Koch Kálmán Kalla. Láng lockte ihn zurück nach Ungarn – früher in Washington, D.C. war er Küchenchef von Péter Zwack, dem damaligen ungarischen Botschafter. Kalla kehrte nach Hause zurück und berührte die alten Rezepte sehr sorgfältig. Er erneuerte das Menü, kürzte das Menü und fügte seine eigenen Kreationen hinzu.

Das heutige Restaurant Gundel ist nach der Restauration wieder zu seiner ursprünglichen Mission zurückgekehrt, die „Gundel für alle" lautet!
Gundel Cafe Patisserie Restaurant, Budapest, Gundel Károly út 4, 1146.
Das Gundel baut seine Gerichte auf der Tradition auf, insbesondere auf den National 11, den elf ikonischen Gerichten, die jeder als den wichtigsten Teil des kulinarischen Erbes Ungarns betrachtet. Durch sie zeigt das Restaurant Besuchern aus dem Ausland, was Ungarn mögen, was sie essen und was sie als Grundlage der ungarischen Küche betrachten.

Das Gundel war schon immer berühmt für seine Gastfreundschaft, mit Menschen, die aus der ganzen Welt anreisen, um es zu erleben. Über 400 Prominente haben das Restaurant in den letzten 20 Jahren besucht. Unter ihnen dienten Königin Elizabeth II., Königin Beatrix der Niederlande, Bill Clinton, Pavarotti, Angelina Jolie, Schwarzenegger und das Weltklasse-Catering-Team Papst Johannes Paul II., als er Pannonhalma besuchte. Das Gundel Palace verfügt über einen Queen Elizabeth (Sisi) Ballsaal und 6 kleinere Räume im ersten Stock.

<u>Franz Liszt: -</u> „Der Tastenlöwe"

Kennen Sie: Franz Liszt Liebestraum Nr. 3 As? Sie sind sich nicht sicher? Ich wette mit Ihnen, sobald Sie es hören, sagen Sie „Ach das, ja das kenne ich, das ist schön". Oder das hier: Liszt Hungarian Rhapsody No.2. Unglaublich, wie präsent und modern diese Musik ist. Der Pianist Franz Liszt komponierte Klavierstücke, die so schwer zu spielen sind, dass niemand außer ihm sie spielen konnte. Tausende Töne prasselten mit rasender Geschwindigkeit auf seine Zuhörer nieder. Ein „Tastenlöwe" war geboren! Doch Franz Liszt war mehr als ein Klaviervirtuose: Ganz Europa schwärmte von ihm.

Auf Ungarisch, Liszt Ferencz; geboren am 22. Oktober 1811 in Raiding, Komitat Ödenburg, Kaisertum Österreich; gestorben am 31. Juli 1886 in Bayreuth, Königreich Bayern, Deutsches Reich) war ein österreichisch-ungarischer Komponist, Pianist, Dirigent, Theaterleiter, Musiklehrer und Schriftsteller mit deutscher Muttersprache. Liszt war ein prominenter und einflussreicher Klaviervirtuose und mit einem Œuvre von über 1300 Werken und Bearbeitungen

zugleich einer der produktivsten Komponisten des 19. Jahrhunderts. Ein großer Teil seines Gesamtwerkes ist der Klavierliteratur zuzuordnen.

Die Musikhochschule in Weimar heißt offiziell Hochschule für Musik, Franz
Liszt, Weimar. Das hätte Liszt mächtig gefreut. Der Komponist, Pianist, Dirigent und Musiklehrer Franz Liszt hat sich nämlich lange dafür eingesetzt,
Musikschulen zu gründen und eben in Weimar, wo Liszt eine Zeit lang lebte
und als Dirigent arbeitete, wurde dann tatsächlich die erste deutsche "Orches-
terschule" gegründet. Jeder Schüler wurde in allen Orchesterinstrumenten,
Klavier und Dirigieren ausgebildet! Und nicht nur dort, auch in Budapest trägt
die Musikhochschule heute den Namen des berühmten ungarischen Künstlers:
Die Franz-Liszt-Musik-akademie wurde 1875 sogar persönlich von Liszt gegründet. Ungarn gehörte damals zu Österreich und Liszt wuchs deutschspra-
chig auf. Obwohl er sich immer als Ungar fühlte, lernte er erst im hohen Alter
Ungarisch und war darin nicht besonders gut.

Liszt gab mit der Entwicklung der Sinfonischen Dichtung auch in der orchest-
ralen Musik deutliche Impulse. Sein Konzept der Programmmusik und die
Verwendung neuartiger harmonischer und formaler Mittel machten ihn –
neben Richard Wagner – zum bekanntesten Protagonisten der Neudeutschen
Schule. Er war Mitbegründer des Allgemeinen Deutschen Musikvereins. 1859
wurde er als Ritter von Liszt in den österreichischen erblichen Ritterstand
erhoben. Im Alter von 54 Jahren empfing er in Rom die niederen Weihen und
trug fortan den Titel Abbé.

Eine gute musikalische Ausbildung hatte Franz Liszt selbst genossen: Sein
Vater Adam war Verwaltungsbeamter beim Fürsten Esterházy und spielte
unter Joseph Haydn im Orchester Cello.

So kam der kleine Franz bereits sehr früh mit ausgezeichneter Musik in Berüh-
rung. Der Vater erkannte das Talent des Jungen, und schickte ihn zu den besten Lehrern in Wien, Carl Czerny und Antonio Salieri. Im Alter von neun
Jahren gab er sein erstes Klavierkonzert. Der junge Franz reiste mit seinem
ehrgeizigen Vater durch ganz Europa und wurde als Wunderkind und "wie-
dergeborener Mozart" gefeiert.

Nach eigenen Angaben aus späterer Zeit hatte Liszt sich im Alter von sieben
Jahren das Notenschreiben „allein angelernt" und nach Angaben seines Vaters
vor seinem neunten Jahr bereits „ziemlich viele Bögen mit Noten gekrit-

zelt".Im Oktober 1820 trat Liszt als Neunjähriger in einem Konzert bei Baron von Braun in Ödenburg/Sopron mit dem Vortrag eines Klavierkonzerts in Es-Dur von Ferdinand Ries und einer eigenen Improvisation erstmals öffentlich auf.

Als sein Vater starb, war Franz erst 15 Jahre alt. Der Verlust war für den jungen Pianisten so schlimm, dass er zwei Jahre lang nicht mehr auftreten konnte. Er litt an schweren Depressionen. Er lebte damals mit seiner Mutter in Paris. Um Geld zu verdienen, unterrichtete er Klavier.

Er erwog, Priester zu werden, und schrieb seinen Essay „Über zukünftige Kirchenmusik". Andererseits entwickelte der junge Liszt ein exzentrisches Verhältnis zu Frauen, sehr zum Leidwesen seiner Mutter.

Franz Liszt war der einzige Sohn aus der zweiten Ehe des in Westungarn – im heutigen österreichischen Bundesland Burgenland – geborenen Adam List (1776–1827) (dessen Name sowohl als *List* wie auch als Liszt verzeichnet wurde), Verwaltungsbeamter und Musiklehrer in Diensten des Fürsten Nikolaus II. Esterházy, und seiner Frau Maria Anna, geborene Lager (1788–1866), einer in Wien bei Katharina von Kurzbeck als Stubenmädchen tätigen Bäckerstochter aus Krems an der Donau.

Zu Beginn der 1820er Jahre begannen Liszt und seine Eltern Französisch zu lernen, das schon bald die bevorzugte Sprache Liszts wurde, in der er auch zumeist korrespondierte. Er sah später Frankreich als sein „Vaterland" an. Erst in den 1870er Jahren lernte Franz Liszt Ungarisch.

"Pariser Luft" zu schnuppern, war für Künstler dieser Zeit sehr anregend und sehr aufregend: Paris war damals ein wichtiges musikalisches Zentrum! Bis Liszt 20 Jahre alt war lernte er bereits viele berühmte Komponisten persönlich kennen: Frédéric Chopin, Niccolò Paganini, Gioachino Rossini, Vincenzo Bellini, Giacomo Meyerbeer, Hector Berlioz und Felix Mendelssohn Bartholdy - die Crème de la Crème!

Allerdings äußerte sich Mendelssohn immer sehr abfällig über Franz Liszt und Chopin nannte den einstigen Wunderknaben sogar eine "pianistische Null".

Liszt beteiligte sich ab 1832 auch wieder am öffentlichen Konzertleben.

1835 wurde seine Tochter Blandine geboren. Die Mutter war die langjährige Freundin Marie d'Agoult, die sich kurz zuvor von ihrem Mann getrennt hatte. Die Familie lebte in Genf.

In Genf stellten sich bald finanzielle Probleme ein, denn mit Rücksicht auf seine Beziehung mit Marie d'Agoult konnte er keine Konzertreisen unternehmen; und von seinen ambitionierten Werken war ein Geldgewinn kaum zu erwarten. Zur Lösung seines Problems komponierte er Bearbeitungen populärer Melodien – z. B. den Walzer op. 6, eine Fantasie op. 7 über Melodien aus Bellinis Oper I Puritani sowie zwei Fantasien op. 8 über Melodien aus Rossinis Soirées musicales – obwohl er diese Arbeitsweise zuvor in einer Artikelserie in der Gazette musicale heftig kritisiert hatte.

Liszt hatte Aufholbedarf und übte wie verrückt! Als Pianist war er dann auch erfolgreich, er wurde Klavierprofessor in Genf. Nur seine Kompositionen wollte zunächst niemand hören. Man sagte über ihn, er sei "unfähig zu komponieren". Doch er blieb hartnäckig und ab 1840 wurde er in Paris nicht nur als Klaviervirtuose, sondern auch für seine Klavierkompositionen gefeiert.
Jetzt war Liszt also einer der bedeutendsten Klavierkomponisten Europas. Er lebte zwei Jahre in Italien, reiste über den Kontinent und ließ sich schließlich als Dirigent in Weimar nieder. Dort schrieb er seine wichtigsten Kompositionen, kümmerte sich intensiv um die Aufführung zeitgenössischer Musik, u.a. von Robert Schumann und Richard Wagner, mit dem er befreundet war.

Die aktuelle Musik dieser Zeit war manchmal umstritten, so wie vieles, was neu und für die Ohren ungewohnt ist. Liszt selbst entwickelte die Form der Sinfonischen Dichtung. Das ist ein sinfonisches Orchesterwerk, das – im Gegensatz zur klassischen Sinfonie – nur aus einem Satz besteht, in dem aber das Tempo öfter wechseln kann. Einer Sinfonischen Dichtung liegt stets ein "Programm", also eine Idee, zu Grunde.

Liszt setzte sich sehr für Programmmusik ein, denn seiner Meinung nach hilft es dem Publikum beim Hören eines Werkes, die Ideen zu kennen, die den Komponisten zu seiner Musik inspiriert hatten.

Ein Wegbereiter des Neuen

Liszt schrieb nicht nur Musik, Liszt schrieb auch viel über Musik: Das heißt, er versuchte seine Ideen, wie sich Musik in seiner Zeit entwickeln sollte, anderen verständlich zu machen. Liszt gilt als einer der Hauptvertreter der Neudeutschen Schule, die ihre Artikel in der Neuen Zeitschrift für Musik veröffentlichte und sich für neue Wege in der Musik stark machte. Er gründete den Allgemeinen Deutschen Musikverein und veranstaltete Musikfestspiele.

Bei den ersten beiden Bayreuther Festspielen, die von Richard Wagner gegründet worden waren, war Liszt dabei. Als er zum dritten Mal nach Bayreuth zu den Festspielen reiste, war er schon schwerkrank. Bei seiner Beerdigung kurz darauf begegnete ihm zum letzten Mal hochrangige musikalische Prominenz: Der Komponist Anton Bruckner spielte die Orgel und improvisierte über Motive aus der Oper "Parsifal" von Richard Wagner.

Orgelwerke

Liszt hat neben dem umfangreichen Klavierwerk auch für die Orgel komponiert. Im Searle-Verzeichnis (Verzeichnis nach Humphrey Searle, 1954) finden sich insgesamt 11 Werke. In einem Bericht Franz Brendels über das Einweihungskonzert der Merseburger Domorgel wurde der damals empfundene moderne Charakter der Orgel und ihre Bedeutung als Vorposten eines von Liszt kreierten neuen Orgelstils akzentuiert. Liszt starb im Alter von 74 Jahren an einer Lungenentzündung. Er gilt als der größte Klavierspieler seiner Zeit und vielleicht sogar als der größte Klavierspieler aller Zeiten Neben Belá Bártok gilt Liszt auch als einer der beiden größten ungarischen Komponisten.

<u>Béla Bartók</u>

Béla Bartók, * 25. März 1881 in Nagyszentmiklós, Österreich-Ungarn;
† 26. September 1945 in New York City) war ein ungarischer Komponist, Pianist und Musikethnologe und gilt als einer der bedeutendsten Vertreter der Moderne.

Bartóks Vater, Béla Bartók der Ältere (1855–1888), war Direktor einer landwirtschaftlichen Schule und spielte Cello in einem Amateurorchester. Seine Mutter, Paula Bartók, geborene Voit (1857–1939), war Lehrerin. Bartók hatte eine jüngere Schwester namens Elza (1885–1955). Nach dem frühen Tod des Vaters 1888 übernahm die Mutter allein die Erziehung und gab Bartók den ersten Klavierunterricht. Ab 1893 erhielt er Musik- und Kompositionsunterricht in Pressburg. Ab 1899 studierte Bartók Klavier und Komposition in Budapest.

Von 1908 bis 1934 war er Professor für Klavier an der Franz-Liszt-
Musikakademie Budapest. 1909 heiratete er Márta Ziegler, mit ihr hatte er den
1910 geborenen Sohn Béla. Aus Angst vor der Ausbreitung des Faschismus
emigrierte Bartók 1940 in die USA, wo er zunächst nur wenige Aufträge bekam und weitgehend unbekannt war. 1945 starb er nach längerer Krankheit an
Leukämie. Zunächst in New York begraben, wurde sein Leichnam 1988 über-
stellt und im Rahmen eines Staatsbegräbnisses auf dem Farkasréti-Friedhof in
Budapest beigesetzt.

Neben dem Komponieren befasste Bartók sich wesentlich mit dem systemati-
schen Sammeln von Volksliedern. Er unternahm dafür weitläufige Reisen
durch Ungarn, Rumänien, die Slowakei, Siebenbürgen und den Vorderen
Orient und sammelte dabei über 10.000 Lieder, die er phonographierte oder
direkt schriftlich fixierte. Er sprach und schrieb mehrere Fremdsprachen, darunter Deutsch, Englisch, Französisch und Russisch. Im Jahr 1916 trat Bartók
der Unitarischen Kirche bei, sein Sohn Béla wurde später Präsident der Ungarischen Unitarischen Kirche. Das Bartók-Archiv befindet sich im Palais
Erdődy-Hatvany in Budapest.

Franz Joseph Haydn:

Franz Joseph Haydn (* 31. März oder 1. April 1732 in Ofenau, Erzherzogtum
Österreich; † 31. Mai 1809 in Wien) war ein österreichischer Komponist der
Wiener Klassik.

Joseph Haydn, Bruder des Komponisten Michael Haydn und des Tenors Johann Evangelist Haydn, verbrachte den größeren Teil seiner beruflichen Lauf-
bahn als Hofmusiker auf dem Landsitz der wohlhabenden ungarischen Familie Esterházy in Fertöd, deren Orchester und Oper er leitete.

Die Abgeschiedenheit von anderen Komponisten und musikalischen Strö-
mungen beschrieb er mit den Worten: „Ich war von der Welt abgesondert,
niemand in meiner Nähe konnte mich an mir selbst irre machen und quälen,
und so musste ich original werden.

Haydns 1797 uraufgeführte Vertonung des Gedichts Gott erhalte Franz, den
Kaiser, Unsern guten Kaiser Franz!, das Kaiserlied, wurde zu den Österreichischen Kaiserhymnen und mit anderem Text später die deutsche Nationalhym-
ne.

Tarogato

Der Name tárogató für Holzblasinstrumente ist in ungarischen Schriften seit
dem 16. Jahrhundert belegt. In der ungarischen Musik wurde darunter ein
DoppelOfenblattinstrument mit konischer Bohrung verstanden. Aus der Herkunft von der türkischen zurna erklärt sich auch die Bezeichnung töröksíp,
„türkische Pfeife". Dieses ursprüngliche tárogató wurde auch als Sig-
nalinstrument verwendet. Da es während des Aufstandes von Franz II.
Rákóczi (1703–1711) symbolische Bedeutung für das ungarische Nationalbe-
wusstsein erlangte, wurde es im 18. Jahrhundert von der Habsburgermonarchie unterdrückt. Das heute als tárogató bezeichnete Instrument mit einfachem
Ofenblatt wurde um 1894–96[2] von Vencel József Schunda in Budapest erfunden und in bewusster Aufnahme der ungarischen Tradition so genannt. In
den Werkstätten Schunda und Stowasser wurden unterschiedliche Klappen-
systeme verwendet. Die häufigste Form, das Sopraninstrument in B, ist zirka
74 cm lang. Es existieren auch größere Formen. Stowasser bot sieben verschiedene Größen, bis hinab zum Kontrabass in Es an. Seit den 1920er Jahren ist das
Instrument unter dem Namen taragot oder torogoata auch in Rumänien verbreitet.

Victor Vasarely

Er wurde am 9. April 1906 in Pécs, Ungarn unter dem Namen Gyzzé Csiszár
geboren. Er war ein ungarischer, französischer Maler und Bildhauer. 1908
zieht die Familie nach Budapest. Der Name des Kindes wird geändert: ab
sofort heisst er Gyzc Vásárhelyi. Es ist umgeben von der Welt der Gastfreundschaft und des Theaters: Seine Mutter, Vilma Vásárhelyi ist Schauspielerin des
Nationaltheaters, damals Mitglied des Orfeums von Budapest.

1929-1930 schreibt er sich für die Werkstatt ein, die als Bauhausschule in Budapest eröffnet wurde, die 1928 von Malern, Architekten, Technologieexperten
(u.a. Sándor Bortnyik und Farkas Molnár) gegründet wurde.

Im Herbst 1929 schließt sich Vásárhelyi dem eigenen Werbe-Workshop von
Sándor Bortnyik an, der in seine Wohnung in der Straße 3 im 6. Bezirk umzog.
Er lernt Werbegrafik, Typografie, modernes Design, Film und Bühnenkunst
von seinem Meister. Hier trifft er Klára Spinner (1909–1991), eine Grafikerin.
1930 zog er nach Paris. Er heiratete Klára Spinner, sie haben zwei Söhne:
André (1931) und Jean-Pierre, bekannt als Yvaral (1934–2002).

Vasarely arbeitet für französische Druckereien (Draeger, Devambez, Agence Havas). 1933 präsentiert er seine Grafiken für französische Aufträge im Ernst Museum in Budapest. 1942-1943 macht er vorwiegend Kunstwerke. Mit seinen Bildern der verschiedenen figurativen Elemente gewinnt er mit seinen Bildern das Interesse des Surrealisten André Breton.

Er beginnt ab 1947 seine Forschung zu Raumblick und Tiefenwahrnehmung. Sein Werk ist parallel zur modernen Visionsforschung. 1955 findet die erste große internationale Ausstellung kinetischer Kunst in der Galerie Denise Rene: Le Mouvement (The Motion)statt. In einem Katalog, der auf einem einzigen gelben Blatt Papier gedruckt ist, veröffentlicht Vasarely seinen sogenannten Gelben Maniac. Zudem veröffentlicht er sein Patent auf Farbe und Form im Rahmen des Plastic ABC.

1965 stellt er in New York City im The Museum of Modern Art aus unter „The Responsive Eye". Und wurde schnell einer der Stars. Mit seinen Experimenten in Gestalt modelliert er 1967 die Unsicherheit in der Vision, der optischen Täuschung und der visuellen Illusion von Bewegung.

1968, Vasarely präsentiert dem Museum der Schönen Künste Budapest 123 Siebdrucke. Er wird zum ersten Mal seit 35 Jahren Budapest besuchen. 1969 In der Budapester Kunsthalle wird eine Retrospektive eröffnet. An der Eröffnungsfeier nahmen der Künstler und seine Familie Denise René sowie die Familienmitglieder der Galerie Denise Rena teil.

Im Buch „The Colorful City" veröffentlicht er 1970 seine utopischen und architektonischen Gedanken in seinem Buch Plasti-Cité. Er spendet 1976 mehrere öffentliche Statuen an Ungarn, in Zusammenarbeit mit der Zsolnay Porzellanfabrik in Pécs. Er gestaltet die Wandmalerei auf Kermanikfliesen des Südbahnhofs in Budapest.

1969-1977 Er schickt 26 geometrische abstrakte und kinetische Werke von Künstlern von internationalem Ruhm (u.a. Josef Albers, Sonia Delaunay, Le Corbusier) an den Janus Pannonius und das Museum der Schönen Künste. Dabei spendet er seine drei Gemälde dem Museum der Schönen Künste während der Ausstellung des Kunstsaals der Kunst an ungarische Künstler des 20. Jahrhunderts im Ausland. 1976 In Aix-en-Provence wird nach den Plänen des Architekten die Vasarely-Stiftung - Centre Architectonique gebaut. Das Vasarely Museum wird am 14. Juli in Pécs eröffnet. Am 24. September 1981 unterzeichnete er den Spendenbrief des Vasarely Museums, das für Budapest entworfen wurde. Im Frühjahr 1983 wird die erste Vasarely-Ausstellung im Museum der Schönen Künste eröffnet, wo der Künstler einen Vortrag über sein Gründungskonzept halten wird. Am 8. Mai 1987 eröffnet in Anwesenheit des Künstlers das Vasarely-Museum in Buda mit 411 Artefakten und 92 Publikationen.

1989 Die Vasarely-Stiftung ist in Budapest registriert, das seit Jahren eine Vielzahl von Workshops betreibt und Siebdrucke verkauft, und präsentieren zugleich ungarische Künstler aus dem Westen.

Am 15. März 1997 starb Victor Vasarely im Alter von 91 Jahren in Paris. Er kann als der bedeutendste Vertreter der optischen Malerei oder Op-Art angesehen werden, sowohl durch sein Werk als auch durch seine zahlreichen theoretischen Arbeiten, in denen er unter anderem die Bewegung als „die Gewalt, durch die die Strukturen direkte Impulse für die Membranen unserer Augen verursachen" beschreibt. In Pecs ist heute sein Museum auf mehreren Etagen zu bewundern.

Die Schokoladenfabrik Stühmer in Maklar bei Pécs

Frigyes Stühmer, ein ursprünglich aus Hamburg stammender Meister, wurde von einem Chocolatier aus Pest nach Ungarn eingeladen. Als außergewöhnlich erfahrener Handwerker mit einem tollen Auge für Details brachte Stühmer 1868 eine Reihe hochwertiger Pralinen aus seiner kleinen Konditorei auf den Markt, und bald wurde er der herausragende Schokoladenhersteller in Ungarn.

Mit stetig verbesserter Lebensstandard erkannte er, dass Schokolade und Süßwaren eine glänzende Zukunft vor sich haben, und als solcher spielte er eine wichtige Rolle bei der Popularisierung von Schokolade – damals als Luxusprodukt – und sie einem breiteren Publikum zu bringen. 1906 übernahm sein Sohn die Leitung der Fabrik und begann, die Fabrik zu modernisieren, bevor er später die Frigyes Stühmer Joint Stock Company gründete.

1941 baute das Unternehmen eine Schokoladenfabrik in Budapest, die im europäischen Vergleich als "art" angesehen wurde. Es folgten die Eröffnung von

63 Geschäften in Ungarn sowie ein Geschäft in Paris und ein Geschäft in Opatija (Kroatien).

Stühmer-Schokoladen wurden nicht nur durch ihre herausragende Qualität, sondern auch für ihr attraktives Design bekannt. Das Unternehmen arbeitete Hand in Hand mit der Verpackungsindustrie, die in den 1920er und 1930er Jahren auf dem neuesten Stand der neuesten Entwicklungen stand, während Produktillustrationen und Design von führenden Industriekünstlern der Zeit durchgeführt wurden. Diese Erfolgsgeschichte kam 1948 zu einem abrupten Ende, als das Unternehmen unter staatliche Kontrolle gebracht wurde. Die Fabrik wurde in die ungarische Konditoreigesellschaft eingelegt, deren Name später in Budapest Chocolate Factory geändert wurde.

Schließlich wurde die traditionelle Marke 2006 von Mr. Péter Csell, der das bestehende Stühmer-Geschäft in Eger kaufte und die Marke erwarb. Der erste Schwerpunkt der Stühmer Ltd war es, Produkte zu schaffen, die früheren Kunden dieses bekannten Namens vertraut sind. Mittlerweile wuchs das Startportfolio von vier Produktportfolios zu einer Vielzahl von über 150 verschiedenen Produkten, und unser Unternehmen hat sich zu einer der führenden regionalen Marken in der Qualitätschokoladenherstellung entwickelt.

Während sie bis heute einige „Nostalgieprodukte" beibehalten, die immer noch mit den Originalrezepten hergestellt werden; wird der Großteil des aktuellen Sortiments von unserem Experten-Produktentwicklungsteam entwickelt das zu den neuesten Trends und dem Geschmack der Verbraucher passt. Die Erweiterung der Produktpalette, gepaart mit der rasanten Steigerung der Produktionsmengen, erforderte einen Umzug vom ursprünglichen kleinen Standort in eine maßgefertigte Produktionsstätte am Stadtrand von Maklár und begann damit am 2. Juli 2014 ein neues Kapitel in der Geschichte der Stühmer Ltd. Das neue 4.000 m2 Grundstück ist mit den neuesten Maschinen ausgestattet und arbeitet nach höchsten Qualitätsstandards (IFS). Der neue Standort umfasst auch die Lagerkapazität für 2.100 Paletten, die sich für die Lagerung von gekühlten und gefrorenen Fertigprodukten unter kontrollierten Bedingungen eignen und unseren Partnern völlige Sicherheit bieten. Während wir durch eine strenge Laboranalyse durchführen, garantiert unsere Qualitätskontrolle die Einhaltung in jeder Phase des Produktionsprozesses.

Sie betreiben sieben Geschäfte in ganz Ungarn, in den Innenstädten Eger, Budapest und Gyöngyös. Der schöne Flagship-Store, der auch eine Konditorei

und eine Eisdielen umfasst befindet sich neben Produktionsstätten in Maklár,
neben dem Firmensitz. Unterstützt durch das überwältigend positive Kun-
denfeedback stellen sie seit 2015 handwerkliches Eis her. Im Jahr 2020 haben
sie drei neue Produktfamilien mit maßgeschneiderten Verpackungen auf den
Markt gebracht, die speziell für internationale Märkte entwickelt wurden.

Der Name Stühmer steht für hochwertige Süßwaren in stilvollen Verpackungen. Hinter jedem Produkt steht über ein Jahrhundert Tradition, fachkundiges
Handwerk und ein unaufhörliches Streben nach Exzellenz. Stühmer: „Qualität
vor allem".

Ungarisches Porzellan
Herend und Zsolnay

Einen langen und guten Ruf hat das ungarische Porzellan. Produkte aus den
Manufakturen von Herend und von Zsolnay genossen schon an den mittelal-
terlichen Königs- und Fürstenhöfen hohes Ansehen.

Während sich die Porzellanmaufaktur von Herend nach ihrer Privatisierung
sehr gut entwickelt, hat das berühmte Porzellan aus Pécs (Zsolnay) größere
Probleme in der freien Wirtschaft zu bestehen. Beide Manufakturen verfügen
über eigene Museen, die einen Querschnitt durch die Entwicklung der europäischen Porzellankunst der vergangenen Jahrhunderte zeigen. Beide sind
durchaus einen Besuch wert.

Kuruzen

auch Kuruzzen oder Kurutzen (ungarisch kuruczok/kurucok), waren eine
Gruppe von bewaffneten antihabsburgischen Aufständischen im Königreich
Ungarn von 1671 bis 1711.

Getragen vom verarmten niederen ungarischen Adel und den Bauern, erober-
ten sie von Siebenbürgen aus in mehreren Wellen weite Teile Ungarns und
drangen wiederholt in Österreich ein, bevor sie von kaiserlichen Truppen
besiegt wurden. Zeitweise wurden die Aufstände von den Türken unterstützt
und fielen mit dem Großen Türkenkrieg (1683–1699) zusammen.
Der Fluch „Kruzitürken!" zum Ausdruck des Zorns über eine unerfreuliche
Entwicklung entstand als Zusammenziehung von „Kuruzen und Türken".

Typisch ungarisch - Häufige Fragen,
Was ist denn "typisch" ungarisch?
z. B. die Kaffeehaustradition

Süßspeisen, Torten, Kuchen, Patisserien

Ungarn ist für seine Kaffeehäuser berühmt. In Budapest gibt es sie noch, kleine Konditoreien mit blinden Spiegeln mit kleinen gemütlichen Sitzecken, wo man ein kleines Stück Kuchen oder Torte und ewin warmes Getränk genießen kann. Adrett gekleidete Servierdamen bedienen diskret. Man fühlt sich wie in einem Film. Es muss aber nicht immer eines der ganz bekannten Häuser wie das Café New York sein. Ich stelle hier drei sehr alte und bekannte Kaffeehäuser vor.

Das Café New York

ist ein prunkvolles Kaffeehaus der Gründerzeit in Budapest. Die New York Life Insurance Company ließ zu Beginn der 1890er Jahre an der heutigen Adresse Erzsébet körút 9–11 im VII. Budapester Bezirk (Erzsébetváros) ein prunkvolles Gebäude errichten. Im Erdgeschoss und Tiefgeschoss befand sich und befindet sich noch heute das genannte Café (ungarisch New York kávéház). Es befindet sich in: Anantara New York Palace Budapest Hotel, Budapest, Erzsébet krt. 9-11, 1073. Das Cafe besticht mit seinen Architektur, hohen Decken, grossen Spiegeln und seiner wunderschönen Wandmalereien. Es wurde am 23. Oktober 1894 eröffnet und überdauerte Kriege und Regimewechsel weitgehend unbeschädigt. Nach einer jahrelangen Renovierungspause ab 2001 wurde das Café am 5. Mai 2006 wieder eröffnet.

Die Konditorei Ruszwurm:

(ungarisch: Ruszwurm cukrászda) in der ungarischen Hauptstadt Budapest ist eines der kleineren Kaffeehäuser der Stadt, aber mit dem Charme der frühen 1820er Jahre. Es verwöhnt seine Gäste mit ausgesuchtem Kuchen und verschiedenen Patisserien. Die 150-jährige Einrichtung hat die Jahre heil überdauert. Zu Zeiten der Belagerungen Budapests 1849 und 1944 wurde nur das Gebäude beschädigt.

Es ist ein familiengeführtes Café mit hausgemachten Kuchen, Strudeln und Kaffee von einer 200 Jahre alten Theke aus Kirschholz. Und befindet sich im Burgviertel von Buda, Budapest, Szentháromság u. 7, 1014.

Das Café Gerbeaud

am Vörösmarty tér 7, am gleichnamigen U-Bbahnhof ist eines der größten und traditionsreichsten Kaffeehäuser in Europa. Das Unternehmen war ein k.u.k. Hoflieferant. Noch heute zeigt es sich im Stil der Gründerzeit, mit seinem Stuck, den Kronleuchtern, den aus verschiedenen Edelhölzern gefertigten Verkleidungen und dem Mobiliar.

Das Caféhaus begann seinen Aufstieg mit dem dritten Nachkommen einer Konditordynastie, Henrik Kugler (eigentlich: Heinrich Kugler; 1830–1905). Sein Wissen und seine Erfahrung eignete sich dieser vor allem während seiner Lehr- und Wanderjahre in elf europäischen Metropolen an, darunter auch Paris.

Daraufhin eröffnete er 1858 auf dem Erzherzog-Joseph-Platz seine Konditorei, die bald zu den besten von Pest zählte. Besonderheiten waren die chinesischen und russischen Teespezialitäten sowie seine Eiskreationen, die von den Buda-pestern als das „beste Speiseeis von Pest" gerühmt wurden.
Um näher im Zentrum der Stadt zu sein, verlegte Kugler sein Geschäft 1870 an den damaligen Alten Theaterplatz (Régi Színház tér, ab 1874: Giselaplatz bzw. Gizella tér, seit 1926: Vörösmarty tér).

Besonders beliebt waren bei seiner Kundschaft in jener Zeit seine Kaffees, Liköre sowie Zuckerbonbons. Aber auch die Kugler-Torten und -Mignons fanden starken Absatz, vielleicht weil es erstmals bei Kugler möglich war, diese eingepackt auf einem Papiertablett mit nach Hause nehmen zu können. Gäste in Kuglers Konditorei waren unter anderem Franz Deák und Franz Liszt.

1882 traf Henrik Kugler auf einer Reise nach Paris zum ersten Mal auf Émile Gerbeaud (1854–1919) und erkannte sofort dessen Talent und Unterneh-mungsgeist. Emil Gerbeaud, der ebenfalls einer Konditorfamilie entstammte, wurde in Genf geboren und sammelte seine Erfahrungen in Ländern wie Deutschland, Frankreich und England. Kugler lud ihn nach Budapest ein, um ihn zu seinem Geschäftspartner zu machen. Nach Kuglers Rückzug aus dem

Aktivstand, 1884, erwarb Gerbeaud das Geschäft für um 600.000 Gulden, behielt aber den ursprünglichen Namen des Cafés bei.

Zahlreiche Neuerungen gingen mit dem Geschäftseintritt Emil Gerbeauds einher. Mit neuen Produkten, wie Buttercremes, Pariser Cremes, Hunderten Sorten an Teegebäck, Zuckerwaren, verschiedenartigsten Bonbons, verbreiterte er das Angebot erheblich.

Der Name blieb dem Café bis heute erhalten, ausgenommen die Zeit von 1950 bis März 1984, als es den Namen Vörösmarty trug. 1995 erwarb der deutsche Unternehmer Erwin Franz Müller die Konditorei Gerbeaud und ließ sie aufwändig renovieren, so dass die Spuren der letzten 50 Jahre nicht mehr zu sehen sind. Heute erscheint das Café wieder in seinem ursprünglichen, von Emil Gerbeaud geplanten Stil.

Über Hundertjährige Konditorei Gyula – ein wahres Kleinod von Café besteht seit 184 Jahren

Gyula im Südosten Ungarns an der Grenze zu Rumänien ist bei Touristen ziemlich beliebt, vornehmlich aber wegen Burg und Burgbad. Dabei ist die Százéves cukrászda (Hundertjährige Konditorei) selbst eine spezielle Sehenswürdigkeit, die sogar eine weitere Anreise rechtfertigt. Gyula, Erkel tér 1, 5700.- Der Name Hundertjährige Konditorei wirkt mittlerweile reichlich untertrieben, da dieses Café bereits seit 1840 besteht und sich eher der Vollendung des zweiten Jahrhunderts nähert. Das bereits 1801 erbaute Gebäude zeigt Elemente des Empire-Stils und beherbergte bis 1839 zunächst eine Apotheke, bevor es 1840 zur Konditorei wurde.

Seitdem war die Konditorei bis 1984 ununterbrochen privat geführt, ehe sie dann in kommunales Eigentum überging. Bei den Renovierungen der letzten Zeit wurde viel Wert darauf gelegt, die ehemalige Atmosphäre der ursprünglichen Zeit zu erhalten und wieder im alten Glanz zu präsentieren. Übrigens wurde der Name Hundertjährige Konditorei schon 1952 geprägt. Die Százéves cukrázda ist die zweitälteste Konditorei in ganz Ungarn. Zwei der beliebtesten Erzeugnisse der ungarischen Konditoreikunst haben auch einen geschichtlichen Hintergrund.

Bekannte Filme, die in Ungarn spielen, ungarische Regisseure haben oder in denen ungarische Schauspieler mitspielen.

- Ich denke oft an Piroschka
- Honigfrauen
- der Umwerber
- Ein Hauch von Sonnenschein
- das Turiner Pferd
- die Werckmeisterschen Harmonien
- Son of Soul
- Mephisto
- Underworld
- The King
- Kontroll
- Satantango
- Körper und Seele
- Womb
- Pieces of a Woman
- Weißer Gott
- die Maisinsel
- Infinity Pool
- The Raven
- Jakob der Lügner
- Der Mann aus London
- Just the Wind
- Herrscher der Zeit
- das große Heft
- Taxidermia
- Inferno

Kleines Wörterbuch

Kleines Wörterbuch

Gemüse

Deutsch	Ungarisch
die Aubergine	a padlizsán
die Tomate	a paradicsom
die Gurke	az uborka
die Paprika	a paprika
der Kürbis	a tök
der Brokkoli	a brokkoli
der Blumenkohl	a karfiol
die Artischocke	az articsóka
der Lauch	a póréhagyma
die Kartoffel	a krumpli
der Kohlrabi	a karalábé
die Rübe, (Gemüse oder Viehfutter)	a répa
die Karotte	a répa
das Radieschen	a retek
der Sellerie	a zeller
der Rhabarber	a rebarbara
der Spargel	a spárga
der Fenchel	az édes kömény
die grünen Erbsen	a zöld borsó (egyesszám)
die Linsen	a lencse (egyesszám)
der Zuckermais	a csemege kukorica
der Feldsalat, Vogelsalat	a madársaláta
der Chicorée (Salatgemüse)	a cikória
der Rosenkohl (Gemüse)	a kelbimbó
der Grünkohl (Gemüse)	a kelkáposzta
der Spinat	a spenót
der Weißkohl	a fejes káposzta
der Kopfsalat	a fejessaláta
der Kohl	a káposzta
der Chinakohl (Gemüse)	a kínai kelkáposzta
der Knoblauch	a fokhagyma
die Zwiebel	a hagyma

Obst

Deutsch	Ungarisch
die Weintraube	a szőlő
die Himbeere	a málna
die Erdbeere	az eper
der Pfirsich	a barack
die Mango	a mangó
die Nektarine	a nektarin
die Aprikose	a sárgabarack
die Dattel	a datolya
die Pflaume	a szilva
die Olive	az olivabogyó
die Süß-Kirsche	a cseresznye
der Apfel	az alma
die Birne	a körte
die Quitte	a birsalma
die Orange	a narancs
die Grapefruit	a grépfrút
die Mandarine	a mandarin
die Zitrone	a citrom
die Kumquat	a törpenarancs
die Litschi (chinesische Frucht)	a licsi
die Papaya	a papaya
die Kaki	a datolyaszilva
der Granatapfel	a gránátalma
die Banane	a banán
die Kiwi	a kivi
die Avocado	az avokádó
die Ananas	az ananász
die Sauerkirsche	a meggy

Lebensmittel

Deutsch	Ungarisch
das Mehl	a liszt
der Zucker	a cukor
das Salz	a só

der Pfeffer	a bors
das Ei	a tojás
die Eier (pl)	a tojások
die Butter	a vaj
das Öl	az olaj
das Fett	a zsír
das Brot	a kenyér
die Marmelade	a lekvár
der Honig	a méz
der Käse	a sajt
die Milch	a tej
der Joghurt	a joghurt
der Senf	a mustár
Die Süßigkcitcn (pl)	az édességek
die Schokolade	a csokoládé
die Bonbons (pl)	a bonbon (egyesszám)
der Essig	az ecet
Chili	a csili

Trinken und Getränke

Deutsch	Ungarisch
trinken	inni
der Durst	a szomjúság
der Tee	a tea
der Kaffee	a kávé
das Wasser	a víz
die Limonade	a limonádé
der Sprudel	az ásványvíz
der Saft	a gyümölcslé
die Cola	a kóla
das Bier	a sör
die alkoholfreien Getränke	az alkoholmentes italok
die alkoholischen Getränke	az alkoholos italok
der Wein	a bor
der Sekt	a pezsgő
der Schnaps	a pálinka
der Wodka	a vodka

die Kaffeemaschine	a kávéfőző
Kaffee kochen	kávét főzni
ich habe Durst	szomjas vagyok
ich trinke ein Glas Wasser	iszom egy pohár vizet
abends trinke ich gerne	esténként szívesen iszom
ein Glas Rotwein	egy pohár vörösbort
damals tranken wir jeden Tag	akkoriban mindennap
megittunk zwei Flaschen Wein	két üveg bort
zum Frühstück tranken die alten	reggelire az
Römer Milch	ókori rómaiak
Mineralwasser	iszom
trinken Sie einen Kaffee?	iszik egy kávét?
Kaffee und Kuchen	kávé és sütemény
die Tasse	a csésze
das Glas	a pohár
die Flasche	az üveg
der Alkoholiker	az alkoholista
sich betrinken	lerészegedni
betrunken	részeg
mit Kohlensäure	szénsavval
der Kasten Bier	a rekesz sör
der Sixpack	a hatoscsomag
(egy csomag sör)	

Frühstück

Deutsch	Ungarisch
das Frühstück	a reggeli
das Brot	a kenyér
das Brötchen	a zsemle
die Butter	a vaj
die Marmelade	a lekvár
die Wurst	a kolbász
der Käse	a sajt
die Leberwurst	a májas
das Müsli	a müzli
die Cornflakes	a kukorica-pehely
die Cerealien (pl)	a gabonafélék
die Haferflocken (pl)	a zabpelyhek

die Milch	a tej
der Kaffee	a kávé
der Tee	a tea
das Frühstücksei	a reggeli tojás
der Orangensaft	a narancslé
das Frühstücksbüfett	a reggeli büfé
der Honig	a méz
der Joghurt	a joghurt
das Croissant	a croissant
der Löffel	a kanál
das Messer	a kés
die Gabel	a villa
das Eis	a fagyalt
der Gast	a vendég
die Margarine	a margarin
die Marmelade	a lekvár
die Melone	a dinnye
die Milch	a tej
das Mineralwasser	a ásványvíz
die Nuss	a dió
die Orange	a narancs
Paprika	a paprika
die Pfannkuchen	a palacsinta

im Restaurant

Deutsch	Ungarisch
ist dieser Tisch frei?	szabad ez az asztal?
ist dieser Platz frei?	szabad ez a hely?
Herr Ober!	Főpincér!
Fräulein!	Kisasszony!
geben Sie mir bitte die Speisekarte	adja ide az étlapot, kérem
die Speisekarte bitte!	az étlapot kérem!
haben Sie eine Getränkekarte?	van itallapja is?
bitte ein Bier	egy sört, legyen szíves
bitte einen Kaffee	egy kávét, legyen szíves
ein Glas Bier	egy pohár sört
eine Tasse Kaffee	egy csésze kávét
einen Espresso	egy eszpresszót

eine Flasche Bier	egy üveg sört
ein Bier vom Fass	egy sört a hordóból
ich nehme ...	én kérek
ich möchte bitte bestellen	rendelni szeretnék, kérem
das Menü 5 bitte	az ötös menüt, legyen szíves
bitte zahlen!	fizetek, kérem!
ich möchte bitte zahlen	fizetni szeretnék, kérem
hat es Ihnen geschmeckt?	ízlett Önnek?
es war sehr gut, danke!	nagyon finom volt, köszönöm!
willst du was trinken?	akarsz valamit inni?
was willst du trinken?	mit akarsz inni?
was willst du essen?	mit akarsz enni?
darf ich dich einladen?	meghívhatlak?
ich will dich einladen	meg szeretnélek téged hívni
die Speisekarte	az étlap
die Getränkekarte	az itallap
ich nehme das Jägerschnitzel	kérek egy rántott szeletet
mit Pommes und Salat	sültkrumplival és salátával
Was kann ich Ihnen bringen?	Mit adhatok?
Sonst noch etwas?	Más valamit?
Kann ich Ihnen sonst noch etwas geben?	Még valamit adhatok?
Sind die Tomaten frisch?	Friss a paradicsom?
Danke, das ist alles.	Köszönöm, más nem lesz.
Wir möchten gern bestellen.	Rendelni szeretnénk.
Ich möchte nur einen Tee.	Csak egy teát kérek.
Was ist das heutige Angebot?	Mi a napi ajánlat?
Das ist alles.	Ez minden.
A számlát, legyen szíves!/ A számlát kérem szépen!	
Wir zahlen zusammen.	Egyben fizetünk.
Wir zahlen getrennt.	Külön fizetünk.
Was kann ich Ihnen zu trinken bringen?	Inni mit hozhatok?
Bitte sehr!	Tessék parancsolni!
Hätten Sie gerne eine Speisekarte?	Étlapot parancsolnak?
Hat Ihnen das Abendessen geschmeckt?	Ízlett a vacsora?
die Kellnerin	a pincérnő

der Kellner	a pincér
die Frauentoilette	a női WC
die Herrentoilette	a férfi WC
der Fruchtsaft	a gyümölcslé
die Kartoffel	a burgonya
die Kartoffel	a krumpli
der Knödel	a gombóc
der Koch	a szakács
die Küche	a konyha
der Mais	a kukorica
das Mittagessen	a ebéd
Pfeffer	a bors
Pilz	a gomba
Pizzeria	a pizzéria
Pommes frites	a hasábburgonya
Pommes frites	a sült krumpli
Quark	a túró
Rechnung	a számla
Reis	a rizs
Restaurant	a étterem
Rettich	a retek
Rind	a marha
Sahne	a tejszín
Salat	a saláta
Salz	a só
Sauerkirsche	a meggy
Sauerrahm	a tejföl
Schinken	a csonka
Schnaps	a pálinka
Schokolade	a csokoládé
Sekt	a pezsgő
Serviette	a szalvéta
Speck	a szalonna
Speisekarte	a étlap
Speisekarte: Beilagen	a köretek
Speisekarte: Fisch	a halak
Speisekarte: Fleisch	a húsok

Speisekarte: Nachspeisen	a desszertek
Speisekarte: Nudeln	a tészták
Speisekarte: Salate	a saláták
Speisekarte: Suppen	a levesek
Speisekarte: Vorspeisen	a előételek
Strudel	a rétes
Stuhl	a szék
Süßigkeiten	a édesség
Tee	a tea
Teller	a tányér
Terrasse	a terasz
Tisch	a asztal
Tischdecke	a terítő
Toilette	a WC
Tomate	a paradicsom
Traube	a szőlő
Trinkgeld	a borravaló
Truthahn	a pulyka
Wasser	a víz (
Wein	a bor
Wurst	a kolbász
Zitrone	a citrom
Zucker	a cukor

Adjektive-Restaurant

Deutsch	Ungarisch
abgekühlt	kihűlt
bitter	keserű
blutig	véres
durchgebraten	átsült
eingefroren	fagyasztott
fettig	zsíros
frisch	friss
gebraten	sült
gefüllt	töltött
gegrillt	grillezett
gekocht	főtt
gemischt	vegyes

geräuchert	füstölt
geschmort	párolt
halb gebraten	félig sült
hausgemacht	házias
heiß	forró
kalt	hideg
knusprig	ropogós
lauwarm	langyos
lecker	finom
mit Fleisch	húsos
mit Käse	sajtos
mit saurer Sahne	tejfölös
paniert	rántott
pfeffrig	borsos
reichlich	bőséges
roh	nyers
salzig	sós
sauer	savanyú
scharf	csípős
scharf	erős
süß	édes
trocken	száraz
ungarisch	magyaros
ungesalzen	sótlan
vegetarisch	vegetáriánus
würzig	fűzeres

Die Zahlen von 1 bis 100

1 eins	egy
2 zwei	kettő
3 drei	három
4 vier	négy
5 fünf	öt
6 sechs	hat
7 sieben	hét
8 acht	nyolc
9 neun	kilenc
10 zehn	tíz

11 elf	tizenegy
12 zwölf	tizenkettő
13 dreizehn	tizenhárom
14 vierzehn	tizennégy
15 fünfzehn	tizenöt
16 sechzehn	tizenhat
17 siebzehn	tizenhét
18 achtzehn	tizennyolc
19 neunzehn	tizenkilenc
20 zwanzig	húsz
21 einundzwanzig	huszonegy
2 zweiundzwanzig	huszonkettő
23 dreiundzwanzig	huszonhárom
24 vierundzwanzig	huszonnégy
25 fünfundzwanzig	huszonöt
26 sechsundzwanzig	huszonhat
27 siebenundzwanzig	huszonhét
28 achtundzwanzig	huszonnyolc
29 neunundzwanzig	huszonkilenc
30 dreißig	harminc
31 einunddreißig	harmincegy
32 zweiunddreißig	harminckettő
33 dreiunddreißig	harminchárom
34 vierunddreißig	harmincnégy
35 fünfunddreißig	harmincöt
36 sechsunddreißig	harminchat
37 siebenunddreißig	harminchét
38 achtunddreißig	harmincnyolc
39 neununddreißig	harminckilenc
40 vierzig	negyven
41 einundvierzig	negyvenegy
42 zweiundvierzig	negyvenkettő
43 dreiundvierzig	negyvenhárom
44 vierundvierzig	negyvennégy
45 fünfundvierzig	negyvenöt
46 sechsundvierzig	negyvenhat
47 siebenundvierzig	negyvenhét
48 achtundvierzig	negyvennyolc
49 neunundvierzig	negyvenkilenc

50 fünfzig	ötven
51 einundfünfzig	ötvenegy
52 zweiundfünfzig	ötvenkettő
53 dreiundfünfzig	ötvenhárom
54 vierundfünzig	ötvennégy
55 fünfundfünfzig	ötvenöt
56 sechsundfünfzig	ötvenhat
57 siebenundfünfzig	ötvenhét
58 achtundfünfzig	ötvennyolc
59 neunundfünfzig	ötvenkilenc
60 sechzig	hatvan
61 einundsechzig	hatvanegy
62 zweiundsechzig	hatvankettő
63 dreiundsechzig	hatvanhárom
64 vierundsechzig	hatvannégy
65 fünfundsechzig	hatvanöt
66 sechsundsechzig	hatvanhat
67 siebenundsechzig	hatvanhét
68 achtundsechzig	hatvannyolc
69 neunundsechzig	hatvankilenc
70 siebzig	hetven
71 einundsiebzig	hetvenegy
72 zweiundsiebzig	hetvenkettő
73 dreiundsiebzig	hetvenhárom
74 vierundsiebzig	hetvennégy
75 fünfundsiebzig	hetvenöt
76 sechsundsiebzig	hetvenhat
77 siebenundsiebzig	hetvenhét
78 achtundsiebzig	hetvennyolc
79 neunundsiebzig	hetvenkilenc
80 achtzig	nyolcvan
81 einundachtzig	nyolcvanegy
82 zweiundachtzig	nyolcvankettő
83 dreiundachtzig	nyolcvanhárom
84 vierundachtzig	nyolcvannégy
85 fünfundachtzig	nyolcvanöt
86 sechsundachtzig	nyolcvanhat
87 siebenundachtzig	nyolcvanhét
88 achtundachtzig	nyolcvannyolc

89 neunundachtzig	nyolcvankilenc
90 neunzig	kilencven
91 einundneunzig	kilencvenegy
92 zweiundneunzig	kilencvenkettő
93 dreiundneunzig	kilencvenhárom
94 vierundneunzig	kilencvennégy
95 fünfundneunzig	kilencvenöt
96 sechsundneunzig	kilencvenhat
97 siebenundneunzig	kilencvenhét
98 achtundneunzig	kilencvennyolc
99 neunundneunzig	kilencvenkilenc
100 hundert	száz

100	száz
101	százegy
200	kétszáz
201	kétszázegy
1.000	ezer
10.000	tízezer
100.000	százezer
1.000.000 (Mio.)	egymillió
1.000.000.000 (Mrd.)	egymilliárd

Redewendungen

Deutsch	Ungarisch
Guten Morgen!	Jó reggelt (kívánok)!

kívánok optional, macht den Satz höflicher und bedeutet „wünsche ich"

Guten Tag	Jó napot (kívánok)!

kívánok optional, macht den Satz höflicher und bedeutet „wünsche ich"

Guten Abend!	Jó estét (kívánok)!

kívánok optional, macht den Satz höflicher und bedeutet „wünsche ich"

Hallo!	Szia!, Szervusz!, Helló!

(inf)	nur an eine Person gerichtet, auch als Verabschiedung möglich

Hallo!	Sziasztok!, Szervusztok!,

Hellósztok! an mehrere Personen gerichtet, auch als Verabschiedung möglich

Danke.	Köszönöm.
Vielen Dank.	Nagyon köszönöm.
Danke schön.	Köszönöm szépen.
Danke.	Köszi.
Wir danken.	Köszönjük.
Alles Gute!	Minden jót!
Auf Wiederhören!	Viszonthallásra!
Auf Wiedersehen!	Viszontlátásra!
Tschüß!	Viszlát!
Gute Nacht!	Jó éjszakát! / jó éjt!
Bitte schön!	Szívesen! als Antwort auf Danke
Keine Ursache!	Nincs mit! als Antwort auf Danke
Nichts zu danken!	Nincs mit köszönni!
Bitte?, „Wie bitte?"	Tessék?
Bitte ...	Kérem ...„Ich bitte Sie ..."
Bitte ...	Kérek ... „ Ich bitte dich ..."
Entschuldigung!	Bocsánat!

informeller als Elnézést!, meist unter jungen Leuten

| Entschuldigung! | Bocsi! (inf) |
| Verzeihung! | Elnézést! |

Höfliche Form gegenüber Fremden und Älteren

Fragewörter und Floskeln!

Deutsch	Ungarisch
Wer?	Ki?
Wo?	Hol?
Was?	Mi?
Wie viele?	Hány?
Wem?	Kinek?
Wen?	Kit?
Welcher?, Welche?, Welches?	Melyik
Wozu?	Mihez?
Wann?	Mikor?
Warum?	Miért?

Vorstellung!

| Deutsch | Ungarisch |

Ich bin Vorname. | Vorname vagyok.

Im Ungarischen wird immer erst der Nachname und dann der Vorname ohne Komma genannt.

Ich bin Vorname Nachname. | Nachname Vorname vagyok.

In internationaler Verwendung passt man sich aber meistens dem üblichen Vorname Nachname an.

Wie heissen Sie?	Hogy hívják?

Wörtlich: Wie nennt man Sie? / Wie nennt man ihn?

Wie heisst du?	Hogy hívnak?

Wörtlich: Wie nennt man dich?

Darf ich fragen, wie Sie heißen?	Megkérdezhetem a nevét?
Darf ich fragen, wie du heißt?	Megkérdezhetem a nevedet?
Ich bin erfreut, Sie kennenzulernen.	Örülök, hogy megismerhettem.
Ich bin erfreut, dich kennenzulernen.	Örülök, hogy megismerhettelek.
Sehr erfreut.	Örvendek.

Smalltalk

Deutsch	Ungarisch
Das ist wahr.	Valóban. / Ez igaz.
Das denke ich auch.	Én is így gondolom.
Natürlich, Selbstverständlich	Persze.
Genau.	Pontosan.
Tatsächlich, Richtig	Csakugyan.
Wirklich. / Wirklich?	Tényleg. / Tényleg?
Ich muss widersprechen.	Ellent kell, hogy mondjak.
Ich habe das nicht so gehört.	Én nem így hallottam.
Das wird ein Irrtum sein.	Ez tévedés lesz.
Unmöglich.	Lehetetlen.
Ich finde nicht.	Szerintem nem.
Was denken Sie?	Ön mit gondol?
Was denkst du?	Te mit gondolsz?
Sind Sie mit dem Vorschlag einverstanden?	Egyetért a javaslattal?
Bist du mit dem Vorschlag einverstanden?	Egyetértesz a javaslattal?
Ich verstehe davon leider nichts.	Ehhez sajnos nem értek.
Ich habe keine Ahnung.	Fogalmam sincs róla.

So schnell kann ich jetzt nichts
dazu sagen.
Ich weiß nicht, was ich sagen soll.
Diese Frage kann ich nicht
antworten.
Lass mich ein wenig darüber
nachdenken.

Ilyen hirtelen nem tudok mit
mondani.
Nem is tudom, mit mondjak.
Erre a kérdésre nem tudok be-
válaszolni.
Hadd gondolkodjak egy kicsit.

Hilfe!

Deutsch
Entschuldigen Sie!
Könnten Sie mir helfen?
Würden Sie mir bitte helfen?
Würdest du mir helfen?
Kann ich Ihnen helfen?
Lassen Sie mich helfen!
Brauchen Sie Hilfe?
Soll ich Ihnen helfen?
Danke nochmals.
Das ist wirklich sehr nett von Ihnen.
Ich bin sehr dankbar.
Ist nichts passiert.
Kein Problem.

Ungarisch
Elnézést kérek, hogy megszólítom
Tudna segíteni?
Segítene, kérem?
Segítenél?
Segíthetek?
Hadd segítsek!
Szüksége van segítségre?
Segítsek?
Még egyszer köszönöm.
Ez igazán kedves Öntől.
Nagyon hálás vagyok.
Nem történt semmi.
Semmi baj.

Zu Besuch!

Deutsch
Kann ich einen Kaffee bringen?
Ich würde Sie gerne auf einen
Kaffee einladen.
Ich würde dich gerne auf einen
Kaffee einladen.
Wir machen am Samstag einen
Ausflug.
Haben Sie Lust, mitzukommen?
Hast du Lust, mitzukommen?
Tut mir leid, ich habe keine Zeit.
Heute habe ich keine Zeit.

Ungarisch
Hozhatok egy kávét
Szeretném meghívni egy kávéra.

Szeretnélek meghívni egy kávéra.

Szombaton kirándulni megyünk.

Lenne kedve eljönni?
Lenne kedved eljönni? (inf)
Sajnálom, de nem érek rá.
Ma nem érek rá.

Ich muss schnell nach Hause.
Leider kann ich nicht gehen.
Vielleicht ein anderes Mal.

Sietnem kell haza.
Sajnos nem mehetek.
Talán majd legközelebb.

Glückwunsch!

Deutsch	Ungarisch
Hab eine schöne Zeit!	Érezd jól magad!
Viel Spaß!	Jó szórakozást!
Ich gratuliere!	Gratulálok!
Gute Reise!	Jó utat!
Kellemes hétvégét! / Szép hétvégét!	
Viel Glück!	Sok boldogságot!
Viel Erfolg!	Sok sikert!
Danke, Ihnen auch!	Köszönöm, Önnek is.
Danke, dir auch!	Köszönöm, neked is.
Ihnen dasselbe!	Önnek is hasonlókat!
Dir dasselbe!	Neked is hasonlókat! (inf)

Wertschätzung!

Deutsch	Ungarisch
Das ist wundervoll!	Ez csodálatos!
Sehr schön!	Nagyon szép!
Sie sehen sehr elegant aus.	Nagyon elegáns.
Du siehst sehr elegant aus.	Nagyon elegáns vagy.
Der Kaffee schmeckt sehr gut.	Remek ez a kávé.
Was für eine schöne Wohnung!	Milyen szép az a lakás!
Sehr nett von Ihnen.	Nagyon kedves Öntől.
Sehr nett von dir.	Nagyon kedves tőled. (inf)

Ausrufe!

Deutsch	Ungarisch	Bemerkungen
Ich bin damit nicht zufrieden.	Ezzel nem vagyok megelégedve.	
Ich bin nicht erfreut darüber.	Ennek nem örülök.	
Ich habe etwas ganz anderes	Teljesen mást vártam.	

erwartet.

Sehr schlecht. — Nagyon rossz.

Es ist schlecht geworden. — Ez rosszul sikerült.

Es ist eine Katastrophe. — Ez katasztrófa.

Es ist fürchterlich. — Ez rettenetes.

Es ist unglaublich! — Ez hihetetlen!

Was ist passiert? — Mi történt?

Warum bist du so traurig? — Miért vagy ilyen szomorú?

Nächstes Mal klappt es schon. — Legközelebb majd sikerül.

Kopf hoch! — Fel a fejjel!

Macht doch nichts! — Annyi baj legyen!

Alles wird gut! — Minden rendben lesz.

Ärgern Sie sich nicht! — Ne mérgelődjön!

Ärgere dich nicht! — Ne mérgelődj! (inf)

Es hat mich sehr überrascht! — Nagyon meglepett!

Das ist aber eine Überraschung! — Ez aztán a meglepetés!

Im Ernst? — Komolyan?

Was??? — Micsoda???

Oh mein Gott! — Úristen

Fluchtgeschichten

Nach wahren Begebenheiten.
Namen geändert

1. Die Geschichte der Familie Fuchs

Heute ist der 06.05.2023, ich sitze mit meinem Mann Herbert in einem kleinen Restaurant in Ungarn und erzähle einem Paar, das an unserem Tisch sitzt, einen Teil unserer langen Familien-Geschichte.

Wir sind zwei Wochen hier und jeden Tag wird ein kleiner Teil erzählt. Ich habe so viel vergessen oder verdrängt. Sind wir abends in unseren Hotel und liegen im Bett, kommen die Bilder, die Geschichten. Ich habe mir sogar einen Notizblock gekauft. Ich will doch alles richtig erzählen.

Was mir allerdings auffällt ist, von meiner Familie weiß ich viel, weil ich meine Mutter immer nach Geschichten gefragt hatte, aber von Herbert weiß ich gar nichts. Wenn ich ihn frage, brummt er mich nur an, seine Eltern haben ihm nie etwas erzählt. Maximal weiß er, in welchem Jahr sie geboren sind, oder etwas seine Großeltern und was mit seinem Bruder Klaus war.

Meine Mutter wusste keine Geschichten oder deutsche Märchen, aber sie erzählte mir immer von früher.

Dies ist eine Geschichte vom Fliehen, sich Anpassen und wieder zurückkommen. Warum alles so gekommen ist.

Ich war 1989 mit meinem Mann und meinem kleinen Sohn schon einmal in Ungarn, das war vor 34 Jahren. Urlaub haben wir nicht gemacht. Und damals hatten wir Angst, große Angst vor dem Entdeckt werden und vor dem Gefängnis. Wir waren in den Sommerferien 1989 mit einem Wohnwagen aus der DDR über Ungarn in die BRD geflohen.

Wären wir trotzdem geflohen, wenn wir gewusst hätten, was Ende 1989, also nur einen Monat später, alles passiert ist? Wir hatten doch so viel geplant, so viel organisiert.

Wahrscheinlich ja.

Mein Name ist Anna Fuchs und eigentlich bin ich vom Alter her eine Reichsbürgerin und ein bisschen Jüdin und ein bisschen Deutsche. Gestern wurde ich 79 Jahre alt. Das „deutsche Reich" war von 1871 bis 1945 die offizielle Bezeichnung des deutschen Staates mit einem Kaiser an der Spitze.

Ich bin zu einer Zeit geboren, wo es noch keine Bundesrepublik und keine
Deutsche Demokratische Republik gab. Das Deutsche Reich war nämlich der
Name des deutschen Nationalstaates zwischen 1871 und 1945.

Meine Familie lebte schon immer in oder um Leipzig. Mein Großvater hatte
noch einen kleinen Bauernhof in Plagwitz. 1895 wurden viele Vororte einge-
meindet. Da seine Frau und sein kleiner Sohn an einer Seuche bereits gestorben waren, verkaufte er sein Hab und Gut und verdingte sich als Handwerker
und Tierpfleger im Zoo in Leipzig. Hier lernte er seine zweite Frau Katharina
kennen, mit der er noch zwei weitere Söhne zeugte.

Der Leipziger Zoo wurde am 9. Juni 1878 durch den Leipziger Gastwirt Ernst
Pinkert (1844–1909) als privater zoologischer Garten auf dem Ratsgut Pfaffen-
dorf gegründet.

Die Henriette-Goldschmidt-Schule, war ein berufliches Schulzentrum der
Stadt Leipzig und wurde 1911 als „Hochschule für Frauen" von Dr . Henriette
Goldschmidt, einer bekannten Leipziger Jüdin, gegründet. Meine Mutter ging
dort für einige Jahre mit großem Stolz zur Schule.

Etwa vom Jahre 1700 an durften sich offiziell Juden in Leipzig niederlassen.
Um 1830 gab es eine erste offizielle jüdische Gemeinde, gegründet von osteu-
ropäischen Kaufleuten aus Galizien. Es gab zahlreiche Betstuben und ab 1814
auch einen eigenen Friedhof.

Im Jahre 1855 wurde die große Synagoge, „der Tempel", in der Stadtmitte
eingerichtet. Die jüdische Gemeinde entwickelte sich zu einer der größten
Gemeinden Deutschlands mit etwa 12000 Mitgliedern um 1925. Es bestanden
14 Synagogen, Schulen, ein Altersheim, ein Waisenhaus, das jüdische Krankenhaus, die Wohnsiedlung in Neugohlis und zahlreiche soziale und gesellschaftliche Einrichtungen. Heute, nach vielen Jahren des großen Leids, leben
wieder, vorwiegend durch Zuzug aus der ehemaligen Sowjetunion, etwa 1500
Juden in Leipzig.

Meine Familie war ein bisschen jüdisch. In den Papieren und vom Namen
Grünzweig waren wir Juden, aber wir feierten auch Weihnachten und gingen
nicht in die Synagoge. Das mag sein, weil wir ursprünglich vom Dorf kamen.
Meine Mutter war eine Schönheit, mit ihren blonden Haaren und den blauen

Augen kassierte sie oft Pfiffe auf der Straße. Sie lernte meinen Vater am Konservatorium Leipzig kennen.

In Leipzig befindet sich die älteste Musikhochschule in Deutschland. Sie wurde 1843 als Konservatorium der Musik von dem Gewandhauskapell-meister, Komponisten und Pianisten Felix Mendelssohn Bartholdy (1809–1847) gegründet und entwickelte sich schnell zu einer der renommiertesten Institutionen ihrer Art in Europa.

Sie lernte Gesang, er studierte Klavier und wollte zudem Dirigent werden. Die Eltern meiner Mutter verstarben früh, sie befand sich seit dem in der Obhut eines Onkels, der aber so viel als Doktor am Klinikum St. Georg in Leipzig zu tun hatte, das sie sehr frei mit eigener Studentenbude in Leipzigs Innenstadt leben konnte, was in den zwanziger Jahren nicht unbedingt selbstverständlich war.

Das Klinikum St. Georg führt übrigens seine 800-jährige Geschichte auf das Hospital St. Georg zurück, dessen Gründung auf das Jahr 1212 zurückgeht.

Die Hochzeit mit dem Deutschen (Goi) fand 1924 in der Nikolaikirche in kleinster Runde statt. Meine Mutter wurde nun eine „halbe" Deutsche. Obwohl sie das jüdische Leben nicht bevorzugte, benannte sie alle ihrer vier Kinder mit einem zweiten jüdischen Namen, was später im Nationalsozialismus zum Problem wurde.

Während der Zeit des Nationalsozialismus wurden Juden und deren „deutschblütige" Partner, mit denen sie in Mischehe lebten, als Person herabgewürdigt, in ihrer Erwerbstätigkeit eingeschränkt und durch Vorschriften in ihrer Lebensführung fremdbestimmt.

Die als „jüdisch" eingestuften Ehepartner und deren Kinder blieben jedoch zumindest bis kurz vor Kriegsende von Deportationen verschont und entgingen so dem dem Holocaust.

In Leipzig gehörte bis 1933 eine große Jüdische Gemeinde mit bis zu 14.000 Mitgliedern.

Die Zeit der Weltwirtschaftskrise war die Zeit zwischen 1929 bis 1933. Am sogenannten "Schwarzen Freitag", dem 25. Oktober 1929, sanken die Werte der

Aktien weltweit fast wie im Sturzflug und es kam zu einem „Börsenkrach".
Das Geld, das viele Menschen in Aktien und Wertpapieren angelegt hatten,
hatte plötzlich seinen Wert verloren.

Die Krise breitete sich schnell weltweit aus und betraf insbesondere die USA
und Deutschland. Auf ihrem Höhepunkt wurden rund 30 Millionen Menschen
arbeitslos.

Zahlreiche Firmen gingen Pleite, viele Banken gingen in Konkurs. Für
Deutschland brachte das große Probleme: Die Wirtschaft geriet in große
Schwierigkeiten. Viele Menschen verloren ihr Vermögen und ihren Arbeitsplatz. Gleichzeitig gewannen die Nationalsozialisten immer mehr Rückhalt in
der Bevölkerung. Von ihnen erhofften sich die Menschen einen Ausweg aus
dem Chaos und der Arbeitslosigkeit.

Am 30. Januar 1933 trat Adolf Hitler als neuer Reichskanzler an die
Öffentlichkeit. Die von ihm geführte NSDAP erhielt Regierungsverantwor-
tung.

Das nationalsozialistische Deutschland hatte die Weltwirtschaftskrise 1936 in
wichtigen Punkten bewältigt und erreichte als eines der ersten Länder wieder
Vollbeschäftigung.

Die Entwicklung in Deutschland war jedoch auch geprägt von Arbeitsbe-
schaffungsmaßnahmen mit schlechten Arbeitsbedingungen sowie allgemein
niedrigen Löhnen, die zunächst auf dem Niveau von 1932 eingefroren und
nach einer späteren Verbesserung durch staatliche Sparprogramme wieder
abgeschöpft wurden, sowie der Einführung der Wehrpflicht im März 1935.

Die Judenpolitik rückte schnell ins Zentrum der Innen- und Außenpolitik der
nationalsozialistischen Diktatur.

In Leipzig blieb der nationalkonservative Oberbürgermeister Dr. Carl Goerde-
ler im Amt und stellte sich zunächst als Verfechter eines autoritären Staates für
eine Zusammenarbeit mit den Nationalsozialisten zur Verfügung.

Die Reichstagswahl vom 5. März 1933 geriet zum Auftakt einer Beurlaubungs-
und Entlassungswelle von Beamten, Angestellten und Arbeitern jüdischer

Abstammung im Zuständigkeitsbereich der Leipziger Stadtverwaltung. Ein erster personeller Einschnitt betraf den städtischen Kulturbetrieb.

Meine Mutter durfte keine Gesangstunden mehr nehmen bzw. öffentlich auftreten. Mein Vater wurde denunziert, weil er eine Jüdin geheiratet hatte.

Legendär waren ihre gemeinsamen Auftritte in Auerbachs Keller. Auerbachs Keller ist die bekannteste und zweitälteste Gaststätte Leipzigs. Der Weinausschank wurde schon 1438 erwähnt. Seine weltweite Berühmtheit verdankt Auerbachs Keller, der schon im 16. Jahrhundert zu den beliebtesten Weinlokalen der Stadt gehörte, vor allem Johann Wolfgang von Goethe. Auch Martin Luther war hier zu Gast.

Meine Mutter brauchte Geld und bewarb sich in einem der vielen Pelzgeschäfte der Innenstadt, genannt Brühl, zunächst als Putzkraft. Der Inhaber erkannte ihre „arische" Schönheit und sie durfte abends, wenn die Leipziger Damen des Geldadels nach den neuesten Kreationen dürsteten, bei Schauabenden die Pelze vorführen.

Der Brühl ist eine der ältesten und bekanntesten Straßen Leipzigs. Der Handel mit dem "Weichen Gold", wie Fellerzeugnisse genannt werden, brachte ihr den Ruf der "Weltstraße der Pelze" ein, zog sie doch hunderte von Händlern und Handwerkern an, die hier mit Tierfellen aller Art ihr Glück versuchten. Selbst nach dem Zweiten Weltkrieg brach der Handel nicht völlig ein und bescherte der jungen DDR gute Gewinne.

Meine Brüder wollten gerne in die Hitlerjugend eintreten, dies wurde ihnen aufgrund des Namens verwehrt.

Im Jahr der Olympischen Spiele 1936 trat eine neue Ortsschulordnung in Kraft. Diese schrieb für die Gewährung einer Freistelle den Nachweis der „arischen Abstammung" fest. In den Schulen verschlechterte sich das Klima für die jüdischen Schüler rapide.

Mit Billigung des Stadtschulamtes hetzten Lehrer die nichtjüdischen Schüler auf und verunglimpften die jüdischen Schüler. Immer
mehr jüdische Schüler verließen die städtischen Schulen und wechselten auf nichtjüdische Privatschulen und die Höhere Israelitische Schule in Leipzig.

Am 09.11.1936 wurde in Leipzig das 1892 errichtete Denkmal für den Komponisten Felix Mendelssohn Bartholdy abgerissen. Der Komponist Mendelssohn Bartholdy galt den Nationalsozialisten als ‚verfemt' und schon mehrfach hatten sie sich um die Entfernung des Denkmals bemüht.

Ab 1936 wurde in den Städtischen Bücherhallen und in der Stadtbibliothek Schilder mit der Aufschrift „Juden unerwünscht" aufgestellt. Ein Zutrittsverbot für alle städtischen Büchereien und Museen wurde nach dem November-Pogrom 1938 ausgesprochen.

Oh, hätte meine Mutter ihre Kinder doch mit nur deutschen Namen benannt. Meine Brüder waren um die 10 Jahre alt.

Seit Oktober 1939 erhielten die Lebensmittelkarten der jüdischen Deutschen, aber auch der Juden mit polnischer, tschechischer und slowakischer Staatsangehörigkeit eine besondere Kennzeichnung durch ein aufgedrucktes „J".

Leipzig war die erste deutsche Stadt, die eine spezielle Kennzeichnung der Lebensmittelkarten einführte. Dieses Vorgehen hing mit der Einrichtung von fünf gesonderten Verkaufsstellen für Lebensmittel zusammen. Juden durften ihre Lebensmittel nur noch aus diesen speziellen Geschäften beziehen.

Am Ende des Jahres 1941 lebten noch etwa 2.000 als „Juden und jüdische Mischlinge" Verfolgte in Leipzig.

Am 11. November 1942 wurden sechs Personen jüdischer Abstammung von Gestapobeamten aus ihren Wohnungen geholt und zum Polizeigefängnis abgeführt. 27 Es waren fünf Männer und eine Frau. Bei den verheirateten Personen handelte es sich um jüdische Eheleute, die mit einem nichtjüdischen Partner verheiratet waren und damit in einer so genannten Mischehe lebten. Im Oktober 1942 hatte die Judenstelle einen neuen Kurs im Umgang mit „Mischehen" aufgenommen. Durch zusätzliche Schikanen sollten Spannungen zwischen den Eheleuten erzeugt werden, die schließlich zu einer Trennung der Ehepartner führen sollten.
Meine Eltern waren immer wie Pech und Schwefel. Sie hielten immer zusammen.

Hier ein kleiner Stammbaum:

Erste Frau Emilie Müller, geb. Stein †	Großvater Erwin Müller
Hannes Müller †	
seine zweite Frau, Katarina Müller, geb. Leopold	Großvater Erwin Müller
Mein Vater Joachim Müller	Mein Onkel Klaus Müller †

Mein Vater Joachim Müller von 1897 bis 1973		Meine Mutter Sarah Müller, geb. Grünzweig von 1902 bis 1980	
Matthias Levy Müller von 1928 †	Anton Emanuel Müller von 1929 †	Stefan Elias Müller von 1930 †	Anna Sarah Müller 02.04.1944

ich Anna Sarah Müller 02.04.1944	Mein Mann Herbert Fuchs 23.10.1944
Manuela Fuchs 01.02.1970	Steffen Fuchs 11.12.1975
Herberts Mutter Elfriede Fuchs von 1902 †	Herberts Vater Hans Fuchs von 1902 †
Mein Mann Herbert Fuchs 23.10.1944	Klaus Fuchs 1946 †

Der Familie meines Mannes ging es ähnlich. Die Großeltern hatten in Plagwitz 1908 ein kleines Haus gebaut mit einer Außentoilette und Sickergrube. Dieses Haus, allerdings mit fließendem Wasser, besteht heute noch, es ist das Haus, das wir heute wieder bewohnen.

387

Den schwersten Luftangriff im Zweiten Weltkrieg erlebte Leipzig in den frühen Morgenstunden des 4. Dezember 1943. Nach dem Setzen der als "Christbäume"bezeichneten Zielmarkierungen fielen innerhalb kürzester Zeit unvorstellbare Mengen an Brand- und Sprengbomben, darunter auch Phosphorbomben, auf das Stadtgebiet. Nach dem Bombenangriff vom 4. Dezember 1943 brannte der Dachstuhl des Alten Rathauses aus. Nachbargebäude am Leipziger Markt wurden komplett zerstört.

Ungefähr zwei Stunden nach den letzten Bombenabwürfen brannte es in der gesamten Innenstadt und in vielen Leipziger Stadtteilen. Es entstand ein gewaltiger Feuersturm, der starke Bäume umknickte, Autos, Menschen und Gegenstände umwarf und im Sog mit riss. Nicht allen Leipzigern gelang es, die Keller oder Bunker wieder lebend zu verlassen, denn viele Gebäude stürzten ein und begruben Personen unter den Trümmern.

Unter den 1.815 Toten und fast 4.000 Verletzten waren neben Leipziger Einwohnern auch Fremd- und Zwangsarbeiter, Angehörige der Wehrmacht oder Evakuierte aus anderen Städten zu beklagen. Die städtischen Behörden erfassten ungefähr 140.000 Menschen als "Bomben-geschädigte", die teilweise neben ihren Wohnungen auch die gesamte persönliche Habe verloren hatten. Die nachfolgenden alliierten Luftangriffe verwandelten Leipzig bis zum Kriegsende in eine Trümmerlandschaft.

Jede fünfte Wohnung ging verloren

Im April 1944, mitten im zweiten Weltkrieg, kam ich in Leipzig in einer feuchten Altbauwohnung zur Welt. Ich war gar nicht geplant. Meine Brüder waren bereits 15 Jahre älter als ich.

Meine Eltern hatten Glück, das unser Stadtteil Plagwitz etwas außerhalb und nicht so von den Bombenabwürfen der Innenstadt betroffen war.
Der Abort war auf halber Treppe. Wir teilten uns mit drei anderen ausgebombten Familien eine Dreizimmerwohnung. Wir hatten nur einen Kohleofen, der die ganze Wohnung heizen musste.
Die Eltern meines Mannes hatten ein winziges Haus auch in Plagwitz. Zuerst wollten sie nicht, dass wir bei ihnen wohnten. Als sogar bei ihnen eine ausgebombte Familie einquartiert werden sollte, sind wir doch zu sechst auch noch bei ihnen eingezogen.

Lieber die Familie, als Fremde. Somit teilten wir uns ein kleines Haus mit 3 Zimmern, einer feuchten Küche, Abort draußen. Wir bekamen ein Zimmer, wo wir alle 6 geschlafen haben, drei Jugendliche, meine Eltern und ich. Ich muss wohl recht geschrien haben. Meine Mutter hatte aufgrund Ihres Alters keine Milch mehr und wusste nicht, wie sich mich durch bekommen sollte. Wir befanden uns immer noch im Krieg, 1944.

Meine Großeltern hatten einen kleinen Garten hinter dem Haus. Dieser wurde oft von hungrigen Kindern geplündert.

Die Eltern meines Vaters waren parteitreu und fanden die Idee, eine Jüdin, wenn auch eine halbe, im Hause zu haben, nicht so großartig.

In der alten Wohnung, in der Maximilianstraße, dort hatten wir ein Klavier, weil mein Vater und meine Mutter dort Musik machten. Mein Vater versuchte es zu holen, aber als er dort klingelte, war es fort. Immer wenn ich sehr weinte, sang mir meine Mutter etwas vor.

Ich frage mich, wie sie es geschafft hatte, über diese schlimme Zeit zu kommen. Ich weiß es nicht und meine Mutter hatte nie etwas erzählt. Durch die Mischehe war sie zumindest von den Deportationen verschont worden.

1945, ein Jahr später war endlich das Ende des Zweiten Weltkrieges. Deutschland hatte gerade kapituliert. Die meisten Städte und Dörfer in Deutschland waren zerstört, die deutsche Wirtschaft lag am Boden, eine Regierung, die das Land regieren könnte, gab es nicht mehr.

Die vier Siegermächte übernahmen die Macht und teilten Deutschland in vier Besatzungszonen. Mit dem Potsdamer Abkommen vereinbaren die Siegermächte Grundsätze zur deutschen Entwicklung.

Nach dem Zweiten Weltkrieg übernahmen die Siegermächte USA, Großbritannien, Frankreich und der Sowjetunion die oberste Regierungsgewalt in Deutschland. Herrschte zunächst noch Einigkeit über die Entwicklung des Landes, führten unterschiedliche Interessen der Siegermächte zur Spaltung Deutschlands, die lange bis 1990 Bestand haben wird.

Der Marshall-Plan lief 1948 an. Die USA stellten Kredite bereit und lieferten Waren, Rohstoffe und Lebensmittel. Zwischen 1948 und 1952 wurden insgesamt rund 12,4 Milliarden Dollar bereitgestellt. Davon flossen 1,5 Milliarden Dollar nach Westdeutschland.

Als Antwort auf den amerikanischen Marshall-Plan gründeten die UdSSR, Polen, Rumänien, Bulgarien, Ungarn und die Tschechoslowakei am 25. Januar 1949 den Rat für Gegenseitige Wirtschaftshilfe (RGW).

Vier Jahre nach Kriegsende war Deutschland bereits in zwei Staaten (noch ohne Mauer) geteilt. Sowohl politisch als auch wirtschaftlich und sozial entwickelten sich beide Teile sehr unterschiedlich.

Meine Kindheit verlief wie das anderer Kriegs- und Nachkriegskinder, ständiger Hunger, viele Entbehrungen und Krankheiten. Vielleicht bin ich deshalb so klein und zierlich. Zudem war es immer noch ein Problem, das ich einen zweiten jüdischen Namen hatte.

Meine Mutter war blond, blauäugig und schön. Wir Kinder waren das leider nicht. Wir waren vier Kinder, wir waren drei Jungs und ich als einziges Mädchen. Alle hatten braune Augen, braune struppige Haare, Sommersprossen und das Schlimmste, wir hatten die jüdische Nase von der Oma. Meine Mutter hatte zwei Fotos Ihrer Eltern, eins von der Hochzeit und eins von später. Meine Mutter hat nie von Ihnen erzählt. Nur die Fotos standen neben ihrem Bett. Anfangs wussten wir gar nicht, was jüdisch bedeutet. Später hatte sie immer gesagt, du kommst nach meiner Mutter. Und als ich 12 war konnte ich es bestätigen. Ich war klein, wie die Oma, zierlich, hatte ihr Aussehen.

Seit 1948/49 wurden die Juden von der Staatspartei SED mit Misstrauen betrachtet, und Ende 1952 setzte eine antizionistische und antisemitische Kampagne ein, die zur Flucht vieler Juden aus Leipzig führte.

Rund 2,8 Millionen Menschen sind nach der Gründung der DDR 1949 bis zum Mauerbau 1961 in die Bundesrepublik Deutschland geflohen. Nach dem Bau der Mauer war die sogenannte Republikflucht nur noch unter großen Gefahren möglich. Zigtausende nahmen das Risiko bis zum Mauerfall 1989 dennoch auf sich. Mehrere Hundert ließen dabei ihr Leben.

Am 17. Juni 1953, ich war 9 Jahre alt, kam mein Vater nach Hause, er war Gießer. Aufgeregt erzählte er, dass viele Mitarbeiter und Kollegen seiner Gießerei in den Westen geflohen seien.

Viele qualifizierte Arbeitskräfte flohen damals aus dem Osten in den Westen.

Mit dem verschärften Passgesetz von 1957 (§8) wurde jede unerlaubte Ausreise aus der DDR ("Republikflucht") unter Strafe gestellt. Das Strafmaß umfasste eine Haftstrafe bis zu drei Jahren. Auch die Vorbereitung und der Versuch einer Flucht aus der DDR werden verfolgt und bestraft.

Mit dem Bau der Berliner Mauer im August 1961 wollten die Machthaber im Osten die Flucht weiterer DDR-Bürger verhindern und errichten die Mauer zum Westen.

Es entstanden so die Bundesrepublik Deutschland (BRD) und die deutsche demokratische Republik (DDR).

Im Westen (BRD) waren es die Alliierten von Frankreich, England und Amerika, die ständig präsent waren im Osten (DDR) Russland.

Die DDR umrandete weiterhin Berlin, das auch in zwei Sektoren geteilt wurde. Auch hier waren alle Alliierten beteiligt. Die Hauptstädte der BRD waren Bonn und der DDR Berlin.

Nach 1945 gelang es dem Messeamt, der Militärregierung und weiteren Akteuren, Leipzig als Messestandort neu zu etablieren.

In Leipzig präsentierten sich die RGW-Staaten und suchten Kontakt zum Westen. Die Messe übte somit „Demonstrations- und Präsentations-funktion" für die DDR aus

Bis in die letzten Jahre waren die Messen und das Flair der Messestadt aber für DDR-Bürger als „Guckloch in die Welt" attraktiv. Aus der ganzen Republik ergossen sich – vor allem mit Messesonderzügen angereiste – Besuchermassen durch die Messehäuser der Innenstadt und über das Gelände der Technischen Messe am Völkerschlachtdenkmal (heute Altes Messegelände). Nirgendwo und niemals sonst in der DDR war es so einfach, konzentriert und legal möglich, in realen Kontakt zu Menschen und Errungenschaften westlicher und exotischer Länder zu gelangen.

In Plagwitz haben wir nicht viel davon mitbekommen. Leipzig lag in der DDR und war allerdings schon seit 850 Jahren Messestadt. Wir hatten eine Universität, einen Zoo und ein Stadion.

Meine Eltern waren keine parteitreuen Menschen, ich durfte aber trotzdem die EOS, die erweiterte Oberschule besuchen, weil ich sehr gute Noten hatte. Im Nachhinein hatte ich überlegt, ob ich ein Teil einer Wiedergutmachung war. Israel war jetzt unser Freund, russische Juden kehrten zurück in die DDR. Die Schule hatte meine Unterlagen und wusste um meine Vergangeheit. Die Stasi wusste einfach alles.

Ich hatte sehr gute Zensuren und auch in der Fremdsprache Russisch war ich nicht unbegabt. Englisch oder eine andere Fremdsprache lernten wir nicht. Ab der 5. Klasse hatten wir jeden Tag Russisch und einmal in der Woche Staatsbürgerkunde.

Als ich die Schule besuchte, machte ich, wie alle anderen Schüler etwa ab dem 5. oder 6. Schuljahr meine ersten Erfahrungen mit der Arbeitswelt. In den letzten August- oder ersten Septemberwochen wurden wir nachmittags auf die Felder geschickt, um Kartoffelkäfer von den Pflanzen abzulesen.

Ernteeinsatz war die in der DDR verwendete Bezeichnung für die Hilfseinsätze von Soldaten, Schülern, Lehrlingen und Studenten in der Landwirtschaft, vorwiegend bei der Ernte von z. B. Kartoffeln, Erdbeeren, Trauben, Rüben und Äpfeln.

Die Arbeit wurde nach Menge und Qualität des Erntegutes bezahlt. Teilnahme war Pflicht, Nichtteilnahme war höchstens aus gesundheitlichen Gründen nach Vorlage eines Attestes möglich.

Insbesondere die einwöchigen Ernteeinsätze von Studenten des ersten Studienjahres, die für die Dauer des Einsatzes in der Nähe des Erntegebiets untergebracht wurden, wurden seitens der Hochschulen als kollektivbildende Maßnahme angesehen.
Wurde in den ersten Wochen noch jeder gesammelte Käfer mit 0,50 DM vergütet (bis Juli 1964 trug auch die DDR-Mark die Bezeichnung DM), so sank mit

wachsenden Sammelerfolgen der Preis drastisch nach und nach auf 0,05 DM,
bis es schließlich überhaupt nichts mehr gab. Diese Vergütung wurde uns vom
beaufsichtigenden Lehrer ausgezahlt.
Gefüllt wurde dieseKäfer-Kasse, wie man hörte, aus einem entspre-chenden
Fonds des Rates des Kreises Abteilung Landwirtschaft. Zum Schluss konnten
wir uns aber noch freuen, wenn der Bauer für unsere Sammelleistung wenigs-
tens etwas Essbares spendierte.

Als wir Kinder größer wurden, konnte man uns auch für körperlich schwerere
oder verantwortungsvollere Arbeiten einsetzen. Also war dann auf den Feldern unseres Bezirkes, die mittlerweile zu einer Landwirt-schaftlichen Produk-
tionsgenossenschaft (LPG) gehörten, im Frühjahr das Verziehen von Rüben
bzw. während der Herbstferien das Verladen von Rübenblättern angesagt.

Bei letzterer Tätigkeit machte ich die Erfahrung, dass es in der Land-wirtschaft
(vielleicht mit Ausnahme des Verladens von Stalldung mittels einer einfachen
Gabel) kaum eine körperlich anstrengendere Arbeit gibt, als diese.

Vergleichsweise einfach war dagegen das Einbringen der Kartoffelernte. Das
Lesen der Knollen aus den frisch gepflügten Furchen war zwar auch anstrengend, aber daran gewöhnte man sich schnell.

In den Sommerferien mussten wir ab der 8. Klasse zu Ernteeinsätzen in das
Leipziger Umland Kartoffeln sammeln oder in der LPG Kälberställe ausmis-
ten.

Da ich aus Leipzig kam, musste ich nicht vor Ort untergebracht werden, wie
einige Mitstreiterinnen, die u. a. in Kuhställen oder Scheunen auf Stroh und
Schlafsäcken untergebracht waren.

Als ich später zur Oberschule ging, änderte sich auch das praktische Tätig-
keitsfeld. Arbeitskräfte waren, wie ich inzwischen gelernt hatte, nicht nur in
der Landwirtschaft, sondern auch in der Industrie knapp.

So fand ich mich in den großen Ferien als Oberschülerin zunächst in der Ver-
packungsabteilung im Kombinat VEB RFT Fernmeldewerk Leipzig wieder.

Im Unterschied zu meinen einschlägigen Erfahrungen in der Landwirtschaft erhielt ich hier, entsprechend dem damaligen bescheidenen Lohnniveau, eine Vergütung.

Mit 17, also 1961, zur Zeit des Mauerbaus, begann ich eine Ausbildung zur Facharbeiterin in der Nachrichtentechnik bei ebendiesem Kombinat VEB RFT Fernmeldewerk Leipzig. Nach der Ausbildung erhielt ich eine Stelle in der Nachrichtentechnik.

Später interessierte ich mich für die neu aufkommenden Computer und Computersprache bzw. Programmierung. Ich begann ein Informatik-Studium.

Neue Technologien, insbesondere die rasante Entwicklung der Computertechnologie erforderten ausgebildete Informatiker, die mit der Entwicklung in der BRD Schritt halten mussten.

Der PC 1715 oder robotron 1715 wurde nach seiner Einführung im Jahr 1985 der Standardcomputer der DDR in den 1980er-Jahren. Darüber hinaus wurde er unter der SKR-Chiffre CM 1904 in die UdSSR und andere RGW-Staaten exportiert.

Ich war sehr gut in der Programmierung und beherrschte bald einige unterschiedliche Programmiersprachen.

Später, 1990 in Düsseldorf, brachte mir das gar nichts. Niemand wollte eine DDR Programmiererin einstellen. Aber dazu später mehr.

Mein Mann Herbert arbeitete in der gleichen Gießerei wie mein Vater. Auf einer Erster -Mai Feier lernten wir uns kennen. Herbert war und ist immer noch Musiker und spielte mit der Gießereiband.

Mein Vater stellt uns vor. Wir trafen uns immer öfter und dann heirateten wir. Wir wohnten immer noch in meiner Studentenbude in der Innenstadt von Leipzig. In den Achtzigerjahren bekamen wir zwei Kinder.

Mein Mann erbte schließlich das Haus seines Vaters in Plagwitz, mit der Bedingung, das die Eltern im Haus bleiben konnten. In Leipzig war schon immer große Wohnungsnot. Seine Eltern schliefen in einem Zimmer und wir als Familie in den anderen. Es gab keine Baumaterialien, die Fenster waren undicht, die Wasserhähne kaputt, das Dach hatte Löcher. Wir hatten nichts zum Tauschen und kein Geld, um Materialien zu kaufen.

Da ich als mit dem Studium als Programmiererin endlich fertig war, und die ersten Monate arbeitete, konnte ich mir einen gebrauchten Wartburg und später einen Wohnwagen, einen QEK Junior für den Urlaub kaufen. Es war verrückt. Wir hatten das, was alle DDR Bürger haben wollten, aber unser Haus verfiel zusehends.
Der QEK Junior war ein Wohnwagen aus der DDR, der zusammen mit zwei weiteren Modellen, dem QEK Aero und dem QEK 325, von 1974 bis 1990 im Rahmen der DDR-Konsumgüterproduktion im VEB Qualitäts- und Edelstahlkombinat hergestellt wurde.

Ein Kollege erzählte mir von Reisen an die Ostsee, nach Bulgarien, nach Ungarn. Dafür gab es im Reisebüro einen Katalog mit Plätzen, wo man mit dem Wohnwagen hinreisen konnte. Im Katalog standen auch die Telefonnummern, wo man reservieren konnte. In der DDR gab es nur ein Reisebüro mit Filialen in der gesamten Republik. Dort konnte man Fahrkarten für die Deutsche Reichsbahn sowie Flugtickets erwerben. Hinzu kam die Vermittlung von Urlaubsreisen innerhalb der DDR. Den Schwerpunkt bildete aber der Tourismus in das sozialistische Ausland.

In den ersten Jahren fuhren wir nur an die Ostsee. Wenn man Urlaub beim Personalbüro einreichen wollte, musste man nicht nur die Zeit, sondern auch angeben, wo man hinfuhr, mit Telefonnummern.

Der DDR-Werktätige hatte Anspruch auf mindestens 15 Tage Urlaub, von 1965 an galt die Fünf-Tage-Woche.

Eine Urlaubsreise nach Ungarn war möglich, aber man konnte in der DDR nicht viel Geld umtauschen, nur soviel, das man etwas zu essen kaufen konnte, bzw. ein billiges Hotel bezahlen konnte. Die DDR wollte nicht, dass man in den Urlaub fährt. Man würde so den Neid der Kollegen schüren.

Ein Urlaub in nicht RGW Staaten war nicht möglich, außer man war z. B. Spitzensportler und nahm an Wettkämpfen statt. RGW- Staaten waren UdSSR, Polen, Rumänien, Bulgarien, Ungarn und die Tschechoslowakei.
Seit dem Mauerbau im Jahr 1961 durften DDR -Bürgerinnen und -Bürger in den Westen nur unter bestimmten Bedingungen reisen. Die wichtigsten waren:

Rentenalter, Dienstreise oder eine Genehmigung wegen einer "dringenden Familienangelegenheit" (zum Beispiel der "runde Geburtstag" eines engen Verwandten). Das Reisen konnte zu jeder Zeit verwehrt werden.

Der Tourismus in der DDR diente der Erholung der Bürger der DDR und sollte durch die staatliche Förderung auch die sozialistische Haltung der DDR-Bürger stärken. Beliebte Urlaubsziele waren die Ostseeinseln Rügen und Usedom, sowie die Sächsische Schweiz, das Erzgebirge, der Harz und der Thüringer Wald.

Die Umrechnung war 1:20 wollte man DDR Geld nach BRD Geld umtauschen. Nach der Wende war der Kurs 1:5.

Wenn wir in den Urlaub fuhren, nahmen wir alles von Zuhause mit, Lebensmittel, Getränke, damit wir vor Ort nichts kaufen mussten.

Wollten wir für die Kinder ein Eis kaufen, guckten die Eisverkäufer abfällig. Mit BRD Geld konnte man bezahlen, aber DDR Geld wollten sie nicht.

Das Leben in der DDR wurde immer schwieriger für uns. Wir sollten in die Partei, die SPD eintreten, das wollten wir nicht. Die Kinder sollten Pioniere werden, oder später FDJler, das wollten wir und sie auch nicht.

Wir dachten immer wieder über Flucht nach, aber wie sollten wir das machen? Die Kinder waren noch in der Schule und wir hatten feste Arbeitsplätze. Würden wir ohne Krankschreibungen vom Arzt fehlen, würde man nach uns suchen. Die Staatsicherheit überwachte ohnehin jeden, der irgendwie auffällig war.

Also versuchten wir es, im Juni 1989 beantragten wir den Ausreiseantrag. Wir erzählten niemanden etwas. Die Kinder wussten auch nichts, denn sie wurden regelmäßig von den Lehrern ausgefragt. Den Nachbarn erzählten wir nichts, viele waren in der Partei oder Stasi.

Über die innerdeutsche Grenze zu fliehen war Anfang 1989 noch immer lebensgefährlich. Es gab Selbstschussanlagen und für die Soldaten galt ein Schießbefehl. Am 5. Februar wurde der 20-jährige Chris Gueffroy in Berlin-Treptow beim Versuch, über die Mauer von Ost- nach West-Berlin zu fliehen, erschossen.

Sechs Wochen später beugte sich das SED-Regime dem internationalen Druck und gab die Anweisung, an der Grenze nicht mehr zu schießen. Gueffroy war das letzte von mindestens 140 Todesopfern, die zwischen 1961 und 1989 an der Berliner Mauer ums Leben kamen.

Statt des Versuchs die innerdeutsche Grenze zu passieren, nutzten viele DDR-Bürgerinnen und Bürger im Sommer 1989 neue Fluchtwege. Nachdem am 26. Juni die Außenminister von Ungarn und Österreich, Gyula Horn und Alois Mock, demonstrativ vor den Augen der Presse ein Loch in den Stacheldrahtzaun an der Grenze geschnitten hatten, reisten viele DDR-Bürgerinnen und Bürger unter dem Vorwand eines Sommerurlaubs nach Ungarn, um von dort den "Eisernen Vorhang" zu überwinden.
Zu diesem Zeitpunkt waren die Sicherungsanlagen zwischen Österreich und Ungarn bereits teilweise abgerissen worden – auch aufgrund ihres schlechten Zustands.

Mitte Juli berichtete die westdeutsche Presse über eine zunehmende Fluchtwelle von DDR-Bürgerinnen und -Bürgern über Ungarn nach Österreich.

Viele Flüchtlinge wurden zwar noch von ungarischen Grenzposten festgenommen, aber immer seltener an die DDR-Staatssicherheit ausgeliefert. Auch die Möglichkeit, die Ablehnung von Reiseanträgen gerichtlich überprüfen zu lassen, beruhigte die Lage nicht: Mehr als 50.000 verließen allein im Juli und August die DDR.

Am 19. August 1989 nutzten mehrere hunderte DDR-Bürgerinnen und Bürger das sogenannte "Paneuropäische Picknick" an der ungarisch-österreichischen Grenze zur gemeinsamen Flucht. Daraufhin wurden Reisen nach Ungarn seitens der DDR-Regierung verboten. Im Sommer 1989 stellten insgesamt 120.000 Menschen einen Ausreiseantrag.

Das Paneuropäische Picknick war eine Friedensdemonstration ungarischer Oppositioneller an der österreichisch-ungarischen Grenze nahe der Stadt Sopron (Ödenburg) am 19. August 1989.

Sie wurde in der Erinnerungskultur nachträglich zum Meilenstein jener Vorgänge stilisiert, die zum Ende der DDR, zur deutschen Wiederver-einigung und zum Zerbrechen des Ostblocks führten.

Mit Zustimmung ungarischer und österreichischer Behörden sollte bei der Veranstaltung ein Grenztor symbolisch für drei Stunden geöffnet werden. Zwischen 600 und 700 DDR-Bürger nutzten dann diese kurze Öffnung des Eisernen Vorhangs zur Flucht in den Westen.

Es war die größte Fluchtbewegung aus Ost-Deutschland seit dem Bau der Berliner Mauer. An der Nordostecke des Reichstagsgebäudes in Berlin erinnert eine Gedenktafel an das Paneuropäische Picknick.

Im Zeitraum nach der Gründung der DDR im Herbst 1949 bis zum Bau der Mauer im Sommer 1961 flüchteten rund 3 Millionen Menschen aus der DDR. Nach dem Bau der Mauer sank die Zahl zwar drastisch, aber trotzdem gelang auch in der Zeit bis zur Wiedervereinigung Menschen die Flucht.
In der DDR wurden Bürger, die über die Grenze nach Westdeutschland fliehen wollten bzw. geflohen waren, „Republikflüchtlinge" genannt. Scheiterte die Flucht, mussten die „Republikflüchtlinge" mit mehrjährigen Haftstrafen rechnen. Sowohl bei einer erfolgreichen Flucht als auch einem erfolglosen Fluchtversuch verwirkten die Menschen ihren Anspruch auf ihr Vermögen und sonstiges Eigentum in der DDR.

Denkwürdiger Satz von Günter Schabowski am 9. November 1989,
Saal im Internationalen Pressezentrum in Ost-Berlin, Auzug aus der Aktuellen Kamera

Schweigen. So ging es fast drei Minuten lang. Als Schabowski das Papier endlich in Händen hielt, war es 18.55 Uhr. Er machte eine Atempause und setzte neu an: „Allerdings ist heute, soviel ich weiß, eine Entscheidung getroffen worden.

Es ist eine Empfehlung des Politbüros aufgegriffen worden, dass man aus dem Reisegesetz den Passus herausnimmt und in Kraft treten lässt, der - wie man so schön oder so unschön sagt - die ständige Ausreise regelt, also das Verlassen der Republik.

Weil wir es für einen unmöglichen Zustand halten, dass sich diese Bewegung vollzieht über einen befreundeten Staat, was ja auch für diesen Staat nicht ganz einfach ist. Und deshalb haben wir uns dazu entschlossen, heute eine Regelung zu treffen, die es jedem Bürger der DDR möglich macht, über Grenzübergangspunkte der DDR auszureisen."

Der Mann, der versehentlich die Mauer öffnete. Mit einem Missverständnis löste SED-Mann Schabowski am 9. November 1989 jenen Ansturm auf die Grenzkontrollstellen in Ost-Berlin aus, der zum glücklichsten Tag der Deutschen führte.

Aber da waren wir schon weg.

<u>Bericht über unsere Flucht aus der DDR am 09.10.1989</u>

Es ist Samstag, der 7. Oktober 1989. Wir hatten im Juli 1989 die ständige Ausreise aus der DDR beantragt.

Herbert ist wieder in die Innen-Stadt gefahren zur Demo. Ich stelle eine Kerze ins Wohnzimmerfenster aus Protest und zur Solidarität mit den Protestierenden. Zu diesem Zeitpunkt sind wir beide 45 Jahre alt.

Meine Tochter Manuela (19) ist zum Ernteeinsatz vom Studium aus, zur Weinlese irgendwo. Auch ich kenne die Ernteeinsätze, man kann da nicht fernbleiben.

Ich bin mit Steffen (14) alleine.

Als Herbert am Abend zurückkommt, ist er sehr aufgewühlt. In der Stadt sieht es sehr brenzlig aus. Die Polizei steht mit Wasserwerfern bereit. Es sieht ganz so aus, als könnten ähnliche Dinge wie in China passieren und das Land (DDR) vollkommen abgeriegelt werden. Die Grenze zur CSSR war schon vorher dicht gemacht worden, das einzige Land wo man früher ohne viel Aufwand von Visum und ähnlichem einreisen konnte.

Wir diskutieren die Lage. Herbert meinte, entweder wir gehen jetzt, oder es wird nie. Wir werden möglicherweise alle eingesperrt im Land.

Das Ergebnis unserer Diskussion war, dass wir beschlossen, „abzuhauen". Ich konnte danach nicht mehr richtig denken. Es war ein endgültiger Schritt, dessen Folgen nicht absehbar waren. Wir müssten fast alles zurück lassen.

Vor allem konnten wir uns von niemandem verabschieden, von Herberts Mutter sowieso nicht, sie hätte das nicht ausgehalten und geplaudert. Und Manuela war nicht da.

Wir beschlossen, am Sonntag in aller Stille unseren Wohnwagen „Qek", der im Garten im Badeweg stand, voll zu packen. Aber was kann man alles mitnehmen? Kleiner Fernseher, Fahrräder waren unauffällig.

Wir hatten schon ein Visum nach Rumänien, welches wir für die Herbstferien eine Woche später vorsorglich besorgt hatten und erstaunlicherweise trotz Ausreiseantrag bekamen.

Ich bezog die Betten mit 2 x Bettwäsche zum Wechseln. Das fiel nicht so auf. Als Geschirr packte ich unser gutes Geschirr dick in Papier ein und versuchte an alles zu denken, was man notwendig braucht. Auch bei den Anziehsachen mußte ich eine gute Auswahl treffen. Schließlich hatten wir den Wohnwagen und das Auto heimlich voll gepackt.

Herberts Vater und sein Frau Elfriede wurden vor der der Abreise doch eingeweiht und wir haben uns von ihnen verabschiedet, in der begründeten Hoffnung, dass sie uns nicht verraten. Elfriedes erster Sohn Herbert war schon im „Westen" über die Ungarische Botschaft geflohen.

Am Montag, 9. Oktober, gingen wir wie gewöhnlich zur Arbeit, Steffen ging zur Schule. Ich bin mir jetzt nicht sicher, ob wir ihn eingeweiht hatten.Ich glaube nicht.

Nach Feierabend packten wir noch den letzten Rest ins Auto. Unsere einzigen vertrauenswürdigen Freunde, Schneiders, wurden auch eingeweiht. Sie kamen kurz vor 18 Uhr zu uns, um sich zu verabschieden.

Sie wollten noch zur Montags-Demo. Der Abschied war sehr emotional, es wusste keiner, ob wir uns jemals wieder sehen würden.

Im Haus hatten wir in einem Geheimversteck, das alle unserer Familie kannten, für Manuela etwas verborgen, die immer noch auf dem Ernteeinsatz war, eine Botschaft und Geld zum Leben hinterlassen.

Wir konnten sie nicht mitnehmen, ihr Fehlen wäre aufgefallen. Sie wollte auch nicht. Sie wollte ihr Studium beenden. Und ausserdem, wäre sie auch mitgekommen, wäre das Haus und das Vermögen weg.

Das Haus war ihr im Sommer schon notariell übertragen worden.

Doch was geschah mit dem Vermögen der Geflüchteten? Die Regierung der DDR ließ sämtliche Vermögenswerte der Flüchtlinge beschlagnahmen. Das waren zum Beispiel Grundstücke, Unternehmen, aber auch Bankguthaben. Diese Beschlagnahmung kam einer entschädigungslosen Enteignung gleich. Später wurde das Vermögen unter die „treuhänderische Verwaltung" des Staates, oder auch staatliche Verwaltung genannt, gestellt. Das heißt, der Staat hat die Vermögenswerte im Namen der Eigentümer verwaltet. Bereits 1968 wurde die Verwalterverordnung erlassen, aufgrund dessen der Staat seit 1969 durch eine rechtsgeschäftliche Veräußerung auf das Vermögen zugegriffen hat.

Doch nicht nur Grundstücke und Bankguthaben wurden beschlagnahmt, auch Bankschließfächer, die den „Republikflüchtlingen" gehörten, wurden 1962 im Rahmen der „Aktion Licht" geöffnet und die Wertgegenstände und Unterlagen entnommen.

Bei den konfiszierten Wertgegenständen handelte es sich auch um Gold, Schmuck, Silberbesteck, Uhren, Gemälde, Porzellan, Briefmarkensammlungen, aber auch um Aktien, Lebensversicherungen und Sparbücher.

Die Wertgegenstände wurden über den staatlichen Kunsthandel der DDR verkauft und ihre Herkunft von der Stasi akribisch verschleiert, weshalb es schwierig war, ihre Herkunft im Nachhinein zu identifizieren.

Wir fuhren dann los gegen 18 Uhr Richtung tschechische Grenze über Dresden nach Bad Schandau. Nachgedacht habe ich während der Fahrt gar nicht, ich hatte alles ausgeschaltet. Weder der Gedanke, dass ich Manuela und alle anderen möglicherweise nie wieder sehen würde, noch der Gedanke an das, was an der Grenze auf uns warten würde.
Es waren auch keine Gedanken an die Zukunft vorhanden. Es war alles wie abgestorben innerlich. Es war ein Schritt mit unvorhersehbarer Tragweite, den wir gemacht hatten. Ein Zurück war jetzt einfach nicht mehr möglich.

Wenn man unsere Flucht entdeckte, könnten wir wohl mit Verhaftung rechnen. Aber auch daran dachte ich nicht. Wir hatten alles so gut wie möglich vorbereitet und nichts Kompromittierendes dabei.

Mit dem verschärften Passgesetz von 1957 wurde jede unerlaubte Ausreise aus der DDR unter dem Namen Republikflucht unter Strafe gestellt. Das Strafmaß umfasste eine Haftstrafe bis zu drei Jahren. Auch die Vorbereitung und der Versuch einer Flucht aus der DDR wurden verfolgt und bestraft.

Offiziell hatten wir einen Urlaub in Rumänien vor, wofür wir ja das Visum hatten. Die Reiseanlage mit dem Namen Dokument PM 105 für den visafreien Reiseverkehr war ein Dokument, das nötig war, um Bürgern der DDR Privatreisen in mehrere Länder im sozialistischen Ausland zu ermöglichen. Sie musste bei den Meldestellen der Deutschen Volkspolizei beantragt werden.

In der Praxis gestaltete sich die Beantragung von Reisen in diese Länder unterschiedlich. Reisen nach Ungarn, Rumänien oder Bulgarien waren vergleichsweise einfach möglich. Hierbei mussten DDR-Bürger rechtzeitig (mindestens etwa zwei Wochen vor Reisebeginn) bei der zuständigen Meldestelle der Volkspolizei die Reise beantragen.

Dabei war ein Reiseziel mit Adresse, wie Anschrift eines Besuchten oder eines Hotels, ausreichend auch einfache Angaben wie „Zeltplatz" anzugeben, ebenso die beabsichtigte Reisedauer und die zu passierenden Unterwegsländer.

Der Reisewunsch konnte immer, also auch bereits nach Zustimmung von den Behörden ohne Angabe von Gründen abgelehnt werden. Reisen nach Bulgarien, Ungarn und Rumänien wurden allerdings meistens, sofern der Antragsteller den Behörden nicht negativ aufgefallen war, genehmigt.

Eine Rechtsgarantie bestand allerdings nicht.

Ein Risikofaktor war, dass noch keine Schulferien waren. Das wollten wir mit gesundheitlichen Problemen von Steffen erklären.

Schließlich kamen wir in die Nähe der tschechischen Grenze. Es war schon etwas unheimlich. Wo sonst eine Autoschlange stand, war alles leer. Dann kam die Grenze in Sicht. Was wir da sahen, war schon etwas beklemmend, quer über die Straße waren Ketten gespannt, rechts und links standen Soldaten mit Maschinengewehren.

Wir wurden auch sofort angehalten und zeigten unser Visum nach Rumänien.

Ketten rasselten und wir durften ein Stück weiter fahren. Dann erneut Soldaten und Zollpersonal. Man forderte uns auf auszusteigen.

Zu mir kam eine junge Frau, Anfang 20 schätzungsweise, und ich musste mit Steffen mit sämtlichem Gepäck ihr folgen in ein Zollhäuschen. Herbert wurde separat untersucht. Der Wohnwagen wurde von weiteren Zollbeamten mit Hund gefilzt.

Zum Glück hatten wir unserem Sohn nicht erzählt, so konnte er sich nicht verplappern. Nicht, dass ich ihm nicht getraut hätte, er war ja auch schon 14 Jahre alt, aber was er nicht weiß, kann er nicht erzählen.

Offiziell fuhren wir ja in den Urlaub.

Im Wohnwagen wurde alles, aber auch alles sehr gründlich untersucht, meine Bibel wurde durchgeblättert, die Brote für unterwegs aufgeklappt, ich bot ihr noch an, in die Thermosflasche zu schauen. Die ganze Prozedur dauerte ca. 2 Std., ohne Erfolg für die Beamtin. Wir hatten ja nichts Kompromittierendes dabei. Dann wurde wurde Herbert aufgefordert, alles Mögliche auszubauen, z.B. das Radio usw., alles, was sich abmontieren ließ. Aber da war ja nichts zu finden.

Das einzige, weshalb Herbert Angst hatte war, dass man die 200,-- DM West-geld finden würde, die wir schwarz gewechselt hatten. Die hatte ich in den Zwickel meiner Schlüpfer eingenäht. Das hatte ich, glücklicherweise, während der ganzen Durchsuchung völlig vergessen. Aber Herbert musste immer daran denken. Er wusste ja auch nicht, ob nur bei ihm oder Steffen Leibesvisitationen vorgenommen wurden, zumal eine Beamtin dauerhaft bei mir war. Aber das fand zum Glück nicht statt.

Wie Steffen diese ganze Prozedur erlebt und verarbeitet hat, ob er Angst hatte, weiß ich bis heute nicht. Wenn diese Reise wirklich nur eine Urlaubsreise gewesen wäre, wäre mir nach dieser Prozedur der Urlaub vergangen. Aber so habe ich das ganze nur wie leicht betäubt über mich ergehen lassen.

Schließlich musste man uns weiter fahren lassen. Eigentlich wollten wir unterwegs irgendwo anhalten und ein paar Stunden schlafen, aber Herbert wollte auf keinen Fall anhalten. Er hatte Angst, dass man in unseren Betrieben anruft am nächsten Morgen und dann erfährt, dass wir gar keinen Urlaub haben.

Ich hatte den Dienstag als Haushaltstag genommen. Ab 1952 hatte es in der DDR einen gesetzlichen Haushaltstag pro Monat für Frauen gegeben. Zunächst galt das nur für verheiratete Frauen, ab 1965 auch für ledige Mütter minderjähriger Kinder.

Es war gewünscht, das man an diesen Tagen zu Behörden geht, die Kinder impfen lässt, mit den Kindern zum Arzt oder Zahnarzt geht, oder alles erledigen konnte, was den Arbeitsablauf im Betrieb stören konnte. Allerdings war es eigentlich ein Haushaltstag. Im Amtsdeutsch wurde er "Hausarbeitstag" und im Volksmund schlicht "Waschtag" genannt.

Tschechische Soldaten, die hinter der Grenze standen, bekräftigten unseren Wunsch, so schnell, und so weit, wie möglich vorwärts zu kommen. Dort kamen wir am frühen Morgen an. Aber schon weit vor der Grenze standen tschechische Soldaten mit MP's, die uns aber nicht anhielten. Also war offensichtlich noch nichts über unserer Flucht bekannt.

Wir kannten einen Fall eines Rechtsanwalts, der 1976 wegen sogenannter Republikflucht in einem tschechoslowakischen Untersuchungsgefängnis saß. Dieter Kolbe verbrachte damals 13 Tage in Haft, bevor er an die DDR ausgeliefert und dort mit zwei Jahren Gefängnis bestraft wurde.

Wir hatten so viel Angst, dass wir in Tschechien angehalten würden.

Wir fuhren also die ganze Nacht so schnell wie es möglich war durch Tschechien durch bis zur Ungarischen Grenze und fuhren dabei über Dresden, Prag, Brünn, Wien, Sopron, das sind 553 km. Wir brauchten mit dem Wohnwagen 9 Stunden, inkl. Untersuchungen der Grenzkontroll-stellen.
Ohne Aufenthalt kamen wir dann über Österreich an die Ungarische Grenze nach Sopron, einer größeren Stadt, über die wir diesmal ohne größere Untersuchungen nach Ungarn kamen.

Dort haben wir erst mal aufgeatmet, denn von dort würde man uns nicht ohne weiteres zurückholen können. Wir suchten unsere letzten Forint zusammen und kauften uns etwas zu essen und zu trinken. Um das letzte Ungarische Geld auszugeben, gingen wir in ein Schuhgeschäft und kauften für mich ein Paar Schuhe, die ich noch heute habe.

In Ungarn fuhren wir dann in den Ort Sopron, um von dort über die Autobahn wieder nach Österreich zu kommen, weil dort die Grenze nach Österreich geöffnet sein sollte.

Mittlerweile bekam ich langsam Angst, weil ich nicht wusste, wie es dort weiter gehen würde. Was sagt man dort, kann man ohne weiteres über die Grenze fahren? Als wir zum Grenzposten kamen, waren dort zwei lange Schlangen. Wir wussten nicht gleich wie es weiter geht, aber dann wurden wir gefragt, ob wir Urlaub machen wollen in Ungarn oder nach Österreich weiter reisen.

Da fiel mir ein Stein vom Herzen, dass das so einfach sein sollte. Trotzdem müssen wir noch ziemlich verschreckt ausgesehen haben, denn kurz hinter der Grenze, schon in Österreich, hielt ein Auto neben uns und wir wurden von einem Paar gefragt, wo wir hin wollen und wo wir her kommen.

Sie sagten, dass sie aus Wiener Neustadt in Österreich seien und in Ungarn beim Zahnarzt waren. Sie luden uns ganz spontan ein, hinter ihnen her zu fahren und eine Weile bei ihnen zu bleiben.

Wir gingen aber erst noch zu den sozialen Einrichtungen, die die Österreicher dort an der Grenze hatten. Es gab Kaffee, etwas zu essen und wir konnten uns gespendete Sachen in einer Halle aussuchen. Ich glaube, Geld gab es auch, ein bisschen Geld.

Dann fuhren wir mit den zwei Leuten, eine junge Frau und ein Mann, weiter zu deren Wohnung in Wiener Neustadt. Es waren Petra und Gerd Mauer, mit denen uns noch heute 2023 eine Freundschaft verbindet. Sie luden uns ein, eine Woche bei ihnen zu bleiben und erst mal Luft zu holen.

Wir haben uns am Abendbrotstische dann lange unterhalten, konnten auch von dort aus anrufen bei Mücke's gegenüber und Bescheid sagen, daß wir glücklich im „Westen" angekommen sind. Da wussten dann auch Schneiders Bescheid.

Herbert hatte aber keine Ruhe, länger dort zu bleiben. Er meinte, wir müssten uns ja in der BRD anmelden und sehen, wo wir dann unter kommen und bleiben können.

Wir hatten beschlossen, nach Düsseldorf zu gehen, wo Familie Clemens wohnte. Wir hatten auch Hannover im Auge, wo Luzie und Adam wohnten, aber sie sagten uns, dass wir in Düsseldorf wahrscheinlich mehr Chancen auf eine Wohnung und Arbeit hätten.

Also fuhren wir, nachdem wir uns einen Tag ausgeruht hatten, weiter nach Deutschland. Dort kamen wir abends in Passau an.

Dort war eine Art Aufnahmelager für DDR-Flüchtlinge aus Österreich. Es war eine Bundeswehr-Kaserne. Wir bekamen ein Zimmer mit mehreren Doppelstock Betten und Bettwäsche aus Papier! Dort bekamen wir zu essen und am nächsten Tag wurden wir schon sozusagen aufgenommen in die BRD.

Es waren Beamte da, die unsere Personalien aufnahmen, wir wurden auch gleich arbeitslos gemeldet. Dann wurden wir gefragt, in welche Region wir wollen. Wir sagten, nach Düsseldorf. Da bekamen wir gesagt, dass wir erst mal nach Wesel fahren müssten, dort sei ein Aufnahmelager für alle. Wir bekamen dann noch einen Tankgutschein und pro Person 200,00 DM von der Friedlandhilfe, einer gemeinnützigen Organisation, die sich seit 1945 um Flüchtlinge kümmert.

Das Grenzdurchgangslager Friedland liegt in der niedersächsischen Gemeinde Friedland im Landkreis Göttingen. Nach dem Zweiten Weltkrieg wurden darin vertriebene Deutsche aus den ehemals deutschen Ostgebieten und dem Sudetenland zeitweilig untergebracht. Das Grenzdurchgangslager wurde von der britischen Besatzungsmacht auf dem Gelände der nach Friedland ausgelagerten landwirtschaftlichen Versuchsanstalt der Universität Göttingen errichtet und am 20. September 1945 in Betrieb genommen.

In den Jahren nach dem Zweiten Weltkrieg wurden zunächst Hunderttausende Heimkehrer aus der Kriegsgefangenschaft in Friedland empfangen. Wegen der großen Zahl wurde vorübergehend Außenstellen in Dassel und Klingenberg eingerichtet.

Nach Abschluß der ganzen Formalitäten, fuhren wir dann los Richtung Norden, nach Nordrhein-Westfalen in das Aufnahmelager Wesel. Da der Weg bis dahin aber ziemlich weit war, haben wir erst mal in Stuttgart bei Ilse Bauer Station gemacht.

Ich hatte sie von unterwegs angerufen, ob wir eine Nacht bei ihr bleiben können. Sie war zwar alles andere als begeistert, hat uns aber dann doch für einen Nacht beherbergt, uns verpflegt und noch bisschen Geld mitgegeben. Das alles muss ich ihr im Nachhinein noch hoch anrechnen, denn wir hatten sie ja regelrecht überfallen!

In Wesel wurden wir zur Katastrophenschutzschule gelotst. Wir bekamen ein Zimmer dort mit Doppelstockbett und Zustellbett für Steffen, einen kleinen Tisch und 2 Stühle gab es noch, mehr Platz war nicht. Dort blieben wir 3 Wochen, bis alle Formalitäten erledigt waren und wir reguläre BRD Bürger wurden.

Im Dezember 1952 wurde in Wesel in der der Reitzensteinkaserne ein Hauptdurchgangslager für Flüchtlinge aus der sowjetischen Besatzungs-zone eingerichtet. Es sollte Flüchtlinge aus den Notaufnahmelagern West-Berlin (Marienfelde), Uelzen-Bohldamm und Gießen aufnehmen. Das auf 400 Personen ausgelegte Lager war schon bald zu klein und auch die zahlreichen externen Notunterkünfte reichten nicht aus.

Nach dem Bau der Mauer 1961 wurde der Zustrom der Flüchtlinge geringer, so dass Mitte 1963 das Lager geschlossen wurde. Die Stadt durfte 50 Wohnungen mietweise übernehmen.

Im Jahre 1989 wurden im Hochhaus infolge des Mauerfalls von Oktober 1989 bis März 1990 wieder Flüchtlinge untergebracht. Endgültig geschlossen wurde diese nunmehr Katastrophenschutzschule NRW genannte Einrichtung im Dezember 1995.

Während der Zeit dort wurden wir voll verpflegt, es gab einen Shuttle Dienst in die Innenstadt, wenn man da mal hin wollte. Ansonsten hatten wir nichts weiter zu tun. Es war ein bisschen wie Urlaub. Bei schönem Wetter sind wir an den Au See in Wesel gefahren und haben dort die Schwäne gefüttert und beobachtet.

Zwischendurch waren wir auch mal in Düsseldorf. Es war eine Zeit, um etwas Luft zu holen, aber es war auch eine Zeit der Ungewissheit, weil wir nicht wussten, wie es weiter geht, was aus uns wird.

Am Ende ist aber alles gut geworden.
Mittlerweile war die Grenze auf. Im Prinzip hätten wir sofort zurück gekonnt, aber wir wollten nicht. Vielleicht machen sie die Grenze ja doch wieder zu? Unsere Arbeitsstellen waren auf jeden Fall weg.

Von Wesel aus dem Lager heraus konnten wir uns auf freie Stellen bewerben. Wesel hatte eine eigene Arbeitsagentur zu der wir wir in 20 Minuten hinlaufen konnten. Damals gab es die Möglichkeit, wenn man arbeitslos und mittellos war, das man die Bewerbungen noch aus dem Arbeitsamt zu der Firma hin-schicken konnten.

Alle Bewerbungen mussten wir mit der Hand schreiben.

Herbert bekam innerhalb von 2 Monaten eine Stelle in einer Gießerei in der Nähe von Düsseldorf.

In einer Gaststätte in Wesel wurden wir von einem Mann angesprochen, wo wir denn herkämen und was wir vorhätten. Wir erzählten ihm, dass Herbert eine Stelle bekommen hatte, wir aber noch keine Wohnung hätten.

Ich hatte mich auch beworben, aber keiner wollte eine DDR- Programmiererin einstellen.

Der Mann war ein Geschäftsmann und hatte, oh Wunder, eine kleine 2 Zim-mer- Wohnung in Düsseldorf als Zweitwohnsitz, die könne er überlassen. Wir waren froh, aber wir Erwachsene hatten ein Zimmer und Martin das zweite, er war ja noch schulpflichtig.

In der Nähe der Wohnung war die Realschule, wo wir Martin anmeldeten. Sogar, wo Martin die Berufsausbildung zum Informatiker begann und er seine erste Freundin hatte, wohnten wir noch dort.

In dieser Wohnung sollten wir von 1990 bis 1997 wohnen. Unser Sohn zog nach der Ausbildung aus. Wir fanden einfach keine bezahlbare Wohnung. Düsseldorf ist sehr teuer. Und dann, haben wir eine Dreizimmerwohnung mit

Terrasse gefunden. Sie war sehr, sehr teuer. Wären wir mal lieber in der kleinen Wohnung geblieben.

Das Arbeitsamt bot mir eine Umschulung zur EDV -Fachfrau an. Diese 2 Jahre waren wirklich sehr anstrengend. Alles war anders als in der DDR und die Technik schon viel weiter. Im Prinzip musste ich wieder von vorne anfangen.

Nach der Umschulung bot man mir eine Stelle in der Finanzbuchhaltung an. Ich sollte ein Computerprogramm entwerfen, womit man die Finanzbuchhaltung am PC machen konnte. Das ging nur 2 Monate gut.

So langsam verzweifelte ich. Arbeitslos, kein Geld, teure Wohnung, die wir uns nicht leisten konnten, keine Freunde. Mein Traum von Freiheit und schönen Reisen war verpufft. Mittlerweile war ich, wie Herbert, 54 Jahre alt. Hast du kein Geld, kannst du nicht reisen.

Ich wurde langsam depressiv. Ich war noch nie im Ausland, nur in Ungarn und Kroatien und das nur ein paar Tage. Herbert verletzte sich auf Arbeit an der Wirbelsäule. Ständig hatte er nun Rückenschmerzen oder wurde mit Bandscheibenvorfall krankgeschrieben. Und dann wurde auch er entlassen.

Was nun? 1998 waren wir beide beide 54 Jahre alt und hatten keine Arbeit. Noch zehn Jahre waren es mindestens zur Rente. Herbert konnte mit seinem Rücken eh nicht mehr körperlich arbeiten. Da er gesundheitlich angeschlagen war, fragte man Ihn, ob er noch einmmal eine 3 jährige Umschulung zum REFA-Techniker machen will. Das ist ein Mann, der in Firmen u. U. nach richtig eingehaltenen Arbeitszeiten guckt, ob die Arbeitssicherheit stimmt usw. Das hat er gemacht und hatte auch richtig Spaß daran. Er arbeitete dann noch bis 2006, da war er 62 Jahre alt und ging vorzeitig in Rente.

Ich habe keine Arbeit mehr gefunden. Wir hatten immer noch die teure Wohnung. Also musste ich putzen gehen, um ein bisschen Geld zu haben.
Mit der Rentenzeit im Jahre 2006 beschlossen wir, nach Leipzig zurück zu kehren. Unsere Tochter wollte das Haus in Plagwitz sowieso nicht haben. Sie hat es uns zurück überschrieben.

Die Überlegung war klar, kündigen wir die Wohnung, haben wir mehr, um in Leipzig zu leben.

Also zogen wir Ende 2006 zurück nach Leipzig. Unser Sohn Martin blieb in Düsseldorf. Er ist Programmierer für eine Maschinenbaufirma und tut das, was ich nicht konnte.

Wir hatten ja nicht viel dabei, die wenigen Sachen aus der Wohnung waren schnell transportiert. Wir hatten nie das Geld, uns Kram anzuschaffen.

Aber, ich war geschockt. In Düsseldorf hatten wir die luxuriöse Wohnung, alles war sauber, alles war neu.

Kennen Sie den Film „Good Bye Lenin"? Genauso war das, eigentlich schlimmer. Ein altes, muffiges Haus, alte DDR Möbel, alte Tapeten, alte Armaturen. Es war ja nichts verändert worden. Ich konnte nur noch weinen. Unser Leben sollte doch besser werden.

Mein Mann Herbert, war da sehr pragmatischer. Seine Eltern waren 1990 kurz hintereinander gestorben, so dass wir allein im Hause schalten und walten konnten. Wir räumten das Haus komplett leer und stellten alles erst mal in die Garage.

Wir renovierten Raum für Raum. So, wie wir Geld hatten. Und es war wie in der DDR. Du musst nur wen kennen. Herbert spielte wieder Schlagzeug in mehreren Vereinen. Ein Elektriker richtete preiswert die Elektrik. Irgendjemand kümmerte sich um das Fliesen, ein anderer baute die Gasetagenheizung ein. Und wieder haben wieder Freunde. Ich bin nicht mehr so alleine.

Heute ist 2023 und wir bauen immer nochoder immer wieder ein bisschen. Es fehlen noch zwei Fenster zum Garten hinaus.

Das bisschen Rente von Herbert, obwohl er lange gearbeitet hat, er bekommt 1350 Euro. Ich bekomme 560 Euro. Traurig nicht war? Das Geld, das wir von der Wohnung in Düsseldorf sparen können, geht in die Renovierung oder in den Ausbau.

Und ich war immer noch nicht im Fernurlaub.

Wir fahren alle vier Monate für zwei Wochen nach Ungarn in die Therme nach Bük. Herbert tut das warme Wasser gut. Wir haben ein Pärchen gefunden, das mit uns herumfährt und uns schöne Orte in Ungarn zeigt.

<u>Was hat sich verändert?</u>

Herbert hat immer noch Rückenschmerzen. Aber wir fahren seit 5 Jahren 2 x für 3 Wochen nach Bük, das liegt in Ungarn und hat ein großes Thermalbad.

Bük wird bereits 1271 als Byk in Urkunden erwähnt. Im 15ten Jahrhundert gab es noch drei verschiedene Dörfer, Alsó-Bük, Mankó-Bük und Felsö-Bük, die die heutige Stadt ausmachen und zur Familie Büki gehörten.

Bük war Haltestelle an der Bahnstrecke Oberloisdorf–Bük, die bis 1974 existierte. Der Bahnhof und die 1869 gegründete Zuckerfabrik sorgten für einen Aufschwung der Stadt. 1957 wurde bei einer Bohrung zur Erdölsuche Heilwasser gefunden.

1962 errichtete die Gemeinde das erste Bad, das inzwischen zu einem der größten Thermalbäder Ungarns wurde.

Das Wasser sei sehr gut für seinen Rücken.

Schlimm war es in der Coronazeit 2020 bis 2022. Wir konnten nicht nach Ungarn fahren. Und dann die Masken. Wir erinnerten uns an alte DDR Zeiten. Die Menschen gehen wieder auf die Straße und demonstrieren.

Das Ehepaar, das mit an unserem Tisch sitzt, ist während Corona ausgewandert, hat alles verkauft und sich in Ungarn ein Haus mit Grundstück gekauft. Sie kommen aus der Nähe von Stuttgart.

Er ist schon 72 und ist trotzdem noch gegangen.

Laut Nachrichten sind in den letzten Jahren 2021 und 2022 über 700 Familien aus Deutschland weggegangen. Und sie gehen immer noch.

Manchmal überlegen wir, ob wir auch nach Ungarn auswandern sollen. Das Haus in Leipzig würde sich gut verkaufen. Aber wir sind schon 79 Jahre alt. Mein Mann will das alte Haus nicht verkaufen.
Verrückte Welt

ENDE

2. <u>Die Geschichte der Familie Krebs</u>

Wir treffen uns Ende 2022 durch Zufall an der Kasse beim Aldi. Wir kauften durch Zufall beide Spekulatius.

Eine Zeitlang von bestimmt 10 Jahren verbrachten wir mehr oder weniger eine gemeinsame Zeit in einer mittelgroßen Stadt mit 35.000 Leuten zwischen Nürnberg und Stuttgart. Die Stadt ist eigentlich klein, es gibt allerdings ganz viele eingemeindete Dörfer.

Ich habe in einem deutschen mit gutbürgerlicher Küche anbietenden Restaurant gearbeitet. Vorwiegend habe ich mittags bedient, oder, wenn Kaffeekränzchen der Wandergruppen oder der Frauenvereine oder Firmenrentnertreffen stattfanden, habe ich den Kuchen und den Zopf besorgt und dann Kaffee gekocht und mich mit den Leuten unterhalten, wenn sie es wollten.

Viele waren damals schon über 75 Jahre alt. Mit der Weile wurden es durch Corona immer weniger.

Ich konnte behaupten, dass ich die meisten Menschen in dem Ort kannte, weil ich sie schon mal bedient hatte.

Und dann kam Corona, das Restaurant bis Mitte 2023 wurde geschlossen.

Ich war schon 1 Jahr ausgewandert, und bin selbst Gast im Restaurant. Bestimmt der Hälfe der Wandergruppe war nicht mehr da.

Ein Pärchen, das immer zum Mittagstisch kam, war Familie Krebs. Er war damals bestimmt schon 83 Jahre alt, sie 75. Wir unterhielten uns immer. Früher war er der Kreistierarzt gewesen, d. h. Er kannte jede Kuh und jedes Pferd im Ort. Eines Tages fragte er mich, ob ich was an der Schulter habe. Ich sagte ja, ganz komische Schmerzen, aber ich wüsste nicht woher. Er verlangte einen Stift und und einen Zettel und hat mir was aufgeschrieben. Das solle ich mir aus der Apotheke holen. Das sei was von der Homöopathie

Nach der Arbeit ging ich also zur Apotheke, gab den Zettel ab. Die Apothekerin guckte mich verdutzt an und fragte mich, ob ich eine Kuh hätte. Das Mittel wäre für eine Kuh, das gibt's aber auch für Menschen. Wir haben ordentlich gelacht.

Und das Mittel hat geholfen.

Zwei Wochen später, waren sie zum Essen da. Ich habe mich höflich bedankt.
Und dann hatte ich die Geschichte erzählt. Huch, sagte er, aber hats geholfen?
Immer wenn wir uns trafen, machte er leise muh und alle wussten Bescheid
und alle lachten.

Eines Tages sagte er, ohne das wir das Thema zum Gespräch hatten, wenn er
schlauer gewesen wäre, hätte er in seinen Vierzigern Deutschland verlassen.
Vielleicht Amerika. Warum das denn?

„Jetzt ist es zu spät, wo sollen wir denn hin?"

Gut 2 Jahre später, im Sommer 2024 habe ich mit der der Wirtin des Restaurants gesprochen und Familie Krebs erwähnt. Wie es Ihnen geht usw.

Sie sah mich an und umarmte mich. Herr Krebs (85) wollte unbedingt ein
Frisbee vom Garagendach holen und sei von der Leiter gefallen. Eigentlich hat
er sich nur den Fuss gebrochen. Nur. Im Krankenkaus ist er innerhalb von vier
Tagen verstorben. Frau Krebs (77) sei darauf auch gestorben, weil sie so traurig war.

Sie hinterliessen ein riesiges Haus und Garten.

3. Paul Nussbaum

Mein Name ist Paul Nussbaum und ich habe sogar Verwandte in Indien. Warum, weiß ich auch nicht. Kennen Sie noch die berühmte Tennisspielern, Maja Nussbaum? Ja, die, die hat sogar gegen Steffi Graf gespielt. Privat kennen tue ich sie nicht.

Wo soll ich bloß anfangen? Ich komme aus einem winzigen schwäbischen Dorf in Deutschland. Ich hatte 4 Brüder und eine Schwester.

Meine Eltern Joachim und meine Mutter Helene sind, wie alle ihrer und seiner Vorfahren, in der Tschechoslowakei, im Sudetendeutschland um 1912 geboren, die ersten drei Buben und meine Schwester kamen 1932, 1933, 1934, 1936. Alle waren schon immer Bauern.

Vater Joachim Nussbaum geb. ca. 1912 Tschechoslowakei, im Sudetendeutschland			Mutter Helene Nussbaum, geb. Dassler geb. ca. 1912 Tschechoslowakei, im Sudetendeutschland		
1932 Tschechoslowakei, im Sudetendeutschland	1933 Tschechoslowakei, im Sudetendeutschland	1934 Tschechoslowakei, im Sudetendeutschland	1936 Tschechoslowakei, im Sudetendeutschland	1950 Deutschland	1951 Deutschland
Günther	Klaus	Hermann	Ilse	Gustav	Paul

Geboren sind wir, ich im Jahre 1951 und mein Bruder Gustaf im Jahre 1950 dann schon in Deutschland. Alle anderen wurden nach dem Krieg aus Sudeten- Deutschland vertrieben und zwangsausgesiedelt. Wo das ist?

Nach 1918 wurde so das nicht zusammenhängende Gebiet entlang der Grenzen der damaligen Tschechoslowakei zu Deutschland sowie Österreich genannt. Meine Eltern sprachen österreichisches sudetendeutsch.

Deutsche, die ihre antifaschistische Gesinnung nicht zweifelsfrei nachweisen konnten, wurden mit einem „N" (für Němec = Deutscher) gekennzeichnet und zwangsausgesiedelt.

Die Vertreibung der Deutschen aus der Tschechoslowakei betraf bis zu drei Millionen Deutsche aus der Tschechoslowakei in den Jahren 1945 und 1946. Viele Deutsche wurden zunächst in Arbeitslager gebracht, um z. B. in Kohlegruben, Gradierwerken und auf Bauernhöfen unentgeltlich und bei minimaler Verpflegung zu arbeiten.

Deutsche mit nachweislich antifaschistischer Gesinnung wurden häufig dazu genötigt, „freiwillig" das Land zu verlassen. Wie die Gesinnung meiner Eltern war, weiß ich nicht. Ab dem 25.Oktober 1945 wurde das gesamte bewegliche und unbewegliche Vermögen (Immobilien und Vermögensrechte) der deutschen Einwohner konfisziert und unter staatliche Verwaltung gestellt.

Meine Eltern hatten einen Bauernhof, Viehställe, einen kleinen Acker sowie einen Fischweiher. Meine Mutter reiste gegen 1946 mit ihren drei Kindern und wenigem Gepäck nach Deutschland. Mein Vater war noch in Kriegsgefangenschaft. Alle Grenzorte in Sachsen und Bayern wurden förmlich überrannt von den Flüchtlingen. Die Heimatvertriebenen strandeten in den deutschen Grenzstädten, etwa in das sächsische Görlitz. Mehr als 60.000 Flüchtlinge aus den ehemaligen Ostgebieten trafen allein 1945 in der Neißestadt ein. Sie campierten auf Wiesen am Fluss oder in Notunterkünften, die die Stadt den Vertriebenen anbot.

Die Neißestadt war völlig überfordert und eine Hungersnot brach aus. Die Flüchtlinge wurden schließlich gar aus der Stadt geschickt. Es gab ein großes Treffen der Alliierten, dieses wird als "Potsdamer Konferenz" in die Geschichte eingehen.

Die Grenzen im Osten mussten neu gezogen werden. Die Tschechoslowakische Republik etwa wird in den Grenzen von 1938 – vor dem sogenannten "Münchner Abkommen" – wiederhergestellt. Gleichzeitig beschlossen die Siegermächte die weitere "Überführung" der Deutschen aus Polen, der Tschechoslowakei und Ungarn. Und zwar "geordnet und human", wie im Protokoll der Konferenz vermerkt ist.

Diese geordneten Überführungen fanden ab 1946 tatsächlich statt. 1.832 Züge mit 1.000 bis 1.200 Menschen kamen 1946 in den deutschen Besatzungszonen an.

Erlaubt waren den Vertriebenen nur 25 bis 50 Kilogramm Gepäck pro Person, Wertsachen wurden ihnen ausnahmslos abgenommen. In den Flüchtlingszügen herrschten katastrophale Zustände, es verhungerten sogar Menschen. Von geordneten Verhältnissen war also keine Spur.

Mit so einem Zug kam meine Mutter und ihren drei Kindern nach Deutschland. Der völlig überfüllte Zug hielt in Nürnberg, um Wasser und Kohle zu laden. Und jetzt klingt es wie ein Märchen. Auf dem Nebengleis hielt ein Güterzug. Die Tore wurden aufgemacht und deutsche Soldaten sprangen heraus.

Durch einen Zufall blickte sie sich um und erblickte Ihren Mann Joachim. Sie und die drei Jungen schrien und winkten und er blickte auf. Er rannte los. Der Zug fuhr schon los, die Leute hielten sich ja schon aussen an den Griffen fest, weil es keine Plätze gab. Er sprang auf. Die Leute machten ihm irgendwie Platz. Helene eilte ihm entgegen. Die Leute jubelten und freuten sich. Endlich mal etwas Schönes.

Joachim hätte sich nach der Fahrt mit dem Zug in Nürnberg melden müssen. Er blieb bei seiner Familie. Im Zug hieß es, die Fahrt ginge nach Kraiburg, in ein Auffanglager. Obwohl die Vertriebenen über ganz Bayern verstreut waren, bildeten sich doch Siedlungsschwerpunkte heraus.

Die meisten Schlesier kamen in Oberfranken und Niederbayern an, Schwaben und Oberbayern wurden zur bevorzugten Heimstatt der Sudetendeutschen. In Kraiburg, Kreis Mühldorf, kam der erste Zug mit Sudetendeutschen am 23. April 1946 an. Am 25. April der nächste, am 29. April erneut einer.

Mit dem Eintreffen der Flüchtlingszüge waren die Behörden in Deutschland 1945/46 völlig überfordert. 1200 bis 1700 Menschen wurden in Baracken in dem so genannten Holzlager im Süden der Stadt notdürftig untergebracht.

Richtige Häuser gab es lange nicht, denn Kraiburg war vorher nur ein Rüstungswerk der Braunhemden im Wald gewesen – und in den Baracken hatten Zwangsarbeiter gehaust.

Die Vertriebenen, fast acht Millionen in Westdeutschland, passten sich an, bauten auf, behielten aber auch ihre Kultur und ihre Eigenheiten. Das merkt man heute noch – wenn ältere Leute „Schnitte" statt Brotscheibe sagen, kommen sie ziemlich sicher nicht aus Bayern, sondern vielleicht aus Ostpreußen.

Meine Eltern wollten aber nicht nach Krailburg. Krailburg wäre zu eng, es hatte zu viele Menschen, Krankheiten. Sie stiegen einfach irgendwo in Deutschland aus. Am Fahrkartenschalter informierten sie sich in gebrochenem deutsch, wo sie waren. Da wo sie herkamen sprachen sie einen harten österreichisch Dialekt.

Der Schaffner, der gerade Pause machte, holte aus einer Schublade eine alte Reichskarte. Er zeigte ihnen, wo sie sich ungefähr befänden. Sie waren gerade irgendwo bei Regensburg. Sie wussten, das sie ungefähr zwischen Stuttgart und Nürnberg landen wollten. Sie hatten gehört, das dort Bauern Hilfskräfte suchten.

Der Schaffner schrieb meinem Vater folgendes auf: Regensburg, Ingolstadt, Aalen von dort nach Crailsheim und weiter in den Norden Richtung Blaufelden. Warum Blaufelden? Er hatte Verwandtschaft dort und wusste, dass die jungen Burschen für den Krieg eingezogen waren und das nun die Frauen irgendwie klar kommen mussten.

Er schrieb auch den Namen und die Adresse auf. Was für ein Zufall. Meine Eltern waren sehr froh. Man hatte eine Adresse, wo man hingehen konnte.
Er hatte gesagt, dass sie ab Crailsheim 25 km wahrscheinlich laufen müssten.

In der Schlacht von Crailsheim vom 5. bis zum 21. April 1945 wäre der der Ort und seine Bahnstrecke vollständig zerstört worden. Der Beschuss der Stadt ging bis in die frühen Morgenstunden des 21. Aprils weiter, gegen Mittag marschierten die US-Soldaten in die Trümmerwüste ein.

Noch am Morgen des 21. Aprils verbrannten einige bedeutsame Gebäude der Innenstadt, das Schloss und große Teile der Stadtbefestigung. Niemand in der Stadt unternahm Löschversuche.

Mein Vater bedankte sich. Der nächste Flüchtlings-Zug nach Regensburg käme am nächsten Tag. Da meine Mutter nur das notwendigste einpacken durfte, hatte sie ein Brot, ein paar Mohrrüben und ein Messer eingepackt.

Vom Schaffner bekamen sie Wasser. Wie man sich denken kann, hatten meine Brüder und meine Schwester großen Hunger. Am nächsten Tag fuhren meine Eltern und meine Geschwister zuerst nach Regensburg. Die Züge nach Ingolstadt waren so überfüllt, das sie zuerst keinen Platz fanden. Das Brot war auch alle. In den großen Bahnhöfen waren Rote -Kreuz -Zelte, wo zumindest die Kinder eine Schnitte Brot bekamen.
In Ingolstadt gab es ein Zelt, wo man sich erkundigen konnte, wo man als Flüchtling hin konnte. Landwirtschaftliche Kräfte wurden immer gesucht. Mein Vater erkundigte sich, ob er direkt zu dieser Adresse vom Schaffner gehen konnte oder was er machen müsse.

Die Frau gab ihm einen Zettel mit dem Rote-Kreuz-Stempel. Mit einer Arbeits- und Wohnzuweisung. Damit sollte er zum Bürgermeister gehen.
Meine Eltern und die Geschwister brauchten noch fast 2 Wochen, um in dem kleinen Ort anzukommen. Zu guter Letzt nahm sie ein Bauer auf einem Karren mit.

Wenn es hoch ging, war es eine Landstraße, links und rechts 20 Häuser, Kuhställe mehr nicht. Mein Vater klopfte an eine Tür, dann eine zweite, keiner machte auf. Flüchtlinge wollte man nicht haben. Irgendjemand erbarmte sich und öffnete. Er zeigte ihm das Haus vom Bürgermeister und die Tür war wieder zu.

Meine Mutter war so erschöpft, das sie mit den Kindern unter der Dorflinde einschlief. Mein Vater klopfte beim Bürgermeister, es war schon Abend, und eine Straßenbeleuchtung gab es nicht. Der Bürgermeister öffnete, hörte sich alles an, guckte auf den Zettel, brummte und rief seine Frau.

Für die Nacht konnten sie in der Scheune schlafen. Seine Frau brachte ein Brot, Decken und einen Wassereimer. Am nächsten Morgen sollten sie wiederkommen.

Am nächsten Morgen klopften sie beim Bürgermeister. Alle liefen zu der Verwandten des Schaffners. Der Bürgermeister besprach die Zuweisung. Die Frau war gar nicht begeistert. Wie sollte sie 5 Personen ernähren? Wo sollten sie schlafen?

Der Schlafplatz war über 4 Monate die Scheune. Essen gab es nur, wenn auch gearbeitet wurde. Die Kinder mussten mitarbeiten. Im Winter sollten sie in die

Ortsschule gehen, die war 10 km zu Fuß entfernt. Am Anfang hänselten die
Kinder die 4 Geschwister mit der komischen Sprache. Dann gab es 2 x Senge
von meinem ältesten Bruder und der Fuchs konnte schlafen gehen.

Da es viel zu wenig zu essen gab, klauten meine Brüder Eier, Äpfel und alles
was nicht angebunden war. Mein Vater schlug uns nie. Er verstand seine Kinder, die Hunger hatten. Er entschuldigte sich bei den Bauern und arbeitete die
Schuld ab, indem er etwas reparierte oder bei der Ernte half. Deswegen war
ihnen auch keiner böse.
Meine Eltern kamen ja aus der Landwirtschaft und waren eine wirkliche Hilfe.
Mein Vater konnte auch Sachen reparieren. Frau Meier wurde mit der Zeit
dann auch freundlicher, als sie gemerkt hatte, dass meine Eltern keine Schma-
rotzer waren.

Mein Vater hatte in der Ortsmitte ein kleines Haus gesehen, was leer stand. Es
war halb zerfallen, aber es war ein Haus. Er fragte den Bürgermeister, ob er es
reparieren und mit seiner Familie einziehen könne.

Das Haus und das Grundstück gehörten einem Mann, der in den Krieg gezogen und für tot erklärt worden war. Der Bürgermeister war einverstanden.
Mein Vater hatte kein Geld, denn meine Eltern arbeiteten für Kost und Logis.
Aber er wusste, dass mein Vater fleißig und zuverlässig war. Das Grundstück
und das Haus würden der Gemeinde gehören.

1947 begann dann mein Vater zusammen mit meinen drei Brüdern das Haus
nach getaner Arbeit zu reparieren. Waren die Nachbarn erst unfreundlich,
halfen sie später meinem Vater, weil er immer nett war und aushalf, wenn Not
am Mann war. Einer brachte Ziegel, der andere Holz. Einer reparierte den
Ofen.

Und wie es manchmal so ist, meine Eltern bekamen noch mal 2 Kindern. In
dem kleinen Haus wohnten wir bis 1952. Meine Eltern arbeiteten weiterhin auf
dem Hof der Frau Meier.

Das Geld wurde knapp. Das Haus war viel zu klein. Mein Vater bewarb sich in
dem nächsten großen Ort als Schlosser. Vater kaufte sich ein Fahrrad. Er fuhr
12 km einfache Strecke zur Arbeit, die um 6 Uhr begann. Im Winter lief er,
weil der Schnee so tief war.

Aber er beklagte sich nie. Abends freute er sich auf seine Frau und Kinder. Die Arbeit als Schlosser machte er bis 1955. Er und seine Frau waren 43 Jahre alt. Wir Jüngsten waren 5 und 4 Jahre alt, die älteren 23, 22, 21, 19.

Ich weiß nicht wie, aber sie sparten ein bisschen Geld, gingen zur Sparkasse und liehen sich Geld, um sich ein Bauplatz zu kaufen in der nächsten großen Stadt und ein Haus zu bauen. Die älteren Kinder machten eine Berufsausbildung, wir Kleinen gingen in den Kindergarten.

Eine Geschichte ist noch wichtig. Klaus, mein zweitältester Bruder war schon immer sehr sensibel und wetterfühlig. Er wusste, wann es der Katze schlecht ging, oder die Kuh kalben würde. Er wusste, warum das Pferd lahmte und machte ihm warme Wickel. Mit 5 verstellte er sein Bett, wo er mit Günther und Hermann schlief und sagte, auf dem Meer könne er nicht schlafen. Keiner wusste damit was anzufangen.

Meine Mutter baute Gemüse im Garten an. Immer gingen die Möhren ein. Klaus sagte, sie solle den Platz wechseln, da wäre Wasser, die Möhren mögen das nicht. Mein Vater hörte sich das alles an und ging zum Bürgermeister und fragte, ob er einen Brunnen graben dürfe. Das Gelände war ja Eigentum vom Dorf. Er erzählte ihm, dass er glaube, dass eine Wasserader da wäre, der Klaus hätte es erzählt.

An dem Tag, wo der Brunnen gegraben wurde, versammelten sich viele Dorfbewohner. Eigentlich wollten sie die Flüchtlinge ja nicht haben. Aber das war interessant. Mein Bruder wusste nichts von Wünschelruten oder Pendeln. Er ging an eine Stelle vom Garten uns sagte einfach hier. Und wirklich, da war Wasser. Als ich vor gut 10 Jahren in den Ort gefahren war, um meiner Frau zu zeigen, wo ich aufgewachsen war, war das Haus verfallen, aber der Brunnen stand noch.

Die Dorfbewohner klopften dann bei meinen Eltern, bitte schön, kann der Klaus mal gucken, ob vielleicht Wasser für einen Brunnen im Garten wäre? Sie brachten Brot oder ein Huhn als Dank. Später, Klaus ging schon zur Schule, wurde er gefragt, was denn mit der Gans sei, oder der Katze, der Hund wäre krank. Er hatte nie eine Ausbildung. Aber irgendwie wusste er, warum das Tier krank sei. Er machte später eine Ausbildung im Sanitärbereich.

Das Haus in der Stadt war eine Doppelhaushälfte, wo alle sieben Personen Platz hatten, mit einem kleinen Garten. Mit der Zeit sind die großen Geschwister ausgezogen und haben dann eigene Familien gegründet.

Gustaf und ich waren wie Zwillinge. Blödsinn machen, fanden wir ganz toll. Meine Eltern fanden in der großen Stadt, wo wir wohnten, Arbeit. Mein Vater als Schlosser und meine Mutter halbtags eine Stelle als Verpackerin in einer Marmeladefabrik. Wir gingen zur Volksschule und absolvierten Ausbildungen.

Nach und nach verließen wir das Elternhaus. Meine Eltern sind recht alt geworden, um die 85. Sie waren nicht krank, sie starben friedlich im Abstand von 2 Jahren zu Hause. Meine Schwester wohnte oben und kümmerte sich, wenn sie von der Arbeit kam um die Eltern.

1983, beschlossen meine Geschwister, sie wollen da noch mal hin, wo sie geboren und aufgewachsen sind, also in die Tscheschoslowakei. Unsere Eltern waren da schon lange tot.

Dort, wo unser Haus stand, war jetzt eine Wiese. Alle Häuser von den Sudetendeutschen waren abgebrochen worden. Nur vereinzelt sah mal noch einen kaputten Stein.

Die Gegend war unglaublich schön. Wir verstanden, warum unsere Eltern so traurig waren, das Haus verloren zu haben.

Paul Nussbaum:

Vor einer Woche, im Juni 2023 passierte etwas Komisches. Wir saßen in einem ungarischen Biergarten und aßen mit unseren Freunden und tranken Bier und schnatterten vor uns hin, weil wir uns einen Monat nicht gesehen hatten.

Da war ein Mann, der suchte einen Platz und wurde immer weg gescheucht, weil er alleine war. Der Biergarten war sehr voll. Meine Frau Lydia merkte, dass er Deutscher war und bat ihn zu unserem Tisch, wir könnten ja rutschen.

Er war sehr dankbar. Wir kamen ins Gespräch und meine Frau erzählte, warum auch immer, das es in Ungarn auf den Straßen Wasserhydranten in rot und Wasserhydranten in blau gäbe. Letztere darf jeder Ungar benutzen, es sei hier ein Grundrecht, das jeder Mensch Wasser trinken dürfe. Jeder soll keinen Durst erleiden müssen.

Da holte der Mann ein Pendel, eine Silberkette mit rundem Anhänger heraus und sagte, er wäre ein Hobby-Wassersucher, er wüsste wo Wasseradern wären. Er lies uns probieren, er pendelte, das Pendel fing an zu schwingen. Wir waren weitere 6 Personen und bei keinem passierte was.

Dann nahm ich das Pendel. Und es schlug aus, noch mehr als bei dem Mann. Alle am Tisch unkten, ja, ja ich mache Spaß. Ich wusste um das Talent meines Bruders Klaus, aber ich habe das noch nie gemacht.

Ich bin dann durch den Biergarten gelaufen und habe ihn ausgependelt. Da wo der Brunnen des Nachbargrundstückes war, schlug das Pendel aus. Meine Frau sagte zu mir, sie hätte zu Hause eine Edelsteinkette, die bekäme ich zum pendeln. Viele Deutsche ließen jetzt auf den Grund-stücken Brunnen bauen, ich könne ja den passenden Ort finden.

Ich hatte eine bessere Idee. „Wir wohnen in einer Gegend, wo es viele Thermalbäder gibt, weil es hier heiße Quellen und Heilwasser gibt. Wir bauen dann eigenes Thermalbad im Garten und nehmen Eintritt.“

4.   Geschichte von Lydia Nussbaum, geb. Fuchs

Mein Name ist Lydia Nussbaum, ich bin 49 Jahre alt und die zweite Frau von Paul. Ich bin in Deutschland in der DDR geboren und wohnte die ersten 5 Jahre auf einem Dorf mit ca, 20 Häusern. Rundherum waren Felder. Die nächste Stadt war 1 Stunde mit dem Bus entfernt, der 3 Mal am Tage fuhr.

Aufgewachsen bin ich mit 13 Cousinen und Cousin. Meine Geschichte ist gar nicht so spannend.

<table>
<tr><td colspan="6">Juliane, geb. 1919 in Schlesien</td><td colspan="6">Unbekannter Ehemann</td></tr>
<tr><td colspan="6">Waldemar</td><td colspan="6">Hulda</td></tr>
<tr><td colspan="6">Keine Angaben zu den Kindern möglich</td><td colspan="6">13 Kinder</td></tr>
<tr><td colspan="6">Hulda</td><td colspan="6">Ehemann unbekannt</td></tr>
<tr><td>Katrin geb. 1957</td><td>Patrick geb. 1958</td><td></td><td></td><td></td><td></td><td></td><td></td><td></td><td></td><td></td><td>Mattes</td></tr>
<tr><td>Lydia geb. 1976</td><td>Dennis geb. 1982</td><td></td><td></td><td></td><td></td><td></td><td></td><td></td><td></td><td></td><td>Bereits gestorben</td></tr>
</table>

Meine Mutter Katrin wollte mich nie haben. Sie war 19 und ich passte nicht in Ihren Lebensplan. Sie dachte, wenn sie eine vorbildliche DDR-Bürgerin wäre, wäre ihr Leben einfacher und besser. Sie trat in die FDJ ein, machte dort Karriere. Sie wollte unbedingt nach Berlin ziehen, was gar nicht so einfach war.

Es gab einen Berechtigungsschein. Nur wer parteitreu war und einen Arbeitsplatz in Ostberlin hatte, war berechtigt. Dieser Schein hatte durchaus seinen Sinn. Nach dem Krieg waren die Großstädte zerstört. Es gab gar nicht so viele Wohnungen, wie es Leute gab. Bis in die siebziger Jahre herrschte Wohnungsnot.

Dann begann die DDR Hochhäuser zu bauen. So entstanden neue Wohngebiete über viele S-Bahnstationen. Von Berlin Marzahn, Hellersdorf bis nach Mitte

423

fährt man über 40 Minuten. Links und rechts nur Hochhäuser. In den Gebieten
wurden dann auch immer Schulen, Kindergärten, Polikliniken (Ärztehäuser)
gebaut. Jeder wollte so eine Wohnung mit Warmwasser, Strom, Innentoilette
haben.
In kurzer Zeit wurden so Wohnungen geschaffen. Allein in Berlin Marzahn
über 70.000 Stück. Die Häuser hatten bis zu 16 Etagen und einen Fahrstuhl.

Plattenbauten, sind vorwiegend aus Betonfertigteilen hergestellte Gebäude,
das heißt, sowohl Deckenplatten als auch Wandscheiben werden als fertige
Elemente auf der Baustelle montiert.

Die Plattenbauweise (Großtafelbauweise) ist ein weit verbreitetes Bauverfah-
ren. In der Umgangssprache wird der Begriff „Plattenbau" häufig auf einheit-
lich gestaltete Wohnplattenbauten in Großwohnsiedlungen verengt. Die Wohnungen sehen daher alle gleich aus. Kennst du eine, kennst du alle.

Dadurch, das die Baupläne in den sozialistischen Staaten annähernd gleich
sind, sehen die Häuser in Ostdeutschland, egal Berlin, Leipzig, Dresden usw.
gleich aus wie in der Sowjetunion, Z.B. in Moskau oder in Prag in der Tschechoslowakei.

Für meine Mutter war das der absolute Lebenstraum. In unserem Haus in
Brandenburg gab es schon ein Innenklo, aber eine Sickergrube, die zweimal im
Jahr gelehrt wurde. In meinem Kindergarten gab es noch Außenklo mit Holz-
brille. Jeder hatte Angst, da reinzufallen. Und der Gestank und die Fliegen.

Da meine Mutter sehr gut Russisch in der Schule konnte und bei Staatsbürgerkunde (Lehre der DDR), ist sie wohl aufgefallen. Sie machte eine Ausbildung
als Näherin, weil es nichts anderes gab. Sie wollte schmeißen, aber man ver-
sprach ihr, das sie nach der Ausbildung nach Russland dürfe und wenn sie da
eine Zeit gewesen wäre, bekäme sie eine Wohnung in Berlin.

Sie war da schon hochschwanger. Sie besprach sich mit meiner Urgroßmutter
(Omi) Juliane. Diese hatte einen Vollzeitjob als Melkerin in der LPG. Ihre Tochter Hulda war mit ihren vierzehn Kindern beschäftigt.

Meine Mutter sprach von Abtreibung. Das wollte meine Omi Juliane nicht.
Also ging sie kurz nach meiner Geburt nach Russland an die Erdöl-Trasse als
Putzfrau und Köchin.

Die erste Zeit war ich in einer Wochenkrippe in Premnitz. Wochenkrippen
waren in der DDR Kinderkrippen für Kinder im Alter von sechs Wochen bis
zu drei Jahren.
Die Kinder wurden am Montag in der Betreuungseinrichtung abgegeben und
am Sonnabendmittag wieder abgeholt. Das Angebot galt vor allem für Eltern
mit hoher zeitlicher Belastung wie Schichtarbeiter.

Wochenkrippen wurden als kommunale oder betriebliche Einrichtungen betrieben. Und dann kam das Jugendamt. Ich war ein hübsches Kind, blond,
blauäugig. Mich hätte man gut in Adoption vermitteln können.

Meine Omi Juliane hat dann die Arbeitszeit reduziert und mich zu sich genommen. Wie sie das gemacht hat weiß ich nicht. Ich bin dann zeitgleich mit
den letzten 4 Jungen meiner Oma Hulda aufgewachsen. Die letzten beiden
waren Zwillinge, mein Lieblingscousin ist leider schon früh in den Dreizigern
an Nierenversagen gestorben.

Ich lebte dort bis ich 5 Jahre (1981) alt war. Dann kam plötzlich meine Mutter,
die ich nicht kannte. Sie hatte ihre Russlandzeit abgearbeitet und eine Wohnung in Berlin Pankow zugesprochen worden. 3 Zimmer, Einbauküche, flie-
ßendes Wasser. Allerdings mussten wir die Wohnung trocken wohnen. Der
Neubau war frisch erstellt.

Wir wohnten im 5. Stock ohne Fahrstuhl, in einem Wohngebiet, wo weitere 30
Neubauten hingestellt wurden. Da fällt mir was ein, Tina Turner ist letzte
Woche gestorben. In ihrer Biografie stand, dass sie eine Zeitlang in Pankow, 2
Straßen weiter gewohnt hat.

Ich frage mich immer, wie sie das als Amerikanerin geschafft hat. In unserer
Gegend war niemand schwarz, alle hätten sie angestarrt. Und was hat sie den
ganzen Tag gemacht? Was hat sie gegessen? Es war ja nicht so, dass es Super-
märkte wie heute gab. Unser Angebot war mini im Gegensatz zu heute. Und
die Wohnungen spärlich zu dem was es in Amerika gibt.

Als Trockenwohner bezeichnete man Menschen, die zeitweilig in neu errichte-
ten Wohngebäuden wohnten, deren Wände noch nicht ausreichend getrocknet
waren. Der Nachteil war natürlich, das alle krank wurden durch die Feuch-

tigkeit, Schimmel usw. Für mich war es die Hölle in der Groß-stadt. Meine
Mutter mochte mich nicht wirklich, ich habe sie immer gestört.

Und dann kam mein Bruder, der Prinz. Ich kann mich immer nur an Schläge
erinnern. Auch mit Holzlöffeln. Wollte ich was, Schläge, oder Kleiderbügel tun
auch richtig weh. War sie überfordert, Schläge.
Meine Mutter hatte einen Schulfreund, Patrick, der für sie einfach alles tat.
Auch er wollte nach Berlin. Da er keinen Grund wie Arbeit hatte, bekam er
keine Bescheinigung.

Jetzt hatte Patrick aber auch noch das Problem, das er mehr als homosexuell
als bi war. In der DDR wurde das nicht toleriert und mit manche mit Gefängs-
nis betraft.

Rechtlich war die DDR bei der Behandlung von Homosexuellen deutlich libe-
raler als die Bundesrepublik. Schon 1968 wurde der Schwulenparagraf 175
gestrichen. Doch die Gesellschaft blieb hart und ausgrenzend

Sie trafen dann eine klare Zweck-Vereinbarung. Sie heirateten und dann dürfe
er mit in die Wohnung ziehen. Unverheiratete durften damals nicht zusammen wohnen. Es gab strenge Kontrolle durch den ABV, er war eine Stufe unter
der Polizei und durfte alles kontrollieren.

1982 war ein sehr heißes Jahr. Die Hitze flirte auf den Straßen. Patrick machte
eine dreijährige Ausbildung als Straßenbahnfahrer. Mein Bruder Dennis kün-
digte sich an. Meine Mutter war schon einige Tage vor dem Geburtstermin im
Krankenhaus. Patrick war völlig überfordert

Er musste sich um mich kümmern, in den Kindergarten bringen und abholen,
dann der Haushalt, die Ausbildung. Zum Glück hatten wir Nachbarn, die
geholfen haben.

Er bekam dann einen Brief, das die Einschulung in der roten Schule wäre. Nun
denkt man, das ist doch nicht schwierig. Ich habe ein Foto von der Schule, da
trage icht Hausschuhe. Er hat es nicht bemerkt.

Und er wusste auch nicht, wo die rote Schule ist. Man denkt, im Haus wohnen
7 Kinder, die zusammen in einer Kindergruppe im Kindergarten waren. Da
gehe ich doch einfach den anderen Eltern hinterher. Pustekuchen.

Wir hatten 4 Schulen im Umkreis, die deutsch-französische, die 27. Schule, die
28. Schule, die 1. Schule und die 10. Schule (die rote). Und alle waren woan-
ders. Damals gabs keine Busverbindung. Zu jeder Schule sind es mindestens
20 min zu laufen.

Da sieht man mal, wie viele Kinder eingeschult wurden.
Irgendwie hat er es dann geschafft. Ich kannte niemanden in der Klasse. Die
Lehrerin hat mich dann in die erste Reihe zu Birgit gesetzt. Und das war kein
Zufall. Es gab keine Zufälle in der DDR. Ihre Eltern waren hoch-rangige Par-
teibonzen. Die Kinder sollten sich gegenseitig ausfragen, was man im Fernse-
hen gesehen hat, Westfernsehen war verboten, was die Eltern so reden.
Furchtbar.

Birgit sollte, wie ihre Schwester eine politische Karriere machen. Sie tat mir im
Nachhinein richtig leid. Pionier, FDJ, Partei. Sie musste den Haushalt schmeißen, Wäsche Waschen, abwaschen, wischen, die Eltern waren immer bei Par-
tei-Versammlungen.

Das Schulsystem in der DDR war so geplant, das man 10 Jahre in die gleiche
Schule gehen und danach in die dreijährige Ausbildung und dann arbeiten bis
zur Rente.

Warst du nicht gut in der Schule, gingst du nach der achten Klasse ab und
machtest eine Ausbildung als Hilfsarbeiter . Warst du ein Kind von SED Funk-
tionären konntest du Abitur machen. Die DDR gab immer an, man wolle Ar-
beiterkinder auch studieren lassen. Stimmte aber nicht.

Es gab immer Situationen, wo normale Kinder ausgegrenzt wurden. Ich wollte
gerne in ein Ferienlager an der Ostsee, wie die anderen Kinder. Der Antrag
wurde abgelehnt. Man fragte mich, ob ich in der Küche arbeiten wolle, dann
kann ich mitfahren. Ich habe dort über 400 Mark verdient, ein normaler Arbeiter verdiente 180 Mark.

Wir sind dann nach Berlin Buch 1987 weggezogen. Meine Mutter hatte 1989
einen Stasimann geheiratet. Meine Uroma Juliana, war schon über 70 zog dann
auch noch zu uns.

Jahre später hatten wir ein Klassentreffen, das war schon in den 2000 ern. Irgendwann ist Birgit weggebrochen, sie wollte das alles nicht mehr. Bereits Ende der 1989 machte sie nicht mehr, was die Eltern wollten, färbte sich die Haare bunt, schmiss ihre Lehre als Friseurin, nahm Drogen. Tod durch finalen Schuss.

Unsere Klasse ist von vornherein durch geplant gewesen. Unsere Klasse war besonders, das habe ich aber nachher erst gemerkt. Meine beste Freundin wohnte im Hochhaus unter mir und war in der Parallelklasse. Ich habe immer gefragt, warum ich nicht mit ihr in der Klasse sein dürfe. Ging nicht.

In unserer Klasse gab es zwei jüdische Mädchen. Charlotte und Charlotte. Die beiden waren musikalisch hoch 10. Die eine spielte Violine, die andere Klavier. Nie durfte man sie zu Hause besuchen. Immer mussten sie üben.

Sie durften einfach keinen Kontakt zu SED Kindern haben. Eine ist heute Lehrerin in der jüdischen Schule Berlin und die andere arbeitet im Museum.

Benjamin war der Dicke. Unsportlich, dicke Brille. Er wäre für das Mobbing das perfekte Ziel gewesen. Ihn guckte aber keiner an. Alle wollten mit ihm befreundet sein. Warum, seine Mutter war Amtsrichterin, sein Vater tot. Er wollte Rechtsanwalt werden und ist es geworden.

Stefan, seine Eltern waren bei der Armee, musste immer nach der Schule schnell nach Hause, Hausaufgaben machen, dann durfte er erst raus. Tod durch goldenen Schuss.

Timo konnte wunderschön zeichnen. Ich durfte nie zu ihm, wie die andern. Wir haben einmal ein schönes Buch für unsere Lehrerin gemacht, als Geschenk. Ich sollte ihr ein Bild malen. Ich wusste nicht was, konnte auch nichts. Also habe ich eine Wolke gemalt. Seit dem haben mich alle nur noch ausgelacht.

Das schlimme ist, hätte man mir was gezeigt, hätte ich es gekonnt. Meine Mutter hat sich nie mit mir beschäftigt. Ich hatte keine Stifte, keine Pinsel, keine Farbe. Ich kann ganz gut malen und zeichnen. Man muss es mir einmal zeigen. Sindy wohnte im Nebenaufgang. Sie durfte nicht mit mir sprechen, warum auch immer. Ihre Eltern waren Diplomaten und reisten durch die Welt und machten Hilfe zu Selbsthilfe. Brunnen bauen in Afrika usw. In den Ferien durfte sie immer mit. Nach 1989 wurden sie arbeitslos und machten verschiedene Umschulungen. Dann haben sie in Pankow einer Versicherungsagentur aufgemacht und verkauften Bausparverträge. Sie waren früher schon wohlhabend, aber jetzt zockten sie die Leute richtig ab. Sindy hat sich nach der Ausbildung relativ schnell nach Bayern abgeseilt. Sie wiegt über 200 kg.

Manuela. Wohnte im Nachbarhaus und war dann plötzlich weg. Bei dem Klassentreffen war sie wieder da. Sah aus, als wäre sie 60 Jahre alt. Ist auch abgehauen, weil die Eltern so parteitreu waren. Sie war nach Amerika gegangen und war jetzt wieder da, weil sie keine Krankenversicherung hatte.

Ich wollte bloß mal aufzeigen, dass wir alle ziemlich kaputt waren. Die Eltern bestimmten, wer wir sein sollten.

Mit sechszehn in 1992 bin ich ausgezogen. Meine Ur-Großmutter wohnte immer noch mit in meinem winzigen Zimmer. Ich hatte die zehnte Klasse beendet und sollte eigentlich an meiner Schule Abitur machen. Ich hatte wirklich gute Zensuren und hätte das locker geschafft.

Meine Eltern haben mich einfach abgemeldet und mir über das Arbeitsamt eine Ausbildungsstelle als Sekretärin gesucht. Ich sollte die Hälfte meines Lehrgeldes abgeben. Das wären 170 Mark für Kost und Logis.

Im Hinterhaus meiner Lehrstelle war eine Einzimmerwohnung frei, die habe ich mit Hilfe meines Chefs angemietet. Hauptsache von zu Hause weg. Das Arbeitsamt hat mir ein bisschen Geld dazugegeben.

Ich ernährte mich hauptsächlich von Döner und Multivitaminsaft. Jeden Freitag und Samstag ging ich tanzen. Ich hatte diverse Nebenjobs, vom eisverkaufen, putzen, servieren.

Nach meiner Ausbildung war ich einige Jahre bei einer Zeitarbeitsfirma beschäftigt. Dann war mir das alles zu langweilig. Ich machte Abitur und bekam 2001 meinen Sohn.

Frau Birkenbihl, eine Psychologin, sagte einmal, der Mensch hat drei Phasen des Verliebens. Nummer eins, man verliebt sich unsäglich, es ist die grosse Liebe. Nummer zwei man leidet unsäglich, bei Nummer drei, weiss man, wie man es haben will und alles wird gut.

Nummer eins war meine grosse Liebe, wir hattenen ein Kind zusammen und später geheiratet. Er hat uns verlassen und ich habe sehr und lange gelitten. Ich bin dann nach Köln gezogen, damit ich alles hinter mir lassen kann.

Mit Nummer zwei war ich auch lange verheiratet. Mein Sohn und ich zogen in die grosse Stadt, wo ich später Herrn Nussbaum getroffen habe. Er hat mich immer angeschrieen. Erst habe ich mich nicht getraut zu gehen. Mit Paul Nussbaum an meiner Seite habe ich das dann geschafft.

Nummer drei habe ich vor 8 Jahren in einem Restaurant kennengelernt. Ich habe meine Ruhe gefunden. Herr Paul Nussbaum ist 25 Jahre älter als ich.

Was noch ganz wichtig ist. Früher kannte man Burnout, Autismus, Behandlung mit Lithium noch nicht. Ich glaube, hätte man mich früher behandelt, wäre mir viel Leid erspart worden. Wenn du immer hibbelig bis, zehn Sachen gleichzeitig machst, auch in Krankheit nicht still liegen bleiben kannst, ist das ganz schlimm für den Betroffenen, aber auch für die Verwandten, weil sie dir nicht helfen können.

Ich nehme seit über zehn Jahren starke Beruhigungsmittel.

Als ich Herrn Nussbaum kennenlernte, war sofort klar, dass ich Ehemann Nummer zwei verlassen werde.

Ich habe mir schon zum vierzigsten Lebensjahr eine kleine Eigentumswohnung in der Stadt gekauft, die ich nach und nach abbezahle. Ich habe früher gut verdient und meine Erwerbsminderungsrente ist soweit ok, das ich dafür alleine leben könnte.

Nach dem Burnout habe ich zwei Jahre kleine Jobs über die Rentenversicherung machen müssen, von der Arbeit in der Konditorei bis Restaurants oder in einem Büro kleine Büroarbeiten. Da war ich aber nicht lange. Ich kann mich nicht konzentrieren. Lange Auto fahren geht auch nicht. Mir schlafen die Hande und Füsse ein und ich werde unglaublich müde.

Dieses Buch schreibe ich auch schon über drei Jahre. Ich muss mich da richtig zusammen reissen, weiter und konzentriert zu schreiben. Entweder kommt ein guter Film, ich arbeite im Garten oder stricke Socken.

Ehe ich zur Vergangenheit zurückkehre, muss ich mich noch zu Seuche Corona äußern.

Im Sommer 2020, flogen wir mit unseren Nachbarn nach Portugal, um 14 Tage Sommerurlaub zu machen. Wir lieben es, am Strand spazieren und an der Algarve oben in den Küstengebieten und Bergen wandern zu gehen. Mein Mann ist in diesem Jahr 70 Jahre alt geworden und hat sich einen letzten Lebenstraum erfüllt.

Irgendwie war alles komisch. Die Restaurants machten zu, in den Supermarkt durfte man nur mit Maske und nur max. 3 Leute. Wir hatten eine Tour mit dem Schiff gebucht, das Schiff kam nicht. Es wurde so ruhig, so still. Es kamen auch keine neuen Touristen.

Wir konnten also 2 Wochen gar nichts tun außer wandern. Und wir wussten auch nicht, was los ist. Und dann sagte der Hotelmanager, das alle Flüge gestrichen seien. Wir sollten jedenfalls zum Flughafen fahren und von dort versuchen, nach Deutschland zu kommen. Die deutsche Bundesregierung hatte jedem Urlauber garantiert, dass er nach Hause käme. Aber das wussten wir nicht.
Wir kamen am Flughafen an und mussten uns erst mal diese blauen Masken kaufen, erst dann kamen wir in den Flughafen rein. Mein Mann Paul Nussbaum ist ein streitbarer Geselle, er wollte die Maske nicht aufsetzen.

Die Security ermahnte ihn, sonst würde er nicht nach Hause fliegen können. Im Flughafen war die Hölle los. Jeder wollte nach Hause. Wir haben bestimmt 4 Stunden gewartet, nur um Flugtickets zu bekommen.

Deutschland hat sich damals von anderen europäischen Fluglinien Flugzeuge geliehen. So schlecht bin ich noch nie geflogen, Ryan Air, Holzklasse. Aber egal, wir waren unterwegs nach Hause. 3 Stunden mit Maske. Paul ist fast im Dreieck gesprungen. Wir sind dann in Stuttgart angekommen und mussten noch mal 1 Stunde in unsere Stadt fahren. Und wieder Maske. Und, wir wussten immer noch nicht, was eigentlich los war.

Zuhause machten wir erst mal den Fernseher an. Dort kam eine Sendung, eigentlich in Dauerschleife. Bis zu diesem Tage haben wir Corona gar nicht ernst genommen. Wir hielten diese Krankheit für eine andere Form von Grippe. Hätten wir gewusst, was noch kommt, wären wir nicht geflogen.

Im Dezember 2019 brach in China eine Lungenkrankheit aus, ausgelöst durch ein neuartiges Coronavirus. Erst Ende Januar 2020 wurde der erste Fall in Deutschland bekannt. Bis Ende 2020 starben weltweit mindestens zwei Millionen Menschen an Corona.

Die Krankheit, welche das neuartige Coronavirus verursacht, bekommt am 11. Februar einen Namen: COVID-19. Der Name leitet sich ab von Corona, Virus und Disease, ergänzt um das Jahr der Entdeckung 2019.

Das Virus selbst heißt SARS-CoV-2 – die Abkürzung für "Severe Acute Respiratory Syndrome Coronavirus 2". Der März 2020 beginnt für Deutschland mit steigenden Infektionszahlen.

Das Robert Koch-Institut erklärt Südtirol zum Risikogebiet. Viele Deutsche waren aus den Skiferien aus Norditalien zurückgekehrt. Unter den Rückkehrern war es vermehrt zu Corona-Infektionen gekommen.

Am 12. März stuft die Weltgesundheitsorganisation (WHO) die Verbreitung des neuen Coronavirus als Pandemie ein. Inzwischen hat sich das neuartige Coronavirus in 115 Ländern ausgebreitet.

Wie wir aufgrund der politische Lage von 2019 bis 2023 in Deutschland und der Welt beschlossen auszuwandern

Heute ist der 15.05.2023, ehe ich von der Vergangenheit weiter erzähle, muss ich schnell mal Aktuelles einwerfen. Falls das Buch jemals veröffentlicht wird, kann der Leser sich ein Bild von heute machen. Ich beschreibe im Buch vor allen Dingen die Krisen, die die Menschen damals bewältigen mussten. Aber die Krisen von heute sind auch wichtig, denn sie werden zu unserer Geschichte.

„Früher war alles besser". Wann ist früher? Aber war alles besser? Wie ist es heute? Besser? Schlechter?

Früher gab es Seuchen, schmutzige Straßen, Kriege, hungernde Kinder. Stellt der heutigen Generation mal das Internet, oder, das würde schon reichen, stellt mal den Strom ab. Nichts geht mehr. Nach spätestens einer Woche wür-

de alles zusammenbrechen. Nur die kleinste Menge an Menschen könnte sich selber versorgen, würde irgendwie klar kommen. Ich könnte mein Buch nicht mehr weiter schreiben, nicht mehr ausdrucken.
Heute machen wir alles mit dem Handy. Ist der Strom weg, können wir nicht mehr kommunizieren. Ich wüsste noch nicht mal die Telefonnummern meiner Familie, die noch in Deutschland leben.

Gestern hat Deutschland berechtigt beim ESC verloren. Die Vorstellung war wieder mal mehr als peinlich. Die Klimakleber in Deutschland und Österreich kleben sich mit Sekundenkleber seit Monaten an der Straße fest und nerven die Autofahrer der Großstädte. Sie wollten aufzeigen, dass das Klima kaputt ist.

Die Letzte Generation (LG) ist ein Bündnis von Klimaaktivisten in Deutschland und Österreich. Es verfolgt das Ziel, durch Mittel des zivilen Ungehorsams Maßnahmen der deutschen und der österreichischen Bundesregierung gegen die Klimakrise zu erzwingen.

Klimakrise beschreibt die ökologische, politische und gesellschaftliche Krise im Zusammenhang mit der globalen Erwärmung. Die gegenwärtige globale Erwärmung oder Erderwärmung (umgangssprachlich auch „der Klimawandel") ist der Anstieg der Durchschnittstemperatur der erdnahen Atmosphäre und der Meere.

Jetzt mal eine Frage, wenn die sich an die Straße kleben, wird dann das Klima automatisch besser? Manche fordern das 49 € Ticket für alle Bürger von der der Deutschen Bahn. Letztes Jahr gab es nach Beendigung von Corona den Versuch, die Leute günstig für einen Monat von A nach B zu fahren zu lassen. Dieser Versuch kam von der Deutschen Bahn, nicht von der Bundesregierung, damit ist die Forderung völlig wieder sinnig.
Vorreiter war das 9-Euro-Ticket, das 52 Millionen Mal verkauft wurde.

Mit dem Ticket konnten in den Monaten Juni, Juli und August für nur neun Euro monatlich alle Busse und Bahnen im Nah- und Regionalverkehr genutzt werden.

Berliner Punker fuhren nach Sylt und habe die Reichen und Schönen geärgert, indem sie sich an den Stränden und vor den Restaurants breit gemacht haben und vor Ort gezeltet haben. Natürlich haben sie auch ordentlich gesoffen und gekifft. Eigentlich wurde das von den Deutschen gefeiert, weil sie es lustig fanden.

Mittlerweile hat man festgestellt, das die Klimakleber durch eine Organisation, wir sagen Sekte, geschult wurden. Wie klebt man sich an die Straße, wie nervt man am meisten? Dies alles wurde sinnlos, als die Feuerwehr beim Hersteller angefragt hatte, wie man den Sekundenkleber schnell los bekommt.

Öl, ganz einfach Öl. Seit dem haben die Polizei, die Feuerwehr und die Krankenwagen immer Öl dabei.

Letzte Woche wurde der „ewige Azubi" wie Charles genannt wird, zum König gekrönt und heißt jetzt König Charles III. Seine Frau Camila wurde somit zur Königin. Königin Elisabeth II ist letztes Jahr mit 96 Jahren gestorben, das war am 8 September 2022.

Seit dem 14. März 2020 dürfen EU-Bürger nicht mehr in die USA einreisen. Am Vortag hatte US-Präsident Donald Trump den nationalen Notstand ausgerufen. Fast alle Bundesländer beschließen, Schulen und Kitas bis zum Ende der Osterferien zu schließen.

Bundeskanzlerin Angela Merkel wendet sich am 18. März – bisher einmalig in ihrer Kanzlerschaft – in einer TV-Ansprache mit einem eindringlichen Appell an die Bundesbürger. Zu Hause bleiben, wann immer es möglich ist, das ist das Gebot der Stunde. Zu diesem Zeitpunkt zählt Deutschland um die 10.000 Infizierte und 28 Todesopfer. In ganz Europa steigen die Infektionszahlen weiter.

Nur einen Tag später legt die Europäische Zentralbank als Reaktion auf die Krise ein Hilfsprogramm in Höhe von 750 Milliarden Euro auf. Die WHO meldet 200.000 Infizierte weltweit bei 8.778 Toten. Italien wird zunehmend zum Epizentrum der Pandemie. Erstmals meldet das Land mehr Todesopfer als China. Am 25. März überholt auch Spanien China in der Opferzahl. Trauriger Rekord in Europa: Am 21. März sterben innerhalb von 24 Stunden in Frankreich 100 Menschen an den Folgen einer Corona-Infektion, in Spanien 400 und in Italien 800.

Trotz rund 25.000 Infizierten gibt es in Deutschland weiterhin keine generelle Ausgangssperre, aber Bund und Länder beschließen ein Kontaktverbot.

Ansammlungen von mehr als zwei Personen sind verboten – Ausnahmen gelten für Familien und für Menschen, die in einem Haushalt zusammenleben.

Weltweit hat die Pandemie verheerende wirtschaftliche Folgen: Millionen Menschen werden arbeitslos, Firmen gehen pleite, selbst solide Unternehmen geraten in Schwierigkeiten. Gewinner der Krise sind weltweit die Online-Händler, deren Umsätze zunehmen. Überall müssen Menschen ihr Arbeits- und Privatleben, das Lernen und die Kinderbetreuung umstellen.

Gut ein halbes Jahr nach Auftreten der ersten Krankheitsfälle wird nach und nach zur Gewissheit: COVID-19 ist keine reine Lungenkrankheit. Das Virus greift auch Organe wie Nieren, Herz und Gehirn an. Weitere Auswirkungen sowie Folgeschäden werden noch erforscht.

Auch zu den Übertragungswegen gibt es immer wieder neue Erkenntnisse: Die Ansteckung mit Viren, die sich über Tröpfchen verbreiten oder über Aerosole in der Luft halten, ist eine der größten Gefahren.

Im Herbst 2020 steigen die Fallzahlen der Infizierten weltweit wieder stark an. Die zweite Welle ist da. Früher als erwartet stehen ab Dezember 2020 erste Impfstoffe gegen COVID-19 bereit.

Am 21. Dezember 2020 erhielt der mRNA-Impfstoff Comirnaty (BioN-Tech/Pfizer) als erster COVID-19-Impfstoff die bedingte Marktzulassung. Die erste Impfung damit erfolgte in Deutschland am 26. Dezember 2020. Inzwischen stehen weitere Impfstoffe für die Grundimmunisierung gegen COVID-19 und für etwa erforderliche Auffrischungsimpfungen zur Verfügung.

Der Entschluss wegzugehen.

Wir wollten uns nicht impfen lassen, weil die Impfung nicht sicher war. Ich, darf mich nicht impfen lassen, weil ich starke Medikamente nehme. Wir wurden immer mehr durch Behörden gegängelt, die Nachbarn, die geimpft waren mieden uns und sprachen nicht mehr mit uns.

Sogar Pauls Bruder lies uns nicht mehr rein. Das belastete Paul so sehr. Erst 2024 fanden wir als Familie wieder zueinander.

Paul sprach immer mehr davon, alles zu verkaufen. Wir sprachen über mehrere Optionen, Amerika, Portugal oder Ungarn. Da Paul schon 70 Jahre alt war, war ihm eine gute Krankenversorgung wichtig. Sein Schwiegersohn sagte, Portugal ist zwar schön, aber sie haben eine schlechte ärztliche Versorgung. Amerika war blöd, weil wir alle halbe Jahre nach Deutschland müssten.

Also Ungarn. Praktisch, weil nicht allzuweit. Innerhalb eines Tages kann man nach Deutschland zurückkehren, wenn man müsste. Wir haben alles gut durchdacht. Was sagen die Kinder?

Es war immer noch Corona und wir hatten sie selbst in Deutschland über Monate nicht gesehen. Ich habe noch eine Eigentumswohnung, die jetzt vermietet ist.

Mein Sohn sagte, „geh, jetzt ist noch Zeit". Die Kinder von Paul waren nicht so begeistert. Die eine Tochter, die am Bodensee wohnt, hatten wir schon über ein Jahr nicht mehr gesehen.

Die andere Tochter, weinte Krokodilstränen, aber auch sie hatten wir über Monate nicht gesehen, obwohl wir fast im Nachbarort wohnten. Tja, und dann ging alles relativ schnell.

Paul fragte mich, ob ich diesen Schritt mit ihm mitginge. Ich sagte ja, aber nur wenn wir heiraten würden. Ich brauchte Sicherheit.

Ich rief im Standesamt an und sagte, dass wir heiraten wollen. Sie sagte, sie nimmt keine Trauungen vor, es sei Corona. Ich sagte ihr, dass wir auswandern wollen. Sie wollte immer noch nicht.

Eine Trauung darf auch in Seuchenzeiten nicht verwehrt werden, das wusste ich von meinem Studium und machte ihr das klar. Man muss halt alles sauber und sicher machen. Alles muss desinfiziert sein.

Wir einigten uns auf den 11.11.2021. Die politische Vorgabe war, nur 5 Menschen in einem Raum. Wir fragten unsere Freunde, ob sie Trauzeugen sein wollen. Unsere Trauung ging 10 Minuten. Namen vorlesen, wollen sie, wollen sie, unterschreiben danke.

Wir wollten gerne Essen gehen, das ging natürlich nicht. Wir gingen so auseinander, mit dem Versprechen, das wir nach Corona essen gehen wollten.

In der Zwischenzeit, das war im August 2021 hatten wir das Haus in der Gemeindezeitung ausgeschrieben. Ich kannte eine Maklerin, die das Haus ungefähr taxiert hat. Sie sagte, wenn wir es offiziell ausschreiben würden, würden wir nicht mehr schlafen können. Häuser dieser Art wären sehr gesucht.

Die Nähe zu Stuttgart würde den Preis hoch drücken. Wir wollten aber keine Massenbesichtigungen. Allein durch die Gemeindezeitung kamen schon ca. 30 Leute. Alle mussten Masken aufsetzen. Es war immer noch eine Begrenzung auf 5 Personen, die gleichzeitig in einem Haus sein durften. Und wir hatten Nachbarn, die sofort bei der Polizei angerufen haben. Die kam natürlich. Aber wir haben wirklich immer aufgepasst, so dass die Polizei wieder weggefahren ist. Ab dem dritten Mal war denen das auch zu blöd.

Eine Frau, die früher im Ort gelebt hat und zurückkommen wollte, hat das Haus gekauft. Wir konnten alle Schulden bezahlen und hatten noch eine ausreichende Summe, um ein Haus in Ungarn zu kaufen.

Problematisch war, das die Frau das Haus unbedingt zum 01. Dezember beziehen wollte, warum auch immer. Entweder das Datum, oder sie kauft nicht.

Wir mussten also relativ schnell das Haus verkaufen. Dann mussten wir zum Notar, die Papiere fertig machen, das ging erst nach Geldeingang.
Mit den Papieren mussten wir wieder zum Amt, um uns polizeilich ins Ausland abzumelden. Und wieder das gleiche Spiel. Sie dürfen hier nicht rein. Ich wollte die Abmeldung machen, dann brauchten wir neue Ausweise und Reisepässe. Beantragen durfte ich das, abholen nicht mehr.

Inzwischen musste man geimpft sein, um eine Behörde zu betreten.
Ich musste meine Schwiegertochter bitten, die eine Krankenschwester ist und somit geimpft, unsere Personalausweise und Reisepässe abzuholen.

Wir haben uns ab September bei ebay einige Häuser angesehen. Wir wussten nicht, wo wir hinwollten. Die meisten Leute wollen nach Marcali, nach Siofok, an den Balaton. Was man halt so kennt, vom Urlaub.

Wir haben ein paar schöne Häuser in Nagykanitza gefunden, die wir angucken wollten und dann mal sehen, was passieren würde. Im Oktober 2021 sind
wir dann nach Ungarn gefahren. Hier war keiner mehr mit Maske. Wir hatten
zwei Wochen Zeit, um ein Haus zu kaufen. Die Häuser von ebay waren
furchtbar. Schön fotografiert, aber teilweise verfallen. Siofok ist ganz hässlich.
Marcali auch. Die Häuser am Balaton sind teuer. Großstädte, das war das, was
wir nicht wollten.

Meine Liste von möglichen Häusern wurde immer länger. Ja, wir waren wäh-
lerisch, aber wir wollten ja gleich einziehen und nichts mehr machen müssen.
Ich hatte mittlerweile eine E-Mail vorgeschrieben, die ich an Makler gesandt
hatte, was ich wollte und was ich nicht wollte.

Am vorletzten Tag hatte sich ein österreichischer Makler bei uns gemeldet, der
vernünftige Ansichten hatte. Er fragte uns, ob wir Familie in Deutschland
hätten, die wir irgendwann besuchen wollten. Das wollen wir. Er sagte, er
hätte ein Haus ca. 25 km von der österreichischen Grenze entfernt, dann wären
wir in 7 Stunden in Deutschland. Außerdem könnten wir gleich einziehen,
man muss nicht viel machen. Er zeigte uns das Haus, es war riesig, mit See,
mit Alpakafarm. Wir sagten, das ist zu groß.

Wir brauchen 4 Zimmer, Küche, Bad, kleines Grundstück fertig.
Er hatte noch ein Angebot, ganz in der Nähe, er hatte aber selber noch nicht
gesehen. Er rief die Familie an, ob wir das Haus angucken könnten.
Wir haben das Haus dann besichtigt und uns Bedenkzeit erbeten, weil wir
noch 2 Häuser ansehen wollten. Er stimmte zu.

Wir haben uns dann noch ein Haus angesehen, aber gleich beschlossen dieses
kleine Haus zu nehmen.Wir riefen ihn an.

In Ungarn ist es üblich, eine Anzahlung zu machen. Das dient dem Verkäufer,
er ist sich sicher, dass man das Haus kauft. Kauft der Interessent das Haus
doch nicht, kann der Verkäufer das Geld behalten. Wir sind also zum Notar
gegangen und haben das aufgeschrieben. Wir hatten 5 Tage Zeit, das Geld zu
überweisen, weil wir ja keine 10.000 € dabei hatten.

Weiterhin wurde aufgeschrieben, bis wann das Haus leer sein sollte,
15.12.2021 und bis wann der Betrag des Hauskaufes überwiesen sein sollte.

Wir wussten von unser Sparkasse, das das beantragt werden muss. Das hatten wir aber schon vorher gemacht. Wir hatten mit der Familie vereinbart, das sie uns Ihre Betten und 2 Schränke da lassen sollten, das wir für den Anfang was hätten. Weiterhin sollten sie zwei Räume weiß streichen, die waren vorher schokoladenbraun. Dafür haben wir natürlich bezahlt.

Seht ihr das Datum? 15.12.2021, da wollten wir einziehen. Am 01.12.2021 sollte unser Haus in Deutschland übergeben werden. In Deutschland haben wir alles verschenkt. Ein Umzugsunternehmen hatte uns den Preis von 7.800 € genannt. Also verschenken und ebay. Wir würden uns in Ungarn dann alles Neue kaufen.

Wir haben es geschafft. Das Haus war leer und wir zogen in ein Hotel in der Nähe. Unsere zwei Autos waren bis an die Decke voll mit Fotoalben, persönlichen Sachen, Bekleidung.

Und dann kam der Schnee. In den 14 Tagen, wo wir noch in Deutschland warten mussten, hatte es geschneit, wie selten erlebt.

Wir hatten uns in Bük, das ist ein großes Thermalbad in Ungarn in einer Ferienwohnung eingemietet. Am Tag der Abreise, ich fahre einen alten Skoda, sprang mein Auto nicht an. Es ging nichts, gar nichts. Und dann der Schnee. Paul hat ein sehr modernes Auto, da kann man nicht überbrücken.

Wir mussten den Hotelwirt fragen, er hatte dann überbrückt. Mein Auto war an. Ich hatte solche Angst, das Auto auszumachen. In dem Schnee haben wir über 10 Stunden nach Bük gebraucht. Ich bin keine geübte Fahrerin, ich brauche alle 2 Stunden eine Pause.

Der Schnee ging bis nach Wien, ich war schon fix und alle.
Endlich sind wir in Bük angekommen.

2021 sind wir im Dezember in Ungarn angekommen.Das Haus war leer, 2 Betten, 2 Schränke, Miniküche. In den Autos war Bettzeug und ein Wasserkocher, Tee, Brot, Butter, Käse, 2 Tassen, 2 Teller.

Wir wollten Möbel kaufen und aufbauen lassen, hatten aber nicht bedacht, dass immer noch Corona war.

Die Verkäuferin hatte uns Internet da gelassen, mit der Option, dass wir es dann gleich so schnell wie möglich ummelden würden.

Im Internet haben wir dann alles angeguckt und sind dann in die Möbelhäuser gefahren und haben vor Ort bestellt. In Györ haben wir dann ein Möbelhaus gefunden, das auch aufbaut.

In den ersten Tagen sind wir nach Bük zum essen und einkaufen gefahren.

Die Verkäuferin hatte einen Cousin mit eigenem Küchenstudio. Er konnte sogar deusch. Er mass mit seinem Vater die Küche aus und kam dann noch mit Schreiner vorbei. Alles wurde bestellt.

Bei Facebook haben wir einen Handwerker gesucht, der uns helfen kann. Wir brauchten zuallererst zwei neue Fenster im Flur, einen Carport, und das allerwichtigste eine Haustreppe. Sie war aus Paletten gebaut gewesen. Paul ist zweimal runter gesegelt, ich einmal.

Dann brauchten wir einen Weg von der Einfahrt quer durch den Garten. Bei uns meldete sich Attila ein Allroundhandwerker, der mit seinem Freund alles machen wollte.

Wir waren sehr zufrieden und haben ihn weiter empfolen. Der Zoltan war immer sehr genau. Uns so verlief die erste Zeit. Im ersten Jahr haben wir alles ein- und umgebaut.

Dann wurde es Zeit, das ich mal zum Arzt gehen, denn ich brauchte neue Medikamente. Die ungarischen haben mich nicht verstanden, meine Medikamente sind ja sehr speziell. Zuerst habe ich einen Neurologen in Oberwart, Österreich, gefunden, der mich aufgenommen hat und mir meine Medikamente verschreiben darf. Ich muss ihn allerdings in bar bezahlen und das bei der Krankenkasse einreichen.

Dann haben wir erste Kontakte hier geknüpft und jemand erzählte von einem Arzt in Rechnitz, der deutsch spricht. Dieser ist jetzt mein Hausarzt. Mein Zahnarzt ist in Bük.

Die Möbel und die Küche sind nach zwei Monaten geliefert und aufgebaut worden. Im Sommer 2022 wurden alle Bauarbeiten durchgeführt.

Seit 2021 habe ich eine Facebook-Gruppe: Leben und Essen in Ungarn. Seit 2022 haben wir zwei uns zugelaufenen Katzen.

Seit 2 Monaten nehme an Ungarisch-Unterricht teil. Seit 2 Monaten haben wir eine Halbjahreskarte für das Thermalbad in Bük.

Wir haben 14 feste Freunde, mit denen wir uns regelmäßig treffen.

In Bük gibt es einmal im Monat einen Stammtisch für deutschsprachige Siedler in der Vadvirag Csarda.

ENDE

Kleine Fakten für den Urlaub

Kleine Fakten für den Urlaub

einheimischer Name:	Magyarország
Hauptstadt:	Budapest (1.861.383 Einwohner
Größe:	93.030 km²
Landessprache:	Ungarisch
Religion:	Römisch-Katholisch
Einwohner :	ca. 9.600.000 (Jahr 2024)
Staatsform:	Parlamentarische Republik

Geographie: Ungarn liegt mitten in Europa. Die Slowakei ist der nördliche Nachbar, die Ukraine der nordöstliche und Rumänien liegt im Osten. In westlicher Richtung liegen Österreich und Slowenien und in südlicher Kroatien und das ehemalige Jugoslawien. Ungarn hat eine sehr hügelige Landschaft, die insbesondere im Nordwesten sehr ausgeprägt ist. Ein großer Teil des Landes besteht aus der Puszta. Der Plattensee (Balaton) im Westen des Landes ist der größte See in Zentraleuropa.

beste Reisezeit: Ungarn kann man das ganze Jahr über besuchen. Im Winter kann es allerdings ziemlich kalt werden, doch möchte man einen Großstadturlaub machen und Budapest besuchen, sind auch die Wintermonate sehr geeignet. Im Sommer kann es in Ungarn richtig schön sein aufgrund der hohen Temperaturen. Hier locken die vielen Seen, in denen man sich abkühlen kann.

Währung: Forint (FT), HUF

Internetcafés: In Budapest findet man mehrere Internetcafés, aber auch in den anderen großen Städten gibt es die Möglichkeit einen öffentlichen Internetzugang zu finden.

Im Notfall: 112, einheitliche europäische Nummer für alle Notfälle wie Polizei, Krankenwagen, Feuerwehr. Sprache: ungarisch, englisch, deutsch

Trinkgeld: Seit Januar 2024 wird 10 % Service auf die Rechnung von Restaurants der Kategorie 1 und 2 geschlagen. „Service" muss dann auf der Rechnung ausgewiesen sein. In den kleinen Restaurants und Trinkhallen, die auf den Dörfern Speisen und Getränke anbieten, sollte man fragen. Gefällt ihnen der Service, geben Sie bis zu 500 Huf zusätzlich. Bei größeren Rechnungen 1.000 Huf.

Rechnen Sie kurz mit dem Kopf durch. Die Umrechnung ist derzeit 1 Euro für 413 Huf. Also 1:4. Ist die Rechnung 10.000 Huf, so sind das 25 Euro. Niemand in Ungarn würde jetzt 2,50 € Trinkgeld geben.
Eigentlich erwarten alle, die im Servicebereich in Ungarn tätig sind, Trinkgeld. Zahlen Sie mit Karte, halten Sie immer Kleingeld bis zu 2.000 Huf bereit.

Zeitzone: Wenn es 12.00 Uhr in Deutschland ist, ist es auch 12.00 Uhr in Ungarn.

Camping: In Ungarn gibt es jede Menge Campingplätze. Insbesondere rund um den Plattensee besteht ein großes Angebot an Campingplätzen. Sollte man im Sommer campen, ist es eine gute Idee, ein Mittel gegen Mücken mitzunehmen.

Hotels: Es gibt viele Hotelmöglichkeiten in Ungarn. Alles vom 5-Sterne Hotel bis zu den kleineren Pensionen, wo man privat untergebracht wird. Auch wenn z. B. booking.com bis zu 20 % teurer ist, als vor Ort zu buchen, ist es ratsam, solche Plattformen zu nutzen. Schauen Sie sich das Hotel oder die Pension vorher im Internet an. Gerade auf Dörfern kann man auf die Nase fallen. Die Plattformen geben Sicherheit, dass Sie ihr Geld wieder bekommen. Zahlen Sie nie im Voraus für Ihr Zimmer und gucken Sie auf die Stornierungsmöglichkeiten.

Pension: Am Plattensee besteht die Möglichkeit Bungalows/ Ferienhäuser zu mieten. Bed & Breakfast findet man vielerorts in Form von privater Einquartierung, wo man allein oder zusammen mit der Familie essen kann.

Herbergen: Jugendherbergen findet man in den meisten größeren Städten. Auf dem Land wird es schwerer, da hier die privaten Pensionen dominieren.

Flugzeug: Zurzeit gibt es in Ungarn keine nationalen Flugrouten, da Ungarn viel zu klein ist. Man kann, wenn man schnell ist, in 2,5 Stunden von Szombately bis Budapest mit dem Auto fahren. Außerdem ist die Bahn so gut ausgebaut und so preiswert, das die meisten die öffentlichen Verkehrsmittel benutzen.
Internationale Flüge gibt es von den ersten drei Flughäfen
Flughafen Budapest Liszt Ferenc, Budapest
Flughafen Debrecen, Debrecen
Flughafen Pécs-Pogány, Pécs

Die meisten Einwohner Ungarns nutzen Budapest, wenn sie aus dem Osten
Ungarns kommen. Die Einwohner des Westens nutzen dagegen eher Wien,
auch aus Preisgründen.

Flughäfen in Ungarn:
Flughafen Budapest Liszt Ferenc, Budapest
Flughafen Debrecen, Debrecen
Flughafen Pécs-Pogány, Pécs
Meidl Airport, Fertőszentmiklós
Flughafen, Győr-PérGyőr
Nyíregyháza, Nyíregyháza
Flughafen, Hévíz-BalatonSármellék
Siófok-Kiliti, Siófok
Flugplatz Börgönd, Székesfehérvár
Szeged, Szeged

Öffentliche Verkehrsmittel: Alle Senioren ab 65 Jahren fahren alle öffentlichen Verkehrsmittel kostenlos. Lediglich in den Bahnen muss ein Sitzplatz
gebucht werden. Halten Sie ihren Personalausweis bereit, damit Sie nachweisen können, wie alt sie sind.

Bus: Das Busunternehmen Volán verkehrt zwischen großen und kleinen Städten. Des Weiteren fahren die gelben und roten Langstreckenbusse in die mehr
abseits gelegenen Gegenden des Landes. Auch in die entlegensten Dörfer
fahren diese Busse im Zeitraffer von 20 Minuten bis 1 Stunde, am Wochenende
ggf. anders. Der Busfahrer verkauft und kontrolliert ihren Fahrschein.

Zug: Das Bahnnetz in Ungarn ist nur knapp so gut wie das Busnetz und wird
meist nur zu Vergnügungsfahrten genutzt. Die Bahngesellschaft MÁV hat
einige schöne Strecken rund um den Plattensee und die United Forest Rail-
ways in den Wald- und Bergregionen. Es lohnt sich auf jeden Fall z. B. von
Szombately nach Budapest zu fahren und dann die Stadt mit Bus und Bahn zu
erkunden.

Taxi: Es gibt jede Menge Taxis in Ungarn, speziell in Budapest. Es gibt allerdings Unterschiede, da nicht alle Taxifahrer nach Taxameter fahren. Suchen
Sie nach gelben Taxis mit TX Kennzeichen. Bei allen anderen sollten Sie vorher
einen Preis ausmachen. In Budapest am Bahnhof stehen sogar Limousinen mit
Fahrern in Smoking und weißen Handschuhen. Diese bieten einen Service der

besonderen Art an. Neben gekühlten Getränken und Snacks bekommt man sehr gute Sightseeing-Touren.

Autovermietungen: Die großen internationalen Autovermietungen haben ihren Sitz in Budapest. Es gibt allerdings auch örtliche Autovermietungen, was aber nicht bedeutet, dass es notwendigerweise auch ein gutes Geschäft ist, dort einen Mietwagen zu mieten.

Schiff oder Fähre: Es gibt Fähren auf dem Plattensee, auf der Theiß und auf der Donau zwischen Budapest und Eszertergom. Diese sind allerdings mehr für Vergnügungsfahrten, als als Transportmittel gedacht.

sonstige Transportmittel: In den mittleren und größeren Städten Ungarns gibt es Straßenbahnen. In Budapest gibt es die U-Bahn und die örtliche Bahngesellschaft HÈV. Auch wenn man in den Straßenbahnen unterwegs ist, halten Sie ihre Fahrkarte und/ihren Personalausweis als Senior bereit.

Das Fahren in Ungarn mit den öffentlichen Verkehrsmitteln ist preiswert. Schwarzfahren dagegen wird richtig teuer. Es wird überall kontrolliert. Man muss sofort eine Strafe cash gegen –Quittung zahlen.

Autofahren in Ungarn: Ungarn hat überall sehr gut ausgebaute Autobahnen und Fernstraßen. In den meisten Städten sind anstatt Ampelkreuzungen Kreisverkehre mit eins, oder zwei oder drei Spuren. So werden Staus vermieden.

Seit Januar 2024 werden überall im Land die Straßen gerichtet und Geh- und Fahrradwege installiert. Oft fahren die Fahrradfahrer noch auf der Straße und nicht alle sind nicht gut sichtbar. In Ungarn gibt es ein reichhaltiges Tierleben und dazu ist es ein Mekka für Vogelinteressierte am Balaton. Ab 16 Uhr kann man viele Rehe und Wildschweine überall im ländlichen Gebiet zu sehen bekommen. Fasane und Störche und Reiher sieht man überall auf den Feldern.

Wichtig: Sehen Sie ein Rehkitz am Straßenrand, lassen Sie es liegen, fassen Sie es nicht an. Die Mutter ist nicht weit entfernt. Liegt das Rehkitz allerdings schwach am Straßenrand, geben Sie ihm Wasser und rufen Sie die 112, das ist die zentrale Nummer für alle Notfälle. Die sagen ihnen, was sie machen sollen und rufen den Tierarzt in der Nähe. Der kommt in der Regel innerhalb von 20 Minuten.

In Ungarn gibt es eigentlich nur im Süden freilaufende Streunerhunde. Finden
Sie einen, denken Sie an den Selbstschutz, fassen Sie ihn nicht an, wenn er
beißt und sei es aus Angst, haben Sie später ein größeres Problem als er. Auch
wenn die Tollwutimpfung Pflicht ist, wissen Sie nicht, ob er geimpft ist. In
Ungarn werden Tollwutköder ausgeworfen, die auch von den Füchsen aufgenommen werden.

Im Raum Szombately gibt es eine Tierklinik, die behandelt Streuner und Wild-
tiere kostenlos und sorgt dafür, dass der Streuner in das Tierheim Szombately
kommt. Ist das Tier verletzt, bringen Sie es hierhin: Sind sie nicht sicher, rufen
Sie irgendeine Klinik an, die helfen Ihnen weiter. Die meisten sprechen
deutsch und englisch.

<u>Budapest</u> Supervet HU
1205 Budapest, Nyáry Pál utca 72, Tel. +36/1 814 28 00

Állatorvos <u>Pécs</u>
7632 Pécs-Kertváros, Fellbach utca 20. – üzletsor, Tel. +3630/484 0023

<u>Szombathelyi</u> Állatkórház,
9700 Szombathely, Bartók Béla Körút 9/b. Tel.: +36 94 / 310-034 9700

Állatorvosi rendelő Sé <u>Torony</u>
9791Torony, Ady Endre u. 2, , Tel. +36· 06 30 530 6379

Maut: Alle Autobahnen in Ungarn sind gebührenpflichtig. In Ungarn gehören
Päckchenw (sowie ihre Anhänger), Motorräder, Lkw bis maximal 3,5 Tonnen
Gesamtgewicht, Autobusse, Fahrzeuge, die nicht auf Grundlage eines eigenen
Gesetzes von der Mautpflicht befreit sind sowie ihre Anhänger in das E-
Vignettensystem.

Die Autobahnvignette muss immer vor der Auffahrt auf die gebührenpflichtige Strecke erworben werden (man sollte sich vor Reiseantritt darum kümmern). Eine Erleichterung bietet die Regel, nachdem gutgläubigen Straßenbe-
nutzern, die versehentlich auf die gebührenpflichtige Straße gefahren sind, 60
Minuten zur Verfügung stehen, um die Straßenbenutzungsberechtigung zu
erwerben. Die nachträglich erworbene Autobahnvignette bedeutet demnach
keine rückwirkende Straßenbenutzungsberechtigung, sondern bedeutet, außer

dem oben genannten Beispiel, eine unberechtigte Straßenbenutzung und wird
mit einer Ersatzmautzahlung belegt.

Damit Sie die unberechtigte Straßenbenutzung vermeiden können, kontrollieren Sie beim Kauf auf dem Beleg immer das Kennzeichen, das Nationalitäts-
zeichen, die Gebührenkategorie sowie die Gültigkeitsdauer!

Beim elektronischen Kauf der Maut dient der Zahlungsbeleg als Bestätigung.

Pfandflaschen: Das System ermöglicht es den Kunden seit dem 01.01.2024, für
jede zurückgegebene Flasche oder Dose, Getränkekarton mit dem entspre-
chenden Pfand-Symbol 50 Forint (ca. 0,15€) zurückzubekommen. Dabei können sie wählen, ob sie den Betrag selbst an der Kasse einlösen oder für wohltä-
tige Zwecke spenden möchten.

Fotos: Grundsätzlich gibt es keine Probleme in Ungarn zu fotografieren, allerdings ist es verboten, militärische Einrichtungen zu fotografieren. Man sollte
auch beachten, dass es für heilige Stätten, wie Kirchen und Moscheen besondere Regeln gibt, die dann allerdings durch ein Schild kenntlich gemacht werden. Möchte man einzelne Personen fotografieren, sollte man diese vorher
fragen und um Erlaubnis bitten.

Trinkwasser: Das Trinkwasser in den mittelgroßen Städten und den Großstädten ist in Ordnung. Auf dem Land sollte man das Wasser allerdings erst abko-
chen oder Trinkwasser in einem Geschäft kaufen. Die meisten Ungarn auf dem
Dorf haben einen Brunnen, wo sie das Wasser her beziehen.

Elektrizität: 220 Volt AC / 50 Hz

Verhalten: In Ungarn kann man sich kleiden wie man will und normalerweise kann man auch Kirchen in kurzen Hosen und kurzärmeligem Hemd
besichtigen. Rauchen ist in öffentlichen Verkehrsmitteln und in öffentlichen
Gebäuden verboten. Seien Sie immer höflich, sagen Sie guten Tag, (jó napot)
und setzen Sie sich nicht einfach an einen Tisch im Restaurant. Der Kellner
wird sofort da sein und sie platzieren. Bedanken Sie sich (Köszi). Weitere Redewendungen finden Sie hinten. Installieren Sie „deepl", das ist eine sehr gute
und hilfreiche Übersetzungsapp.

Parken Sie nicht schwarz. Parken ist nicht teuer, 3 Stunden für 400 Huf, das ist
ca. 1,00 Euro. Falschparker zahlen sehr viel. Das Ordnungsamt hat Ausweise

dabei und alles geht elektronisch. Sie werden nie aufgefordert bar zu bezahlen. Der Strafzettel muss bei der Post bezahlt werden.

Fahren Sie nicht schwarz. Die öffentlichen Verkehrsmittel zu nutzen ist sehr preiswert. Senioren ab 65 Jahren fahren sogar kostenlos.

Öffnungszeiten: Banken haben geöffnet von 09.00 - 16.00 (Montag - Donnerstag) und von 09.00 - 13.00 (Freitags) Geschäfte haben geöffnet von 09.00 - 18.00 (Montag - Freitag) und von 09.00 - 13.00 (Samstags) Ämter und Büros haben geöffnet von 08.00 - 16.30 (Montag - Freitag)

Essen und Trinken: Die ungarische Küche ist gefüllt mit leckeren und würzigen Gerichten. Paprika ist eines der meist gebrauchten Gewürze und wird insbesondere im traditionellen Gericht „Pörkölt", besser bekannt als ungarische Gulaschsuppe, verwendet. Mehr zu Essen und Trinken im Kapitel Essen und Trinken.

Behindertenreisen: In den Großstädten sowie am Plattensee findet man oft behindertengerechte Gegebenheiten vor. Man sollte sich allerdings vor der Reise über die örtlichen Gegebenheiten informieren. Die Menschen in Ungarn sind sehr freundlich und überaus hilfsbereit. Mittlerweile findet man auf jedem öffentlichen Parkplatz behindertengerechte Parkplätze.

Denken Sie an Ihre Rollstuhlausweiskarte. Fehlt diese, ohne Wenn und Aber, werden sie kostenpflichtig abgeschleppt. Die Ungarn sind wirklich sehr freundlich, aber wenn man ihre Regeln nicht beachtet, wird's ungemütlich.

Treibstoff: Die im Auto enthaltene Menge und bis maximal 10 Liter Treibstoff in einem tragbaren Behälter.

Ballonfahrten: sind über dem Balaton aus möglich. www.balaton-ballooning.com. Preis pro Person 179,00 €. Von Mai bis November, Start ab Heviz. Rechnen Sie mit vier Stunden. Die Fahrt dauert 1 Stunde.

Ferientermine, Feiertage: Die offiziellen Feiertage in Ungarn
In Ungarn gibt es 10 offizielle Feiertage, an denen nicht gearbeitet wird und auch die meisten Geschäfte geschlossen haben.

1. Januar: Neujahr
15. März: Tag des Unabhängigkeitskampfes
März/ April: Ostermontag
1. Mai: Tag der Arbeit / Europatag
Mai/ Juni: Pfingstmontag
20. August: Nationalfeiertag (St. Stephanstag)
23. Oktober: Tag der Republik
1. November: Allerheiligen
25./26. Dezember: Weihnachtsfeiertage

21.06. - 31.08.   Sommerferien
23.10. - 03.11.   Herbstferien
20.12. - 05.01.   Winterferien

Einreisedokumente: Ein Visum ist nicht erforderlich. Ein Reisepass oder ein Personalausweis reichen völlig aus

Fahrzeugdokumente, Führerschein und Autovermietung: Der europäische Führerausweis ist anerkannt. Für einen Mietwagen muss der Fahrer mindestens 21 Jahre alt sein. Der Fahrer muss den Führerschein bereits seit mindestens einem Jahr besitzen.

Die Haftpflichtversicherung ist für sämtliche Motorfahrzeuge (Motorräder eingeschlossen) obligatorisch. Überprüfen Sie die Geltungsdauer Ihrer Versicherungspolice für dieses Land. Die Grüne Karte (internationale Versicherungskarte für Motorfahrzeuge) ist nicht notwendig, sollte aber mitgeführt werden, da sie bei Kontrollen und Unfällen abgefragt werden.

Tabak und Alkohol: Nach einem relativ neuen Gesetz ist der Verkauf von Tabakwaren staatliches Monopol. Zigaretten dürfen seit dem 1. Juli 2013 nur in speziellen Tabakläden (Trafiken) verkauft werden, die die staatliche Konzession gewonnen haben. Diese Regelung ist ähnlich wie in Österreich, ist aber noch strenger, da einerseits die Zahl der Trafiken niedriger ist, andererseits das Gesetz keine Ausnahmen kennt. Also auch in gastronomischen Betrieben oder Tankstellen ist es nicht möglich, Zigaretten zu kaufen.

Die Geschäfte dürfen neben Tabakwaren u.a. Eis, alkoholische und Erfrischungsgetränke, Kaffee und Zeitungen verkaufen. Unter 18 Jahren ist aber nicht nur der Kauf von Tabakwaren, sondern auch der Eintritt in die Geschäfte verboten. Suchen Sie nach dem bekannten Logo, wenn Sie Tabakwaren brauchen. Wenn Sie erst einmal Zigaretten haben, ist die nächste Aufgabe, einen Ort zu finden, wo man rauchen darf. Restaurants und Kneipen können Sie gleich vergessen.

In allen öffentlichen Einrichtungen ist absolutes Rauchverbot. Aber nicht nur dort. Es muss auch 5 Meter Abstand vom Eingang eingehalten werden. (Auch zum Beispiel auf der Terrasse eines Cafés.)

Außerdem darf es in den Haltestellen des öffentlichen Verkehrs und in den Fußgängerunterführungen grundsätzlich nicht geraucht werden. An den Bahnhöfen nur an den dafür gekennzeichneten Stellen.

Regionen in Ungarn und Komitate

Regionen Ungarn: In Ungarn wurden 1999 sieben Regionen geschaffen, auch um Auflagen der Europäischen Union zu erfüllen (sie entsprechen in der europäischen Statistik der Ebene NUTS 2). Diese Regionen werden aus den Komitaten Ungarns gebildet und dienen vor allem statistischen Zwecken.

Ein Komitat (ungarisch vármegye ['vaːrmɛɟɛ], Plural vármegyék ['vaːrmɛɟeːk])
ist ein Verwaltungsbezirk Ungarns. Seit 1950 ist Ungarn in 19 Komitate und
die Hauptstadt Budapest gegliedert.
Neben Komitat war, insbesondere nach 1867, auch die Bezeichnung Gespan-
schaft üblich. Im Zusammenhang mit Kroatien wird teilweise heute noch
deutsch von Gespanschaften gesprochen. Der Komitatssitz, also Verwaltungs-
sitz eines Komitats, heißt auf Ungarisch megyeszékhely.

Das heutige Ungarn besteht seit 1950 aus 19 Komitaten und der eigenständi-
gen Hauptstadt Budapest. Daneben existieren 25 Städte mit Komitatsrecht, die
nicht als selbstständige Komitate gelten, jedoch Funktionen und Kompetenzen
eines Komitats übernehmen.

Als Transdanubien („Land jenseits der Donau", zu lateinisch Danubius „Do-
nau") werden in Ungarn die orographisch rechts (südlich und westlich) der
Donau gelegenen Landesteile bezeichnet. Der ungarische Name lautet
Dunántúl.

Zahlen und Karte von Központi Statisztikai Hivatal, Hungarian Central Statis-
tical Office.

Die 19 Komitate von Ungarn

Komitat	Komitatssitz	Fläche in km²	Einwohner (2024)
Bács-Kiskun	Kecskemét	8.444,89	491.632
Baranya	Pécs	4.429,60	353.331
Békés	Békéscsaba	5.629,71	310.912
Borsod-Abaúj-Zemplén	Miskolc	7.247,19	617.800
Csongrád-Csanád	Szeged	4.262,79	389.411
Fejér	Székesfehérvár	4.358,48	419.490
Győr-Moson-Sopron	Győr	4.207,79	473.246
Hajdú-Bihar	Debrecen	6.210,39	520.550
Heves	Eger	3.637,17	285.058
Jász-Nagykun-Szolnok	Szolnok	5.581,63	353.511
Komárom-Esztergom	Tatabánya	2.264,35	301.834
Nógrád	Salgótarján	2.544,48	180.469
Pest	Budapest	6.391,18	1.333.257

Komitat	Komitatssitz	Fläche in km²	Einwohner (2024)
Somogy	Kaposvár	6.065,06	292.691
Szabolcs-Szatmár-Bereg	Nyíregyháza	5.935,92	524.513
Tolna	Szekszárd	3.703,21	206.398
Vas	Szombathely	3.336,11	248.199
Veszprém	Veszprém	4.463,64	335.979
Zala	Zalaegerszeg	3.783,84	260.124

Welterbe in Ungarn

Zum Welterbe in Ungarn gehören acht UNESCO-Welterbestätten (Stand 2017), darunter sieben Stätten des Weltkulturerbes und eine Stätte des Weltnaturerbes.

Darunter befindet sich mit dem Neusiedler See auch eine grenzüberschreitende Welterbestätte. Ungarn ist der Welterbekonvention 1985 beigetreten, die ersten zwei Welterbestätten wurden 1987 in die Welterbeliste aufgenommen. Die bislang letzte Welterbestätte wurde 2002 eingetragen.

**Budapest mit Donau-Ufern,
Burgviertel Buda und Andrássy-Straße**

Budapest (1,7 Mio. Einw.), die Hauptstadt Ungarns, liegt beiderseits der Donau. Die Welterbestätte (4,7 km²) umfasst zwei Bereiche: Die Donau südlich der Margareteninsel mit vier Brücken (Margareten-, Ketten-, Elisabeth- und Freiheitsbrücke).

Die Zone umfasst am Westufer die Wasserstadt, den Burgberg (mit Budaer Burg, Fischerbastei und dem Burgviertel Buda) und auf dem Gellértberg die

Zitadelle (19. Jh.) mit der Freiheitsstatue; am Ostufer u. a. das 268 m lange
Parlament (1872–85; Architekt: Imre Steindl).

Die zweite Zone besteht aus der Andrássy-Straße, eine 2,3 km lange Pracht-
straße zwischen Heldenplatz und Elisabethplatz. Unter der Straße verläuft die
älteste U-Bahn Kontinentaleuropas (Linie M1; 1893–96). Sie zählt ebenfalls
zum Welterbe. Die Linie M1 ist die älteste und kürzeste Linie der Metró in der
ungarischen Hauptstadt Budapest. Sie verkehrt ausschließlich auf der Pester
Stadtseite, ihre Kennfarbe ist Gelb, alle elf Stationen sind unterirdisch.

Altes Dorf Hollókő und Umgebung

Das Dorf Hollókő, 350 Einwohner, liegt in Nord-Ungarn. Das 1,45 km² große
Welterbe umfasst 55 Hofanlagen entlang der Straße Kossuth út, die Kirche, die
Burgruine (1310 erstmals erwähnt) sowie die alte Kulturlandschaft (Wald,
schmale Ackerstreifen, Wiesen).
Der Ort bekam seinen Namen, da laut Legende die Raben in der Nacht alles
davontrugen, was die Menschen tagsüber bauten. Die Gemeinde gehört seit
1987 zum UNESCO-Welterbe.

Jedes Jahr zu Ostern können sich die Touristen einer alten ungarischen Tradition erfreuen, bei der die Junggesellen des Dorfes die Mädchen mit einem
Kübel Wasser übergießen (heutzutage geschieht dies mit Kölnisch Wasser).
Ursprünglich befand sich das Dorf auf dem Burgberg. Nach dem Ende der
Türkenherrschaft (1552–1683) wurde Hollókő im Tal neugegründet. Die Alt-
stadt brannte 1909 völlig ab, wurde aber exakt in traditioneller Bauweise wie-
deraufgebaut und ist jetzt durch die UNESCO geschützt. Teile der Burg, die
im 15. und 16. Jahrhundert eine erhebliche Rolle gegen die osmanische Belage-
rung spielte, sind ebenfalls restauriert.

Tausendjährige Benediktinerabtei Pannonhalma und ihre natürliche Umgebung

Die Erzabtei Pannonhalma (lateinisch Archiabbatia oder Territorialis Abbatia
Sancti Martini in Monte Pannoniae, deutsch: Erzabtei Martinsberg) ist eine in
der ungarischen Gemeinde Pannonhalma gelegene Territorialabtei, die bis
heute von Benediktinern bewohnt und bewirtschaftet wird.

Das immediate Benediktinerkloster befindet sich im Rang einer Erzabtei und
ist das Stammkloster der Ungarischen Benediktinerkongregation.
Im dazugehörigen Dorf leben 3.900 Einwohner.

Die Abtei wurde 996 gegründet und spielte eine bedeutende Rolle für die
Christiani-sierung der Ungarn, die genau 100 Jahre zuvor ihr Nomadenleben
aufgegeben hatten. 1896, zum 1000-jährigen Jubiläum der Sesshaftwerdung,
wurden sieben Milleniumsdenkmäler errichtet, eines südöstlich der Abtei
Pannonhalma.

Der UNESCO-Titel spielt darauf an, außerdem wurde die Abtei im Jahr der
Aufnahme in die Welterbeliste 1000 Jahre alt. In Pannonhalma wurde außerdem die erste Schule Ungarns gegründet und der erste Text in ungarischer
Sprache geschrieben.
Die frühgotische Klosterkirche (erbaut ab 1224) wurde im 18. Jh. durch Ba-
rockbauten ergänzt. Ab 1825 folgten die Bibliothek und der 55 m hohe Turm.
Die Erzabtei diente auch als Festung und gegenwärtig als Internat. Das 0,47
km² Welterbe umfasst die Abtei und die nähere Umgebung (Garten, Arbore-
tum; Park mit Milleniumsdenkmal).

Nationalpark Hortobágy - die Puszta

Der 520 km² große Nationalpark erstreckt sich im Osten Ungarns entlang des
Hortobágy-Flusses. Der Nationalpark ist und ist kontinuierlich auf 82.000 ha
erweitert worden Ab 1979 wurde er auch als UNESCO-Biosphärenreservat
anerkannt.
Inmitten des Parks liegt das Dorf Hortobágy mit 1.500 Einwohnern. Dort befinden sich ein Hirtenmuseum (Pásztormúzeum; erbaut 1785) und das alte
Rasthaus (Csárda) von 1690.

Daneben überquert die Neunbogige Brücke (1827–33, Pläne: Ferenc Polovny)
den Hortobágy-Fluss. Sie ist ein markantes Beispiel für den Eingriff des Menschen in die Natur.

1999 wurde der Park in das Welterbe aufgenommen. 2011 wurde er als Lichtschutzgebiet von der International Dark Sky Association auch als International
Dark Sky Park (IDSP, in Silber) anerkannt, und nennt sich seither auch Hortobágyi Csillagoségbolt-park (englisch Hortobágyi Starry-Sky Park). Damit
war er das erste UNESCO-Welterbe, das auch Lichtschutzgebiet wurde.

Ein Lichtschutzgebiet (englisch dark sky place, DSP) ist ein Landschafts-
schutzgebiet, in dem nächtliche Dunkelheit als Schutzgut betrachtet wird und
das bereits vor sehr geringfügiger Lichtverschmutzung („Lichtsmog") geschützt wird.

Frühchristliche Nekropole von Pécs / Fünfkirchen

Pécs / Fünfkirchen (143.000) in Südwest-Ungarn hieß zur Römerzeit Sopianae
und war die Hauptstadt der Provinz Valeria. Eine Nekropole ist eine Toten-
stadt. Sopianae hatte mehrere Nekropolen mit jeweils mehreren Hundert
Grabbauten.
Zum Welterbe zählen die Überreste von 16 Grabanlagen. Fast jede bestand aus
einer unterirdischen Grabkammer (z. T. mit Wandmalereien) und einer ober-
irdischen Gedenkkapelle (nur Grundmauern erhalten).
Inmitten der Nekropole errichtete man ab 1064 die romanische Kathedrale St.
Peter und Paul (Umbau 19. Jh.). Die Pufferzone reicht von der Stadtmauer im
Norden zur Straße Apáca utca im Süden.
Die antike Nekropole ist durch die heutige Stadt überbaut; die Grabmäler
müssen deshalb an verschiedenen Orten aufgesucht werden

Die Höhlen des Slowakischen Karsts und des Aggteleker Karsts

Die Höhlen des Slowakischen Karsts und des Aggteleker Karsts wurden 1995
in die Liste der UNESCO-Welterbestätten aufgenommen.
Diese im slowakisch-ungarischen Grenzgebiet liegenden Höhlen wurden aufgrund eines bilateralen Nominierungsprojekts nicht nur zum Gut dieser beider
Nationen, sondern zu einem für die gesamte Menschheit. Auf den Karstpla-
teaus wurden bislang über und unter Tage mehr als 1000 Höhlen und Schächte
mit verschiedenen Formen an Tropfstein- und Eisgebilden entdeckt. Eine solche Dichte an Höhlen lässt sich in der gemäßigten Klimazone wahrscheinlich
nirgendwo anders auf der Welt finden.

Auf einem relativ kleinen Gebiet treten nebeneinander verschiedene Höhlen-
typen auf, die durch komplizierte Höhlenbildungsprozesse ab dem Ende des
Mesozoikums entstanden: Korrosionsschächte, Flusshöhlen, Einflusshöhlen.
Diese Höhlen werden dauerhaft oder zeitweilig von mehr als 500 Tierarten
bewohnt, darunter finden sich auch seltene Arten, die nur in den Höhlen dieses Gebiets oder sogar nur in einer einzigen Höhle leben.

In den Höhlen gibt es Funde urzeitlicher Kulturen aus den letzten 35 000 Jahren. Die Höhlen haben den Menschen als Wohn-, Kult- und Begräbnisstätte gedient. Die Menschen von damals verbanden mit den Höhlen das Gefühl des Mystischen, das wir heute noch in uns entdecken können. Es ist eine der Brücken, die uns immer noch mit unseren Vorfahren verbindet und auch einer der Gründe, weshalb sich Höhlen heute einer so großen Beliebtheit erfreuen.

Kulturlandschaft Fertő / Neusiedler See

Ungarn teilt sich mit Österreich die Weltkulturerbestätte um den Neusiedler See, er ist mit 320 km² Europas größter Steppensee.
Die Welterbestätte umfasst in Ungarn den Nationalpark Fertő-Hanság (237 km²). In diesem Park liegt u. a. die Südspitze des Neusiedler Sees, der dort einen mehrere Kilometer breiten Schilfgürtel hat.

Neben der einzigartigen Flora und Fauna prägen Weindörfer und Schlösser die Kulturlandschaft; z. B. Schloss Esterházy bei Fertőd, 3.400 Einwohner, und wo Haydn fast 30 Jahre als Kapellmeister arbeitete. Siehe Kapitel Franz Joseph Haydn

Historische Kulturlandschaft der Weinregion Tokaj

Die Weinregion Tokaj liegt im Nordosten Ungarns, nördlich der Stadt Tokaj, 4.900 Einwohner. Rund 55 km² Rebflächen erstrecken sich in einem schmalen Band zwischen den Südosthängen des Tokajer Gebirges und dem Nordufer des Flusses Bodrog. Auf dem verwitterten Vulkanstein wachsen Weißweinreben, die aufgrund des feuchten Klimas im Herbst von Edelschimmel befallen werden. Die Weine reifen in unterirdischen Weinkellern im Tuffstein.

Das von deutschen Auswanderern gegründete Dorf Hercegkút /Trautsondorf ist ein Beispiel für ein Winzerdorf: 1750 gründeten Siedler*innen, darunter etliche Winzer, aus Baden-Württemberg das Weindorf nördlich des Bodrog. Erhalten haben sich die Keller mit den dreieckigen Eingangsfronten. Infos (Weingut Götz): Ein kleiner Teil des Weinanbaugebietes liegt in der Slowakei und ist Kandidat für eine Erweiterung des Welterbes.

Im allgemeinen Sprachgebrauch wird der Begriff Tokaj-Hegyalja heutzutage in Ungarn auch als Bezeichnung für das Weinbaugebiet, offiziell Tokaji borvidék (Tokajer Weingebiet), verwendet. Dieses Weinbaugebiet besteht aus 28 Wein-

baugemeinden, die etwa 5800 Hektar Rebland pflegen, das ausschließlich mit
Weißweinsorten bepflanzt ist.

UNESCO-Biosphärenreservate in Ungarn

Drei der UNESCO-Welterbestätten sind zugleich UNESCO-
Biosphärenreservate
- Nationalpark Fertő/Neusiedler See (1979)
- Nationalpark Aggtelek (1979)
- Nationalpark Hortobágy (1979)

Es gibt noch drei weitere UNESCO-Biosphärenreservate in Ungarn:
- Nationalpark Kiskunság /Kleinkumanien (1979; 570 km²)
- Nationalpark Pilisberge (1980; 271 km²)
- Nationalpark Mur-Drau-Donau (2012; 6.314 km², zusammen mit Kroatien)
UNESCO-Biosphärenreservat Mur-Drau-Donau
Die Mur (453 km) ist ein Nebenfluss der Drau (749 km) und diese der viert-
längste Nebenfluss der Donau. Außerdem bilden beide die Grenze zwischen
Ungarn und Kroatien.

Das 6.314 km² große Gebiet liegt in Ungarn (3.958 km²) und Kroatien (2.356
km²). Das Gebiet ist Teil eines 9.300 km² großen UNESCO-Biosphärenparks
(„Mur-Drau-Donau-Park„), der sich über fünf Länder erstreckt: Kroatien,
Österreich, Serbien, Slowenien und Ungarn.
An den drei Flüssen führen Radwege entlang: Donauradweg, Drauradweg,
Murradweg.

Kandidaten für das UNESCO-Welterbe in Budapest

Innerhalb der Pufferzone liegt das Stadtwäldchen (1,2 km²) mit dem Széche-
nyi-Heilbad. Das größte Heilbad Europas war 1986 Kandidat für das UNE-
SCO-Welterbe (Drei prächtige Jugendstil-Gebäude von Ödön Lechner in Bu-
dapest kandidieren (mit 2 anderen Bauten) für das UNESCO-Welterbe: die
Postsparkasse, das Geologische Museum und das Kunstgewerbemuseum.
Außerhalb der Pufferzone steht die Gül-Baba-Türbe auf dem Rosenhügel. Das
Grabmal für den türkischen Derwischdichter Gül-Baba („Vater der Rosen")
wurde 1543–48 erbaut und gilt als nördlichste Wallfahrtsstätte des Islam.

ungarisches Sprichwort:

Du findest eher einen weißen Raben, als eine ungarische Hausfrau, die nicht kochen kann. Aber Gulasch soll doch lieber von Männern über dem Feuer zubereitet werden.

ungarisches Sprichwort:

Die Hausfrau legt die tägliche Prüfung am Herde ab, aber muss sie doch täglich auf dem Markt zur Schule gehen.

In Ungarn isst man Pörkölt,
in Deutschland isst man Gulasch

Ungarn ist spätestens seit seinem EU-Beitritt im Jahr 2004 zum interessanten
Wohnsitz für viele Menschen aus deutschsprachigen Ländern geworden.
Allein im Jahr 2021 sind fast 1.500 Deutsche nach Ungarn ausgewandert. Aber
auch für immer mehr Auswanderer außer aus Deutschland, Österreich oder
der Schweiz kommt Ungarn als Wohn- und Firmensitz in die engere Wahl.

Die günstigen Lebenshaltungskosten, das einfache Steuersystem mit niedrigen
Steuersätzen und die Nähe zur Heimat machen für viele einfach Sinn nach
Ungarn umzusiedeln.
Schon jetzt gibt es mehr als 14.700 deutsche Rentner, die ihre Rente in Ungarn
beantragen. Vor fünf Jahren waren es noch 11.700, ein Anstieg von fast 25
Prozent in nur wenigen Jahren.

Quelle: Homepage Ungarn heute.

Wir wohnen seit 3 Jahren in Ungarn. Von Anfang an habe ich eine Informati-
onsseite bei Facebook installiert.

Amtssprache Ungarisch

Die Amtssprache ist Ungarisch, sehr viele Ungarn sprechen Deutsch, aber die
Jüngeren lernen eher nur noch Englisch in der Schule. Ich habe eine technische
Schule und davon eine 9, Klasse besucht, um einmal ein paar deutsche Stunden zu unterrichten. Sie brauchten mich gar nicht. Das liegt daran, dass erstens
die Eltern in Deutschland oder Österreich arbeiten oder gearbeitet haben und
zu Hause mit den Kindern deutsch sprechen.

Von den rund 10 Millionen Ungarn arbeiten immer mehr in westlichen Ländern überwiegend in EU-Ländern. Davon wohnen im Jahr 2024 95.000 in
Deutschland. In den letzten Jahren sind ca. 20.000 Deutsche nach Ungarn gekommen, laut Statistik sogar 17.600 Chinesen und sogar 30.700 Ukrainer. Dagegen finden Sie am Balaton den größten Anteil deutschsprachiger Touristen
mit rund 90%.

Einreiseformalitäten

Für Deutsche genügt ein Personalausweis. Kreditkarten werden landesweit akzeptiert. In Ungarn zahlt man mit Forint - der aktuelle Wechselkurs im Januar ist 413

Die beste Reisezeit

liegt zwischen April und September. Günstige Kurreisen bieten sich in den Monaten Januar, Februar, ferner in Oktober und November an.

Ungarisch - Die Sprache von knapp 15 Millionen Menschen. Wie viele Menschen sprechen Ungarisch?

Neben den gut 10 Millionen Einwohnern Ungarns geht man noch von gut 5 Millionen weiteren Menschen aus, die Ungarisch sprechen. Weil es zwar eine wunderschöne, aber auch sehr schwere Sprache ist und sie eine so geringe Verbreitung besitzt, wird sich an dieser kleinen Zahl wohl leider auch nicht viel ändern.

Auch die ungarische Sprache ist für sich gesehen ein Hungarika (siehe Erklärung hinten), denn eine wirkliche Ähnlichkeit zu anderen, heute gesprochenen Sprachen gibt es nicht. Sprachforscher halten heute am ehesten eine Verwandtschaft mit dem Finnischen für möglich, aber auch das ist nicht durchgehender Konsens.

Ungarisch ist eine sehr schöne melodische Sprache, aber auch eine der schwierigsten weltweit. Die fehlende Anlehnung an andere bekannte Sprachen und vor allem die sehr umfangreiche Grammatik erschweren

Ein Vor- und Nachwort der Autorin

Über die Onlineplattform facebook hatte ich bereits 2022 recht schnell eine Gruppe unserer Region VAS erstellt. Wir wohnen recht zentral an der österreichischen Grenze, wir benötigen nur 25 Minuten um in Rechnitz zu sein. Mittlerweile sind wir nur in VAS 190 Mitglieder, in der Gruppe Leben und Essen über 2.900 Mitglieder.. In der großen „Ungarn-Gruppe" sind es schon lange über 3750 Mitglieder, die sich austauschen.

Im Juni 2023 hat es eine übergeordnete Versammlung und Wahl der Region Bük gegeben. Andere Vereinigungen vom Standort Balaton oder Donauschwaben gibt es schon lange. Es sind politische Vertretungen der neuen Bewohner.

Die Regierung von Ungarn hat mittlerweile erkannt, dass sie nun auch tätig werden müssen. Wir kaufen seit Jahren Grundstücke und Häuser, bauen um und aus, bringen viel Geld mit und zahlen auch 27 % Steuer.

Ich habe eine Erhebung gemacht, die meisten der Siedler, die kommen, sind um die 55 bis 72 Jahre alt, das heißt, sie sind im Rentenalter. Ausnahmen nach unten gibt es natürlich.

Aber, seit einiger Zeit ist der Trend, dass ganze Familien mit kleinen und großen Kindern kommen. Wir benötigen also Sprachkurse für die Erwachsenen, wir brauchen Hilfe bei den behördlichen Anmeldungen.

Alles ist in Ungarisch und das ist eine sehr schwere Sprache, weil sie nichts mit anderen Sprachen gemein hat. Nur wer finnisch kann, kann auch ungarisch. Wir brauchen Angebote für die Kinder. Es geht der Trend, das die Kinder, die an der Grenze zu Österreich wohnen, dort zur Schule gehen, damit sie dem Unterricht folgen können. Aber, ist das Sinn der Sache, in einem Land zu leben und nie die Sprache zu lernen?

Genug davon, ich habe Ungarisch in den letzten 2,5 Jahren mehr oder weniger gut gelernt. Ich habe Rezepte schon früher gesammelt, jetzt übersetze ich sie. Ich hoffe, sie finden die Geschichten der Neu-Siedler interessant.

Aus Deutschland nach Ungarn auswandern

Nicht erst seit den letzten Krisen, z. B. Corona stellt sich für immer mehr Leute in Deutschland und Österreich die Frage, ob eine Zukunft im Ausland nicht eine sinnvolle Alternative darstellen könnte.

Ungewiss sind die Folgen der aktuellen Krisen - vor allem für die Finanzlagen der Länder. Was gestern noch eine wohlige Wärme des Sozialstaates zu sein schien, wirkt heute schon manchmal wie eine kalte, unpersönliche Neonlampe. Zukunft ungewiss. Auswandern als Plan B.

Was spricht für das Auswandern nach Ungarn?

Ungarn ist heute ein modernes, europäisches Land - Regionen wie Budapest kann man sogar als Metropolen ansehen, die sich nicht hinter anderen Weltstädten verstecken brauchen. Das alles erhält man auch noch zu vergleichsweise günstigen Preisen. Gerade Immobilien sind selbst in besten Lagen verglichen mit deutschen Objekten noch sehr günstig zu haben.

Die Kosten des täglichen Lebens sind teilweise gleich (Nahrung, Hausrat,...) oder billiger (vor allem Energie, Wasser, Müll, Ausgehen,...) als man es aus Deutschland kennt.
Die Gesundheitsversorgung ist für den der es sich leisten kann und will auf europäischem Niveau. Die Nähe zu Österreich macht die Entscheidung evl. Leichter. Mit der europäischen Gesundheitskarte, die man als Deutscher sowieso hat, kann man ohne weiteres zum Arzt oder in die Apotheke gehen. Wer möchte tauscht sie gegen die ungarische aus.
Aber auch die Kultur und die Herzlichkeit der Ungarn spricht für dieses Land - und das Wetter meistens auch. Und wenn das Heimweh einen doch einmal überkommt, so sind es ja nur wenige Stunden bis nach Österreich oder bis an die bayerische Grenze.

Was spricht gegen das Auswandern nach Ungarn?

Die Haupthürde beim **Auswandern nach Ungarn** ist natürlich die ungarische Sprache. Eine wirklich schwierige Sprache, die aufgrund ihrer Alleinstellungsmerkmale besonders auch für Westeuropäer sehr schwer zu erlernen ist.

Auch wenn viel Ungarn heute Deutsch und Englisch sprechen, so ist die Kommunikation mit den Menschen und auch den Behörden das größte Problem beim Auswandern nach Ungarn.

Ohne geeignete Unterstützung durch Einheimische ist man hier sehr schnell verloren. Das liegt aber auch an der gewaltigen Bürokratie dieses Landes. Wer immer dachte, die Deutschen wären die perfekten Bürokraten, kann sich in Ungarn auch mal wundern. Vieles dauert hier etwas länger - fertig wird es aber fast immer.

Fazit

Wir wohnen jetzt 3 Jahre hier in Ungarn in der Nähe der österreichischen Grenze.

Tipp der Autorin: ein guter Kontakt zu den Nachbarn hilft immer. Sie helfen in jeder Notlage und wenn sie es nicht können, kennen sie jemanden, der hilft.

Wir haben so die Autos umgemeldet, waren mit der Nachbarin beim Finanz-
amt, bei der Gesundheitskasse, bei der Versicherung. Der Nachbarsjunge mäht
das große Grundstück und bessert sich so sein Taschengeld auf.

Am ersten Tag in Ungarn ging unsere Batterie vom Auto kaputt. Wir kannten
nur die Verkäuferin unseres Hauses. Sie rief einen Nachbarn an und nach 30
min kam er und half.

Wir brauchten teilweise neue Fenster. Klar, man kann im Baumarkt welche
kaufen. Aber wer baut sie ein? Wir fanden einen Handwerker, A. der sagte
uns, egal, was wir benötigen, er besorgt uns Handwerker und Material. Es
kann teilweise dauern.

Er hat die Fenster dann in einer richtigen Fachfirma bestellt. Diese haben sie
eingebaut und wir haben Garantie bekommen. Vorher bekamen wir ein Angebot.

Bis jetzt ist alles in aller Ruhe eingebaut worden. Fenster, die Treppe musste
erneuert werden. Ein Carport wurde in den Garten gebaut.

Zusätzlich musste die Einfahrt verbreitert werden und die Steine gesetzt werden. Hierfür musste eine Genehmigung von der Gemeinde beantragt und
geholt werden. Handwerker A. Kümmerte sich um alles.

Unsere über achtzig Jahre Nachbarin kümmert sich, wenn Gas, Strom, Wasser
abgelesen werden muss. Sie bekommt dafür ein Glas Honig oder eine Flasche
Wein.

Wir hatten keine Küche, nur einen großen Raum allerdings schon mit neuer
Gastherme. Wir brauchten also eine komplette Einbau-Küche. Wir riefen unsere Verkäuferin an. Zufällig hatte ihr Cousin ein Küchenstudio.
Ein Schreiner hat dann alles ausgemessen und die Küche innerhalb einer Woche inkl. Der Geräte eingebaut.

Wir haben hier nur ein Drittel von Deutschland für eine neue Küche bezahlt.
Wichtig: Wenn sie ein Haus in Ungarn kaufen, denken Sie daran, Sie müssen
an den Häusern immer etwas richten. Meist sind es die Dächer und die Hei-
zungsanlagen. Viele Häuser heizen noch mit Holz und haben keine Gas- oder
eine Wasseranlage.

Ungarn und die Siedler

Woher kommt eigentlich der Begriff Donauschwabe?

Donauschwaben (auch Donaudeutsche) ist ein Sammelbegriff für die von Ende des 17. bis zur zweiten Hälfte des 19. Jahrhunderts in die Länder der Ungarischen Stephanskrone ausgewanderten Deutschen, aber auch eine geringe Anzahl von Franzosen, Spaniern und Italienern, deren Siedlungsgebiete längs des Mittellaufs der Donau in der Pannonischen Tiefebene lagen.

Die Hoffnungen der Siedler wurden in der ersten Zeit nach ihrer Ankunft im Banat bitter enttäuscht. Das ungewohnte Klima mit heißen Sommern und kalten Wintern und das mit den jahreszeitlich bedingten Überschwemmungen in den Niederungen auftretende Sumpffieber machten den Kolonisten schwer zu schaffen.

Nach Überwindung der Schwierigkeiten der ersten Kolonisationszeit entwickelte sich die Mehrheit der donauschwäbischen Siedlungen auf dem Land erfolgreich. Das bei den Donauschwaben verbreitete Prinzip, nur den erstgeborenen Sohn erben zu lassen, verhinderte eine wie bei den anderen Ethnien übliche Aufteilung ihrer Bauernhöfe in kleinere Parzellen.

Die moderneren Methoden der Donauschwaben, wie beispielsweise der intensive Ackerbau und die Tierhaltung, wirkten sich auf Dauer produktiv auf die Entwicklung ihrer Landwirtschaft aus, besonders in der Zeit der Auflösung der Grundherrschaft im 19. Jahrhundert und der damit verbundenen Kapitalisierung der Landwirtschaft.

Diese wirkte sich besonders für die besser entwickelten Bauernhöfe günstig aus. In der Folge konnten donauschwäbische Bauern in den von ihnen mehrheitlich bewohnten Ortschaften ihren Landbesitz vergrößern und auch in Gemeinden, die hauptsächlich von den anderen Ethnien bewohnt wurden, Landkäufe tätigen. So erreichte die Mehrheit der Donauschwaben auf dem Land mit der Zeit einen vergleichsweise überproportionalen Wohlstand.
In Ungarn im Raum der Donauschwaben lebten nach der Volkszählung von 1920 über 551.000 Deutsche.

Im Komitat Tolna, im Norden des Mecsek, am Ufer des Flusses Sió, im Komitat Bács-Kiskun südlich von Kalocsa (Hajós und Érsekhalma) und im Umkreis von Budapest gibt es die meisten deutschstämmigen Bevölkerungsgruppen. Handelte es sich in den Jahren nach der Wende noch um einige Tausend, so waren es 2019 bereits 16.537. Im Jahr 2023 leben derzeit bereits 22.310 deutsche Staatsbürger in Ungarn

Hungaricum der Haus- und Hütehunde

Im Rahmen der Jagdausstellung FeHoVa 2024 fand am 09. Februar eine Sonderausstellung der Ungarischen Nationalen Hunderassen in der HUNGEXPO in Budapest statt. Wir stellen Ihnen in dem Artikel die schönsten ungarischen Fellnasen vor.

Das ungarische Hungarikum-Komitee gab im März 2017 bekannt, dass 9 ungarische Hunderassen in die Liste der Hungarika aufgenommen werden. Diese ungarischen Hunderassen haben ihren Platz unter den nationalen Werten durch ihre außergewöhnliche Anpassungsfähigkeit bewiesen und beweisen dies weiterhin.

Komondor

eine der ältesten ungarischen Hunderassen, erste schriftliche Auf-zeichnungen stammen aus dem Jahr 1400. Der Komondor kam wahr-scheinlich mit den Kunen auf der Flucht vor den Mongolenhorden nach Ungarn, irgendwann in den frühen 1200er Jahren.

Der wertvollste Schatz der nomadischen Hirtengemeinschaften war das Vieh, das keinem anderen als diesem Hund anvertraut wurde, der in der Lage sein musste, das ihm anvertraute Vieh und die Güter zu beschützen, auch ohne die Anwesenheit und Führung des Herrn. Das Ergebnis einer sauberen und traditionsbewussten Zucht ist eine starke, zähe und widerstandsfähige Hunderasse, die noch heute als der „König der Hunde" gilt. Der Komondor ist ein sehr entschlossener Hund mit starkem Temperament mit einem Gewicht bis zu 70 kg. Der Komondor hat eine recht seltsame, ja sogar lustige Angewohnheit. Wie ein Gentleman lässt er die meisten Fremden durch das Tor, auch wenn sein Herrchen nicht zu Hause ist. Er lässt sie aber erst wieder heraus, wenn der Herr nach Hause kommt. Das hat schon viele Briefträger in Verlegenheit gebracht.

Leider waren die starken Instinkte der Rasse während der Kriege ein Nachteil, da sie Hof und Familie über allem schützten. Die Folge war, dass die Rasse nach den Weltkriegen fast ausgerottet wurde. Heute gibt es in Ungarn 20 aktive Zwinger, in denen jedes Jahr etwa 150-200 registrierte Welpen geboren werden.

Kuvasz

In Siebenbürgen gibt es ein altes Sprichwort: Ein Bär ist kein Spielzeug. Nun, der Kuvasz ist es auch nicht! Er ist nicht der größte, schnellste oder stärkste, aber sein Charakter ist einzigartig. Es gibt vielleicht keinen Hund, der entschlossener und zielstrebiger ist. Er ist klug und leicht zu lehren, aber nur, wenn er will. Wahrscheinlich ist es seine Intelligenz, die ihm seinen Eigensinn, seinen festen Charakter verleiht.

Es gibt viele Geschichten darüber, dass der Besitzer, wenn er betrunken nach Hause kam, vor dem Zaun schlafen musste, weil der Hund ihn nicht in sein eigenes Haus ließ.

Im Mittelalter wurde der Kuvasz zur Jagd auf Bären und Wölfe eingesetzt, aber später wurden seine Fähigkeiten eher zum Schutz von Herden genutzt. Dank dieser Vielseitigkeit wurde er populär und war auch das Haustier des Heiligen Ladilaus (Szent László) und des Königs Matthias.

Pumi

Hütehunde sind im Allgemeinen intelligent und tragen ihr geistiges Potenzial in ihren Genen, das gilt auch für den Pumi. Eine Herde von vielen Individuen zu überblicken und unter Kontrolle zu halten, ist eine Herausforderung, sowohl körperlich als auch geistig, aber nicht für diese Rasse.

Er ist nicht nur energiegeladen, er ist eine Energiebombe, nicht nur liebevoll, sondern eine echte Liebesbombe. Es wird allgemein angenommen, dass er mit den siedelnden Ungarn in das Karpatenbecken kam und seit jeher als Hütehund eingesetzt wurde.

Puli

Ein altes Hirtensprichwort sagt: „Es gibt den Hund und es gibt den Puli." Der Puli ist mehr als nur ein guter Freund, ein lebenslanger Begleiter.

Er ist sehr energiegeladen, und seine Aktivität muss befriedigt werden. Der Puli ist weithin für sein fröhliches und verspieltes Wesen bekannt. Seine Fähigkeit, eine große Herde zusammenzuhalten und sie in die richtige Richtung zu lenken, zeugt von seiner herausragenden Intelligenz.

Einst schloss er sich den Nomaden der alten Ungarn als Hütehund an, nachdem er zuvor ein ähnliches Leben in den weiten Steppen Innerasiens geführt
hatte.

Mudi

Wenn der Hund der treueste Begleiter des Menschen ist, dann ist der Mudi
der leuchtende Stern des Symbols der Treue. Der ungarische Schriftsteller Béla
Hamvas hat einmal gesagt: „Du kannst ohne Mudi leben, aber wozu?"
Ein Bauer soll mal erzählt haben, dass er seinen Mudi gefragt habe, was er
gerne tun würde, und er antwortete: „Herrchen, ich möchte Frisbee spielen."
Auch wenn die Geschichte nicht wahr ist, betonen viele Mudi-Besitzer, dass
der Hund einem mit so klugen Augen in die Augen schauen kann, dass man
erwartet, dass er spricht.

Der Mudi ist die jüngste ungarische Hunderasse, trotzdem war er schon zu
Beginn des 19. Jahrhunderts ein sehr erfolgreicher Hütehund.

Siebenbürgische Bracke (Erdély Kopó)

Die Siebenbürgische Bracke ist, wie sein Name schon sagt, ein Jagdhund, und
zwar nicht irgendein Jagdhund, sondern einer der besten. Er ist weit und breit
für seinen Mut bekannt, denn, obwohl er nicht zu den größten Hunderassen
gehört, nimmt er es ohne weiteres mit einem Bären auf.
Bis 1947 war die Siebenbürgische Bracke ein beliebter Hund, doch dann erklärte Rumänien sie zu einer auszurottenden Art, und fast alle Exemplare sind
verschwunden.

Erst in den 1970er Jahren tauchten die ersten registrierten Stammbäume in
Siebenbürgen wieder auf. Im Jahr 2004 erklärte das ungarische Parlament alle
Tierrassen ungarischer Herkunft, darunter auch die Siebenbürgische Bracke,
zum nationalen Kulturgut, und 2017 wurde sie zum ungarischen Kulturerbe
erklärt. Auch heute zählt die Rasse zu den seltensten ungarischen Rassen.
Insgesamt gibt es 1 300 registrierte Hunde, von denen 800 in Ungarn und 300
in Siebenbürgen leben.

Ungarischer Kurzhaar-Vorstehhund,
Ungarischer Drahthaar-Vorstehhund (Magyar Vizsla)

Der Ungarische Kurzhaar-Vorstehhund ist so sehr ein Hungarikum wie die
rote Paprika. Es gibt nur wenige Hunderassen, die so intelligent und anhäng-
lich sind wie der Ungarische Kurzhaar-Vorstehhund. Mit einem Energielevel,
das mit dem eines Kraftwerks vergleichbar ist, kann dieser ausgezeichnete
Jagdhund ein echter Begleiter für abenteuerlustige Besitzer sein. Man nimmt
an, dass der gelbe Jagdhund, den die Türken während der Besatzung nach
Ungarn brachten, sich mit den hier lebenden Jagdhunden kreuzte und so zum
Grundtyp des ungarischen Vorstehhundes wurde.

Ungarischer Windhund (Magyar Agár)

Vielleicht ist der Ungarische Windhund unter den Haushunderassen deshalb
weniger bekannt, weil er so schnell ist, dass er fast unsichtbar ist. Er ist zweifellos die schnellste ungarische Hunderasse, zugleich unglaublich ausdauernd
und äußerst tolerant.

Der ungarische Windhund erreicht eine Geschwindigkeit von bis zu 65 km/h
und kann diese Geschwindigkeit erstaunliche 8-10 km lang halten. Daher ist es
etwas seltsam, dass sie zu Hause lieber auf dem Sofa liegen, denn sie gehören
nicht zu den aktivsten Hunden. Wenn sie jedoch auf der Rennbahn sind und
Rennen laufen, legen sie die Strecke auch mit einem gebrochenen Bein zurück.
Dieser schöne Hund wurde während des kommunistischen Nachkriegsre-
gimes an den Rand der Ausrottung gedrängt. Mit seiner würdevollen Erschei-
nung und seiner Geschichte wurde er zu einem Symbol des Adels. Die meisten
ungarischen Windhunde wurden bei der Plünderung von Schlössern und
Herrenhäusern erschossen. Diejenigen, die überlebten, wurden auf Dachbö-
den, in Kellern und im Stroh versteckt.

Diese Hunde sind eine sehr stolze Rasse und dessen sind sie sich auch be-
wusst. Diese Hunde wissen, wozu sie geboren wurden. Aufgrund dieses ruhi-
gen und ausgeglichenen Charakters werden die Hunde neben der Jagd auch
oft zu therapeutischen Zwecken eingesetzt. Wie ein Sprichwort über diese
Rasse sagt: „Gesunde Seele in einem gesunden Körper."

In Ungarn isst man Pörkölt, in Deutschland isst man Gulasch